人工智能
与刑法

挑战和回应

孙道萃 / 著

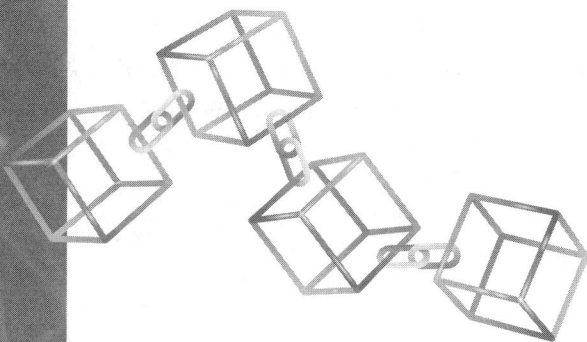

中国政法大学出版社

2023·北京

图书在版编目（ＣＩＰ）数据

人工智能与刑法：挑战和回应/孙道萃著. —北京：中国政法大学出版社，2023.7
ISBN 978-7-5764-1013-6

Ⅰ.①人… Ⅱ.①孙… Ⅲ.①人工智能－刑法－研究 Ⅳ.①D914.04

中国国家版本馆CIP数据核字(2023)第132438号

书　名	人工智能与刑法：挑战和回应 RENGONGZHINENG YU XINGFA:TIAOZHAN HE HUIYING
出版者	中国政法大学出版社
地　址	北京市海淀区西土城路 25 号
邮　箱	fadapress@163.com
网　址	http://www.cuplpress.com (网络实名：中国政法大学出版社)
电　话	010-58908466(第七编辑部) 010-58908334(邮购部)
承　印	北京旺都印务有限公司
开　本	720mm×960mm　1/16
印　张	19.5
字　数	340 千字
版　次	2023 年 7 月第 1 版
印　次	2023 年 7 月第 1 次印刷
定　价	85.00 元

本书系 2018 年度国家社会科学基金青年项目

"人工智能时代的刑法前瞻与应对研究"（批准号：18CFX041）

以及中国政法大学"青年拔尖人才"资助项目（2023—2025）最终研究成果

序　一

不断推进新时代中国特色
刑法学的高质量发展和全面完善

当前，在移动互联网、大数据、超级计算、传感网、脑科学等新理论新技术驱动下，人工智能呈现深度学习、跨界融合、人机协同、群智开放、自主操控等新特征，将对经济发展、社会进步、国际政治经济格局等产生重大而深远的影响。当今时代，人工智能被认为是科技创新的下一个"超级风口"，世界各国越来越重视。推动新一代人工智能健康发展，需要我们具备世界眼光、全局思维，不断深化对人工智能内涵、外延、功能和发展前景的认识。人工智能是新一轮科技革命和产业变革的重要驱动力量。习近平总书记高度重视我国新一代人工智能发展，多次对人工智能的重要性和发展前景作了重要的论述。2018 年 10 月 31 日，习近平总书记在中共中央政治局第九次集体学习时指出："人工智能是引领这一轮科技革命和产业变革的战略性技术，具有溢出带动性很强的'头雁'效应。""加快发展新一代人工智能是我们赢得全球科技竞争主动权的重要战略抓手。"习近平总书记的这些重要论述与基本观点，是人工智能产业实现高质量发展的根本遵循，为更好服务于人民的美好生活指明了方向。

为此，要加快发展新一代人工智能，加强人工智能伦理研究，让人工智能更好地服务美好生活。而且，在全面推进依法治国的背景下，积极探索与之相关的法律制度与保障机制尤为重要。相应地，中国特色刑法学作为最重要的部门法，有必要作出积极的回应，充分发挥好保障机能，促进理论与实践的协同合作，助推人工智能产业的健康发展。可喜的是，我国刑法学界从未缺席这一新问题的研究；实际上，已经投入了大量的学术资源，也取得了丰硕的成果。这不仅很好地反映了中国刑法学人积极关注前沿问题的敏锐意识、学术能力，也展示了中国刑法学积极拥抱新事物并由此发展新理论的胸襟与气魄，更是中国特色刑法学体系扎根中国并通过解决中国问题来向世界输出中国方案的责任担当与智慧贡献。

我的学生呈来新作《人工智能与刑法：挑战和回应》。就其主题，于我而言，是比较全新的内容，也激起了我的阅读兴趣。看完书稿后，该书在研究对象、研究成果、基本观点以及理论探索等方面，对我产生了新的触动，深感当代刑法学身处于大变革的机遇时代。中华人民共和国成立以来，中国特色刑法学从孕育、诞生到发展完善，取得了举世瞩目的成就。时下，网络犯罪、人工智能等新的因素迅猛发展，给我国通行的刑法学带来新挑战，既涉及刑法理论维度，也直击刑事司法与刑法立法等方面。我也想借此机会，一并表达我对中国特色刑法学研究的一些基本看法，以及对今后中国特色刑法学研究的一些主要期待。

一、高举习近平法治思想，全面推进中国特色刑法学研究

2020 年 11 月 16 日至 17 日召开的中央全面依法治国工作会议将习近平法治思想明确为全面依法治国的指导思想，并可以概括为"十一个坚持"。其一便是旗帜鲜明地坚持中国特色社会主义法治道路，是全面推进依法治国的发展道路和正确方向。中国特色社会主义法治道路本质上是中国特色社会主义道路在法治领域的具体体现。我们既不走封闭僵化的老路，也不走改旗易帜的邪路，而要从中国国情和实际出发，传承中华优秀传统法律文化，从我国革命、建设、改革的实践中探索适合自己的法治道路。我们要学习借鉴人类法治文明的有益成果，但决不能照搬别国模式和做法。在全面推进新时代中国特色刑法学的发展和完善上，必须以习近平法治思想为基本遵循，坚持中国特色社会主义法治道路，向世界输出中国方案。

2021 年 11 月 8 日至 11 日，中国共产党第十九届中央委员会第六次全体会议在北京举行。会议重点研究全面总结党的百年奋斗重大成就和历史经验问题。2021 年 11 月 11 日，中国共产党第十九届中央委员会第六次全体会议通过《中

共中央关于党的百年奋斗重大成就和历史经验的决议》（以下简称《决议》）。
当前，总结党的百年奋斗重大成就和历史经验，是在建党百年历史条件下开启
全面建设社会主义现代化国家新征程、在新时代坚持和发展中国特色社会主义
的需要；是增强政治意识、大局意识、核心意识、看齐意识，坚定道路自信、
理论自信、制度自信、文化自信的需要。《决议》的通过具有重大的意义和价
值，特别是对中国特色社会主义法律体系、全面推进依法治国建设以及中国特
色刑法学的进一步发展和完善等，具有提纲挈领的作用，是基本遵循和根本
指导。

当前，全面发展和完善中国特色刑法学显得尤为重要与迫切，事关我国政
法工作与法治道路的正确方向问题。一方面，习近平法治思想是全面依法治国
的根本遵循和行动指南。中国特色刑法学正处于前所未有的历史发展机遇期，
在继往开来之际，应当从习近平法治思想中汲取营养与动能，实现更加长足的
持续进步。习近平法治思想内涵丰富、系统完备，全方位地深刻回答了关于全
面依法治国的一系列重大问题。这为全面发展和完善中国特色刑法学提供了全
新的指示与向导。特别是"十一个坚持"，高屋建瓴，是指导新时代全面依法
治国的纲领性文件，也为中国特色刑法学在制度自信、顶层设计、精准布局、
资源投放、对外交往等方面描绘了基底与蓝图。另一方面，在全面建设社会主
义现代化国家、实现中华民族伟大复兴的奋斗目标之际，要以《决议》为重要
指导，全面总结中国特色刑法学的发展成绩与历史经验，夯实道路自信、理论
自信、制度自信、文化自信，增强政治意识、大局意识、核心意识、看齐意识，
全面推进新的发展和完善。

二、坚持发展和完善以罪责刑关系为核心标志的中国特色刑法学体系

刑法学体系是刑法的"王冠"，是刑法理论和实践的"脊梁"。任何刑法学
议题最终都围绕犯罪、刑事责任和刑罚三个范畴展开。中国刑法学体系的基本
形态为罪（犯罪论，认定犯罪）—责（刑事责任论，确定责任）—刑（刑罚
论，决定刑罚）。罪—责—刑的逻辑结构是整个刑法内容的缩影，"认定犯罪—
确定责任—决定刑罚"完整地反映出办理刑事案件的步骤和过程。罪责刑三个
范畴作为刑法学的研究对象，是历史与现实相结合的产物。罪责刑关系作为刑

法学体系的核心内容与根本知识形态的标志是静动相结合、"体系性思考"与"问题性思考"并重的反映。静态和动态层面的罪责刑关系是刑法学体系的基本结构。从历史性与现代化的双重角度研究罪责刑关系并探索我国刑法学体系的未来远景，具有深远的时代意义。

刑法理论体系是不断发展和完善的，我国通行的刑法学体系也处于自主更新与有序进化的历史进程中。既要正确对待问题和不足，扬长避短；也要树立制度自信和文化自信，不妄自菲薄，坚持不懈地加以发展和完善，使其真正进入高质量发展的轨道，能够更好地发挥服务全面依法治国建设的历史使命和重大担当。

长远来看，中国特色刑法学是中国特色法学走向世界的一张名片，是传播中国法学的正能量，是讲好中国法治故事、贡献世界法治命运共同体发展的基本要素。

三、充分善用中国特色刑法学理论体系以全面推动刑法高水平实施

徒法不足以自行。中国特色刑法学的生命力在于实施。只有充分善用中国特色刑法学理论体系，才能展示其现实合理性，才能发挥好刑法的治理功能。

实践已经证明，刑法实施以来，不仅顺应了社会发展的需要，也有力地保障了社会稳定、人民安全。我国刑法实施的关键在于刑法理念的及时更新、理论与实践的深度结合、保障人权与犯罪治理的相互配合、进一步贯彻好宽严相济的刑事政策以及深入推进刑事司法改革、促进刑事司法的国际合作等方面。

当前，风险社会的安全形势愈演愈烈，安全政策日益强化，安全价值地位提升，进一步促使当代刑法更积极、主动地保障国家总体安全。这对刑法实施提出了更高的新要求。习近平总书记着重提出的总体国家安全观勾勒出当代刑法重构安全保障体系的基本线索，当下需围绕热点、重点安全课题，有序构建反应机制。同时，应当以中国特色刑法学理论体系为指导，充分发挥刑法治理功能。安全刑法是因应安全政策变动的产物，显示刑法功能的侧重点。预防性刑法观念应运而生，为当代刑法功能的适度扩张提供教义学导向，但应审慎把握。立法的活性化是安全政策导入刑法后的突出表现，夯实刑法立法的反应能

力，与象征性立法的胶着映衬出刑法工具属性的认识偏于两极化。新冠疫情防控"生产"应急性刑法保障需求成为刑法贯彻总体国家安全观的实践样本，宽严相济的刑事政策是应急性安全保障的基石。民法典的全面实施，加深了总体国家安全观依法渗入中国特色社会主义法律体系与基本制度。刑法与民法典的衔接又是新一轮的检验"大考"。

在此基础上，还应加强立法修改与理论完善的协同发展。特别是要以 1997 年《刑法》为原点和标尺，进一步推进立法完善工作。1979 年《刑法》是党的十一届三中全会胜利召开后的重大法制建设成果，是中华人民共和国成立以来刑法立法的集大成之作，真正开启了罪刑法定时代，筑起了刑事法治的人权保障体系，开辟了刑法理论研究的新局面，奠定了中国刑法走向世界的基础。面对日益复杂的犯罪治理形势，立法机关应当始终将坚持党的领导作为刑法立法工作的根本准则，积极联动刑事政策指导立法，根据经济社会发展情况及时修法予以回应，注重促进立法与理论的良好互动态势，不断提高立法的科学性。应继续通过刑法修正案的方式完善刑法，目前全面修订 1997 年《刑法》为时尚早。

四、适时为中国特色刑法学注入与时俱进的新动能

当前，世界百年未有之大变局带来一系列影响，外部环境更趋复杂严峻，国内经济社会发展各项任务极为繁重艰巨。为此，我们也要与时俱进，及时为中国特色刑法学体系注入新鲜血液，使其可持续地发展和完善。

一方面，应当及时拥抱与有效回应可能即将到来的网络刑法学之新纪元。

现代科技及其应用加速到来，信息网络技术、人工智能技术以及数据安全、信息安全等问题接踵而至。当前，刑法立法迟缓与规范供给失衡是"常态"难题。究其内因，传统刑法学理论体系遭遇网络时代与网络技术犯罪后，理论不适与冲突不断涌现，网络刑法立法难以实现创造性转换。传统刑法学既无法置身事外，更难以全身而退，反而迎来史无前例的知识变革契机。网络刑法知识变革的序幕已然开启，网络刑法学作为未来的图景正加速显现。应当将网络空间社会思维、网络安全秩序价值、网络安全法益以及预防性刑法治理观念作为构筑网络刑法学知识体系的教义根基，稳步引导犯罪论、责任论与刑罚论等本体范畴转变，建构具有专属性且独立的网络立法原理、理念与技术，夯实网络

刑法学知识转型的理论储备与教义学的拓展。特别是针对网络立法应对深陷碎片性等不足，适时制定与时俱进的网络刑法典是推动与实现网络刑法学知识转型的扛鼎之举。

另一方面，也要密切关注人工智能与当代刑法的深度互动这一前沿课题。

基于信息网络技术形成的人工智能，已处在下一个互联网时代的风口浪尖，对人类生产生活与交往方式产生颠覆性影响。刑法作为社会治理的手段，可能出现被纯粹"物化"的问题，成为"智能时代"与"智能人"统治与驾驭"人"的制度工具，侵蚀传统刑法体系中"人"的主体性。具有超人类属性的人工智能隐藏着不可估量的重大制度性风险，甚至直接危及人类的自身安全及其主体地位。现行刑法制度的社会基础、存在意义、任务安排、功能设定等内容，可能正在经历一场裂变，逐渐取而代之的可能是"人工智能社会与刑法"的新景象。刑法应作出敏锐的理性回答，有序展望人工智能刑法学研究是必要且重要的前瞻探索。

以上是我对中国特色刑法学的基本回顾与主要展望。在新时代，中国特色刑法学迎来了前所未有的历史机遇期。其中，人工智能与刑法的碰撞就是其一缩影。

对此，我很高兴地看到，孙道萃在本书中对此问题作了一个系统性的回应，给出了诸多有意义的参照以及方案。本书虽然是项目结项成果，但浓郁的学术气息与有理有据的深度思考弥漫其中。显然，本书不只是对国家有关人工智能发展政策的机械反映或技术阐明，还立足中国特色刑法学的发展与变革维度，以人工智能与刑法的交互为叙事的中心，以人工智能与刑法的前沿问题为对话的主要脚本，从而对日益复杂而又综合的学术问题展开了全方位的理论透视与解答。

当他发来书稿，邀我为本书作序，我欣然应允，并特别向诸位推荐。

我认为，本书是近年来我国关于人工智能与刑法研究方面的一部具有积极开拓性的学术作品，内容丰富、纵横得体、见地求真、观点务实。本书不仅可以作为大家进一步研究中国人工智能与刑法问题的重要参考文献，也可以显示出中国特色刑法学在新时代所取得的新发展、紧跟前沿的担当。此外，关于中国特色人工智能与刑法所涉及的一些重大前沿问题，也可以在本书中找到一些线索与答案。当然，本书也存在一些缺憾与不足。对发展的动态现象进行研究，对追求安定、规范以及法定的刑法而言就是挑战，也难免会出现以"未来必然超越历史"观念进行回望。期望他能够以此为新的起点，坚持不懈，持续研究，再奉上新的高质量成果。

最后，也期待他能够不忘学术初心，砥砺前行，再出佳作。其中，由本书《人工智能与刑法：挑战和回应》再到《人工智能刑法学》的研究迭进，是尤为值得期待的。

是为序。

高铭暄

"人民教育家"国家荣誉称号获得者

中国人民大学法学院荣誉一级教授

北京师范大学刑事法律科学研究院名誉院长

中国刑法学研究会名誉会长

国际刑法学协会名誉副主席暨中国分会名誉主席

国际社会防卫学"切萨雷·贝卡里亚奖"获得者

2022 年 1 月 1 日

序　二
对未来刑法学的有益探索

很欣喜的是，本书围绕人工智能与刑法问题，展开了值得称赞的开创性研究。这既是对中国特色刑法学研究的一次有益探索，增添了新元素、新动能；也为人工智能刑法学的到来埋下了伏笔，提供了一些有意义的视角和立场。

纵观本书，我认为，有以下几点值得关注：

（1）敢于在"风口浪尖"做创新研究。当下，"大题小做"成为大家推崇的研究方式，旨在对刑法学进行"微创式"的深度研究。但是，并不能简单认为，宏大的知识叙述等研究就"矮人一等"，或者缺乏可视化的实用性而不应过度投入资源。实际上，在中国特色刑法学研究的发展与完善过程中，也亟需高质量的理论研究。其中，面向未来刑法学的理论研究，也是一个非常重要的知识增长点。本书针对人工智能刑法问题展开的研究，就是一场"隔空"喊话，不仅是摸着石头过河，也是难得的经验累积。通过本书，我们可以全景式地了解我国刑法学界在该问题上的研究现状、问题、趋势以及需求、改进方向等。这是站在"风口浪尖"上的探索性研究，不仅需要面对很多的不确定性以及理论质疑，也要对不断出现的新问题作出符合实际且有效的应答。对此，本书的作者以令人钦佩的勇气，从规范刑法学的维度，为我们勾勒了一个初步的理论图景。

（2）以动态的渐进路径渗透研究课题。人工智能技术是当今社会最前沿、最高端的技术形态，代表了未来的科技应用方向和高度。正处于快速爬升阶段的人工智能技术及其应用，蕴含了诸多的不确定性、易变性以及异化可能，其与当代法律特别是当代刑法之间的碰撞与交互，也同样迸发了不可控的未知因素。这对于以法的安定为主要特征的刑法而言，不仅带来了颠覆性的冲击，也极大地增加了刑法学研究的难度。对于动态的人工智能与刑法问题进行研究，在缺乏客观真实的"前见"下，往往都是从头开始的工作。对此，本书的作者以动态的渐进路径为切入，有序渗透到刑法学研究的有效维度，展开了有的放矢的研究。而且，在遵从以动态的渐进路径推进人工智能与刑法问题研究之际，本书很好地运用了刑事一体化的研究理念。系统观念是马克思主义唯物辩证法的基本思维方法，也是"十四五"时期我国经济社会发展必须遵循的五项原则之一。刑法学研究也要强调系统观念，跳出刑法看刑法，用普遍联系的观点，在整个法治体系乃至经济社会发展全局中思考问题、贡献智慧。当下，中国特色社会主义法治体系日臻成熟，新时代刑法学研究需要有更为宏观的一体化研究意识，在密切联系的法治体系中全面审视和分析研究问题，既要充分发挥刑法的社会功能，做到治理"到位"，还应恪守刑法的谦抑性，防止刑事"越位"。本书虽然立足刑法学，优先且着重讨论实体法的规范问题，但没有脱离程序法问题，也联动刑事政策学、犯罪学等学科知识，融会贯通，增加了研究结果的整体有效性与可行性。就此而论，本书开辟了一种有别于过往的研究氛围，那就是立足刑法学研究但又不断跳出刑法学研究。这可能与作者先后师从中国刑法学的奠基人、开创者高铭暄先生与我国著名刑事诉讼法学家樊崇义先生有一定的关系，能够很好地游走于两端。

（3）注重理论与实践的密集互动。学术研究既要以推动理论发展为追求，也要很好地解决实际问题。二者皆不可偏废。法学学科是实践性很强的学科，习近平总书记关于"把法学理论和司法实践更好结合起来"等一系列重要论述，充分体现了坚持实践第一的观点。经济社会的高速发展催生了丰富多样的实践问题，这些问题应当成为刑法学创新发展的理论源泉。这也是我们摆脱过度依赖域外刑法学研究，走出一条中国式刑法学研究道路的关键所在。我们要突出刑法学研究的服务意识与应用价值，为解决中国的现实问题提供刑法学理论支撑。要聚焦破解疑难复杂法律适用问题，树立案例研究意识，着力解决困扰司法实践的真问题、新问题，在实践中检验、深化我们的理论成果。宏大叙事的研究路径，在强调体系性之际，容易出现问题性不足的情况。对于人工智能刑法问题的研究而言，由于当前的实践维度相对薄弱，不免要侧重于理论维度的研究。这可能会引发"重理论轻实践"的不均衡问题。在本书中，作者很好地把控了该问题。在动态的平衡中，既阐明了理论研究的主旨，也竭力回应司法实践的真问题。

（4）聚焦中国问题以回归服务中国的理论话语体系。道路问题关系全局、决定成败。习近平总书记在系列讲话中强调，推进全面依法治国必须走对路，要从中国国情和实际出发，走适合自己的法治道路；要传承中华优秀传统法律文化，同时借鉴国外法治有益成果。这些重要论述，为中国刑法学研究指明了方向。我们要不忘根脉，自觉传承中华优秀传统法律文化和红色基因。我们要拓宽视野，学习借鉴国外法治有益成果。国际视野，是眼界，是胸怀，也是能力。2021 年 3 月 1 日，习近平总书记在中央党校（国家行政学院）中青年干部培训班开班式上深刻指出："我们党的历史反复证明，什么时候理论联系实际坚持得好，党和人民事业就能够不断取得胜利。"我们要深刻认识到，世界上没有放之四海而皆准的法治模式，也没有世界通用的刑法学理论体系，我们要坚持从中国国情出发，把学术文章写在祖国大地上，在实践中发现问题、研究问题、解决问题，努力构建体现中国特色、中国风格、中国气派的刑法学理论体系，不断推动中国刑事法治创新发展。对人工智能刑法问题的研究，也要立足中国国情，以中国特色刑法学为依托，以解决中国刑法问题为功能归宿，以提升中国刑法学的高质量发展为终极目标，以向世界输出中国方案为己任。我很高兴地看到，在本书中，作者非常清晰地秉持中国特色刑法学的研究立场，围绕人工智能与刑法的中国问题展开研究，所提出的解决方案与观察论断都努力贴近中国实际和需要。

综上，我认为，本书是我国当前与今后关于人工智能与刑法问题研究的上乘之作，而且是一部具有开创性的前沿研究学术成果，具有一定的学术参考价值。通过本书，可以全面回顾、评价、展望我国未来人工智能刑法学的可能图景。

当然，本书也存在一些不足。一来，专题性的研究，虽然具有鲜明的问题意识，也实现了具象化的讨论效果，但毕竟会削弱理论体系的整体性与结构性，使其深度和厚度无法充分展现，也即理论研究会出现碎片化、阶段化等问题。二来，在人工智能与当代刑法的初次交锋过程中，由于太多的不确定性，以及不可预计的未来增长性，使得讨论本身难免有些空洞，一些结果会出现短期化效应。三来，由于问题正在变化，研究对象不断丰富和迭代，现行刑法理论及其实践也在发展。这使得围绕人工智能与刑法问题的研究，从一开始就落下了"根基不稳"的问题。但我相信，随着技术发展、司法实践与理论的同步发展等，该问题会得到逐步的缓和乃至消除。不过，上述不足，主要是受客观条件所限。至于本书作者的探索精神与学术表达能力，通过其独具风格的文字与思想，已可窥探一二。

习近平总书记在系列讲话中指出，青年兴则国家兴，青年强则国家强。中国特色刑法学的未来，也要依靠青年学人。本书作者甘于清贫，乐于学术研究，致力于探索中国特色刑法学，这是值得称道的。而且，将中国特色刑法学研究作为志业，也正是优秀的中国刑法学人首先要具备的品质。

培养青年研究人才是中国刑法学研究会肩负的重要使命之一。中国特色刑法学的重要发展经验之一，就是坚持学术传统，薪火相传，提携后辈，同舟共济，协力前行。我很高兴地看到，有一大批像本书作者这样充满中国自信、有着开阔视野、长于守正创新的青年刑法学者，正在茁壮成长。

是为序。

贾　宇

中国刑法学研究会会长

浙江省人民检察院党组书记、检察长

2022 年 2 月 11 日

目 录

第一章

人工智能刑法的研究反思与理论迭进

人工智能技术及其应用的广泛普及化，加速了刑法应答思潮的交替袭来。然而现阶段对人工智能主体刑法地位的聚焦，仍无法澄清认识论误区及其立场；对智能时代犯罪现象的窥探，仍无法给出具有共识性的见解；对智能时代刑事责任难题的疏解，仍存在规范空虚等问题。对于这些认识困惑与知识动荡，亟待明确智能时代的刑法功能定位，澄清智能时代刑法供给体系的基础逻辑；应强化规范层面的有效应对，从多维度建构智能时代刑法体系的知识要素与规范内容；应以必要的学术"想象力"稀释浪漫主义与虚无主义的法律风险，推动人工智能刑法理论研究趋于理性与可行。笔者认为，应当充分肯定积极立法的突破意义，消解"简化复制"的方法论弊端，通过立法妥善解决重大议题，推动立法修正的有序侧重和具体展开。

一、问题的缘起

人工智能技术及其应用正在席卷全球。2017年被誉为我国人工智能时代的"元年"。人工智能技术与现代法律转型的交互命题由此形成。它充盈着技术尊崇与人的主体性地位之较量、法学想象力与离经叛道的博弈，也是一场以社会历史变迁、人的主体性地位、多元利益协调、现代科技风险防范以及法律制度变革等为核心内容的未来法学盛宴。鉴于近现代刑法的特殊地位和功能，关于智能技术的刑事司法应用与刑法变革议题的讨论越发扩散与激烈，从而为当代刑法制度的时代发展注入了一股全新的动能。目前，已从多维度打开智能技术变革与当代刑法应对之议题的可能性发展方向。围绕刑法如何因应人工智能时代的挑战而展开的学理探索及其实践，不仅有助于更好地观察、认识和研判这场刑事风险的真实面貌，也有助于刑法主动谋求适宜时代发展的能力与存在意义。然而，关于人工智能的刑法回应讨论具有一定的局部性、单一性、碎片化等结构性缺陷，甚至陷入问题意识的"过度拟制"、教义学研究的虚无主义等误区。[1]笔者认为，应以批判性思考作为教义学的逻辑切入点，厘清这场学术盛宴的脉络与方向，阐明未来的应然发展模式。

二、人工智能的刑法应答之困局

人工智能技术正处于早期的迅猛发展阶段，而其对传统刑法体系的影响处于不断扩充与丰满的增量趋势。这使当代刑法体系与人工智能时代的"遭遇"成为一场持久的拉锯战，既间接宣示传统刑法体系并不会立刻"缴械投降"，也暗示人工智能对当代刑法体系的"渗透"是一个漫长的渐进过程。当前，亟需着重澄清人工智能主体刑法地位、智能时代的犯罪概念与刑事责任的演变等重大的现实关切。

（一）人工智能主体刑法地位：对峙与匡正

目前的人工智能主体多为智能机器人、智能产品等，未来可能出现真正独立自主的人工智能主体，强烈冲击人类固有的统治（主体）地位，动摇传统刑法的社会根基。

1. 论争与两种主义的分流

理论上我们已经充分意识到人工智能主体是最重大的"技术危机"与"系统性制度风险"之一，是对人类社会生存及其法律制度安排的最大挑战。"智能机器人是不是人"的（权利）主体资格问题，是人工智能与法律交互后的核心矛盾所在。在刑法领域，"人"是刑法的调整对象，是一切问题的逻辑起点与归属。当前，对于人工智能主体的刑法地位存在较为明显的对峙。它具体分为两个层次：（1）关于人工智能主体是否具有刑事责任能力，[2]其中不乏消极说，但也有积极说。智能机器人可以通过深度学习形成自主意识和意志，强人工智能产品具有辨认能力和控制能力。[3]人工智能主体的智能程度与刑事责任年龄及生理状态相似，可以类比判断。[4]（2）关于人工智能主体的刑法地位。

---

[1] 参见刘艳红："人工智能法学研究的反智化批判"，载《东方法学》2019 年第 5 期，第 119 页；刘宪权："对人工智能法学研究'伪批判'的回应"，载《法学》2020 年第 1 期，第 3 页。

[2] 诚然，借用当代刑法体系的法定概念，显示了当下人工智能刑法学研究具有不可回避的"交错性"。

[3] 参见刘宪权、胡荷佳："论人工智能时代智能机器人的刑事责任能力"，载《法学》2018 年第 1 期，第 40-43 页；刘宪权："人工智能时代的'内忧''外患'与刑事责任"，载《东方法学》2018 年第 1 期，第 134-135 页；刘宪权："对强智能机器人刑事责任主体地位否定说的回应"，载《法学评论》2019 年第 5 期，第 113 页。

[4] 参见马治国、田小楚："论人工智能体刑法适用之可能性"，载《华中科技大学学报（社会科学版）》2018 年第 2 期，第 112 页。

主要有以下看法：一是积极说。新型社会责任论与人类社会遭受的威胁是强人工智能机器人承担刑事责任与承受刑罚的根据与基础。科学实证主义和道德二元论是人工智能成为犯罪主体的哲理基础，智能代理是人工智能获得犯罪主体资格的条件。人工智能主体虽然会冲击传统法律上"人"的地位以及法教义学体系，但其适应社会发展的正向需要，可以合理有效地处理各种"犯罪"现象以及疑难社会问题。尽管强智能机器人可以成为刑事责任主体，但并非所有的强智能机器人均是犯罪主体。[1]二是消极说。人工智能的本质是人类的辅助工具，不具有法律人格的属性，欠缺法规范遵从能力的意志性，缺乏刑法的可归责性基础，传统刑法理论体系下智能机器人不是刑事责任的适格主体。目前根本不可能通过人工智能设计出具有人类心智与意识的主体。人工智能短期内没有可谴责性和受刑能力，不具有可罚性的承担能力，无法实现刑罚目的，不具有犯罪主体资格。[2]三是折中说。人工智能是模仿人类智能的机器和程序，理性是自然人法律主体的判断标准，拟制是非自然人法律主体的判断标准。人工智能虽具有成为法律主体的合理性，但现阶段不可行。[3]理论上围绕人工智能主体是否具有刑事责任能力、是否可以作为犯罪主体与刑事责任主体等问题，形成鲜明的"对峙"立场，其认识论背景为：（1）人类中心主义的预设效应。消极论主要秉持人类中心主义立场。诸如智能机器人对善恶观和伦理观缺乏等

---

　　[1]　参见刘宪权、房慧颖："涉人工智能犯罪刑法规制的正当性与适当性"，载《华南师范大学学报（社会科学版）》2018年第6期，第109页；卢勤忠、何鑫："强人工智能时代的刑事责任与刑罚理论"，载《华南师范大学学报（社会科学版）》2018年第6期，第116页；刘宪权："人工智能时代的刑事责任演变：昨天、今天、明天"，载《法学》2019年第1期，第79页；彭文华："人工智能的刑法规制"，载《现代法学》2019年第5期，第135页；彭文华："自由意志、道德代理与智能代理——兼论人工智能犯罪主体资格之生成"，载《法学》2019年第10期，第18页；周详："智能机器人'权利主体论'之提倡"，载《法学》2019年第10期，第3页；刘宪权："智能机器人工具属性之法哲学思考"，载《中国刑事法杂志》2020年第5期，第20页；孙道萃："人工智能主体的刑法地位之积极论"，载《法治社会》2021年第2期，第73页。

　　[2]　参见时方："人工智能刑事主体地位之否定"，载《法律科学（西北政法大学学报）》2018年第6期，第67页；叶良芳："人工智能是适格的刑事责任主体吗？"，载《环球法律评论》2019年第4期，第76页；赵秉志、詹奇玮："现实挑战与未来展望：关于人工智能的刑法学思考"，载《暨南学报（哲学社会科学版）》2019年第1期，第98页；张镭："人工智能体可罚性辩疑"，载《南京社会科学》2018年第11期，第82页；郭旨龙："中国刑法何以预防人工智能犯罪"，载《当代法学》2020年第2期，第44页；皮勇："论医疗人工智能的刑法问题"，载《法律科学（西北政法大学学报）》2021年第1期，第134页。

　　[3]　参见吴高臣："人工智能法律主体资格研究"，载《自然辩证法通讯》2020年第6期，第20页；郭泽强："人工智能时代权利与责任归属的域外经验与启示"，载《国外社会科学》2020年第5期，第61页。

同的认知水平、不具备独立于人的权利和价值等理由，都是以"人的主体性地位"为前提得出的结论。在此逻辑的预设思维下，沿用人类社会固有的"人"之生理、心理等要素与标准，衡量智能技术及其应用过程中的"主体问题"，必然得出消极结论。这正是争议的认识论根源。由于智能技术的发展水平以及人类的认识能力等因素，当前肯定人工智能主体的刑法地位面临很大的认识论阻力，法理层面的拟制逻辑在说理上也难以令人信服。过于冒进不仅无法真正有效地澄清并解决该争议问题，也容易出现逆反现象。(2) 功利主义的现实取向。积极论主要立足于功利主义的现实需要，试图主动确认人工智能主体的刑法地位并解决新型刑事风险。"智能机器人具有独立的伦理与独立的人格，具备相对独立的限制性主体地位与权利内容"〔1〕的观点，是在现实需求下，遵循典型的功利主义思维而得出的结论。从智能技术及其应用水平看，一些智能应用产品具有高度的智能性，接近或基本达到法律意义上的自主支配能力。现代法人制度通过法律位格的拟制传统而得以确立，解决人工智能的主体性问题，也可以回到法律主体资格审查与确认的法理学层面。通过"位格加等"的法理之拟制素能，可以认为人工智能主体是模仿和拟制的"智人"。该概念可以将人工机器人提升至自然人的法律位格层面。〔2〕从法律拟制看，与现代刑法中的"人"的基本认识以及法律规定对比，人工智能主体也具有刑法意义上的刑事责任能力，可以依法确认其刑法地位。现实功利主义立场竭力回应智能时代的新型刑法问题，也预示当代刑法理论在认识论上的未来发展动向。在现有条件下，遵循功利主义立场的伸张与贯彻，首先需要攻克人工智能主体的基本要素、基本标准与刑法意义上的行为后果等难题，使刑法的确认条件"水到渠成"。一律由研发者、设计者等关联主体承担刑事责任，显然有失公允。

2. 积极论的正本

"只有人（犯罪主体）才能实施犯罪并承担刑事责任"作为一项传统刑法体系的定律，使倾力关注人工智能主体问题有其必然性，客观上折射出人类社会与人的行动主体地位可能陷入的"时代恐慌"。当前对人工智能主体的刑法地位之讨论，占据这场变革议题的旋涡中心。笔者认为，对人工智能主体之刑法地位的讨论，不能陷入"就事论事"的思维窠臼，应解决好以下问题，以强

---

〔1〕 参见刘宪权："人工智能时代机器人行为道德伦理与刑法规制"，载《比较法研究》2018年第4期，第40页。

〔2〕 参见张绍欣："法律位格、法律主体与人工智能的法律地位"，载《现代法学》2019年第4期，第53页。

化积极论的现实合理性，也即：（1）明确人工智能主体的本体概念。尽管从理论发展的趋势以及现实需要的反映看，明确人工智能主体的刑法地位是当前的首要问题，直接关系能否对人工智能主体所实施的危害或危险行为追究刑事责任。但人工智能主体的概念本身并不清楚或明确，目前可能主要表现为算法系统、算法程序、智能产品等智能技术的应用产品或形式等。这些是否可以作为刑法意义上的人工智能主体的对象有待澄清，更是技术性与规范性并存的疑难问题。忽视人工智能主体之刑法地位的本源问题，现有的对峙极可能偏离正确方向。例如，一些观点默认人工智能主体表现为程序、产品等，实质上是人类中心主义的认识产物，实质上默认人工智能主体并不是与人对等的"主体"，而是更智能的高级"人造物"。（2）智能程度的划分意义。从智能技术的本质规律看，基于算法与深度学习等特定因素，人工智能主体的智能程度呈上升趋势，使其可能达到或超越人的智力。因此，考察与评价人工智能主体的法律地位时，必须重点考虑智能程度这一基础因素，才能从法律层面对不同类型的人工智能主体及其法律地位进行"恰如其分"的等值评判与科学定位。然而，"强"与"弱"的智能程度之区分，是以智能产品的"强"与"弱"的程度及其所依托的程序为前提的。这种看法不仅在技术应用上偏于单一，在逻辑上也默许人类中心主义的前提；而且，可能导致理论上形成过于单一的思维框架，简化人工智能主体的智能程度的类型化特征。由于不便于以智能程度为要素，使人工智能主体的划分缺乏实践性与操作性，客观上可能影响准确界定人工智能主体的法律地位及其内涵。（3）锁定刑事责任能力的逻辑原点。从当代刑法的既有逻辑出发，刑事责任能力是讨论犯罪主体的核心要素。这种惯性思维自然延续到人工智能主体领域。借由刑事责任能力，考察人工智能主体的智能程度，判断是否具有刑法意义上的主体资格及地位，在方法论上是可取的，在操作上也具有可行性。例如，将智能程度与刑事责任年龄进行"同位思考"颇具讨论价值。但是，关于刑事责任能力的"类比"讨论，也要澄清人的意志自由之取舍问题。如若不进行刑法话语体系的有效切换，在"人工智能主体的意志自由"是否存在以及如何看待等问题尚不清楚之际，讨论人工智能主体的刑事责任能力显得不够审慎。同时，对于人工智能主体的刑事责任能力问题，仍应基于智能技术等特定因素，明确其本质内容；对刑事责任能力的程度划分，亟需确定判断的因素及其评价标准等。（4）现在与未来的阶段性分流。对于人工智能主体的界定，传统刑法体系处于逻辑悖论中。智能技术、智能程度以及人工智能主体的类型是变化的，加大了理论界定的技术难度。当前，智能技术及其应用仍无法支撑理论前瞻的需要，工具属性的特质依旧存在，无法"类人"地理解、执行法律等。在人类中心主义的立场下，人工智能主体不是"人"的"先入为主"效应仍将蔓延。因此，基于满足现实需要的"功能导向"，应当根据智能技术及其应用、智能程度等因素，区分不同层次、类型，运用立法、司法等多元路径，实现分阶段、分层次的发展性、动态化界定或确认，既保持发展姿态，也不扼杀理论的突破空间。对"人"与"智能人"的逻辑关系，应从更长远、更广泛的角度予以开放性地界定，不急于下结论，为刑法制度变迁预留足够的时空当量。

（二）人工智能犯罪：论争与界分

"什么是智能时代下的犯罪现象"是本源性的规范命题，受制于智能技术及其应用、法律规定以及理论发展的滞后现状，至今也未能形成具有共识性的初步界定。消极对待智能时代的犯罪之独立性，与消极论观点下的人工智能主体的刑法地位如出一辙。

1. 概念界定的不清

关于智能时代犯罪的概念，主要观点有：（1）抽象+具体法。人工智能犯罪包括侵害人工智能系统安全犯罪，智能化的传统犯罪，利用人工智能侵犯个人信息的犯罪，独立的外围人工智能犯罪，以及违反人工智能安全管理义务的犯罪。[1]智能时代犯罪现象是发展的，随机分类或笼统概括都不足以涵括新内容，也无法明确人工智能犯罪的本质及其内容、形式。（2）两类法。智能机器人在程序设计和编制范围内或范围外实施的危害行为，前者是依附并实现人的意志的行为，后者才是独立自主的犯罪行为。[2]这仅仅是从人工智能主体实施的危害行为类型，对人工智能犯罪予以非常有限的局部性"说明"，并未真正界定智能时代犯罪的本源内容。（3）三类分。智能机器人可能引发的风险，主要包括"不可控风险""可控风险""非法利用"（包括滥用或有意借助）等。[3]这种区分的标准并不"统一"，也缺乏足够的规范性。涉及人工智能犯罪，依据现行刑法可以分为"能规制""规制不足""无法规制"。[4]但这种界

---

[1] 参见皮勇："人工智能刑事法治的基本问题"，载《比较法研究》2018年第5期，第149页。

[2] 参见刘宪权："人工智能时代刑事责任与刑罚体系的重构"，载《政治与法律》2018年第3期，第89页。

[3] 参见庄永廉等："人工智能与刑事法治的未来"，载《人民检察》2018年第1期，第44页。

[4] 参见刘宪权、房慧颖："涉人工智能犯罪的前瞻性刑法思考"，载《安徽大学学报（哲学社会科学版）》2019年第1期，第108页。

定过于粗糙，缺乏章理和规范性的内容。有学者认为，应当区分利用人工智能主体作为犯罪工具、针对人工智能主体实施犯罪、人工智能主体独立实施犯罪等情形。[1]笔者认为，这对类比网络犯罪形态的分类具有一定的参考意义。(4)"科技犯罪"包括"人工智能犯罪"等犯罪。人工智能犯罪主要包括智能技术的研发和监管阶段，智能产品的制造和销售阶段、使用和管理阶段的抽象危害和具体实害。[2]该看法也存在概念不清等问题，"科技犯罪"并非规范性的概念，其分类也不科学。(5)人工智能犯罪的实质是人工智能算法安全犯罪，其保护法益是作为公共安全的人工智能"算法安全"。[3]这种看法明显缩小了人工智能犯罪的范围，是简单的唯算法（技术）论。(6)Web3.0时代的最大特征是智能性，个性化、互动性和精准应用服务的网络空间成为犯罪空间。[4]这将人工智能犯罪的核心特征也视为是Web3.0时代网络犯罪的核心特征，虽有其技术代际在演进轨道上的现实依据，但显然混淆了网络犯罪与人工智能犯罪的实质差异，更降低了人工智能犯罪的独立性。由此可见，智能时代的犯罪现象作为前提性问题仍不明确，导致研究的路径更多地表现为以下错位情形：一是重心后移到刑事责任与刑罚以及凸显的实践问题上，引发"头脚不一"现象。二是侧重智能时代个别性、具体性危害行为及其应对，对犯罪范畴的研究缺乏基础性、整体性与全局性。三是过度放大并依赖人工智能主体这一当前热点问题，存在本末倒置的缺陷，忽略了犯罪才是本源问题。四是智能时代犯罪的规范性研究不足，导致智能时代的刑法议题缺乏足够的教义学属性。

2. 规范性单薄的消解理路

"无犯罪，则无刑罚。"这充分说明了犯罪问题在刑法学中的重大地位及其意义。犯罪是一切刑法问题的逻辑起点，否则，刑法的一切问题都无从谈起。刑法主体是现代刑法学的行为逻辑核心，犯罪现象是规范判断的法定对象与起点。应当优先澄清"人工智能犯罪"这一最基础的范畴在规范层面所可能经历的变动与发展。既要阐明智能时代犯罪现象的本质，也要界定犯罪的规范内涵

---

〔1〕　参见王燕玲："人工智能时代的刑法问题与应对思路"，载《政治与法律》2019年第1期，第22页。

〔2〕　参见陈伟、熊波："人工智能刑事风险的治理逻辑与刑法转向——基于人工智能犯罪与网络犯罪的类型差异"，载《学术界》2018年第9期，第74页。

〔3〕　参见魏东："人工智能犯罪的可归责主体探究"，载《理论探索》2019年第5期，第5页；魏东："人工智能算法安全犯罪观及其规范刑法学展开"，载《政法论丛》2020年第3期，第107页。

〔4〕　参见刘艳红："Web3.0时代网络犯罪的代际特征及刑法应对"，载《环球法律评论》2020年第5期，第100页。

及其形式，以便通过立法予以确认，并为刑法应对、理论研究提供基础。当前，并没有真正触碰并澄清犯罪现象及其本质的"底线"问题，脱离了规范性的约束，不便于指引立法的展开以及理论体系的重构。这种非均衡性的研究局面亟待扭转。而其未来的突破点在于：（1）智能时代的犯罪是逻辑起点与界定意义。智能时代与当代刑法的碰撞仍在深度演变，对新型犯罪的界定，理论上需要克服不确定性、变动性以及阶段性等一系列变量，依法作出规范的界定难度很大。退而求其次，如若对人工智能犯罪作出阶段性的界定，也具有基础性意义，避免"无本之木"的纠葛。同时，智能时代的犯罪现象必然在形式与实质上发生剧烈变动，当代刑法体系的及时有效反应是关键。如若无法界定犯罪现象，无疑缺乏"对比"的基准，也难以准确把握调试的具体内容与变革的方向。当代刑法脱离"乐谱"地"演奏"，很有可能是脱离实际的"独白"。（2）智能时代犯罪的界定直接关系刑事责任、刑罚范畴。若不对"犯罪问题"作出精确的界定，对刑事责任以及刑罚问题的讨论及应对方式、效果等，可能偏离正确的方向。例如，对智能时代的犯罪本质及其构成要件要素、犯罪的类型及其特征等作出不同的界定，对追究刑事责任与施加刑罚均具有直接的影响，也决定当代刑法体系在多大程度上可以继续"留用"。（3）智能时代的犯罪构成体系筑起规范基础。犯罪现象的规范化载体形式是法定的犯罪构成，犯罪构成体系是认识、判断并制裁智能时代犯罪的合法途径与唯一凭借。对犯罪现象的规范分析，必须以犯罪构成的方式落地，才能确立智能时代犯罪现象的规范基础，从而上升到指引立法的高度，最终逐步建立教义学的框架与体系。（4）人工智能主体仍隶属于智能时代的犯罪内涵。在智能时代，"人工智能主体"与"人"的结构性关系往往被直观地摆在争论的首位。人工智能主体刑法地位的论争在很大程度上"代表"对犯罪现象这一本源问题的探究。但人工智能主体在本质上仍隶属于智能犯罪现象的部分内容。只有从本源探究智能时代的犯罪现象及其演进趋势等，才能更科学地界定人工智能主体的刑法地位及其意义。

（三）人工智能的刑事归责：分歧与超越

人工智能的法律责任问题已经出现，以"人"为逻辑起点的传统刑事责任理论受到一定冲击。这导致传统刑事责任理论及其规范判断面临更复杂的情况。

1. 理路虚化的现实隐忧

目前，关于人工智能的刑事责任问题，在宏观与微观层面都有所展开。主要有以下看法：（1）刑事责任能力的前提性意义。人工智能主体是否具备"类人"的刑事责任能力，是讨论人工智能主体的刑事责任的前提。[1]这强调肯定人工智能主体的刑事责任能力及主体地位是必要前提。（2）积极说。人工智能仅扮演工具角色的，适用代理人责任。人工智能行为的结果处于编程者或使用者的"自然—可能—结果"内，适用"自然—可能—结果"责任模式。人工智能行为完全超出设计者或使用者的预见范围，人工智能应独立承担刑事责任。[2]不同智能程度下的人工智能主体存在不同的刑事责任能力及刑事责任。（3）消极说。犯罪主体只有自然人或单位，人工智能不具有辨认与控制能力以及刑罚适应能力，不是适格的刑事责任主体，仍将坚守人类中心主义的责任体系。[3]例如，在弱人工智能语境下，自动驾驶系统不应作为犯罪主体或实行行为主体，传统刑法规定仍然有效。[4]可以类型化地援引或扩张适用不报、谎报安全事故罪，交通肇事罪以及生产者、销售者的产品责任。[5]上述宏观与微观的讨论，既说明人工智能主体的刑事责任问题已经客观存在，也为当前追究智能时代的新型刑事责任提供类型化的思路。而且，这些讨论也存在一些积极的共性，也即：一是充分肯定人工智能主体的刑事责任能力与刑法主体地位等前提性要素，继而对刑事责任问题进行讨论，可以避免出现"无源之水"的讨论。二是敏锐地兼顾人工智能主体的加害性与被害性，既追究人工智能主体实施危害行为的刑事责任，也对危害人工智能主体的行为予以规制。三是研究超前应用领域涉及的刑事责任问题，如智能驾驶领域的刑事责任问题。四是注重类型化研究，对不同人工智能主体设定不同的罪责边界，为全面透视智能时代的刑事责任问题提供丰富的视窗。这些积极的面向，不仅彰显学术关怀的前瞻性，也反映理论探索的有益性。但客观上也存在意识模糊不清、立场飘忽不定、功能导向不明、本质规律的契合性欠缺等问题，未来定位、理论转型与衔接等方面甚至存在一定的虚无主义倾向。

---

〔1〕　参见高奇琦、张鹏："论人工智能对未来法律的多方位挑战"，载《华中科技大学学报（社会科学版）》2018年第1期，第86页。

〔2〕　参见李婕："智能风险与人工智能刑事责任之构建"，载《当代法学》2019年第3期，第27页。

〔3〕　参见冀洋："人工智能时代的刑事责任体系不必重构"，载《比较法研究》2019年第4期，第123页。

〔4〕　参见周铭川："论自动驾驶汽车交通肇事的刑事责任"，载《上海交通大学学报（哲学社会科学版）》2019年第1期，第36页。

〔5〕　参见付玉明："自动驾驶汽车事故的刑事归责与教义展开"，载《法学》2020年第9期，第135页。

2. "拟制化" 逻辑的清源

当前，对人工智能的刑事责任问题的讨论，在很大程度上也是以人工智能主体的刑法地位为中心展开，难以深入传统刑事责任范畴窥探在人工智能犯罪时代可能遭受的真实问题与潜在的危机。之所以难以形成一定的共识，主要是未能追本溯源展开讨论。当前，既要考虑人工智能主体的刑法地位这一前提性问题及其潜在的辐射影响，也要从宏观和微观等角度，具体并规范地探讨智能时代刑事责任的本质问题与归责问题，笔者认为其可能的出路是"（立法）拟制"。具体而言，应特别关注以下几个方面。（1）智能技术伦理与罪责基础。传统刑事责任的社会基础是人的主体性这一逻辑起点，以及人类社会所秉持的伦理原则和道德准则，最终促成"人的责任"理念。在智能时代，人的主体性地位趋于下降的态势，新型智能犯罪现象日渐成为刑法调整的对象。人工智能主体的刑法地位以及与之相适应的伦理体系尚未建立等因素相互叠加，使刑事归责的外部社会基础不复存在，罪责的基础、本质特征及其内容都发生了新的变化。（2）算法规则与刑事归责。智能技术的运行核心是算法，在性质和功能上类似于"人的大脑及其思维"。算法及其规则承担人工智能主体的语言沟通、行动逻辑、责任观念等基础内容，对人工智能主体的法律行为、权利义务以及责任承担具有直接的重大影响。人工智能主体的刑事责任范围，应根据算法及其伦理逻辑，确立"负责"的主体与范围。但因智能技术处于快速发展的初期阶段，算法及其规则仍具有一定的神秘性、非公开性、不可视化、非透明化等特征。这不仅制造了人类认知的"暗箱区域"，也弱化了人类的控制能力，甚至可能纵容算法垄断以及"权力独裁"等不良倾向，导致人工智能主体的刑事归责陷入"技术空谈"与"实体虚化"等困境。（3）刑事责任的精细化研究不足。在现阶段，讨论智能时代的刑事责任问题，应具体阐述以下几个方面。一是归责对象。传统犯罪的归责对象是"行为符合犯罪构成的行为"或"实施危害社会的行为的人"。在智能时代，犯罪主体与犯罪行为都需要重新解释。二是归责的主体。传统刑法体系的归责主体是"法定的国家司法机关"，由司法人员依照授权具体实施。在智能时代，国家形态以及"人"作为司法人员等是否存续等尚无法预测。三是归责依据。刑事归责的依据包括犯罪构成作为归责基础、正当化事由作为归责要素，特别应充分考虑"人"的责任。在智能时代，上述共识必然面临"新旧交替"的命运。四是归责目的与归责结果。归责目的是在行为构成犯罪的基础上予以刑罚处罚，真正实现依法制裁罪犯的目的，往往表现为具有制裁性、剥夺性、惩罚性、预防性的刑罚措施。但是，既有内容在智能时代是否仍然继续有效或仍旧存在有待观察。在犯罪主体、犯罪等重大变量的前提下，传统刑罚体系也处在亟需作出同步变革的迫切状态中。

三、传统刑法面向人工智能的理论修正

以现实物理社会为基础的当代刑法体系发展至今趋于成熟。智能技术的应用与智能时代犯罪的出现，在很大程度上开始颠覆传统刑法体系的地位以及优势。面对动荡下的不确定性与变动性，单对人工智能主体地位、人工智能犯罪概念以及刑事归责等问题作出回答显然不够，更应当从全局整体提升当代刑法的制度供给体系。

（一）刑法制度与功能的适度重组

智能时代下当代法律转型命题的研究热度攀升不止。当代刑法深陷其中，何去何从命题备受关注。但真正令人担忧的是"问题意识"的匮乏与虚化，以及由此引发的制度定位不清、功能的无效化等问题。这是必须率先澄清的认识论前提。

1. 当代刑法根基的新面向

在智能时代，当代刑法学的基本要素持续发酵，新型变量交替更新，导致习以为常的当代刑法知识体系与结构陷入"撕裂"状态，倒逼当代刑法体系在以下重大问题上必须作出适度调整，也即：（1）人的"创制者"身份弱化与刑法性质的归真。近现代刑法首先是国家治理与社会治理的基本制度，服务于人类这一创造者与立法者。"工具属性"是刑法的天然特质。在智能技术的升级背景下，算法的智能化程度日益接近人类，导致人类作为刑法制度的"创制者"身份开始弱化。人类不仅可能最终变成人工智能主体的"统治对象"，甚至可能变成智能时代刑法的"调整对象"。（2）"人的主体性逻辑"淡化与刑事法治的颠覆。讨论人工智能对刑事立法和司法的影响，应当以人工智能法律应用的特征为基点，而其最大的效应就是逐渐消解人的主体性地位及其衍生的内容。例如，大数据与算法的深度结合，不断改变人主导下的决策方式，颠覆了传统决策方式的固有特征。当前，智能技术及其应用所引发的重大的变化，可以汇聚为"人的逻辑"之渐进消退。这使以人为中心的刑事法治图景命运不容乐观，而智能时代的刑事法治逻辑必须协调好人与智能时代的尖锐冲突。（3）社会历史形态与刑法历史形态的协同演进。智能技术及其应用的迅速发展，加速浸入人类生产生活方式，对人类社会及其历史形态形成潜移默化的

"侵蚀""分解"效应。智能社会时代的孕育与人类社会形态的"告别"正在交替的初期阶段，使人类社会与社会结构以及法律形态均受到影响。传统法律的后置性规制模式显然"吃紧"，当代法律体系应坚持主动性与前瞻性并存的法律变革立场，倡导回应型的法律因应机制。刑法是人类社会自工业革命以来所形成的重要法律文明成果，人工智能技术及其刑事司法领域的应用却裹挟诸多的不可预测性与不确定性风险。尽管无法准确预测"奇点"临近的时机，但对智能时代刑法体系的冲击波效应已然存在。

2. 重塑刑法功能的基本观念

智能技术带来前所未有的不确定性风险，但也蕴藏无法企及的未来可能性。在智能犯罪时代，当代刑法体系面临价值基础、功能设置、制度定位以及认识论等多方面的持续冲击。当代刑法的有效回应，首先要回归刑法的价值定位与功能安排的本源。既需要坚持理性的审慎态度，也要打破传统刑法的一些固见与知识禁区，保持必要的刑法学想象力，作出前瞻性的回应。也即：（1）调整对象的嬗变与刑法任务的内生转变。当代刑法理论自然以人为核心前提，预设所有的法律行为都由人实施与负责。未来的智能机器人不仅可能独立实施犯罪行为，还可能通过深入学习达到像人一样具有思维能力，刑法甚至可能走向自然人与人工智能并行的双轨制。当代刑法与智能时代的持续碰撞，首先引发犯罪现象在事实层面以及规范层面的变动。在此基础上，刑法调整的对象不再是人（法人）实施的犯罪，而是人工智能主体实施的新型犯罪。刑法的任务也不宜再是"惩治犯罪、保护人权"。针对智能技术带来的安全风险与挑战，作为"社会最后一道防线"的刑法，肩负保障社会稳定和健康发展的使命，应当通过必要的干预与及时的制裁保持适度的介入尺度。在智能时代，刑法不仅应当维护现行法律体系的安定性与有效性，也应当提升当代刑法维护智能时代的安全与法益的能力。（2）刑法的基本认识论立场与功能取舍。当前，人的主体性地位与人工智能主体的刑法地位相互排斥是知识摩擦的源头，而且呈现为不断升级的态势。在其背后，正是人类中心主义与现实功利主义相互博弈的场景及产物。在人类社会，人的主体性地位是最根本的内容，是现代刑法体系的根基。在智能社会时代，人工智能不仅是高级的智能工具，未来也可以是独立的法律主体。这种根本性、原则性的对立与冲突，是当代刑法体系必须优先澄清的基本认识问题。人类中心主义的相对保守性与封闭性，导致对人工智能主体的刑法地位等重大问题，陷入"人不具有可替代性"的道德与伦理循环。相比之下，现实功利主义秉持发展性、包容性的价值立场，兼顾法律的工具属性，试图统合各方需要，在目的与手段、价值与路径上实现一致。对于人工智能主体的法律地位等问题，现实功利主义立足于司法需要，寄希望于调试理论体系与立法规范，从而精准支持司法的诉求。由此可见，立场的取舍及其变通，对当代刑法体系的制度定位具有决定性的作用。基于智能技术的应用动态与趋势，应在人类中心主义与现实功利主义之间作出合理的取舍。（3）工具属性、主体性与刑法制度的演进。日益发展的智能技术及其应用形态，在一定时期内仍扮演"人造物"的角色，仍保留"工具属性"的外部特征，成为人类认识世界和改造世界的"新技术空间"。同时，智能技术的广泛应用，也使智能技术及其应用成为基本的生产生活方式的载体，甚至成为一种基本的社会制度，是智能社会建立和发展的最基本动力。更重要的是，在走向全面的智能时代的过程中，人工智能主体将获得日益独立的法律地位，甚至取代人的社会地位与法律地位。面对人工智能主体的刑法地位等系列变化，当代刑法制度应当对人工智能主体是否具有犯罪主体资格、人工智能主体独立实施犯罪是否像自然人犯罪一样承担刑事责任、现实社会的"人"对人工智能主体造成伤害是否应当承担刑事责任等重大疑难的现实问题作出解答。这种渐进性的制度演变与附随效应的叠加，是理解和构建智能时代刑法体系的重要认识论前提。（4）智能时代安全秩序价值与人的自由价值的共生性。在智能技术及其应用逐步深度左右人类社会发展的潜在前提下，技术的风险防控与技术应用的安全问题日益凸显。在网络犯罪时代，网络安全是首要关切，网络安全价值甚至在一定特殊情形下可能优位于人的自由价值。在智能时代，智能技术的安全价值与智能社会的秩序价值亦是焦点，甚至可能挤压人的自由空间。如果人工智能主体取代人的主体性地位，人的自由价值问题可能不复存在。因此，必须积极谋求智能技术发展与技术风险控制之间的人机和谐理念。尽管无法预测和控制人机大战的冲突，但为了更好地促进人类社会的发展与进步，应积极主动防控风险。当代刑法基于保障功能，适时介入智能技术及其应用过程中的刑事风险，具有天然且受社会公众认同的正当性。无论是对传统罪名进行扩张适用，还是创设人工智能的新罪名，都应当兼顾好遏制技术风险与不扼杀技术进步。

（二）刑法理论的本体重塑与规范具化

人工智能技术作为一项"制度变量"，既压缩传统刑法理论体系的生存空间，也释放无穷无尽的知识变革之制度活力。在这场渐进的制度变迁与转换过程中，应当通过符合刑法逻辑的方式，在刑法教义学层面积极扎根落地，充分确保刑法知识体系的时代迁移与发展完善处于规范化之下，以此确保其有效性。

1. 刑法基本范畴的质性重构

智能时代与当代刑法的知识碰撞是问题的根源所在。目前仅讨论人工智能主体及其地位、刑事责任、立法完善等，并不完整和全面，无法揭开其全貌。在宏观与微观上，针对当代刑法体系与智能时代的深度交锋，应着重处置好以下理论不适问题，也即：（1）犯罪本质的重识。犯罪始终是特定社会发展过程中的常态现象。事实层面的犯罪现象，只有经过立法者的确认，才会进入规范层面。智能技术及其应用迅猛发展，新型或交叉犯罪现象必然夹带智能因素，与传统犯罪的内容或形式都有差异。这是最本源的深层次问题，智能时代刑法诸问题都受其影响。只有全面认清智能时代犯罪的现象与本质，才能决定问题意识及其对策是否从一开始是真实且有效的。而且，犯罪概念的地位尤为重大，直接影响刑事责任、刑罚范畴。（2）刑事责任的续造。智能时代的犯罪在事实、规范以及价值层面的变化，也必然波及刑事责任范畴。算法是智能时代的核心线索，对人工智能主体的地位及其技术伦理有直接作用，是决定智能时代的刑事责任之根本性变量。在此情况下，需解决好以下新问题：一是独立人工智能主体的出现，使刑事归责的对象不再是"人及其实施的危害行为"。二是传统司法模式是由司法人员实施官方授权的归责活动，在智能时代，国家形态、社会以及人等元素是否依旧存在尚不得知，刑事归责的主体地位亦是如此。三是在智能时代，归责要素、归责原则以及归责结果等基础内容，都可能焕然一新。这宣告刑事责任范畴的异化动向。（3）刑罚的有效性延续。犯罪与刑事责任两大基本范畴都出现变化，作为末端的刑罚范畴及刑罚有效性等亦不例外。制裁的对象有所不同，制裁措施不能原封不动。这是刑法运行末端遭遇的新挑战。它包括：一是犯罪本质及其类型等前端因素的变动，基于"相适应"的实质要求，刑罚措施应有所调整。二是犯罪主体等因素基本将套上智能因素的影子，刑罚目的被迫随之改变。三是刑罚有效性是刑罚范畴的核心命题，作为制定刑罚措施、采取刑罚措施等一系列行动的总目标，必然经历动荡。（4）犯罪构成体系的再法定化。犯罪构成体系是犯罪概念、犯罪本质特征在法律层面、理论层面的具体载体与模型，也直接受到影响。它集中表现为：一是人工智能主体的出现以及升级换代，可能威胁"人的主体性地位"，人工智能犯罪主体或将到来。二是智能因素的加持，使智能技术可能成为犯罪对象，也可能作为犯罪工具，甚至可能出现人工智能主体独立自主实施犯罪的情形。这对犯罪构成体系的法定性造成巨大的冲击。三是智能时代的犯罪本质是否仍然是社会危害性尚需观察。即使表现为类似的范畴，也需要作出"智能化"的改造。四是变动中犯罪构成要件及其要素有待整体重构。例如，人工智能主体的刑法地位尚不明确，使主观罪过的讨论难以实质展开，包括人工智能主体是否存在故意或过失，"智能"程度与罪过的类型，直接故意、间接故意、直接过失、管理过失、监督过失等是否继续有效等问题。[1]

2. 刑法量变的规范元素

当代刑法体系正在经历智能技术及其应用所带来的制度渗透与功能蔓延。这些潜在的趋势和动态，对当代刑法体系的根基产生不同程度的"消解"，智能刑法体系也逐渐孕生和壮大。当代刑法体系面对这些突如其来的问题，"化解"的关键应当是预先明确智能刑法时代的基本要素，确保知识更迭有的放矢。在智能时代，遵循当代刑法体系的基本要素，可以预测如下重大的规范性变动，也即：（1）人工智能安全法益的基本统领地位。当代刑法所保护的法益首先是围绕人的中心地位展开，并延伸到人类社会的其他领域。人类中心主义下的法益保护观念，支撑整个当代刑法体系的社会基础、功能体系以及主体认同，也在本源上决定当代刑法学体系及其知识结构。在智能时代，由于犯罪的场域、刑法主体的更迭等因素相继迸发，可能形成新的法益保护对象，人工智能安全法益逐渐成为智能时代刑法的主要保护对象与任务设定的逻辑起点，不同于传统刑法任务与目的所涵括的法益。智能技术及其应用的变迁所引发的法益理念及其内容的进化，也在一定程度上宣告由当代人类社会的刑法体系走向智能时代的刑法体系趋于固化。（2）算法的刑法学意义及其正当化。智能技术的核心要素是算法以及相关的算法规则、算法伦理、深度学习能力等。基于深度学习能力而不断发展的算法系统，是决定智能技术应用的智能程度以及人工智能主体的法律能力、法律地位及刑法身份的关键因素，对智能时代社会形态的演进、犯罪的扩充、刑法体系的发展等，具有直接的正向决定性关系。但是，"透明社会"与"黑箱算法"是数据驱动社会的一对根本矛盾。智能技术及其应用日益自律化，使"黑箱"和失控的风险可能不断增大。在智能时代，具有自主学习与决策功能的算法，与人的行为逐渐分离并超越"人的工具化"范畴。算法基于海量数据运算配置社会资源，直接作为行为规范可以影响人的行为，辅助甚

---

〔1〕　参见刘宪权："涉人工智能犯罪中研发者主观罪过的认定"，载《比较法研究》2019年第4期，第101页。

至取代公权力决策并成为独立的决策者，严重挑战正当程序制度和权力专属原则，甚至发展为一支新兴的技术权力。[1] 正是由于算法作为最核心的变量与矢量，与人类时代的共识、原理以及理念是"互斥性"关系，导致由算法这一核心要素引发的渐进性"推倒重来"问题，持续冲刷当代刑法体系的实质与形式、事实与规范、制度与价值等侧面，也释放算法及其组成要素的刑法学意义。应当确立智能技术研发的规则、伦理以及政策，实现适当的、合理的、充分的规制。《新一代人工智能发展规划》初步明确了制度安排与主要原则，与国际社会已经形成的基本共识是相洽的。应当防范算法权力的异化，通过实体性与程序性的制度设计，预先明确算法的应用范围与限制条件，建立正当程序制度和算法问责机制，借助公民个人数据权利的排斥、后置性救济、行业自律、第三方监督等方式，竭力消除算法运行过程中的制度性、结构性风险。此外，在不同价值取向发生冲突时，应明确元规则之间的取舍及其优先顺序。[2] （3）技术伦理与刑法理性。智能技术及其应用正在推动人类社会及其社会结构、社会关系的变化，当代法律体系与形态必受影响。日益具有高度自主性的智能机器，可以自主作出高度"类人"的伦理推理和道德决策等，衍生出机器伦理问题。但是，智能技术存在不透明、不可溯、不可预测等问题，导致目标设定、数据读取、制度运行等方面存在不可控的制度性风险。同时，智能技术的法律应用可能存在算法偏见，正当性辩护与道德行为选择困难在智能时代的伦理方法论的多元性下更为复杂。这正是智能技术的司法化应用过程中所裹挟的新型技术伦理问题，尽管并不完全是人工智能主体的行为伦理，当前主要涉及研发者、设计者等的伦理规则。然而，在智能机器的创造过程，应深入探讨智能机器成为道德能动者的前提与可能，建立智能技术的可信任机制。[3] 这是智能技术伦理的司法归宿与实体预期。为了实现可信任的目的，应回归算法的统领地位，根据技术伦理的通用原则和人工智能的技术特性，通过有效的外部监督、研发与设计的把关、应用层面的审慎化、暂时搁置或排除信任边界等方式，实现人与智能技术的交互过程中逐步建立具有深度关联性的"可信任"人工智能的伦理框架。

---

〔1〕 参见张凌寒："算法权力的兴起、异化及法律规制"，载《法商研究》2019 年第 4 期，第 63 页。

〔2〕 参见季卫东："人工智能开发的理念、法律以及政策"，载《东方法学》2019 年第 5 期，第 4–13 页。

〔3〕 参见闫宏秀："可信任：人工智能伦理未来图景的一种有效描绘"，载《理论探索》2019 年第 4 期，第 38 页。

（三）"人工智能刑法学"的倡导

传统刑法理论与人工智能时代的"遭遇"与"对接"，触发刑法知识体系进化的重大命题。几乎没有"预设的前提"与"先前的经验"。既然是"摸着石头过河"，"试错"与反复修正是必然。当代刑法理论亟需自觉自发的深度调整。

1. 超越"离经叛道的抵制"与"保守主义的独行"的想象力

从学术史看，国内刑法理论界已经较早意识并关切智能时代的当代刑法之命运，试图在刑法学的想象力与知识体系的克制性之间努力寻求动态的平衡格局。但也存在不同的认识立场与分歧，也即：（1）开放式的前瞻。现行刑法制度的社会基础、存在意义、任务安排、功能设定等内容，可能正在经历一场裂变，"智能社会与刑法"逐渐取而代之。"无人驾驶与交通事故犯罪的胎变""智能医疗与医疗事故犯罪的虚化""智能创作与著作权犯罪的调试""人工智能与刑事归责原则"等问题都亟待作出理性回应。[1]这宏观地提出智能时代语境下的刑法转型命题，并对热点前沿领域作出前瞻性的分析。理论界也已经开始认识到，智能技术的应用，对传统刑事主体理论、罪过理论、行为理论、刑罚理论、立法层面以及既有的刑法理论等，均产生较大的冲击与挑战。[2]这特别强调犯罪主体正在遭受前所未有的冲击，甚至传统刑法体系的理论根基已经动摇，相应地，当代刑法体系理应予以解答。更重要的是，刑事司法智能化已是不可阻挡的趋势，逐渐搅乱传统刑事司法知识结构的稳定性与合法性，智能预测量刑更是蓬勃发展。[3]因此，智能时代对当代刑法体系的渐进性"渗透"可谓空穴来风。（2）封闭性的固守。根据现行民法与刑法体系，均能有效解决智能技术应用过程中新出现的问题，无需增设新罪名。[4]这基本上完全否定一场潜在异动的可能性，继而坚守现代刑法体系，并广泛地转向刑法解释路径。但这种看法的合理性有待确认。更有观点认为，智能时代的法律基础理论、法学的基本教义等未受到挑战，传统知识如何适用新场景才是真实的问题。当前，存在违反人类智力常识的反智化研究现象，概念附会、泛人工智能化等研究问

---

〔1〕　参见孙道萃："人工智能对传统刑法的挑战"，载《检察日报》2017年10月22日，第3版。

〔2〕　参见刘宪权："涉人工智能犯罪刑法规制的路径"，载《现代法学》2019年第1期，第75页。

〔3〕　参见孙道萃："我国刑事司法智能化的知识解构与应对逻辑"，载《当代法学》2019年第3期，第15页。

〔4〕　参见姚万勤："对通过新增罪名应对人工智能风险的质疑"，载《当代法学》2019年第3期，第3页。

题日益严重。[1]这是较为尖锐的反思与批评，基本否定智能时代对刑法予以前瞻的合理性与必要性。但是，人工智能时代的刑法学研究不能毫无"想象力"，否则将扼杀制度变革的前瞻性。（3）稳健型的释放。信息处理系统正在作为新的参与者（客体），甚至可能作为新的刑法主体出现。现有法律框架仍可以解决一些新问题，在刑事责任法等领域亦有体现。已被证明可靠的传统教义学结构仍然有效，除非是基于令人信服的理由予以排除。但是，具有自我学习能力的系统，对现行法律构成特别的威胁，当代刑法可以考虑引入新的危险犯构成要件。[2]智能技术及其应用已经给当代刑法及其实践带来新的变量，尽管人工智能是产品还是服务的问题仍存在模糊性，但人工智能程序很有可能会违反"理性的人应当知道"的法律规定并构成严格责任犯罪，特别是当其作为新的犯罪工具之情形。这说明智能时代的新型犯罪与刑事责任问题是客观存在的。[3]这场深度的互动仍将蔓延，何去何从仍有待观察。当前，对正在初始阶段的智能技术及其应用持"审慎"态度，理论界对当代刑法体系遭受的冲击也持较为乐观的态度。对当代刑法学体系的"信任"，也是对智能时代的刑法学体系这一潜在的发展命题的"担忧"。面向未来的讨论充满不确定性与未知的可能性。

2. 人工智能刑法学的演进前景

在人工智能时代，应秉持前瞻性的刑法发展与变革理念，警惕"过度刑法化"的规制倾向。对于智能时代的刑法演变，应注意以下几个方面：（1）人工智能刑法的历史属性。智能时代的刑法问题，可以概括为智能技术下的法律制度变革。传统社会形态下的法律制度，旨在满足社会治理与社会主体（人类）的要求。在智能时代，尽管人类社会的需要、人的主体性地位仍旧延续，当代刑法体系有其生存空间，具备化解智能时代的新法律问题的能力。但是，智能时代的主体需求、价值安排等问题都在发生变化。对当代刑法体系的功能调试、修正、修复以及增补，是有效应对智能时代之挑战的制度安排，也是促成刑法功能与智能时代的需求实现"黏合"的重要方式。既不会断然压缩当代刑法体系的合理性、发展性以及存在地位，也可以兼容智能时代的新要求。（2）人工

---

[1] 参见刘艳红："人工智能法学研究的反智化批判"，载《东方法学》2019年第5期，第119-126页。

[2] 参见［德］埃里克·希尔根多夫："自动系统、人工智能和机器人——一个刑法角度的定位"，黄笑岩译，载《法治现代化研究》2019年第1期，第87页、第94页。

[3] 参见［英］约翰·金斯顿："人工智能与法律责任"，魏翔译，载《地方立法研究》2019年第1期，第43-44页。

智能刑法的生成模式。智能时代刑法问题的出现与演变，必然暴露现行刑法制度供给的结构性矛盾，倒逼当代刑法体系面向未来的发展，也孕育刑法制度生成的基本动能与模式，也即：一是刑法理论变革的稳步推进。智能技术及其应用水平处于发展的状态，而类社会的固化结构、人的主体性地位难以短期内被撼动，当代刑法理论体系的社会基础根深蒂固，其历史合理性与现实合理性仍是主流。在智能时代，当代刑法体系的统治地位仍然长期存续，对当代刑法体系应坚持扬弃的态度，既要挖掘传统理论体系的"解释张力"，也应坚持稳步变革的立场，确保理论体系步入可持续性调试的轨道，反对简单的法律移植、新旧置换等急功近利的做法。以智能时代的行为及其理论为例，弱智能机器人实施的能动性行为，仍在人的意识支配下。强智能机器人自主实施的行为，是行为主体自由意志的体现，与自然人的意识支配无异。后者是刑法中行为内涵的应然拓展。[1]尽管智能时代的刑法体系暂时无法实现独立自主的生成模式，但可以逐步"嵌入"当代刑法体系，以"寄吸"的方式，与当代刑法体系保持交互融合的状态，形成增长点，倒逼当代刑法体系的求变。二是结构更迭的主次有序。从智能技术与当代刑法理论体系的"交锋"看，不同领域的化学反应不尽相同，最引人瞩目的是人工智能主体的法律地位以及人的主体性地位所面临的危机。由此，应优先讨论并解决人工智能主体的刑法地位问题。同时，利用智能技术的"工具型"犯罪现象等已经出现，刑事责任问题以及刑事制裁的更新问题接踵而至。智能时代的刑法知识结构调整应区分主次，有序地先行调试犯罪范畴，继而逐步调试刑事责任与刑罚等问题。（3）人工智能刑法的发展阶段。智能技术的核心内容是可以高度自动并"类人"的决策或行为，可以最终摆脱人类的自主控制。从智能技术的发展动态看，根据人类的实际控制程度，可以初步分为人工智能辅助和增强人类阶段、人工智能和人类共生共存阶段、人工智能控制人类阶段。[2]这种分类方法有一定的启发意义，对认识智能技术引发的社会变革、刑法制度变迁、社会发展形态等有参考意义。人工智能带给当下刑法的只能是量变型或质变型成长，只有假想的超级人工智能才可能导致

---

[1] 参见刘宪权："人工智能时代刑法中行为的内涵新解"，载《中国刑事法杂志》2019年第4期，第60页。

[2] 参见刘金瑞："人工智能的安全挑战和法律对策初探"，载《中国信息安全》2018年第5期，第70-71页。

刑法发生突变，但突变后的刑法已不再是当下刑法。[1]这种看法过于消极，对人工智能下的刑法量变与质变采取过于严格的质性评价。智能时代的发展阶段是最基础的社会因素，是讨论刑法制度变迁的社会前提。可以初步将传统社会与智能时代的"碰撞"，分为"传统社会仍处主导地位，但智能时代迅猛发展""传统社会与智能社会高度融合、难分彼此，但传统社会的主导地位开始下降""智能社会完全独立"三个阶段。智能时代刑法的变革图景可以呈现为：一是传统社会的主导期。智能技术的"工具属性"仍是重要特质，智能技术作为人类的最智能化之"工具"身份始终存在。而且，智能时代的"工具型"犯罪形态是主流形式，当代刑法体系具有强大的解释能力，可以解决相当部分的新问题，但立法完善非常必要。二是传统社会与智能社会的融合期。传统社会形态与正在成长的智能社会形态相互磨合，智能技术及其应用更进一步渗透到生产生活，人的主体性地位日益受到削弱。传统刑法体系面对新型智能犯罪及其引发的一系列问题，被迫作出调整。从刑法教义学的变革需要看，应当适时推动人工智能法学特别是刑法领域的发展，为创立智能时代的刑法理论基础等奠定条件与总体框架。目前，提出与探索人工智能法学课程大纲，[2]充分反映实践理性倒逼理论深入的现实诉求。三是智能社会的成型期。在可预见的未来，智能时代的社会根基与生存基础趋于成熟。由算法支撑的人工智能主体，在智能程度上将逐步接近或达到"人类"水平，其社会地位与法律地位将迎来根本性的转机。智能社会的成熟期与智能时代刑法体系的成型期，在理论上具有可预测性与现实性。

四、人工智能的刑法立法回应

智能技术及其应用带来持续性、结构性的变化，对现代刑法理论体系、规范体系、司法体系都产生了强烈的触动效应，从立法上作出及时的回应尤为迫切。

（一）立法变革的动向与检讨

立法是延续法律制度之生命力的基本途径。刑法在面对智能时代犯罪以及

---

[1] 参见董玉庭："人工智能与刑法发展关系论——基于真实与想象所做的分析"，载《现代法学》2019年第5期，第120页。

[2] 参见［美］凯文·艾希礼："数字时代的法律实践：一份人工智能法学课程大纲"，杨安卓、陈晓莉译，载《法治现代化研究》2019年第1期，第35页。

如何规制等新挑战时，立法的前瞻性意义凸显，不仅可以实现积极的司法规制效果，也可以推动刑法制度的变革进程，但有必要反思目前的立法观察与建议。

1. 制度茫然下的立法"破冰"

关于从刑法立法上应对人工智能安全，已经形成一些颇具意义的观点和建议。主要包括：（1）增设新型罪名。增设利用人工智能诈骗罪或信息网络诈骗罪；增设滥用人工智能罪之故意犯罪，增设人工智能事故罪之过失犯罪；修改侵害计算机信息系统类犯罪、交通肇事罪、危险驾驶罪等犯罪，增设人工智能重大安全事故罪，分则第六章增设扰乱人工智能活动罪、非法利用人工智能罪、非法提供人工智能技术罪并组成第十节"妨害人工智能发展罪"；增设人工智能监督过失罪、无人驾驶汽车交通事故罪等；《刑法》[1]第335条之后增加一款，专门规制有意识型手术机器人作为犯罪主体的医疗过失行为，完善医疗事故罪；将侵害人工智能系统及其数据犯罪、滥用人工智能系统及其数据犯罪等故意犯罪设置为危险犯，将人工智能研发者、制造者和使用者违反人工智能安全管理义务并导致严重后果的行为设置为过失犯罪。[2]（2）增设新的刑罚措施。人工智能具有刑事的可罚性，通过尽可能适当的量刑，对罪责非难进行量化，具体可以包括进行公益劳动、对机器人的身体进行干预、执行算法所违反规范的内容而进行重新编程、关闭机器人等。[3]在立法上，主要有可以增设新的刑罚处罚方式，如删除数据、修改程序、永久销毁、产品的停用以及算法的运行与系统操作、对智能产品及其应用等作出限制、禁止或删除等看法。[4]这些观点都以智能时代的犯罪之特殊性为主要前提，围绕人工智能主体等特定因素设计新

---

〔1〕　为表述方便，本书中涉及的我国法律法规直接使用简称，省去"中华人民共和国"字样，如《中华人民共和国刑法》简称为《刑法》，全书统一，不再一一说明。

〔2〕　参见吴允锋："人工智能时代侵财犯罪刑法适用的困境与出路"，载《法学》2018年第5期，第178页；刘宪权："人工智能时代的刑事风险与刑法应对"，载《法商研究》2018年第1期，第9—11页；王利宾："弱人工智能的刑事责任问题研究"，载《湖南社会科学》2019年第4期，第57页；陈结淼、王康辉："论无人驾驶汽车交通肇事的刑法规制"，载《安徽大学学报（哲学社会科学版）》2019年第3期，第116页；黄陈辰："手术机器人医疗事故中刑事责任的主体、归属与实现"，载《重庆大学学报（社会科学版）》2020年第3期，第3页；李文吉："论人工智能时代的预防性刑法立法"，载《大连理工大学学报（社会科学版）》2020年第5期，第96页。

〔3〕　参见［德］拉塞·夸尔克："人工智能机器人的刑事可罚性"，王德政译，载《中州学刊》2020年第10期，第48页。

〔4〕　参见刘宪权："人工智能时代我国刑罚体系重构的法理基础"，载《法律科学（西北政法大学学报）》2018年第4期，第49—55页；孙道萃："网络刑事制裁范畴的理论视域与制度意象之前瞻"，载《西南政法大学学报》2019年第4期，第112页。

的刑事制裁措施，有积极的参考意义。上述围绕罪名与刑事制裁措施的立法讨论，既反映理论界对人工智能犯罪的积极回应姿态，也显示立法应答路径在当下已经进入实质性的阶段。

2. "简化复制"弊端的消解

对立法完善路径的"青睐"，主要源自于"立法的主观能动性大"与"立法突破制度边界的张力大"等功利主义之考量。立法路径可以更灵活与主动地解决智能时代的新问题，从而避免刑法理论转变所需承受的巨大阻力与连锁反应。但是，当前的讨论存在"简化复制"的问题。也即：（1）犯罪化的需求与方向。传统刑法理论及其立法规定，与智能时代之间的格格不入正在加码，但刑法解释的空间仍然存在。当前，利用智能技术或人工智能主体实施犯罪的，如利用人工智能打码刷单属于智能"工具型"犯罪，可以纳入传统刑法的规制范围，只是对其他犯罪问题的规制"张力"明显有限。这触发刑法解释与立法完善之间的路径取舍问题。以自动驾驶领域为例，既要考虑通过刑法解释逐步解决新问题，也要通过加强刑事立法实现对本源性问题的根本化解。面对新型智能犯罪的涌现，立法完善与扩张解释可以相得益彰，立法完善的针对性、突破性以及变革性意义更为凸显，适度的犯罪化是题中之义。从现实需要及其内容看，立法的任务是解决"规范供给不足"，防止传统刑法及其理论陷入"滞后"。这从立法策略上决定立法的灵活性与犯罪化的必要性。从立法技术上看，局部修改已有刑法规范与罪名并非最好的选择，有些罪名的修改必要性明显不足，有些罪名作出局部修改后的效果"不伦不类"。增设相对独立的新罪名才更可取。这样既可以摆脱原有的思维窠臼，也可以提高立法的预见性与前瞻性，增加立法的科学性与适应性。必要的犯罪化走向立法的前端，也使立法的正当性"担忧"反复重现，犯罪化及其遏制是持久的争议点。（2）罪名增设的合理性与科学性。在犯罪化的导向下，增设新罪名成为当前的讨论热点区域。上述立法建议涉及的面比较广，主要分为个别性立法与类型化立法，而其核心可以归结为增设智能时代的法定犯罪问题。但是，它与当代刑法的罪名体系之间的关系以及立法上的参照、比对关系等尚不明确，显然不是简单的"类似"关系。这导致主要根据现行罪名体系进行"比拟"，在方法论上存在"简单复制"的粗疏问题。"旧瓶装新酒"的做法，可能整体上弱化了立法的体系性、科学性。例如，人工智能主体、智能犯罪等都是不确定的前提性因素，应重述智能犯罪是否存在故意或过失形态及其内涵的新表述以及行为理论的调试等。（3）刑罚范畴更新的有效性。通过立法增设新型刑罚措施已经纳入议程，如删除数据、修改程序、永久销毁等，在内容上具有新颖性。但是，人工智能主体是否可以"类人"地具有"承担刑罚的能力"（具有可罚性）的末端问题仍存疑，与人工智能主体的刑法地位息息相关。只有肯定人工智能主体的刑法地位与能力，才能进一步确认其可罚性。这是预设的思维前提，但并不必然成立。当前不乏借此逻辑质疑人工智能主体的可罚性之前提存在的观点。在智能时代，对刑事制裁措施进行更新，既应考虑智能时代犯罪的本质特征，也应重视刑罚处罚的有效性，充分确认刑罚目的之正当性，实现刑事制裁功能的针对性与技术制衡的目标。

（二）立法完善的科学路径

立法往往是应对社会变革的首要选择。面向人工智能的立法仍然尤为必要，应特别注重前瞻性与预见性，确保立法变革的科学性与有效性。立法先行富含"能动效能"，驱使更充分挖掘传统刑法理论的优良基础与变革要素，使传统刑法理论体系面向智能时代的知识变革更主动，也延续当代刑法体系的生命力。

1. 立法供给方略的均衡性

立法是对犯罪现象及其趋势的客观反映，深受社会政治经济文化以及刑法学原理体系的左右。在智能时代，刑法立法不能脱离刑法理论体系的发展动态，应将专属的理念与价值予以制度化、规范化，有序推动刑法理论体系的变革，实现立法与理论发展的相一致，从而构建综合性、立体化的立法供给机制。展开而论：（1）刑法知识新旧理性进化的指导观。在智能时代，当代刑法体系的"传统窠臼"弊端呈加剧的态势，注定当代刑法体系面向智能时代的知识变革命运。但传统刑法理论并未全部即刻失效和失灵，或整体上陷入崩溃边缘，不能过度放大个别与局部问题的负面效应。应当坚持"扬弃"的立场，恰当地激活传统刑法理论体系，对现有刑法规定进行取舍。智能技术及其应用触发的这场变革是渐进与缓慢的，过度强调智能刑法体系的独立性与成熟度，虽有"面向未来"的前瞻性意义，但立法不宜操之过急，防止出现"揠苗助长"的畅想与隐忧。（2）立法先行、理论联动与司法能动的"整合型"机制。智能时代的法律体系尚处于空白状态，对刑法保护提出更为严峻的挑战。尽管通过刑法解释可以对个案起到短期性或临时性的规制效果，但长远看，现有理论与立法显然都不足以解决新问题，立法调试与理论转型是必然趋势。立法应当先行，但理论变革不能滞后，司法变革更应同步跟进。一是立法先行应摆在更突出的位置，既可以对个别性或特定性问题采取针对性、局部性的调整，填补规范不足的问题；也可以类型化地对一些问题进行适度超前布局和规制，尽可能地提高立法的"后延性"效果，为有效规制新型犯罪问题预留更充足的回旋空间。二是理论体系的调试势在必行。刑法理论体系始终是发展和变化的。面对智能时代的各项挑战，当代刑法体系在局部环节作出调整，是刑法理论体系保持功能适宜性的必然选择。三是终端的司法应对应保持必要的创新性与功能性。立法规范供给不足、理论跟进迟缓，倒逼司法保持必要的创新性，培育类型化的功能内容，为立法与理论提供素材和基础。例如，尽管立法与理论并未对智能驾驶犯罪问题作出前瞻性的调整，但是，司法环节可以确立类型化的司法裁判规则或持续发布典型的指导案例。

2. 立法完善的内在侧重与外部关联

智能时代对现行犯罪、刑事责任、刑罚的冲击不同。立法反应要注重区别对待，合理侧重，保持层次性、类型化以及体系性，突出立法的有效性与科学性。具体而言：（1）立法的专属性与前瞻性。在智能时代，立法旨在保障智能技术及其应用的健康有序发展，积极防控不确定性的风险，调和其与传统刑法的互斥现象。人工智能带来法律领域的新问题，但法律转型不能简单地跟着技术跑。传统刑事法治体系仍旧在很长时期存续，可以在现有法律体系基础上予以调整。这是当前应当坚守的制度底线，实质也是稳妥的"调和主义"。但是，智能技术作为"类人"的现代信息网络技术，在算法主导运行下，人工智能主体的法律地位不断夯实，使智能时代的犯罪及其催生的新型刑法问题必然具有显著的专属性与独立性。因应智能时代的刑事风险，必然要求刑法立法具有专属性与独立性，内容上应保持前瞻性与预见性，防止立法修改"亦步亦趋"，滞后于智能技术的发展速度。这要求智能时代的刑事立法遵循技术发展与法律协调的基本原则。（2）刑法规范供给与犯罪化的尺度。立法求变的初衷首先是为了缓解"刑法规范供给不足"的局面。而其症结在于，传统刑法理论体系指导下的立法，始终都无法直接规制智能时代的刑法问题。尽管这一立法缺陷是社会历史发展必然出现的问题，不完全是立法科学性问题。但为了能够对一些已经在客观上造成危害结果或具有高度危险性的新型犯罪行为予以制裁，立法被赋予相当显著的"犯罪化"预期。因为"规定某种新的行为不是犯罪"无疑是多此一举。尽管犯罪化是鲜明的时代任务，是解决规范供给不足的首要方式，但仍应坚持科学、审慎的态度，保持合理且适度的犯罪化，防止过度扩大犯罪圈。进言之，智能时代的刑法立法，应当遵循发展优位与风险管控的兼容性立场。以犯罪化为重要内容的立法，既要保障智能技术及其应用的发展，也要防控潜在或已然的刑事风险。（3）分则修改的灵活性与自主性。智能时代的新型智能犯罪不断涌现，立法面临"时空差"挑战。在很长一段时期内，个别性、类型化的犯罪问题是立法修改的主要对象。刑法分则的修改是主战场，应坚持灵活性原则，既要解决现实中的突出问题，也要兼顾立法的可持续性。在立法内容上，可以倡导自主性，甚至与总则的一些规定存在"不一致"，形成一种良性的"分则倒逼总则修改"的可行性机制。（4）总则修改的稳健性与审慎性。分则的修改，不仅为总则的修改提供基础，也不断"倒逼"总则的修改。但总则规定的修改"牵一发而动全身"，要坚持稳健性与审慎性的基本要求。对于条件成熟的，可以及时作出规定；条件不够成熟的，仍宜率先由分则作出调整。总则的修改，应与刑法理论体系的转型步伐保持协调，既要充分反映理论的新发展和变化，也要合理通过总则规定的修改来推动理论体系的完善，促进理论与立法之间的良性互动。（5）立法经验与立法技术的交替传承。立法经验具有传承价值，人工智能立法可以合理保留和采用成熟的立法经验，如继续采用刑法修正案的立法完善模式。承继传统立法技术的要点在于：一是直接修改现有罪名与直接增加新规定究竟孰优孰劣，具体需要根据实际情况决定。二是罪名性质究竟采取结果犯还是危险犯，以及是否明确规定"立法定量"问题，需要具体情况具体分析。三是应当坚持立法定量模式，同时重新设定智能时代犯罪的定量因素体系及评价标准。（6）刑法立法与智能法律体系的有序协同。智能时代将出现大量的新型法定犯罪，为了确保立法的合法性与正当性，必须妥善协调好与智能时代的法律体系之间的互动关系。目前，针对人工智能的立法问题正在紧锣密鼓地进行，特别是智能驾驶等应用成熟的领域。随着智能时代的法律体系不断丰富与完善，应当预先规划好法律体系的内部关系与立法协调工作。从立法反应的迫切性、时效性看，行政法律体系往往率先介入，发挥行政监管作用；民商事法律体系紧随其后，保障市场主体有序参与、保障交易秩序等。在时间顺序上，可以形式上认为刑事法律体系往往靠后才介入。但是，为了及时有效地规制智能技术的法律风险，刑法可以遵循功利主义，基于保护智能安全的需要而率先介入，并倒逼智能时代法律体系的调整步伐。

五、结语

总体看，当前对人工智能刑法核心问题的研究仍存在不少问题。但最大的短板就在于缺乏遵从"学术研究"的有效性维度，特别是对前瞻性的顾及不足，导致运用传统刑法体系回应当前最突出的三大基本问题时尤为掣肘。只有从人工智能技术及其应用的规律、特征等出发，才能更理性地对上述问题作出研判。当代刑法制度必须直面人工智能时代的挑战以及危机，建构符合中国刑法学场域与需求的应答机制迫在眉睫，但也尤为困难。然而，"人工智能+法律"的学术热度，似乎在短时期内经历"过山车"的两个极端。由"极热"到"骤冷"的风向标之更迭，透露出人工智能刑法学研究的浮躁与虚无，也折射出人工智能时代的刑法知识应变基本上被搁浅且无效。应当透视晚近学术研究盛况之下的缺陷与不足，归结这场讨论的偏差与误区。只有整合碎片化的知识应答，从刑法学体系的整体出发，围绕人工智能与当代刑法交互后的真问题，展开发展性、阶段性以及前瞻性的观察、评议以及预测，才能输出具有整全性与有效性的供给方案。

第二章

人工智能的刑法理论：嬗变与供给

人工智能时代的加速到来与人工智能主体问题的出现，正在颠覆近现代刑法始终围绕人的主体性地位展开的立论逻辑与功能体系。人的主体性地位加速弱化，引发一系列全新挑战并裹挟刑事风险，策动传统刑法理论的变革。人工智能"手段型""对象型""独立型"犯罪日渐演变，倒逼规范应对的思路更新，应向刑事责任能力注入新内容，顺势酝酿犯罪论及犯罪构成体系的解构与重构。人工智能主体的伦理基础正悄然突变与形塑，触发刑事归责依据匮乏等难题，应消解算法统领刑事归责的合法性隐忧，妥定人的意志自由及其归责的实然地位，修复"人对自己的行为负责"之罪责伦理观，探索多元化的刑事归责体系。传统刑事制裁观念未能幸免，应设计专属于人工智能时代的新型刑事制裁体系。

一、问题的提出

《未来简史 从智人到智神》曾预测未来之法：人工智能在未来将获得统治地位，人类的法律将变成一种数字规则，除无法管理"物理定律"外，将规范人类的一切行为。[1]人工智能技术的广泛应用，凸显人工智能技术伦理及其风险治理等问题的紧迫性与重要性。人工智能与现代法律加速交互乃至冲突。近现代法律体系如何应对人工智能的风险及其不确定性因素，以及能否推动法律体系与时俱进等问题越发凸显。刑法制度在整个法律体系中起到举足轻重的作用，它与人工智能的遭遇战已然上演，迫切需要探讨人工智能时代可能带来的严峻挑战及其对策。[2]理论界对当代刑法积极回应人工智能存在不少担忧与

---

〔1〕 参见［以］尤瓦尔·赫拉利：《未来简史 从智人到智神》，林俊宏译，中信出版社 2017 年版，第 280-283 页。

〔2〕 参见董玉庭："人工智能与刑法发展关系论——基于真实与想象所做的分析"，载《现代法学》2019 年第 5 期，第 120 页。

质疑。[1]但是，积极乐观的前瞻性探索亦不甘示弱。[2]尽管人工智能对法律制度的缓慢"冲洗"是这场巨变的客观效应，但也展示出刑法变革的"无限潜能"。人工智能技术及其应用具有双面性，不能因其潜在的负面影响而因噎废食。在挑战与机遇并存之际，刑法更加应当统筹应对人工智能带来的安全问题。人类社会应重新思考未来的可能性，更理性地塑造和引领人工智能的发展而"不失位"。当代刑法制度正在遭遇多重发展危机，适时予以调整才能彰显刑法积极变革的时代气度。从规范维度作出前瞻性的应对是根本之路，甚至畅想"人工智能刑法学"也是有依据和意义的前沿探索。[3]

二、人工智能刑法的理论课题

人工智能技术及其应用，对"人的主体性地位"与人类社会结构的增量冲击与分离态势，已经使当代刑法制度开始承受诸多挑战。这是当前问题的肇始。

（一）"人的主体性地位"与刑法根基原点的动荡

人工智能时代首先可能动摇人的主体性地位及其命运，这对当代刑法不免形成剥离效应，也成为人工智能与当代刑法交锋后的首要风险所在。

1. 离经叛道中的"人的主体性地位"

人工智能技术可以模仿和复制人脑的智能，虽不是人的智力与经验，但能"类人"地作出价值判断，在技术上可以模仿甚至超越人类智能。过去被动执行人类设计程序命令的智能机器人，不断增强自主性和创造性，使"人工智能主体（智能产品、智能机器人等）将来能否超越人这一法定宿主"的担忧愈演愈烈。人类社会的"数字化"程度与"物化"趋势递增，以至于"人"可能被"物化"（客体化）的认识绝非杞人忧天。这将触发"何以为人，人将何为"的本源"生存"问题。因为人工智能技术一旦脱离"人"的束缚，以不断加速的状态重新设计自身，人类由于受到漫长的生物进化的限制，将无法与其竞争甚至被取代。在现阶段，人工智能主要是人类主体改造世界的新实践工具，现实社会基础仍决定人类未来走向。机器与人有本质差异，机器的本质是工具，人仍优于机器，不至于引发人的主体性地位崩塌。尽管目前让人类真正忧虑和恐惧的上述事实，仍缺乏坚实的理论依据与大规模实践，甚至还可能夹杂对人工

---

[1] 参见刘艳红："人工智能法学研究的反智化批判"，载《东方法学》2019 年第 5 期，第 119 页。

[2] 参见刘宪权："对人工智能法学研究'伪批判'的回应"，载《法学》2020 年第 1 期，第 3 页。

[3] 参见孙道萃："人工智能刑法研究的反思与理论迭进"，载《学术界》2021 年第 12 期，第 64 页。

智能的拟人化威胁的过度扩大化。然而，围绕人工智能主体是否可以且最终替代人的主体性地位所展开的争论异常激烈，[1]充分说明事态的严峻性。例如，Facebook 设计的人工智能机器人可以自主发展出人类无法理解的独特语言，为避免陷入道德伦理的"失控"，最终关闭了引起广泛争议的"开发人类无法理解"的沟通智能对话机器人项目。人工智能对"人的主体性地位"的冲击与侵蚀，已经从人类语言这一最基础环节开始渗透。人工智能主体通过深度学习的方式，进化出不可思议的"智能"突变，涌现出具有主体性的自由意志与专属的社会交往语言。未来可能独立存在的智能机器人与人工智能社会并不令人意外，而是现实物理社会高度"进化"的结果。更现实的是，在沙特阿拉伯举行的"未来投资倡议"大会上，高仿真"女性"机器人"索菲娅"被授予沙特"公民"身份，成为史上首个获得"公民"身份的机器人。[2]在人工智能的不同技术代际或应用阶段，人工智能与人的关系是变化的。特别当出现人类社会或将分阶段转变成为由人、强人工机器人和"智能人"组成的三元结构社会等复杂情况时，极有可能出现人际相处模式的转变、人的情感倾向的质变、人的意志能力的削弱、人类对算法的恐慌等诸多人类生存隐患。"智能人"的最终出现以及难以预测的人类危机、生存危机与重大社会问题等，加速"人"的地位和生存语境、"人之何为人""人是否还是独立的人"等问题迭出，使传统刑法立足的根基陷入灾难。尽管这种生存危机是面向未来的预测。

2. "人本"理念的弥散效应

作为人类社会文明的智力产物与社会治理工具，法律制度，尤其是刑法等部门法，在脱离"人的主体性"的成立前提与基础后，必将经历法律是否存续、法律如何产生、法律为谁服务、法律由谁监管等重大制度蜕变的潜在危机。公认的是，自从人类社会有了犯罪与刑法后，犯罪人、罪犯、行为人等概念便随之产生。近现代刑法确立了犯罪主体概念。它贯穿犯罪（认定犯罪）、刑事责任（刑事归责）与刑罚（确定刑罚）的全过程。自然人自始至终是犯罪主体的绝对主导类型，法人也是近几十年的新生主体。一般而言，自然人具有相对

---

[1] 参见孙道萃："人工智能主体的刑法地位之积极论"，载《法治社会》2021 年第 2 期，第 73 页；郭泽强："人工智能时代权利与责任归属的域外经验与启示"，载《国外社会科学》2020 年第 5 期，第 61 页；彭文华："自由意志、道德代理与智能代理——兼论人工智能犯罪主体资格之生成"，载《法学》2019 年第 10 期，第 18 页；周详："智能机器人'权利主体论'之提倡"，载《法学》2019 年第 10 期，第 3 页；皮勇："人工智能刑事法治的基本问题"，载《比较法研究》2018 年第 5 期，第 149 页。

[2] 参见牛绮思："沙特授予机器人公民身份，是惊喜还是惊吓？"，载《中国经济周刊》2017 年第 43 期，第 13 页。

的意志自由，具备辨认能力与控制能力，是其实施犯罪、承担刑事责任和接受刑罚处罚的哲学基础与法律基础；对于单位或法人而言，则是法律拟制犯罪能力、承担刑事责任能力。人工智能技术的纵深演变，可能使刑法中习以为常的自然人地位处于不确定的异常状态。它集中在：（1）人的刑法主体格局之替代性。2016 年，阿尔法围棋（Alpha Go）作为战胜围棋世界冠军的人工智能程序，见证人工智能研究及其应用的突破性进展，引发"人不再是唯一的统治者""人是可以被超越的"等担忧。"人"从绝对的神坛逐渐跌落与人工智能应用范围的扩大，将对人类社会自古以来形成的"人的主体性"等认识论构成根本冲击。从技术条件看，人工智能主体可以具有独立自主的行为能力，有资格享有法律权利并承担责任义务，也应当具有法律人格。[1]如此一来，人工智能主体或将取代裹以肉身的自然人，甚至演变为刑法主体，可以实施犯罪、承担责任和接受惩罚。[2]譬如，智能驾驶汽车冲击传统交通事故犯罪的"共识"，包括"人"不再是法定的驾驶主体与危险制造者，也不能直接作为责任主体等。[3]这直接摧毁了当代刑法的逻辑起点以及传统犯罪观念的整体合理性。"人"不再是犯罪的主体，将摧毁传统刑法制度的根基。尽管从"图灵测试"、神经网络算法与翻译程序等技术看，当前人工智能技术或产品，仍属于人类主动界定的"拟人智能"，在未来很长时期内都可能是从属于人类的工具。但是，量变的基本趋势不可阻挡，"以人为本"的刑法立足点将逐渐受到侵蚀。（2）人工智能主体的"纯粹犯罪工具化"倾向。人工智能技术与人工智能主体，可能成为人实施犯罪的新工具。人工智能主体的不透明性、规模效应及损害性等特质，也可能造成歧视、个体损害等不利后果，甚至异化为"杀伤性数学武器"等。在现阶段，人工智能技术的非可视化、可控制性偏低、计算过程的非透明化、运行结果的难逆转性与不可救济性等情况，不仅是其技术危险的真实写照，也使人类社会面临巨大的制度危机，更将当代法律制度何去何从推向抉择的关口。这反映当代刑法制度的历史局限性及其规定的滞后性。虽然人工智能时代的到来及其对刑法的渗透是一个渐进的浸入过程，传统刑法体系仍长期占据主

---

〔1〕 参见刘宪权："智能机器人工具属性之法哲学思考"，载《中国刑事法杂志》2020 年第 5 期，第 20 页；刘宪权："对强智能机器人刑事责任主体地位否定说的回应"，载《法学评论》2019 年第 5 期，第 113 页。

〔2〕 参见孙道萃："犯罪主体的网络化演变动向与立法修正脉络"，载《中国应用法学》2019 年第 5 期，第 156-158 页。

〔3〕 参见［日］松尾刚行："关于自动驾驶汽车与刑事责任的考察"，载《法治现代化研究》2019 年第 1 期，第 95 页。

导地位。然而，在两股强大力量的相互角力过程中，传统刑法坚守的"以人为本"立场必然有所弱化。如果不改变司法适用策略并从立法上作出调整，极可能无法有效应对智能时代的新型犯罪及刑事归责问题。

3. 刑法工具属性的质变

现代刑法制度是人类社会有组织地反应犯罪的"人造物"，是人类社会控制犯罪的"高级"手段，是人类治理社会的重要工具与制度供给措施。[1]近现代刑法以人的主体性为前提、以人的危害行为为调整对象，力图实现社会有机体的团结与安定。但是，这种坚固的认知体系，更容易在人工智能犯罪时代由内而外坍塌。刑法工具属性的"式弱"之质变趋势，主要表现为：（1）"人"主导刑法治理观念的脱逸。人工智能正在悄然改变"人"的地位及其所组成的"人类社会"的进化规律与生存结构，人工智能主体作为目前依附人与人类社会的"人造物"，导致"人"的前途命运加速弱化。在真正的智能时代，即使存在作为创物者的"人"，但"人"更可能成为人工智能时代的附属物，缺乏完全的独立性与主体性，甚至是人工智能社会的管理（统治、规制）对象。这严重冲击法律制度作为服务人类社会的历史产物与人类法治文明成果的稳定性。在人工智能时代，法律制度很可能是"治理人类"的另类"工具"，包括刑法等传统法律制度只是这场人工智能变革时代缓慢推进后的"物化"结果。究其根源，"人"作为创物者的主体性地位的彻底旁落，使刑法制度的"物化"（客体化）问题不断加剧。尽管人类制定的任何法律都具有必然的滞后性，但对法律问题的思考应当遵从前瞻性，否则，刑法内在的滞后性将被进一步放大，成为刑法止步不前的累赘。鉴于人工智能社会与人工智能主体的发展轨迹趋于清晰，应酝酿与智能社会、智能人相匹配的专属法律体系，重新认识法律功能与人的地位关系，重新审定刑法价值与机能等问题。（2）人机关系趋于紧张。技术进步往往是人类认识和解放自身的过程。机器从客体变身主体，也使人类的主体性地位更凸显。这种"人机友好"模式是技术与法律相互融洽的良性状态。智能技术的不断升级必然"制造"出在智力上可以比肩人类甚至超越人类的新"物种"，破坏人类在世界中心的主体性地位。由技术引发的人的主体性丧失及恐慌，加速消损和谐人机关系，更压制人统领法律与文明的能力，法律制度很可能置换为智能人的"御用工具"。"人机"的对立性叠加在主体性的对

---

[1] 参见高铭暄、孙道萃："总体国家安全观下的中国刑法之路"，载《东南大学学报（哲学社会科学版）》2021年第2期，第59页。

峙下，搅乱刑法遵从立法目的与宗旨进行治理的有效性，惩罚犯罪和保障人权的常态工作也难以为继，也迫使当代刑法以发展的眼光审慎看待人工智能的工具性与独立性的治理功能。（3）"智能人"的监管难题。在真正的人工智能时代，人工智能主体作为生产生活的基本主体，极可能最终完全脱离其现存"宿主"之监管，甚至摇身成为"统治"智能社会的主体。"智能人"的深度学习能力不断提升，对其监管变得极为困难，甚至引发重大的社会安全问题。对于"智能人"，可能缺乏技术的制衡性或"人"的可控性；人工智能社会格局中的传统刑法，可能成为"智能人"脱离人类社会管控的"物化"之果。在发展初期，"强监管"仍是刑法保持可控能力的前提；在发展中期和后期，人的监管与"智能人的自治"相互博弈是主旋律。然而，当代刑法与人工智能主体的关系定位一旦相向而行，刑法功能的发挥将受到限制，刑法的工具属性将大打折扣。智能时代使当代刑法是否继续为人类所用的功能定位问题摇摆难定。与智能时代的对立乃至逆转风险亟待疏解，传统刑法制度的进化与自发修复过程被人为地"阻隔"。这需借助理念调试、立法修正等合法途径实现。

（二）传统刑法遭遇"规范异化"的端倪

当下，人工智能技术不再是纯粹方法论层面的技术优势，"技术映象"的初始认识开始消退。人的主体性地位开始受到实质动摇后，人的自由意志亦受削弱，人类的法治文明丧失"人可以控制和改造"的前提，进而侵蚀传统社会的固化基础与关系纽带，动摇传统刑法的生存根基与功能设定，更引发当代刑法的发展危机。当代刑法开始自觉或被动地如实反映这场变革及其诸多的呈现形式。

1. 传统刑法功能的缩减

人工智能技术的超人类属性，裹挟不确定性风险与潜在的技术不可逆转性，可能带来不可估量的重大制度性风险，直接危及人类的自身安全及其存在地位。传统法律功能的独特性可能正在丧失，诸如法律规范的稳定性、规范的可期待性、法律类型的兴替以及固化的运行模式等。[1]传统刑法体系也难免出现失灵、失效问题，触发了当代刑法制度的信任隐忧，进一步恶化了当代刑法的社会生态。上述局面可能使当代刑法功能出现缩减问题，它表现为：（1）刑法制度的位移与刑法体系的变迁。人工智能的发展使以"人"作为规制对象的传统

---

[1] 参见余成峰："法律的'死亡'：人工智能时代的法律功能危机"，载《华东政法大学学报》2018年第2期，第5页。

刑法制度必将发生质变，以满足规制人工智能时代新型主体的现实需要。犯罪、责任与刑罚范畴等传统问题都有待重构，以应对人工智能技术犯罪形态的新需求，否则，刑法的规制对象与功能会完全脱节。（2）刑法规范的进化与治理思维的蜕变。人工智能技术引发犯罪现象及其结构的重大变化，刑法规范作为法定的公开反应机制面临规制"对象"的变化，不能套用既有的立法"逻辑"。为了更科学地治理人工智能社会的"智能犯罪"现象，传统立法与司法均应进行"智能化"修正。（3）智能人的语言体系与刑法规范表述载体的更迭。在技术主导时代，可能逐渐确立起"技术统筹（主导）型"的智能社会存续格局。人类语言与网络技术的语言相距甚远，而人工智能主体的行动逻辑与思考模式也不尽相同，算法的到来必然使刑法文本的结构发生变化。人工智能技术应用下智能主体的成长，加速改变复杂的人类社会结构、"人"的思维情感等基本元素，强调人工智能主体行动逻辑的智能性、一致性、协同性。"人的物化"效应侵蚀刑法规范的原本生态，而技术化、标准化、模型化、流水线化以及电子化等内容与形式载体成为新的基础。立足于传统社会制定的刑法规范，在智能时代可能呈现出高度"同质化"的动向。在现阶段，人工智能技术的"两面性"在不同程度上被忽视，特别是在初期阶段容易避重就轻，片面追求技术发展而忽视智能安全问题。这隐藏巨大的技术危机与社会制度的不确定性，甚至触发刑法功能的公众信任危机，使刑法的正当地位及其保障机能陷入失效或无助的困境。主张智能时代的刑事责任体系不必重构等看法是危险的，提前拟定智能时代的法律战略与规范布局是未雨绸缪之举。

2. 传统刑法的结构性量变

当前，人工智能技术大规模应用的刑事风险问题已经临近。例如，大规模智能机器人操作时代的"产品责任"问题令人棘手，无论是单纯追究研发者、设计者的责任，还是智能机器人的责任，都无法满足刑事归责的正当性要求。这使人类社会长期经营的法律制度及其运行体系，可能走向逐渐消亡的命运。刑法作为人类社会实现治理与强化社会有机体的"利器"，在这场技术与法律之间的"地壳运动"中亦不例外。当代刑法应当果敢地解决智能时代的各种微变情况，从规范层面予以有效应对。也即：（1）人的犯罪主体与刑事责任主体地位之存留。从趋势上看，"人"可能逐步丧失作为社会结构中的唯一合法、既定且可以传承的主体性资格与地位。面向未来看，智能机器人可能会被当作"法律主体"来对待。智能机器人可能被赋予法律人格，并因此有能力取得并持有财产以及订立合同等。[1]实际上，俄罗斯的"格里申法案"认为，机器人很可能发展成为人类的一种自主代理人，基于机器人的特殊法律构造，允许类推适用统一国家法人登记簿，创设机器人登记簿制度。[2]在漫长的演变过程中，法律主体身份的巨变，一定意义上可能造就出一个"人是行为对象"的新阶级。人类理应对这种根本性的处境危机有所警醒。当代刑法应围绕"人的主体性"地位下功夫，谋求"人机和谐"模式的形成与运行，保障刑法目的与机能不异化为"恶法"的来源。否则，当代刑法可能因调整对象的转换而丧失刑法保障功能以及存在的必要性。（2）人工智能主体刑法地位的两极化。人工智能的学习能力，使其开始拥有不断近似于人类的自我学习、自我进化的超强能力，也使其有可能超越人类思维的极限。人工智能的应用也已经开始摆脱纯粹的"人的指令"时代并转向"人工智能"的新时代，直接威胁"人"这一法定主体所确立的法律关系。2016 年 5 月，欧盟提交一项动议要求将正在不断增长的最先进的自动化机器"工人"的身份定位为"电子人"（electronic persons），赋予其依法享有著作权、劳动权等"特定的权利与义务"，并要求为智能自动化机器人设立登记册，以便开设涵盖法律责任（依法缴税、享有现金交易权、领取养老金等）的资金账户。[3]一旦智能人获得法律意义上的"主体身份"，其与"人"的关系将成为刑法调整的重大变量。主动权的争夺背后是当代刑法是否应"推倒重来"命运的真实写照。（3）人工智能主体的权利及其保护。早在 20 世纪 80 年代，美国规划师与未来学家麦克纳利与亚图拉指出，机器人将来会拥有权利。机器人权利问题，迫使人们重新审视传统的权利概念及其意义。[4]目前，大规模智能应用的前景乐观，人工智能群体的劳动性权利客观上已经出现，未来必须正视机器人是否应该拥有权利等问题。随着人工智能作为群体有其特定的社会角色，甚至能够创造性地"独立思考"，应当澄清人工智能是否具有法律意义上的"主观能动性"、享有劳动权等基本"人权"、如何保障"人工智能主体的权利"等问题。从长远看，承认机器人的主体性地位与权利符合社会历史发展的趋势，但有别于人类的"自然权利"，其具有法律拟制性、利

---

〔1〕 参见 ［德］霍斯特·艾丹米勒："机器人的崛起与人类的法律"，李飞、敦小匣译，载《法治现代化研究》2017 年第 4 期，第 62 页。

〔2〕 参见张建文："格里申法案的贡献与局限——俄罗斯首部机器人法草案述评"，载《华东政法大学学报》2018 年第 2 期，第 34-35 页。

〔3〕 参见彭诚信、陈吉栋："论人工智能体法律人格的考量要素"，载《当代法学》2019 年第 2 期，第 52 页。

〔4〕 参见杜严勇："机器人伦理研究论纲"，载《科学技术哲学研究》2018 年第 4 期，第 106 页。

他性、功能性等特定属性。（4）智能时代刑事责任范畴的独立性与专属性。相比于传统犯罪的刑事归责理论，智能时代的犯罪主体身份的差异、主体行为的构造不同、危害结果形式有异等因素综合在一起，二者之间日渐格格不入。刑法主体地位正在发生质变，导致人工智能时代的刑事责任是全新的问题。随着人工智能主体法律地位及其能力的逐步提高，"智能人"独立承担法律责任也并非不可能。这些不同层面的规范微变，都对传统刑法规范的有效性乃至合法性、正当性提出重大挑战，客观上触发传统刑法规范供给危机，也引发了传统刑法理论及其教义学的存续难题，继而倒逼传统刑法体系从多维度寻求改变。

三、人工智能刑法的犯罪论原理

人工智能极可能超越与替代"人"，由"人"主导实施并存在于传统现实社会中的犯罪现象及其本质、特征、规律等问题，正面临"人工智能主体"等实施智能犯罪的冲击。犯罪现象的根本性蜕变，必然同步引发刑法规范层面的变动。人类社会下的刑法体系有必要针对一系列本源性的蜕变作出整全性的制度回应。

（一）由"人"的犯罪到"人工智能"犯罪的场域演变

人工智能的实质是可以形成类似于人类智能与反应能力的人工智能主体，具有强大的计算能力和深度学习能力，同"人"一样存在意识、自我、思维、情感等，但并无人的生理"肉身"或"外在机体"。但是，不乏观点认为，弱智能机器人仍然是人的工具，而强智能机器人应当视为刑事责任主体。[1]在量变的过程中，智能机器人的主体性地位与能力不断强化。"人"的数字化生存以及真正的"数字人"的到来，很可能使人类社会面临重构"自我"与"社会"等重大问题的巨大生存挑战。基于"人"与"智能人"之间的主体性地位博弈与互换状态，在由人类社会到智能社会的不同演变阶段中，"人"或"单位"是实施犯罪主体的认知常态可能出现迥异的化学反应，也左右当代刑法应对犯罪问题的基本策略。

目前，人工智能犯罪现象可能包括三种情形：（1）"人工智能主体"的初始阶段。人工智能系统尚未拥有人类的常识与意识、无法理解行为及其所处的情境。"智能人"可能成为人类实施更智能犯罪的高级技术工具，也可能成为

---

[1]　参见彭文华："人工智能的刑法规制"，载《现代法学》2019年第5期，第135页。

"人"实施更复杂、更智能化犯罪的工具或手段，"手段型"智能犯罪形态是主要的表现形式。（2）"人"与"人工智能主体"相互博弈阶段。当"智能人"作为独立的社会主体、犯罪主体与被害主体后，传统犯罪现象经历反复的量变后，智能"对象型"犯罪开始出现，是危害人工智能安全的犯罪，与"人"主导实施传统犯罪现象分道扬镳。智能"手段型"与"对象型"犯罪的大规模质变所产生的极度撕裂效应越发明显。（3）"智能人"主导"智能社会"时代。"人"的地位具有不确定性甚至明显下降或丧失，"人"统摄或主导实施犯罪的格局可能不复存在，犯罪现象的内部元素、主体结构等均发生剧烈变化，形成智能"独立型"犯罪的历史格局。

人工智能时代的新型犯罪问题，折射出现实世界与数字世界之间的节奏不适。从目前的有限个案及其作案方式看，利用人工智能作为犯罪工具的，尚属于人工智能犯罪的初级阶段，是弱人工智能时代的犯罪情形。随着技术水平的升级，强人工智能可能通过神经网络、深度学习不断优化行为能力，也强化犯罪能力。当人工智能成为重要犯罪工具或者独立的犯罪主体时，必须重构治理新型犯罪的理念。对此，当代刑法应当稳妥处置刑法制度转型中的系统性危机，并归结如下类型化的应对思路：（1）智能"手段型"犯罪。智能人作为产品或工具，成为"人"实施犯罪的手段，因而，暂且可以按照传统罪名规制，传统罪名的扩张化适用方式仍有效。（2）智能"对象型"犯罪。"智能人"的身份、地位、权利等内容均不明确，因而，是否存在需要保护的客体与是否作为犯罪论处尚存疑问，刑法规制更依赖实质的扩张解释以实现入罪目标，但传统罪名的扩张适用空间非常有限，因为与立法原意相差甚远。（3）智能"独立型"犯罪形态。作为面向未来的犯罪形态，由于诸多因素难以预测和评估，定罪方向暂时无从谈起。但是，应当构建独立的刑法规制逻辑。

（二）刑事责任能力的质性异动与呼应

在近现代刑法中，人的主体性地位集中体现在刑事责任能力上。传统刑法理论认为，没有法定的刑事责任能力，则无法实质地实施犯罪行为，也无法自主独立承担刑事责任。在人工智能时代，"智能人"主体性地位的争议，使"智能犯罪"的本质和现象充满未知性、不确定性，在智能犯罪时代，犯罪主体的嬗变，使刑事责任能力亦受影响。有观点认为，在程序设计和编制范围内，智能机器人是按照人类的意识和意志实施危害行为，是人类实施犯罪行为的"技术性工具"；更高阶段的智能机器人可能超越程序的设计和编制范围，有意识地自主实施犯罪行为，彻底转变为犯罪行为主体，应承担刑事责任。[1]这种观点既原则上肯定智能机器人在未来可以具备刑法意义上的刑事责任能力，也根据不同智能应用阶段区分刑事责任能力的"程度"，有区别地追究"智能机器人"的刑事责任，是合理的。

诚然，在当前技术应用阶段，智能机器人主要是人工智能产品，根据是否具有辨认能力和控制能力，可以分为弱与强的人工智能产品。前者不具有辨认能力和控制能力，仅能在设计和编制的程序范围内实现人类的目的，所实施的行为是作为人类的犯罪工具而实施的，无法独立承担刑事责任。后者具有辨认能力和控制能力，可以超越人类设计和编制的程序范围，自主实施危害行为，具有独立的人格和刑事责任能力，可以独立承担刑事责任。但是，根据"类人"的思维类型，对智能人的刑事责任能力展开讨论也是"旧瓶装新酒"，仍未脱去传统刑法体系的桎梏，可能掩盖智能人的刑事责任能力之专属性及其在内容、程度、属性、功能以及评价要素、体系上的整体变化。在技术上，"智能机器人"不完全由设计、编制程序决定，而主要由算法等决定。以"人工智能产品"代称"智能机器人"，从话语体系上仍默认"人"的绝对主体性地位，否定智能机器人的"主体资格"。在智能时代，法定犯罪主体的刑事责任能力至少面临以下问题：一是智能机器人完全可能具有独立的刑事责任能力，可以承担刑事责任；二是在规范判断上，智能机器人的刑事责任能力及其类型，主要根据算法规则等技术因素来决定。如何将算法规则拟化成目前通用的"刑事责任年龄"等判断要素并有效地对"智能机器人"的刑事责任能力进行定量分析是关键。目前，这一问题首先是技术难题，但关键还需要因应人工智能时代的刑法理论能够同步跟进并供给理论支撑。更重要的是，一旦明确了人工智能主体的刑法地位，刑事责任能力问题也迎刃而解。

（三）重构与人工智能相适应的犯罪理论

目前，"手段型"智能犯罪问题已经出现。[2]它是智能时代犯罪在初期阶段的一种主要形式，与"对象型""独立型"智能犯罪相互交替演变。人工智能犯罪的不断增量，倒逼犯罪本体范畴在规范层面的变动，以确保其时代的适宜性。

---

〔1〕 参见刘宪权："人工智能时代的刑事责任演变：昨天、今天、明天"，载《法学》2019年第1期，第79页。

〔2〕 参见皮勇："全国首例撞库打码案的法律适用分析"，载《中国检察官》2019年第6期，第7页。

以现行刑法观念为"脚本"，通过预测人工智能时代犯罪的诸多新因素，结合传统刑法的犯罪观念，宜采取以下前瞻性的规范调试举措，也即：（1）犯罪原因与犯罪本质的重组。自然原因、个人原因以及社会原因，被公认为是当代犯罪原因论的基调。在以人工智能技术为前提的智能犯罪形态中，犯罪原因与技术滥用、人的主体性与能动性丧失、外部环境改变等新因素联系更密切，"意志自由"问题异常复杂，而"智能技术决定论"也不尽合理。这就无法继续按照犯罪原因"三元论"进行分析。反而，必须以智能技术为逻辑起点，考察智能机器人的刑事责任能力状态，结合智能技术应用等情况，综合确定犯罪原因。在马克思主义犯罪学看来，犯罪的本质是人基于意志自由实施的有意识性的危害社会的行为。但是，在人工智能背景下，"人"的主体性地位不断丧失甚至覆亡；同时，"智能人"是否具有与"人"毫无差别的意志自由尚不可知。这两大变量迫使重新认识人工智能的犯罪现象及其本质的需求产生。在刑法的法律性质上，由于危害智能社会安全、危害智能技术等都是新因素，社会危害性理论面临"质"与"量"的变化，而阶级性质是否继续保留也存有疑问。这些本源性的重大变动，必然对刑法立法提出修正的要求。（2）犯罪构成要件要素的修正。犯罪构成是犯罪现象、犯罪概念与犯罪本质的法定化载体，其变化也是最直观的微变，主要有：一是犯罪主体。"智能人"作为新的犯罪主体，几乎可以实施任何形式的犯罪，不限于传统现实物理社会或网络智能社会，引发一系列后续问题，首要的问题即合法性地位问题，亟需立法予以确认。二是犯罪的主观心态。即使"智能人"被赋予"人"的情感、思维、情绪等，但毕竟与"人"有差异，短期内无法摆脱"程序设定"的最原始特征。即使智能程度达到顶峰，可以自主繁殖和进化，"人的程序设定"特征仍旧保留。按照"智能"的赋值，"智能人"应当具备程式化的认知能力，其主观心态问题更具"机械化"或"类型化"，不如"人"主观罪过的丰富、多元、易变。三是刑事违法性认识。"人"的违法性的认识及其程度千差万别，受主观因素影响大。承上所述，基于"智能人"的主观意识的类型化等特征，其受技术水平、智能程度等客观因素影响更大。四是危害行为。相比于"人"实施犯罪的作为、不作为以及持有等样态，智能犯罪的危害行为、行为类型、结构、属性等将大变样，智能技术成为重要的变量，行为的危险度有所攀升。五是犯罪结果及其定量评价体系。在人工智能时代，危害结果的表现形式、刑法评价因子及其标准都有新的内容。例如，实害结果（死亡、财产损失）的主导地位下降；行为危险、人的危险以及智能技术的内在危险等，在数量、危险度上都可能增加且地位上升。六是因果关系。新型智能犯罪的因果关系的判断对象、规则以及意义等内容均有变化，因果关系变得更复杂和具有多样性。对于犯罪构成要件要素所可能经历的变动，应从立法上进行逐一的回应或确认，提高规范的有效性，并奠定理论发展的基础。

目前，对于这些潜在的变化，只能且主要遵循传统刑法体系，在作出反应时，既无法摆脱因袭传统思维的具象化乃至"拟人化"等思维方式，也仅将有形的智能化机器或"机器人"纳入刑法规制范围。这是认识论上的历史局限，会导致对一系列现象的认识变得模糊或缺乏前瞻性等。尽管如此，以传统刑法为脚本探讨规范的重构，不仅融合于新旧知识交替的语境，也便于作出阶段性的应答。

四、人工智能刑法的罪责观转向

传统社会主体与法律责任主体的接替嬗变，已经动摇传统刑事责任观念的基石。在人工智能时代，处于源头的智能犯罪现象及其规范本质均发生变化，传统责任的伦理基础、刑事责任原则及其归责体系均可能遭到搁浅。应当探索与人工智能时代相匹配的伦理观念、罪责观念及其刑事归责体系，厘清改良的方向。

（一）传统罪责理论的体系性风险

由人工智能的法律地位之演化及其由此引发的一系列刑法挑战，不仅触发了传统刑法体系的不适问题，也无形中孕育了新的知识形态。这在传统刑法体系所面临的罪责难题上体现得尤为明显，也为如何提出应对措施提供了可靠的素材。

1. 刑事归责的技术伦理困题

智能机器人时代的伦理问题本质上首先是哲学问题，是对人的主体性、人类道德、"人"的意义和价值等问题的再探索。人工智能时代将确立"智能人"的社会地位、权利义务等，引发"智能人"与"人"互换身份。这催生出与"智能人"和智能社会相契合的新社会伦理观，也不免直接影响法律责任观与罪责观。实际上，人工智能技术伦理正在动摇传统刑事归责体系。举例而言，（1）智能机器人作为"产品"的归责难题。2014 年，瑞士某艺术家构建了一个"随机暗网购物者"的 AI，给 AI 每周 100 比特币的预算，使其能在暗网在线市场（购物者可以在线购买到毒品及其他违禁品）随机购买商品。AI 买到了摇头丸等商品。因非法购买行为，瑞士警察起初没收了涉案物品，但又予以退还（除毒品外），也未指控应负有责任的艺术家。被设定功能的机器人既无法直接承担责任，制裁有效性也难以实现；一律追究"人"的责任，则脱离智能技术发展的初衷。可见，人工智能时代可能导致责任主体与罪责观念等撕裂殆尽。（2）突破道德伦理底线的智能应用与归责困境。《爱与性与机器人》（2007 年）一书预测，到 2055 年，人类将会和机器人发生类似于人类社会的"性关系"，甚至嫁给机器人。2015 年，Santos 成立 SyntheaAmatus，试图在世界上率先使用 AI 技术将性爱机器人引入消费市场。Santos 认为，性爱机器人可以取代妓女，减少人口贩卖以及嫖娼等。而批评者则认为，这是反妇女行为，会使性别歧视和强奸文化正常化。性爱机器人的出现，使人类无法规避前所未有的刑事归责难题，更面临人类社会传统伦理底线与犯罪成立的规范标准等挑战。在智能犯罪时代，"人"的主体性这一根基出现动摇，以"人"为核心建立起来的犯罪活动、犯罪本质、刑法规范等话语体系都不能幸免。"机器人"是否可以"类人"地成立犯罪的判断标准尚付阙如，特别是"人对自己行为负责"的基本归责原则不再必然有效。"罪责自负""基于行为负责"等传统刑法归责原则的坍塌，以及可能搅乱"基于人的意志自由决定实施的危害行为具有可归责性"的传统命题，主要根源于人类社会针对"人"所确立的一整套伦理规则对"智能人"已经不再奏效。这将倒逼建构契合人工智能主体以及智能犯罪的新型伦理规则与罪责观念。它首先应由"智能技术"确定，再由智能技术应用场域予以具化。

2. 算法下的归责公正隐忧

目前，人工智能系统的支柱是算法与深度学习能力。人工智能技术的核心是算法，直接决定人工智能可以与"人"相媲美。然而，以技术为前提的算法有"误差危险"，[1] 已经严重困扰人工智能应用过程中的公正问题，也引发了机器人的错误如何归责、机器人设计者是否负责等问题。它集中包括如下情形：（1）技术垄断风险。从智能技术的虚拟性看，算法是"人"几乎无法充分有效控制的"技术黑盒子"，算法的开发者难以解释算法的真正运行机制和可能造成的后果。尽管在算法规则设立之初，应该考虑公平性与准确性问题，但仅依靠技术人员是无法完成公平性与准确性问题的。如此一来，人工智能技术的发

---

〔1〕 参见季卫东："人工智能开发的理念、法律以及政策"，载《东方法学》2019 年第 5 期，第 4—13 页。

展性、独占性与垄断性，尤其是"算法黑洞"隐含算法独裁等问题，以及人类对算法往往过度依赖与崇拜等倾向，在相当程度上容易滋生具有某种"智能技术"导向的歧视性因素，甚至可能导致新的不公平的结果。对于算法独裁现象引发的危机，缺乏内部和外部共同形成的监督与制约机制，对公平正义而言是极大的威胁。（2）不透明性。法律乃善良公正之术。算法和代码而非规则，日益决定关乎个体权益的自动化决策系统、算法和人工智能及其决策结果。人类将公平正义的决定权交给算法时，可能面临正义与科技逆向而行的难题。算法的"黑箱"问题及其透明困境一直存在。而且，歧视在很多情况下都是算法的副产品，是算法内在难以预料的无意识的结果，而非编程人员有意识的选择。这进一步增加识别问题根源或者解释问题的难度。向算法问责是一项全新的挑战。而算法的不透明性是普遍的问题，解密无法肉眼可视的算法并使其透明化所付出的成本，可能远远超出所能获得的效益，对算法进行审查可能极其困难。（3）伦理规则的匮乏问题。在自动化决策系统应用日益广泛的互联网时代，很多歧视来源于产品设计，应摒弃算法本质必然是公平的误解，通过设计确保算法和人工智能系统的公平性。而且，人类社会必须提前构建技术公平规则，通过设计技术正当程序，加强自动化决策系统的透明性、可责性、代码运行规则的准确性与科学性，[1]保障技术统治之下的正义。但仅依靠技术人员无法达成，需要国际层面与国家层面的协作。例如，德国伦理委员会的报告指出，算法（软件）编写者应遵守一系列伦理法则，包括20条伦理指导意见，核心是将人的生命置于首位。其第7条规定，在被证明尽管采取各种可能的预防措施，仍无法避免危险的，保护人的生命而非其他受法律保护的权益是最高的优先考虑；第8条规定，事先编程无法解决人类的伦理问题，如生命权之间的权衡，系统必须设定请求人工处理的强制性。[2]当前，人的利益优于人工智能主体的利益，是遵循人类中心主义立场的必然产物。"人"的地位、价值与意义的强化，虽然符合当前的发展趋势，却对"智能人"的时代地位缺乏前瞻性的认识，无助于集中、高效且专门地解决"智能人"附随的价值冲突等。算法的伦理问题已经困扰法律层面的"归责"。同时，对基于人工智能技术而导致的法律责任，现有法律体系几乎没有招架之力。人工智能主体的"拟主体性"特

---

〔1〕　参见郑智航、徐昭曦："大数据时代算法歧视的法律规制与司法审查——以美国法律实践为例"，载《比较法研究》2019年第4期，第111页。

〔2〕　参见郑戈："算法的法律与法律的算法"，载《中国法律评论》2018年第2期，第66页。

征，虽可以赋予其特有的拟伦理角色，但更需与之相适应的算法伦理规则与法律责任体系。关于人工智能的价值审度与伦理调适，应围绕负责任的技术创新和相关主体的义务等内容展开，区分技术责任与"人（智能人）"的责任。应当确保算法所依据的数据的真实性，坚守算法决策与算法权力等内容的公开、公正，制定更透明、可理解和可追责以及公平的审查标准。

3. 意志自由作为归责基础的存留

"人工神经网络"技术下的深度学习能力，逐渐可以"（自主）学会"各种任务，进而可以自主决策。尽管目前人工智能主体仍缺乏人类的意识，客观上无法和"人类"媲美。然而，深度学习能力的增量发展，使人工智能主体的"智能程度"不断增强，独立的意识也不断生成。但是，智能人的"意识"与人类的不尽相同，是否具有（类似于）当代刑法意义上的"人的意志自由"尚需讨论。也即：（1）意志自由是近代伦理学中的奠基性范畴。没有意志自由，就失去道德选择的前提与依据。恩格斯指出："如果不谈谈所谓自由意志、人的责任、必然和自由的关系等问题，就不能很好地讨论道德和法的问题。"[1]传统社会中的"人"可以控制自己的意志自由，而责任作为最重要的纽带，使意志自由与责任担当之间的内在紧密联系逐渐成为常态。意志自由既是哲学问题，也是法学，尤其是刑法学问题。刑法必须解决行为人的刑事责任有无及其程度问题，而刑事责任与人的意志自由具有密切联系。哲学上的意志自由论与行为决定论之争，对近现代刑法学产生了重大影响，意志自由对刑事归责具有重要意义。行为人的意志自由及其程度与定罪量刑活动息息相关，并且是定罪准确、量刑科学的基本理论根据。（2）人工智能借助大数据，基于强大的算法能力，获得不可估量的学习能力，在智力水平上与"人"趋于高度的同质化。在人工智能技术的发展过程中，"人"作为唯一的、天然的、可以永久合法继承的责任主体，被不断"清洗"，使数千年来成熟的责任伦理观念被颠覆。"人对自己的行为负责"这一基本的社会伦理观以及"人在社会有机体中的责任""人应当承担刑事责任"等观念的立足点被削弱。人工智能主体如何兑现"自我担责"、由谁可以对"智能人"依法归责、"智能社会的归责是何意义"等基本问题无从参考，除非确立并遵循一套全新的社会责任伦理体系，摆脱传统罪责观念背后的思维桎梏，释放新的归责功能。（3）人工智能社会充满不可视化的风险，"智能人"不仅高度智能化，也具有更隐秘的行为轨迹，对"眼见为实、

---

[1]　参见《马克思恩格斯选集》（第6卷），人民出版社1993年版，第152-153页。

耳听为真"的自然人而言是致命的"欺骗"。这使刑法中责任的赋值及其承担的正义价值、社会有机体的团结维系、法律权威的维持、人类社会有序性的保障等可能逐渐消亡，传统刑事责任范畴的本体内容则难以存续。相应地，亟需重构智能时代的刑事责任。

（二）超越传统罪责观的二元路径

从理论上对上述问题作出解答尤为迫切和重要。从立法修正的角度也可以及时有效地回应现实问题，从而打通理论与立法在面对新课题时的互动与反哺关系。

1. 类型化的刑事归责路径

人工智能时代的刑事风险可以初步分为：一是智能应用系统的技术缺陷等引发的外部危害。二是智能应用系统或智能机器人产品等被非法利用或滥用暨作为工具时引发的危害。三是智能人作为真实的独立刑法主体，实施的行为可能引发的危害或危险。除了加害层面的刑事风险，也包括智能人作为被害对象的内部风险。对于智能时代的刑事归责问题，现行刑法规范体系具有显著的局限性和滞后性，引发刑法制度的供给不足问题。总体看，根据智能产品的刑事责任能力情况以及关联主体的法定义务规定，对人工智能时代不同阶段的人工智能主体与关联主体，设置不同的刑事责任类型，对司法适用有着积极的指导意义。但是，刑事归责的基本原则、依据与归责的结果等都是归责的基本要素，智能机器人的刑事责任能力只是归责的前提而非全部内容，对其他相关主体的共同犯罪关系、监督过失关系等亦不能简化处理。单纯讨论"手段型"智能犯罪，存在逻辑上的不周延问题，无法精准地阐明"手段型""独立型"智能犯罪中的特殊归责问题。应当遵循类型化思维，分类解决好以下问题：（1）技术中立原则与归责的例外。人工智能是新型技术，任何技术都具有相对的中立性，不宜过于苛责技术内在的不可控危险。技术的危险是客观的。目前，利用或滥用的主体才是真正的风险制造者，才是需要承担法律责任的主体。忽视人工智能技术的中立性特征，不顾技术本身的内在缺陷与危险，采取过于严格的责任模式，不利于技术创新与商业化。但是，对技术中立原则也要客观对待，要防止以此为借口，出现放纵犯罪的情况。（2）智能产品质量责任。2016年，联合国教科文组织与世界科学知识与技术伦理委员会《关于机器人伦理的初步草案报告》探讨了机器人的责任，提出采取责任分担的解决途径，让所有参与机人的发明、授权和分配过程中的人分担责任。[1]这在一定程度上肯定了产品责任。早期的智能机器人往往是人造产品，传统的产品责任有发挥作用的余地。[2]机器人造成的伤害，如故意不履行合理的注意义务，部分可以被归责于机器人制造者和零售商的过失犯罪。随着智能应用产品的主体性增强，传统产品责任的适用空间将被压缩。(3) 违反法定监督管理义务的过失责任。人工智能时代在一定时期内呈现为"弱智能"，是人的制造品，或高度智能的产品。人仍可以有效控制智能机器人，人负有安全监管的责任或义务。这是安全监管责任的法定义务来源。对于智能产品或智能机器人的潜在风险，设计者、操作者与所有者负有一定的监管义务，在法定条件下，需要承担刑事责任。(4) 法定的严格责任。人工智能技术的巨大威力，决定了大规模应用一旦失控，必将导致更严重的危害。对于智能产品或智能机器人所导致的危害结果，根据保护法益的基本立场，可以在必要时设置严格责任，而不论其主观罪过等问题，旨在强力规制重大技术风险犯罪。(5) 独立主体地位与"罪过"责任。当智能人作为未来独立的社会主体以及独立的犯罪主体时，遵循传统刑法理论，应当对其相应的"罪过"承担故意或过失犯罪的刑事责任。但是，人工智能主体的"罪过"，不能直接按照传统的故意或过失进行认定，尚需重新作出界定。(6) "人机"共同犯罪的责任问题。在智能技术的发展过程中，人与人工智能主体的关系和作用是相互交替的。这是人工智能主体与人共同犯罪的特定背景。当人类与人造物共享数字化的信息空间时，人类与人工智能主体应当共同承担与认识相关的责任，对以人的地位及其认识为基础的人类传统责任观造成重大的冲击。从行为逻辑与实际情况看，人与智能机器人会共存并共同实施传统犯罪或智能犯罪。但是，实施的是完全独立且性质差异巨大的犯罪行为类型。共同责任的分担是全新课题。应明确智能时代刑事责任的成立条件、归责原则、责任分担等基本问题。

2. 通过积极的立法适度释放供需

面对理论危机与规范供给不足的问题，立法增设新型罪名与刑事责任类型有其必要性，也是直接有效的解决方式。人工智能机器人与传统刑法意义上的产品不同，所引发的刑事风险更为复杂和多样化，需要法律专门予以应对。这

---

[1] 参见武雪健："人工智能立法的海外状况及难点分析"，载《互联网经济》2019 年第 4 期，第 48 页。

[2] 参见刘宪权："涉人工智能产品犯罪刑事责任的归属与性质认定"，载《华东政法大学学报》2021 年第 1 期，第 50 页。

决定了刑事归责问题的立法具有专属性。应当加快推动智能时代的一般性、基础性立法并完善智能法律体系，以此策动人工智能领域的刑法立法完善，为当代刑法的积极转型与有效介入提供科学的规范依据。大体而言，涉及两大方面：（1）遵循一般立法推动刑法立法完善的基本路径。目前，针对人工智能的专属立法尚处于起步阶段。总体看，人工智能的立法规范供给处于严重的供需失衡状态，亟待专门立法的推进，使人工智能法律体系趋于丰富与完善。只有人工智能的一般立法不断发展与丰富，刑法立法可以凭借的规范来源才会更全面。这是因为人工智能犯罪主要是法定犯罪，其违法性源自法律的明文规定。这就形成了遵循行政立法等法律规定推动刑法立法之一般逻辑。但是，人工智能的刑法立法仍具有其自主性与独立性，可以根据实际需要，为了防控与治理人工智能技术风险，而创造性地进行立法，并倒逼人工智能的一般立法之发展。（2）围绕人工智能刑事归责的重点问题启动类型化的立法。目前，针对刑事归责问题，刑法立法可以主要从以下几点入手：一是加强人工智能技术在研发阶段的立法，规定研发者、设计者的义务，强化前端的刑法规制，使研发者、设计者的责任范围更为明确，避免替代责任现象。二是完善人工智能在不同应用环节的立法，特别是规范智能产品的生产和销售行为，规定所有者、使用者应负的法定义务与责任。这是人工智能大规模商业化后，刑事归责的主要场域。三是完善对智能技术及其应用的监管立法，明确监管主体、监管职责，规定智能时代的监管渎职犯罪。对算法进行立法规制，设置可控化的管理规则与要求，增加算法的透明性与公开性，强化公正价值的摄入。四是完善智能安全保障的立法，强化技术应用、产品商业化中的安全保障义务，建立不同安全维度的保障体系。五是增设具体罪名。根据人工智能刑事风险规制的实际需要，启动一定规模且适度的活性立法，如增设滥用人工智能罪[1]或危害智能驾驶安全罪等。

五、人工智能刑法的制裁体系创制

在人工智能时代，犯罪理论以及刑事归责体系正在深度演变，处于末端的刑事制裁观念也有所异动。理论上应当形塑独立的智能时代刑事制裁以确保其有效性。

---

〔1〕　参见李振林："人工智能刑事立法图景"，载《华南师范大学学报（社会科学版）》2018年第6期，第125页。

（一）传统刑事制裁的有效性问题

智能机器人等新型"犯罪主体"，在芯片与算法的作用下，具有强大的"超人"能力，已无人类肉身的束缚与生理上的羁绊，以至于针对"现实中的人"的传统法律制裁可能变得毫无效用。例如，死刑是人类社会创制刑法后，最具有终结意义的"刑事制裁"措施。然而，死刑在智能时代的功效并不乐观，对"智能人（主体）"实施枪决或注射甚至是一个不经意的"笑话"。这揭示了人工智能时代的刑事制裁观念必将出现动荡。同理，对"智能人"判处自由刑或终身监禁，也与智能时代显得格格不入。毕竟"智能人"并无"人类寿命"这一生理极限的前提问题，它可以无限制地"存活"，将其关押在某个封闭的物理空间亦无制裁的针对性与有效性。反而，物理上切断电源、中断网络链接、技术禁止、系统关闭等"智能寿命终止"或"智能运行终止"等措施，才是对"人工智能主体（犯罪人）"形成"最终剥夺"效果的"极刑"措施，对智能技术或应用产品、系统的限制运行措施效果无疑次之。人工智能对传统刑事制裁及其有效性的重大"颠覆"，绝不是学术的"科幻"，反而使深刻地描绘人工智能时代对智能机器人的管理、监控以及治理变得异常复杂困难。如果从法律层面对其进行制裁，显然无法"如法炮制"现有经验，或者说，适用于人的传统刑罚措施是难以奏效的。

在人工智能犯罪的演化背景下，基于传统刑法的框架与逻辑，特别是基于犯罪与刑罚之间的特定关系，习以为常的报应、预防等刑罚目的，以及自由刑、财产刑组成的刑罚体系及其刑罚结构，还有近现代以来确立的类型化刑事制裁措施等，均无一幸免地处于被"肢解"的状态。因此，在人工智能时代，应当重新审视和定义刑事制裁及其有效性命题，正视近现代刑法确立的刑事制裁体系所面临的"整体置换"之命运，防止适用于人工智能犯罪的刑事制裁有效性彻底化为泡影。

（二）创生专属的刑事制裁措施体系

在人工智能时代，有必要对刑法运作的末端，也即对刑罚范畴作出与时俱进的"重述"。由于传统犯罪与网络犯罪的差异等因素，不乏观点认为应当建构全新且独立的网络刑事制裁范畴与具体措施。[1]这提供了类比的参照物。对

---

[1] 参见孙道萃："网络刑事制裁范畴的理论视域与制度具象之前瞻"，载《西南政法大学学报》2019年第4期，第100页。

于正在发展中的人工智能犯罪诸问题，也需要独立的刑事制裁措施体系。这一变革旨在针对新的犯罪情况以及刑事归责的新需求，设计与配置有效的刑事制裁措施体系，从而确保面向人工智能的刑法知识转变以及诉诸的法律制裁是整体合理的。

基于人工智能与传统刑法的交互情况，以及犯罪与刑事责任领域的新情况，对刑事制裁措施体系的调试，可以关注以下方面：（1）人工智能技术制衡是创设刑事制裁措施的"制导"前提。传统犯罪的治理路径，主要针对"犯罪人（行为人）"采取措施，主要表现为对自由、财产的剥夺等形式。一般而言，自然人依靠生理机能和能量补充维持生命与行动能力，死刑、自由刑的"制裁有效性"由此产生。相比之下，"人工智能主体"依赖外部的物理动能或内部运行程序等，如电源、网络以及算法等，对其予以切换或关闭，可以达到相似的"终极制裁"的效果。基于此，人工智能时代的犯罪具有鲜明的"技术关联性"，其至在一定程度上依附于技术及其应用而存在。针对智能时代的新型犯罪，刑事制裁的有效性能否实现，首先取决于对技术是否采取了合理控制、限制以及制衡等，从而剥离了人工智能犯罪的前提与基础。只有充分反映了这类犯罪的本质特征，以及顾及刑事归责的特殊性，才能最终确保刑事制裁的有效性。因此，克服人工智能技术的异化风险与有效治理"人工智能主体"危机的前提，首先是从技术制衡层面科学合理地约束人工智能主体的失范行为。（2）围绕规范的有效性设计刑事制裁措施体系。因应人工智能时代的刑事制裁措施体系，其本质是以刑法规范的法治方式治理新型犯罪，承接刑事归责后的法律后果。有观点认为，针对强人工智能产品的犯罪，刑法应增设删除数据、修改程序、永久销毁等刑罚种类。[1] 该观点不失为一种有益的尝试。但是，重视"技术制衡"不是"唯技术论"，而应当回到刑法的规范有效性层面。它是指应当立足于发展中的人工智能犯罪及其本质特征、危害类型、治理需求等情况，结合刑事归责的法律后果以及责任形态等，针对人工智能主体及其利益、权益等内容，进行刑法意义上的"惩罚"，以期实现事后的报应、面向未来的预防以及社会恢复效果等多重目的。例如，伴随智能人地位与能力的前移，人工智能主体不仅具备独立承担刑罚的能力或可罚性，也拥有相应的法律权利。对人工智能主体的权利进行限制或剥夺，无疑是设计制裁措施的有益方向。（3）动态

---

〔1〕 参见卢勤忠、何鑫："强人工智能时代的刑事责任与刑罚理论"，载《华南师范大学学报（社会科学版）》2018年第6期，第116页。

的发展观。由于刑罚范畴处于刑法运作的终端，受前端的犯罪与刑事责任等因素的直接影响，针对人工智能的刑事制裁反应机制容易呈现出一定的延后性与被动性。这导致刑事制裁措施体系的探索存在一定的先天局限性，对其进行前瞻性设计的难度更大。传统刑罚目的、刑罚种类、刑罚体系、刑罚结构以及刑罚裁量、刑罚执行等整套知识体系都处于不确定状态，既不能作为直接可以援引的"前见"，也可能是创设专属刑事制裁措施体系的"障碍"。因此，在探讨人工智能时代的刑事制裁措施时，应当坚持动态的发展观，既要容忍刑事制裁措施具有一定的超前性，也要接受新型刑罚措施仍处于构想阶段的事实。

六、结语

人工智能技术的发展及其商业化应用范围的不断扩大，持续加剧传统法律制度在这场裂变中的不确定性命运。在技术与法律体系的对垒中，刑法相比于其他部门法，具有更悠久的历史传统，更依赖"人"的核心地位，并肩负"保卫社会"的终极使命。刑法制度率先与智能时代"交锋"，并呈现出"撕裂"状态。实际上，人工智能时代缓缓来临，对刑法体系的整体渗透已经初现端倪。人工智能时代是面向未来的发展性范畴，当前刑法的反应与进化具有一定的碎片化迹象。鉴于人工智能语境下刑法本体范畴的"蜕变"已然进行，应作出前瞻性的部署与回应。其中，从规范性的角度出发，围绕传统刑法所面临的真实问题与现实困境，从刑法学知识应变以及立法修正等维度切入，可以供给一套更为严谨和开放的回应机制。

第三章

人工智能犯罪的演绎与应答

人工智能为当代刑法体系孕育了一场知识蜕变的大变革时代。社会危害性、刑事违法性、应受刑罚处罚性等犯罪的基本特征相继发生变动，犯罪构成要件要素体系的量变也在发酵，旋即策动当代刑法体系的演变态势。但人工智能时代的犯罪问题作为前提仍有待澄清与厘定，以明确当代刑法应对的逻辑基准。人工智能与传统犯罪的交互与碰撞，加速呈现这类新型犯罪的规范面貌与轮廓。对于"工具型""对象型"人工智能犯罪，要兼顾传统罪名，特别是计算机犯罪与纯正网络犯罪的关联性与"扩张适用"潜能，分别确立"嵌入式""特定式"应对逻辑。对于"独立型"人工智能犯罪，倡导"建构式"的理论应对机制，防止因刑法规范供给不足引发刑事风险的外溢，特别是立法完善不宜搁置不前。

一、问题的提出

人工智能技术的迅猛发展以及应用产品的持续推出，可能促使当代法律体系走向"离经叛道"之路，而其与当代刑法制度的"遭遇"也不再新鲜。实际上，刑法理论界已经充分意识到变革的迫切性与重大性，对"智能机器人是否存在、是否为独立的主体及其与人的关系""智能产品的强与弱及其对智能程度、人工智能主体的地位以及刑事责任的承担""智能产品或人工智能主体所引发的追究刑事责任难题"等问题展开积极讨论，[1]但目前各执一词。人工智能对传统"犯罪"现象的渗透与分解效应正在扩大，导致当代刑法的调整对象出现"异变"。实际上，当代刑法围绕现实物理社会中的犯罪为逻辑起点而展开，并延伸到立法、司法、理论层面，构成有组织的反应体系。[2]然而，人工智能犯罪现象具有发展性、阶段性以及不确定性，与传统犯罪的关系处于"此消

---

[1] 参见刘宪权："涉人工智能犯罪刑法规制的路径"，载《现代法学》2019 年第 1 期，第 75 页。
[2] 参见孙道萃："人工智能刑法研究的反思与理论迭进"，载《学术界》2021 年第 12 期，第 64 页。

彼长"的"拉锯"状态，导致对规范界定及其内涵设定方面存在不同看法。[1]无论如何，刑法调整对象的嬗变，加深了传统刑法体系与人工智能犯罪相互碰撞后的"对冲性"程度与重大风险的未知性，必须探索相对独立的人工智能犯罪之刑法规制路径。在现阶段，应当首先澄清人工智能时代"犯罪"的本体面貌，确立"工具型""对象型""独立型"三类形态，以此建立"嵌入式""特定式""建构式"所组成的立体式回应机制。

二、人工智能犯罪的理论面相

备受争议的人工智能主体（智能产品、智能机器人、智能人等）之刑法地位论争问题虽无定论，但当人工智能逐渐成为实施犯罪活动的前提和基础后，也使归属于智能时代的犯罪具有新的特征，逐渐不同于传统犯罪形态。从规范刑法学看，应具体地认识和判断智能"犯罪"现象及其在刑法中的意义。立足当下的真实规律与规制需求，人工智能"工具型""对象型""独立型"犯罪形态是重点所在。

（一）犯罪本质层面的变化

对于人工智能时代的新型犯罪问题，应当从整体上对其作出前瞻的理解与思考。扼要地看，应重新审视社会危害性、刑事违法性、应受刑罚处罚性等传统基本命题的内涵与外延，深度再解构智能时代的犯罪现象及其本质之新动向。

1. 社会危害性及其地位的弱化

尽管目前对社会危害性理论及其地位有不同的看法，但不妨碍社会危害性作为当代刑法的重要基础概念。传统刑法理论认为，"所谓社会危害性，即指行为对刑法所保护的社会关系造成或可能造成这样或那样损害的特性"。[2]由此可见，犯罪的本质特征是社会危害性。同时，社会危害性概念是发展和变动的。例如，在网络犯罪时代，社会危害性概念及其内容、形式、判断标准等正在经历有序的蜕变。但网络犯罪时代的新动向，并未实质动摇社会危害性概念的地位与意义。

在智能时代，限于刑法知识变革的渐进性，犯罪的社会危害性仍可以作为本质特征的评价因素和标准，用于理解智能犯罪时代的犯罪问题。但问题在于：

---

〔1〕 限于认识论、智能技术及其应用水平，仍需借助当代刑法理论体系的语境予以观察、解构智能犯罪现象。

〔2〕 参见高铭暄、马克昌主编：《刑法学》，北京大学出版社、高等教育出版社2016年版，第47页。

一是实施危害行为的主体可能不再是"人"。二是危害行为的内部构造，可能不再是"人基于意志自由而有意识地实施的具有危害性的举动"。三是危害行为的存在场域、评价标准，都可能脱离"人"主导的现实物理社会。例如，以传统犯罪为参照标准，可以重新划分网络犯罪类型，包括与传统犯罪本质无异的犯罪、较传统犯罪呈危害"量变"的犯罪、较传统犯罪呈危害"质变"的犯罪。[1]在智能时代，新型犯罪的社会危害性可能存在量变与质变的双重问题，并渗透至犯罪认识观等规范认知内容。这不仅使智能犯罪作为刑法规范评价对象已经面目全非，也要求社会危害性概念作为评价依据必须作出实质调整，加入新的内容和要素。

由此，智能时代的犯罪现象，其社会危害性的内涵与外延均有质变：（1）危害对象是智能时代的社会价值，以及智能法律体系所保护的任何合法权益，与目前的保护内容不同。（2）评价标准必须围绕智能时代的社会形态、价值安排等重新拟定，否则，规范的评价标准无法满足新要求或直接失灵。例如，网络犯罪的社会危害性的评价标准变成点击量、转载量等。[2]（3）危害或危险的来源是"人工智能主体"作为独立犯罪主体实施的行为，规范评价是为了制裁"人工智能主体"而非"人"。而这些变化的实际效果体现为：尽管在刑法体系中的地位与功能仍保持不变，但社会危害性可能需要经历脱胎换骨的阵痛，以适应智能时代的新需要。

2. 刑事违法性及其判断的虚无化

通常认为，社会危害性与刑事违法性是统一的，刑事违法性是社会危害性的法律表现。[3]刑事违法性是犯罪的基本特征，是社会危害性的法律特征之体现。关于社会危害性与刑事违法性的关系，以及刑事违法性的有无、刑事违法性认识的判断以及程度等，理论上仍有争议。[4]在智能犯罪时代，与之相匹配的智能法律"规范"意识与"法治"规则等内容或形式仍将存续，在判断犯罪成立问题时，如若继续讨论"（刑事）违法性"问题，则需作出符合时代特征的全新解读。

在智能时代，刑事违法性可能遭受的冲击在于：（1）整个法律体系面临全方位变革的命运。无论是刑法本身，还是其他部门法，尤其是行政刑法，"规范

---

〔1〕 参见刘宪权："网络犯罪的刑法应对新理念"，载《政治与法律》2016 年第 9 期，第 2 页。

〔2〕 参见张智辉："网络犯罪：传统刑法面临的挑战"，载《法学杂志》2014 年第 12 期，第 69 页。

〔3〕 参见赵秉志主编：《新刑法教程》，中国人民大学出版社 1997 年版，第 81-82 页。

〔4〕 参见陈兴良："违法性的中国语境"，载《清华法学》2015 年第 4 期，第 5 页。

（法规）"焕然一新，刑事违法性的存在根基以及作为刑法评价对象的内容都发生变化。譬如，网络犯罪时代使现行刑法规范失灵，网络刑事违法性的认定依据首先转向《网络安全法》等规定。（2）理解和认识刑事违法性的"行动主体"出现重大改变。"人工智能主体"是否具有类人的辨认能力、控制能力或认识能力、意志能力，直接决定是否有继续讨论刑事违法性的必要性，还是"更改门庭"讨论全新的命题。尽管这一变动可能进展缓慢，但极可能撬动革命性的后果。（3）刑事违法性的规范意义或评价功能具有不确定性。刑事违法性作为传统犯罪的法律特征，具有承接社会危害性与启动应受刑罚处罚性的功能。但在智能犯罪时代，其可能不复存在或无关。（4）智能时代奉行专属的社会道德（科技）体系与伦理规则，刑事违法性应当重新审视和解决智能法律与智能技术道德伦理之间的关系，需重新考虑合法与违法、法与道德伦理以及刑事违法性的存在范围。

在人工智能时代，刑事违法性的存在根基，无论是人的主观层面，还是外部的客观方面，都受到严重侵蚀甚至坍塌。由此，需要重新认识刑事违法性的内涵和外延。刑事违法性概念所经历的蜕变，也将直接成为刑法作为规范集合体所经历的蜕变之具体缩影，预示着智能时代的刑法立法之变革即将到来。

3. 应受刑罚处罚性的有效性困题

通常认为，应受刑罚处罚性（应受惩罚性）是犯罪的基本特征之一，是犯罪的法律后果。[1]既在立法上表现为明确规定刑种与刑罚体系等刑罚制度，也在司法上表现为在量刑上作出是否免除处罚或作出宣告刑。同时，也是实现刑事责任后的具体体现，是社会危害性与刑事违法性的后果形式。在智能犯罪时代，随着犯罪主体以及犯罪的规范特征等发生根本性变化，刑事制裁范畴也不能幸免。

无论何种历史形态的刑法制度，基于治理社会和保障社会的基本使命，绝不能缺乏最严厉的制裁措施，否则，无疑自断臂膀。在智能犯罪时代，传统刑事制裁体系面对智能犯罪显然"不合时宜"。[2]同时，应受刑罚处罚性所面临的新问题在于：（1）犯罪现象作为存在前提今非昔比，罪刑关系之间的因果链条或将继续存在，犯罪仍主导刑罚问题的理解。但智能时代的刑事制裁必然如

---

〔1〕 参见高铭暄、马克昌主编：《刑法学》，北京大学出版社、高等教育出版社2019年版，第44—47页。

〔2〕 参见孙道萃："网络刑事制裁范畴的理论视域与制度具象之前瞻"，载《西南政法大学学报》2019年第4期，第115—117页。

此，为网络犯罪增设新型刑事制裁措施是鲜明的提示。（2）刑事责任作为启动刑罚处罚的基础亦在变动，影响着刑事处罚的"质"与"量"之界定、措施的配置等。（3）刑罚体系与刑罚结构的基本认识有待更新，传统的刑罚种类、刑罚体系与刑罚结构亦是如此。譬如，自由刑、财产刑为主的刑罚结构未必奏效，主刑与附加刑的刑罚体系可能"无用"。（4）刑事制裁的措施和种类面临失灵、失效的窘境。例如，人工智能主体逐步通过法律拟制等方式确立刑法地位后，可以独立承担刑事责任。采用对人类惯用的"死刑"等刑罚方式予以制裁，其意义与有效性难免"风马牛不相及"。反而，删除数据、修改程序和永久销毁等是更符合智能时代特征与属性的新型制裁措施。[1]在智能犯罪时代，基于应受刑罚处罚性的理论体系地位，其所遭遇的新型挑战，具有典型的结果末端性、结构性以及终极性等特征。由此，在人工智能时代，如何对新型犯罪实现刑罚的适用及其可罚性、有效性是难点。[2]缺乏有效性作为支撑的刑事制裁体系，是刑罚有效性走向深渊的制度短板。必须根据人工智能对犯罪的渐次影响和作用，适时调整刑事制裁体系及其措施。

（二）犯罪构成体系的胎变

传统犯罪的本质特征发生异变，必然引发传统犯罪构成体系及其要件要素的同步"位移"。有必要重新认识人工智能语境下的"犯罪构成"及其内部构成。虽然真正的智能犯罪时代可能不需要"犯罪构成"，但过渡期仍需重点予以讨论。

1. 人工智能安全法益对犯罪客体的扩容

犯罪客体是刑法所欲保护的理由以及对象。在人工智能时代，犯罪客体所遭受的冲击处于最深层次，直接源于并反映在犯罪构成要件要素的变化上。同时，犯罪客体的深刻变化，也直接决定智能时代的刑法去向与使命等根本命题。

在智能犯罪时代，刑法所保护的法益内容及其事实判断、价值判断等，可能面临以下问题：（1）国家形态的存亡命题。国家形态的存在对人类社会的意义极其重大。在现代社会，没有独立主权的国家作为支撑，刑法的独立性是空谈。只有国家作为后盾，刑法才能充分发挥保护与保障功能。但在智能时代，

---

〔1〕　参见卢勤忠、何鑫："强人工智能时代的刑事责任与刑罚理论"，载《华南师范大学学报（社会科学版）》2018年第6期，第116页。

〔2〕　参见彭文华："人工智能的刑法规制"，载《现代法学》2019年第5期，第135页。

人的主体性地位不再具有"天然的继承性"与"当然的合法性"，传统意义上的主权国家与国家形态的前提和基础可能消失。现代社会意义中的国家可能逐渐不复存在，对现代刑法保护法益任务的冲击非常大。刑法基于国家而形成的正当性与合法性也荡然无存，保护国家安全、公共安全以及公共秩序等法益不再必要。（2）人类社会的存续命题。与传统国家形态的存在命题相似，人类社会的存在命题同样存在。现代社会是人类社会进入法治时代后的文明产物，以人为核心、以人的权利保障以及人的发展为基本导向。然而，智能技术引领下的社会发展，则是以不断侵蚀和取代人类社会及其基础为重要内容。这种"逆反"效果，显示人类社会的生存危机；也是当代刑法保护的社会安全与发展、人的自由与安全等法益开始消退的先兆。（3）智能人、智能社会的未来命题。从技术发展的趋势看，未来极有可能出现真正完全可以与"人"相媲美的人工智能主体，以及形成与人类社会相抗衡的智能社会，保护智能人、智能社会是智能时代刑法体系的新任务。

在智能犯罪时代，犯罪客体的内部构造及其构成要素，极可能出现结构性塌陷，刑法保护法益的内容与形式经历重大裂变。在此基础上，犯罪对象可能遭遇的问题在于：人的主体性地位受到巨大冲击，人有可能完全沦为智能时代的被统治或被管理的对象，成为人工智能主体实施犯罪的新"对象"。尽管目前因智能化程度不足，人工智能主体总体上仍属于"人造物"，但不排除将来成为完全独立自主的刑法主体，甚至最终取代"人"的刑法主体地位。虽然从主客体的哲学角度看，"人"和"物"作为界定犯罪对象之"二分化"结构的基础要素，仍在智能时代可以存续，但"人"和"物"的内容都有所突破。刑法中的"人"可以是自然人、法人与智能机器人，而"物"可以是人、可视化的物以及智能化物等。

2. 犯罪客观方面的整体性裂变

在智能犯罪时代，犯罪客观方面的行为、结果以及因果关系等具体要件要素是否发生改变及其所展示的外貌等，都应当从量变与质变的双重角度考察。

具体而言：（1）危害行为。在智能时代，危害行为可能遭遇的问题在于：一是人能否继续作为实施危害行为的法定主体。传统意义上的危害行为，必须是由人来实施，继而才可以对人予以刑事归责。而人工智能主体的"行动逻辑"未必照旧。弱智能机器人能动性的行为，属于在人的意识支配下实施的行为；强智能机器人自主实施的行为和自然人在意识支配下实施的行为无异，是行为主体自由意志的体现。前两种行为是现行行为理论在人工智能时代的新发展。[1]然而，这种看法过于简单，直接默认二者的行为逻辑及其行为性质具有等同性，可能抹杀人工智能主体的行为之特殊性；而且，弱机器人与强机器人的技术水平或智能程度之区分，对理解行为的内涵并不具有直接的"引申"意义。二是人的意志自由与置换。人的主体性地位不断丧失，使人的意志自由问题无从谈起。危害行为不再由"人"来实施，转而由人工智能主体来实施，但人工智能主体是否有意志自由的问题尚无法回答。即使人工智能主体被赋予（拥有）意志自由，也与人的意志自由不同。三是行为的危害性及其评价标准的问题。对于人工智能主体实施的危害行为，其危害性的内涵与形式不可同日而语。这从犯罪客体在智能时代的裂变中可以窥见，也难免导致社会危害性及其评价标准归于无效。如若无法对社会危害性进行科学有效的评价，危害行为的地位以及意义可能成为"负值"。四是作为、不作为以及持有等行为方式的问题。在智能犯罪时代，作为、不作为以及持有，是否可以继续作为危害行为的主要形式，关键在于智能犯罪语境下的"危害行为"是原封不动还是有重大变动。（2）危害结果。在智能时代，危害结果作为传统犯罪所呈现的客观状态，可能出现的新情况为：一是危害结果的地位和作用。广义的危害结果是必要的构成要件要素；狭义的概念认为危害结果是实害结果，则不是必要的构成要件要素，而限于部分罪名。同时，在广义的概念下，危害结果与危害行为都是犯罪客观方面的核心内容，是犯罪构成的核心要素，对判断行为符合犯罪构成要件以及追究刑事责任都具有基础意义。在智能时代，实施的主体、环境等关联因素都不同，危害结果的角色与作用也受影响，需要重新审视危害结果的概念、地位和作用等基本问题，以此与危害行为及其他构成要件要素的变动保持一致和同步。二是危害结果的可视性下降。在传统现实物理社会，危害行为所造成的危害结果，无论是表现为实害结果、危险行为、危险状态还是拟制的危险等，严格来讲，都具有可视性，往往可以通过人类的认识能力予以辨识和评估。但在智能时代，网络社会的数字虚拟性仍然存在，时空维度都注入数字化、智能化因子，导致危害结果的可视化程度明显下降，甚至超出人类认识与控制的范围，无疑也绕开了现行刑法的规制边界。三是危害结果的评价基准不同。目前，对于危害结果的认知与评价，是以"人"为核心来展开的；危害结

---

[1]　参见刘宪权："人工智能时代刑法中行为的内涵新解"，载《中国刑事法杂志》2019 年第 4 期，第 60 页。

果的界定、因素、评价标准等，都是立足于人类的认识能力与价值选择，首先在规范层面服务于司法人员的判断需要，并最终回归到"事实""规范"与"价值"融合的层面。在智能时代，智能犯罪的社会危害性及其评价标准正在发生一定的蜕变，评价主体不再是"人"，危害结果作为犯罪对象遭受侵害后的刑法状态必然受此影响。这要求重新审视危害结果这一构成要件要素的"危害性"。（3）因果关系。在智能时代，因果关系的两端可谓"物是人非"，必然要求重新认识智能犯罪的因果关系的本质及其判断规则等内容。展开讲：一是因果关系的内容。在智能时代与当代社会的交互阶段，人与"智能人"相互嵌合，制造因果关系的主体具有复合性、复杂性，因果关系的内容具有显著的"二元分化"特征。这要求根据实际情况进行区分或统一理解，实践中也需要同时可以关联与分流的配套规则。在智能犯罪时代，人工智能主体完全独立，可以基于意志自由而决定实施危害行为，使因果关系的创设主体具有单一性。在智能时代，因果关系是指人工智能主体与犯罪行为之间的引起与被引起的关系。二是因果关系的本质。在智能时代，需重新理解因果关系的本质。第一，人工智能主体实施的危害行为与危害结果的标准化与高度可预测性。人工智能主体是以算法为前提的，基于深度学习能力，可以自我进化，具有显著的"技术"标准化特征，决定了危害行为、危害结果以及危害主体等，都具有标准化、流水化特征。这意味着"引起与被引起"关系具有高度可预测性。但随机性特征仍然存在，高度可预测性是与传统犯罪因果关系相比较而得出的。第二，"引起与被引起"关系是刑法意义上的逻辑链条，关联性是基本内容。因果关系是对行为与结果之间的逻辑链条的刑法规范表述，是哲学意义上的关联性在刑法中的具体化。认识方法主要是对哲学关联性作"减法"，选择最符合刑法属性的部分予以截留，用于判断行为与结果之间的"逻辑意义"。第三，"引起与被引起"的关系具有客观性。尽管实施危害行为的主观意识是主观性的，但行为与结果之间的"引起与被引起"的关系具有客观性。它是犯罪行为实施完毕后，呈现给外界的定型状态，可以被看见、认识、观察，而不是虚拟或者主观化的。客观性特征使对犯罪事实的"重构"具有可能性。三是因果关系的意义。在人工智能时代，因果关系具有高度的可预测性，对刑事归责而言具有简化的司法意义。基于行为主体对其行为负责的基本伦理规则，人工智能主体应对其实施的危害行为及造成的危害结果承担刑事责任。在犯罪构成要件要素上，因果关系应作为必要的成立条件，但不等于犯罪成立与刑事责任的实现，只是提供客观基础和依据。

3. 人工智能的主体性地位之初现

在人工智能时代，人工智能主体的刑法地位日益夯实，可能引发人的社会主体性地位及其刑法地位的逐渐丧失。[1]这成为目前最令人担忧的重大危机，也牵动整个刑法制度变革的进程。由此，犯罪主体格局也必须面对这一重大变动情况。

具体而言：（1）人工智能主体的刑法地位。日益高度智能化的人工智能主体，正在加速仿效人和改变人的存在概念，冲击社会权利主体构造基础。人工智能主体问题考验对人的本质的理解。在智能社会中，可能不仅要处理人与人工智能主体的问题，还要处理人工智能主体之间乃至智能社会这一主要议题。人工智能主体能否成为法律主体或刑法主体不宜搁置不前，法律必须对其进行明确定位。理论上对此问题，已经展开了不同程度的讨论，包括"电子人身份"、法律拟制的限制性主体、法律主体及其阶段认定、有限的法律主体人格以及"强智能机器人是刑事责任主体"[2]等积极性看法，也不乏"因缺乏认知、意识、心智、情感与可罚性而不能作为刑事责任主体"[3]、"仍应坚持自然人+法人的主体格局"[4]等消极性看法。人工智能主体的孕育及其发展具有必然性，也是智能时代可能带来的"毁灭性机遇"。这从根本上关涉并冲击刑法主体体系与当代刑法的生存境遇，并策动一系列连锁性的制度裂变。（2）意志自由与刑事责任能力的存留。在哲学层面，关于刑事责任能力的讨论，主要围绕人的意志自由、单位的意志而展开。人的意志自由首先是哲学上的重大问题，哲学上的意志自由论与行为决定论之争，对刑法学产生了重大影响，意志自由是责任的基础，意志自由是刑事责任的哲学依据。[5]犯罪主体是指实施危害行为的主体，自古以来人都是作为唯一的主体，但现代刑法也确立了法人的主体资质。刑事责任能力的实质是犯罪能力与承担刑事责任能力，是由辨认能力和控制能力组成的，是判断刑事责任能力的根据，也对定罪量刑具有直接的意义。[6]在

---

〔1〕　参见周详："智能机器人'权利主体论'之提倡"，载《法学》2019年第10期，第3页。

〔2〕　参见刘宪权："对强智能机器人刑事责任主体地位否定说的回应"，载《法学评论》2019年第5期，第113页。

〔3〕　参见叶良芳："人工智能是适格的刑事责任主体吗？"，载《环球法律评论》2019年第4期，第67页。

〔4〕　参见魏东："人工智能犯罪的可归责主体探究"，载《理论探索》2019年第5期，第5页。

〔5〕　参见张明楷："责任论的基本问题"，载《比较法研究》2018年第3期，第1页。

〔6〕　参见陈兴良："论意志自由及其刑法意义"，载《法律科学（西北政法学院学报）》1993年第5期，第52页。

人工智能时代，需重新理解和界定"人的主体性"之下"刑事责任能力"的存留问题与意志自由的更替问题，[1]与人工智能主体的刑法地位演变保持同步。

4. 犯罪主观方面的"去人中心化"之弥散境遇

从人类社会的认知体系看，人具有意识、情感、思想等主观世界的东西。人是社会的行动主体，也是法律行为的实施主体与法律责任的承担者，是犯罪主观方面所立足的逻辑起点。刑法脱离"人"无法存在。但在智能时代，人工智能主体是否存在故意与过失及其形式载体等疑问接踵而至。

在智能犯罪时代，犯罪主观方面的变化可能在于：（1）人工智能主体是否存在主观罪过。主观罪过是隶属于人这一犯罪主体而存在的。在智能时代，人工智能主体与"人"不尽相同，是否具有故意或过失等主观罪过问题，目前不得而知。即使存在类似的主观罪过问题，也并不一定表现为故意或过失等形式。同时，也要区分研发者、设计者与人工智能主体的"罪过问题"。例如，研发者可以存在故意的犯罪心态。根据智能机器人的"智能"程度，区分研发者的直接过失、管理过失、监督过失三种情形。[2]但这显然混淆了相关概念，只能对研发者、设计者这类"特殊人类主体"的罪过进行区分和讨论，无法深入廓清人工智能主体的主观"内心"。（2）认识能力与意志能力的判断要素体系。在故意和过失的罪过体系中，认识能力和意志能力是两个基础的判断要素，不同的组合模式，决定罪过的具体类型。但人工智能主体成为犯罪主体后，即使讨论主观罪过的类型，仍遵循故意和过失的类型化格局，但所依赖的判断要素可能发生变化，而不必然是认识能力和意志能力。例如，人工智能主体的认识条件、认知方式、决断动力、处断能力以及"情感"等都不同。（3）罪过形态的发展性。在智能时代的技术代际升级过程中，人工智能主体的智能程度整体上不断提高，认识能力与意志能力也有差异。即使讨论其主观罪过，也需要解释不同类型或程度的主观罪过相互交错的复合性罪过等情形。（4）犯罪目的与动机的存留。在故意犯罪形态中，目的与动机往往是存在的。犯罪目的显示实施犯罪的主观意图，犯罪动机显示实施犯罪的内因动力等。对于人工智能主体而言，欲望、价值以及利益等主观需求的内容与形式大不相同，犯罪目的与动机也有新的变化。既可能是犯罪目的和动机获得新的形式或内容，也可能是犯

---

[1] 参见孙道萃："人工智能主体的刑法地位之积极论"，载《法治社会》2021年第2期，第73页。

[2] 参见刘宪权："涉人工智能犯罪中研发者主观罪过的认定"，载《比较法研究》2019年第4期，第101页。

罪目的和动机不复存在。

"人"的犯罪主体身份之更迭动态，客观上会引发"皈依于人的犯罪主体"所确立的主观罪过理论陷入裂变，导致在讨论人工智能主体的主观要件时，需要与时俱进地关注以下情形：（1）主观要件的本质与功能。人工智能主体的主观要件问题，首先仍是立足于发展中的智能技术与智能时代，而非完全的智能社会。讨论主观要件的本质，是在犯罪构成体系的前提下进行，是为了解决构成犯罪的主观条件，并与犯罪主体等要件及其要素的内容形成整体的判断功能，用于解决犯罪成立的法理基础与法定标准问题。（2）主观要件的要素及其组合。在讨论人工智能主体的主观要件及其要素时，目前尚需要借鉴传统理论与分析框架，也即故意与过失的类型化体系，以及通过认识能力与意志能力进行一般性与个别性的判断。但也应看到，智能技术、智能程度的变化，使人工智能主体的"主观世界"是发展的，需要不断作出修正与增删以确保有效性。（3）重新界定罪过类型与认定规则。尽管故意和过失的分类方法已经延续至今，但认为它可以继续在智能时代保持有效性难免是"妄断"。随着犯罪主体等因素的"智能化"变革，故意和过失的有效系数必然呈下降趋势，作为智能犯罪主体实施智能犯罪（不完全排除传统犯罪）对应的"主观心态"，在内容上肯定有所不同，而是否出现新的罪过类型也不得而知。

（三）人工智能犯罪的三种形态

人工智能技术及其应用对传统刑法体系产生了不同程度的影响，人工智能犯罪在此期间也逐步得以展现。科学确定人工智能犯罪的学理分类有其特殊意义。

1. 人工智能犯罪概念的讨论

人工智能技术对传统犯罪本质与形式的渗透方式、程度、效果等问题，需要根据不同情况具体分析，以明确界定人工智能犯罪的认识基点与规范切口。

目前，主要有以下看法：（1）将智能机器人可能引发的风险分为"不可控风险""可控风险""非法利用"（包括滥用或有意借助）等基本类型。[1]该观点无疑提供了一个观察的视角。只是智能风险的可控性问题异常复杂，目前无法形成具有共识性的操作标准，可能会流于形式；但讨论"利用型"智能刑事风险问题，有积极的现实意义。（2）智能犯罪是指智能系统研发、提供、应用、

---

〔1〕　参见庄永廉等："人工智能与刑事法治的未来"，载《人民检察》2018年第1期，第44页。

管理相关的犯罪，既包括侵害智能系统安全犯罪与智能化的传统犯罪，也包括利用人工智能侵犯个人信息犯罪、独立的外围人工智能犯罪以及违反人工智能安全管理义务的犯罪等。[1]该看法较为明确地区分针对智能安全和利用智能技术实施犯罪的差异，也在无形中肯定"犯罪工具""犯罪对象"的区分视角，但掺杂其他智能犯罪现象，存在内部类型之间的边界不明等问题，逻辑上也显得臃肿。（3）当代刑法的成长规律与模式包括量变型、质变型、突变型。人工智能与当代刑法体系的碰撞，仅限于量变型或质变型的发展问题，而假想的超级人工智能所引发的突变必然使"现行刑法"不复存在。[2]这一看法采取"量化分析"方式，试图动态地揭示人工智能时代的刑法变化，但对新型犯罪问题的阐述显然不够。（4）人工智能的非法应用行为日益增加，主要引发涉网络犯罪风险，并与网络犯罪、侵犯个人信息等犯罪相互纠缠，导致传统犯罪治理模式的有效性下降。[3]这指出了当前阶段中涉人工智能犯罪与新型网络犯罪的高度"亲缘性"，因而有可取性。但是，涉人工智能犯罪不限于"非法应用（利用）"情形，还包括更复杂并处于演变中的情形。（5）网络科技经历 Web1.0 到 Web2.0 再到 Web3.0 的迭代共生状态，Web1.0 和 Web2.0 时代主要是物理性的，而 Web3.0 时代的最大特征是智能性。不同代际下的网络犯罪特征亦有所不同。在 Web3.0 时代，个性化、互动性和精准应用服务的网络空间也成为犯罪空间，各种新型犯罪层出不穷，同时兼有 Web1.0 与 Web2.0 时代网络犯罪的特征。[4]这糅合了网络犯罪代际演进的规律，并将人工智能犯罪归结到 Web3.0 犯罪时代。该看法有其现实合理性，但从长远看不符合发展态势。

上述看法各有其合理性。但是，没有回到人工智能犯罪的初级形态与实际发案情况这一原初立场，也没有注入学理的分析框架，且混淆了网络犯罪等概念。

2. 人工智能犯罪的基本形态

智能时代犯罪现象的最显著之外部特征是"技术胎记"，是左右从刑法规范层面对其进行深度认知的逻辑起点。尽管人工智能技术及其应用的代际变迁

---

〔1〕 参见皮勇："人工智能刑事法治的基本问题"，载《比较法研究》2018 年第 5 期，第 149 页。

〔2〕 参见董玉庭："人工智能与刑法发展关系论——基于真实与想象所做的分析"，载《现代法学》2019 年第 5 期，第 120 页。

〔3〕 参见张旭、阮重骏："人工智能非法应用的犯罪风险及其治理"，载《中国特色社会主义研究》2019 年第 4 期，第 78 页。

〔4〕 参见刘艳红："Web3.0 时代网络犯罪的代际特征及刑法应对"，载《环球法律评论》2020 年第 5 期，第 100 页。

尚且无法预测与评估，但是，人工智能时代的犯罪现象及其本质特征、规范内涵等，必然首先超脱于单纯的技术层面，也必然不同于传统犯罪的一般形态。这意味着需要以全新的视角审视正在裂变中的人工智能犯罪。在现阶段，考虑到传统犯罪与人工智能犯罪相互交织在一起，可以借助传统刑法的知识框架，结合已有或正在演化中的新型人工智能犯罪，从刑法类型化的角度予以初步澄清与释明。

整体看，从目前智能技术应用与传统犯罪及其构成要件要素的结合关系与结构等因素看，基本可以把智能时代的新型犯罪，分为"工具型""对象型""独立型（纯粹型）"，且各自的演变形态及其相互关系仍在发展。这种粗疏的分类，部分源自当前网络犯罪的共识性分类思维。[1]在现阶段，网络犯罪与智能犯罪系同根同宗，都是现代科技巨变下的新型犯罪，相互之间存在诸多内合与暗含之处。在现有情况下，应对思路可以"互相借鉴"。但也预示其思维窠臼的相对局限性。尽管如此，对智能时代犯罪形态进行现象层面的前瞻性观察，并阐明智能"工具型""对象型""独立型"犯罪形态，有助于明确规范评价与刑法应对立场，并对正在发展的智能犯罪及其规制这一重大关切作出未雨绸缪的回答。

三、人工智能犯罪的规制供给

新型人工智能犯罪主要包括当前常见的"工具型""对象型"以及正在快速扩张的"独立型"。对此，应当区别对待三种犯罪形态的本质与演变趋势，分别确立"嵌入式""特定式""建构式"模式，有组织地加以反应。

（一）"工具型"人工智能犯罪与"嵌入式"应对

智能技术是具有高度"智能化"特征的新一代信息网络技术，技术优势尤为明显，但初期阶段的缺陷也异常突出。这就不免被不法分子所利用或滥用，成为犯罪分子的新型犯罪工具，在源头上形成智能"工具型"犯罪现象。从犯罪特征及其发生规律看，"工具型"人工智能犯罪与网络"工具型"犯罪在本质特征与功能框架上高度相似，可以类比性地"嵌入"，采取"类似"应对策略。

---

[1]　参见孙道萃："网络刑法知识转型与立法回应"，载《现代法学》2017 年第 1 期，第 117 页。

1. 犯罪特质的初步阐明

人工智能技术的"智能属性"，使其成为更具优势性、低廉性和便于获取的犯罪工具，降低了犯罪分子的实行参与程度、暴露风险等，开始成为用于实施犯罪的"新工具"。智能"工具型"的危害性可能更大，不仅增加了侦查难度与追诉成本，也使刑法法益更易受到侵害，危害结果表现形式也更复杂、多变。

当前，智能时代"工具型"犯罪，往往是将智能技术及其应用优势，作为全新的犯罪工具或条件，以降低犯罪难度与犯罪成本。利用人工智能技术实施犯罪的现象已经"冒头"，由"撞库打码"等所形成的黑色犯罪利益链条，正是利用人工智能技术实施犯罪的情形，如"人工智能打码平台"案[1]、"小黄伞"案[2]等。这类犯罪的基本特征在于：（1）人仍然是真正的犯罪主体。目前，利用人工智能实施犯罪的系列"首案"，是典型的智能"工具型"犯罪。这类犯罪主要通过利用人工智能技术的优势条件等，增加犯罪的隐秘性等并降低犯罪成本，实施犯罪的主体仍然是"人"或"法人"。又如，利用智能技术实施公民个人信息撞库识别、验证码校验等，后非法控制网银、电商账号并转账、消费的，行为主体实质仍是人而非智能技术。因而，利用人工智能技术及其应用实施的犯罪，往往是人主导或参与而形成的犯罪问题。（2）利用智能技术及其应用可以更好地实现犯罪目的。新型的犯罪工具原则上并不能替代背后

---

〔1〕 在"1·03"网络"黑产"系列专案中，犯罪分子构建向批量晒密撞库人员提供图片验证码自动识别服务的"快啊答题"平台，又将制作的晒密软件与"快啊答题"平台对接，实现批量晒密撞库的功能。"晒密人员"加以利用，把大批量的账号和密码进行自动匹配，突破互联网公司的验证码安全体系，获取大量的网站后台数据和公民账号等个人信息出售给诈骗人员，后者用于实施诈骗，涉案金额高达2000余万元。2017年12月，浙江省绍兴市越城区人民检察院以涉嫌提供侵入、非法控制计算机信息系统程序、工具罪，非法获取计算机信息系统数据罪，非法侵入计算机信息系统罪，侵犯公民个人信息罪，诈骗罪予以批捕。参见范跃红、孙奇伟："人工智能都用上了！惊人的黑色产业链 绍兴越城：'1·03'网络'黑产'系列专案82人被批捕"，载《检察日报》2017年12月12日，第4版。

〔2〕 2015年1月，叶某编写用于批量登录淘宝账号、密码的"小黄伞"（不断更换IP地址、接入打码平台，用验证码突破计算机安全的功能）软件，他人使用该软件的，需在叶某开设的淘宝店暨"××店铺"购买验证码充值卡，对图片验证码进行识别，完成批量登录淘宝账号行为。叶某将图片验证码识别（俗称"打码"）业务交由张某协助完成，张某组织帮助叶某"打码"并收取好处费。谭某、张某非法成功获取淘宝账号、密码2.2万余组，出售并获取违法所得25万余元。杭州市余杭区人民检察院以谭某涉嫌非法获取计算机信息数据罪与叶某、张某涉嫌提供侵入计算机信息系统程序、工具罪提起公诉。2018年5月，余杭区人民法院判定，谭某犯非法获取计算机信息系统数据罪，叶某犯提供入侵计算机信息系统程序罪，张某犯提供侵入计算机信息系统程序罪。参见杭州市余杭区人民法院（2017）浙0110刑初664号刑事判决书；王春："揭开'撞库打码'灰色产业利益链"，载《山西法制报》2018年6月7日，第3版。

"人"的正犯行为、主要行为或目的行为，也不可能是真正的实行行为，承载犯罪目的的行为才是实行行为。例如，智能驾驶汽车发生交通肇事的，不是智能驾驶系统涉嫌违法犯罪，而首先是智能汽车或系统的研发者、设计者与所有者、使用者的危害行为，是应当承担刑事责任的主体。同时，非法利用智能技术变成独立的实行行为，是这类犯罪发展的高级形态。这类犯罪的危害性非常高，必须单独论处，其立法原理与《刑法》第287条之一即非法利用信息网络罪相似。（3）智能技术作为新型犯罪工具，既可能是单独使用，也可能与传统犯罪工具并合使用，在不同案件中所发挥的作用不同。智能技术作为犯罪工具所扮演的"角色（分工）"与作用是变化的，对刑法规制方式与效果的作用，需要根据具体案情作出判断。一般而言，智能技术作为新的犯罪工具，直接或主要地对犯罪对象造成现实危害或制造危险状态，则可以予以认定。（4）在智能"工具型"犯罪中，作为新型的犯罪工具，与传统犯罪、计算机犯罪或网络犯罪的作案手法有相似性，削弱了智能"工具型"犯罪形态的独立性。但是，智能技术的"智能"特质具有专属性，利用智能技术实施传统犯罪、计算机犯罪或网络犯罪，分别使犯罪的实行行为、危害结果的形成与表现、定罪量刑等发生量变。基于智能技术、智能程度、人工智能主体等形成的智能"工具型"犯罪形态处于快速发展的演进状态，犯罪类型等不断翻新，并日益独立化。

2. 扩张解释的理性维度

目前，这类新型犯罪主要是实施一些传统犯罪、计算机犯罪或网络犯罪，侵犯的犯罪客体主要是传统刑法法益或新型网络法益，在罪质上更接近于传统犯罪、计算机犯罪或网络犯罪。在规制思路上，从犯罪的基本性质、犯罪的主要罪质、犯罪的主要目的以及实行行为的构造等因素看，仍可以认为是现行法律已经规定了或可以延伸规制的新情形，仍可以基于现有刑法规定与罪名，通过对行为方式或行为对象等构成要件要素进行扩张解释，[1]来解决如何规制的问题。

具体而言：（1）传统罪名的扩张适用。从犯罪的逻辑看，利用智能技术及其应用作为犯罪工具的，往往是希望实现其他动机与目的。从最终侵犯的法益看，往往是现行刑法体系所能直接涵盖的，可以直接援引现行规定；或处在现有刑法规范的有效保护范围内，并需要通过必要的扩张解释予以实现。例如，在"小黄伞"案中，该款破坏性软件可以不断更换IP地址、接入打码平台、突破验证码、自动抓取淘宝账号对应的昵称、注册时间、是否认证等信息，在未

---

〔1〕　参见皮勇："全国首例撞库打码案的法律适用分析"，载《中国检察官》2019年第6期，第7页。

经事先授权下，非法获取淘宝网计算机信息系统的数据。这种利用智能技术制造而成的具有突破计算机信息系统安全保护措施，在未经授权下，非法获取计算机信息系统数据功能的程序，属于"专门用于侵入、非法控制计算机信息系统的程序"。再如，利用智能技术侵入支付宝、微信等网络支付系统，非法获取财物的，是典型的智能"工具型"犯罪，直接危害的法益是合法的财产权，本质上符合财产犯罪的特征，可以援引相关规定论处。在实践中，由于立法缺乏前瞻性，扩张解释的恰当运用，有助于激活现有刑法规定的潜质，发挥重要的应急作用。目前，刑法解释已经成为在剧烈变革时代延续刑法时代生命力的重要选择，并往往以扩张解释为主要实现途径，网络犯罪的应对便是如此。[1]这无疑为智能"工具型"犯罪的定性提供了积极的启示意义。（2）计算机罪名或网络罪名的嫁接适用。目前，处于初期阶段的智能技术，决定了智能"工具型"犯罪在很大程度上具备网络犯罪的诸多特质，甚至可以认为是网络犯罪形态在智能时代的最新体现，是互联网信息技术发展到人工智能技术阶段后的产物。由此，利用智能技术实施犯罪的，不可避免地涉及危害网络安全的情形，现有网络犯罪罪名（包括计算机犯罪罪名）有用武之地。例如，利用一些高尖端或危害性很高的智能技术实施犯罪的，可以考虑援引《刑法》第287条之一即非法利用信息网络罪。[2]通过对一些高度危险的非法利用行为予以积极的预防性介入，实现对滥用行为的前端控制；情节严重的，第287条之一规定的法定刑不足以匹配，应当援引其他法律规定，确保罪责刑相均衡。又如，明知他人利用智能技术实施犯罪的，故意提供相关的技术支持或技术帮助的，情节严重的，可以参考《刑法》第287条之二即帮助信息网络犯罪活动罪，对其予以刑事处罚。这有助于制裁严重的智能技术帮助行为，切断智能"工具型"犯罪的外部"犯罪黑色利益链条"，堵住"低成本"的犯罪温床。（3）立法修正应提上议程。对于非法利用或滥用智能技术或人工智能主体等实施犯罪行为，如开发人工智能打码平台、利用聊天机器人实施诈骗、利用人工智能破解账号实施网络犯罪等的，可以首先对传统罪名进行扩张性解释，但最终仍应考虑设立新型罪名。理由为：一是现有刑法规范并未预先性地将"智能技术"等作为立法背景，立法原意的缺失，使扩张解释的依据存在先天性的不足，生存空间相

---

〔1〕 参见高铭暄、孙道萃："网络时代刑法解释的理论置评与体系进阶"，载《法治研究》2021年第1期，第22页。

〔2〕 参见孙道萃："非法利用信息网络罪的适用疑难与教义学表述"，载《浙江工商大学学报》2018年第1期，第42页。

对有限。二是利用人工智能技术实施犯罪，尽管在犯罪形态上表现为"手段与目的的主次（牵连）关系"。但不排除一些案件相对复杂，利用智能安全、智能技术作为犯罪工具行为的危害性，高于目的行为的危害性，以至于不能完全借助扩张解释的"修正能力"予以调整。立法修正可以更直接、有针对性地高效应对上述问题。

（二）"对象型"人工智能犯罪与"特定式"疏解

智能技术本就具有不可估量的价值，而其应用层面所承载的经济价值与利益更是如此。这是刑法应当保护智能安全的法理依据所在。当智能技术及其应用载体等成为新型犯罪的对象时，智能安全以及应用产品安全等一系列新生的刑法法益，和当前正在迅猛发展的网络刑法法益一样，当代刑法均应予以特殊保护。

1. 犯罪性质及其要素的释义

智能技术的广泛应用，不仅是今后与未来生产生活的基本组成部分，也是多元价值、经济利益、安全需要以及其他应当受到保护的正当内容、法律价值的基本载体。这注定了当代刑法应当保障智能技术及其应用环节的安全，维护正当合法的"智能安全法益"不受破坏。这就是智能"对象型"犯罪的生成轨迹与逻辑本体，主要是指将智能技术及其应用载体乃至人工智能主体[1]等作为新型犯罪的对象。

具体地看：（1）可以借鉴网络"对象型"犯罪形态的思考方式。当前，提出并理解智能"对象型"犯罪形态，在认识论上，主要是法益内容由网络安全替换为智能安全。尽管犯罪对象有差异，但网络技术与智能技术、网络安全与智能安全具有高度的关联性，理解智能"对象型"犯罪问题时，可以参用目前应对网络"对象型"犯罪的有关策略与经验，更好地保护智能刑法意义上的智能安全法益。（2）智能"对象型"犯罪的本质是直接危害智能安全的法定犯罪。智能安全作为人工智能时代下的特定新型法益，既不完全独立于传统安全类型，也绝非完全依附于传统安全范畴，而是交错、融合的关系。智能安全客观存在并不断有演变形态，使当代刑法必须有效保障智能时代的新兴安全形态，确保智能技术及其应用的规范化与合法化，防止滥用、乱用智能技术应用以及相关的违法犯罪行为。（3）智能"对象型"犯罪形态的犯罪对象是智能安全。智能安全包括智能技术安全、智能应用安全、智能产品安全以及高度关联的智

---

〔1〕　参见刘宪权："智能机器人工具属性之法哲学思考"，载《中国刑事法杂志》2020年第5期，第20页。

能系统运行安全、智能数据安全等常见情形，也即，一是智能技术运行的基本载体、平台终端等的安全，主要是指智能系统、智能程序、智能工具等基础安全，也包括智能信息安全、智能数据安全等配套的运行安全。二是智能产品安全，是指智能技术应用安全，如智能汽车、智能运营模式等。其范围非常广，具体表现形式也在不断丰富。三是一般性的智能安全。它蕴含国家安全、公共安全、人身安全、财产安全、公共秩序安全等内容。新型的智能安全可能完全独立于传统安全，也可能与传统安全相互交叉，甚至依附于传统安全。不同类型的智能安全及其利益，往往需要类型化的保护策略和措施。四是人工智能主体的独立性不断提升，人工智能主体作为终极意义上的犯罪对象，也是刑法法益的保护对象。只是人工智能主体作为未来的刑法保护对象，显然不同于一般意义上的智能安全问题。严格而论，应当纳入智能"独立型"犯罪形态。

2. "应急型"扩张的一般规则

智能"对象型"犯罪侵犯的智能安全法益，并不完全等同或完全隔离于现有刑法保护的法益内容。在此前提下，现有刑法规定的直接规制意义明显下降，大部分传统罪名的扩张适用空间被显著压缩。尽管如此，从犯罪特质看，网络犯罪与智能犯罪都依托于现代信息网络技术，智能犯罪是网络犯罪在智能技术背景下的最新发展形态。计算机犯罪与纯正网络犯罪的规定，与危害智能安全的新型犯罪具有高度的贴合性与相似性，在规制思路上具有一定的延续性，可以相互参照。

在现有规范的情况下，对智能"对象型"犯罪的反应思路可以包括：（1）智能应用依托于技术、数据、程序以及系统等，保护关联智能安全至关重要。这些重要的智能要素往往成为犯罪的行为对象。譬如，非法获取智能技术的运行数据、算法规则等情节严重的，可以参照《刑法》第285条第2款的规定，论处非法获取计算机信息系统数据罪。（2）智能技术及其产品作为新型"财产"形态应予以保护。以智能应用终端为犯罪对象的犯罪，是新型涉智能财产型犯罪。在定性上，根据刑法规定，特别需要讨论智能应用载体或产品能否被骗、是否属于金融机构等问题。诈骗罪将被害人的自愿处分意思作为必要的构成要件，针对智能应用载体实施的财产犯罪，人工智能主体不是"人"，不存在处分意思的要素，行为人虽然冒用账户和密码，但不符合传统诈骗罪的构成要件。同时，盗窃罪的核心特征是秘密窃取，利用智能技术，并针对智能应用载体，实施非法占有他人财物，且实际控制并支配财物的，更符合传统盗窃罪的构成要件。（3）智能技术及其应用作为重要的生产资料或生产经营方式，与智能经济安全息息相关。对具有经济价值或经营价值的智能产品等实施危害行为的，破坏了智能经济安全或智能生产经营活动。可以参照破坏社会主义市场经济秩序犯罪或部分财产犯罪（如破坏生产经营罪）等予以规制。（4）智能时代的算法系统运行安全意义重大，是最重要的智能安全内容。对于非法破坏智能程序或系统运行安全的，以及制造一些破坏性的工具或程序并实施危害智能运行安全的行为，情节严重的，可以援引《刑法》第285条或第286条，论处破坏计算机信息系统罪等罪名。（5）在智能时代的初期阶段，研究者与设计者负有法定的安全保障义务。研发者、设计者在研发与设计过程中，以犯罪为目的或者严重违背技术伦理道德，明知或应当知道智能产品存在缺陷，可能或已经严重危及人类安危，而不予以补救或销毁等的，应当承担故意犯罪的刑事责任；但限于当时的认知局限，研发者与设计者缺乏预见能力与避免能力，无法预见并导致损害发生的除外。当前，对于研发者、设计者以及运营者，拒不履行法定的智能安全管理义务的，情节严重的，可以考虑援引《刑法》第286条之一，暂且论处拒不履行信息网络安全管理义务罪。但从长远看，对于这种新型智能"对象型"犯罪，增设智能产品安全事故犯罪等罪名更为科学。

（三）"独立型"人工智能犯罪与"建构式"回应

从技术发展的长远趋势看，与人相媲美的"人工智能主体"终将到来。可以独立自主行动的"智能人"，作为社会主体与犯罪主体也非天方夜谭。既然具有独立的行动能力，也就具备刑事责任能力，可以独立自主地实施行为并负责。这预告了智能"独立型"犯罪形态的孕生、成熟和定型。但新型犯罪规制问题随之而来。既应挖掘现有司法资源，更要规划立法修正，实现前瞻性与持续性的应对效果。

1. 独立的罪质之界说

尽管从目前的智能技术及其应用的智能水平看，人工智能主体的完全独立并不现实。但完全智能化的机器人可能在未来出现。人工智能主体基于深度学习、算法等，逐渐养成专属的"意志自由"，刑事责任能力不断增加，可以决定实施犯罪活动。在此背景下，智能"独立型"犯罪形态是真正意义上的纯正智能犯罪现象。

相比于"人"实施传统犯罪的基本格局、犯罪特质及其规律等，智能"独立型"犯罪形态的特殊性表现为：（1）真正颠覆"人是犯罪主体"的基本认识。犯罪主体是刑法体系的前提和基础，近现代刑法体系始终围绕"人"展开，一旦脱离人，立足根基荡然无存。在智能时代，真正独立的人工智能主体与"人的犯罪主体地位"互换角色，犯罪主体与刑事责任主体变成"智能人"，而"人"极可能变成新型智能犯罪的对象或者工具。实际上，从智能技术的升级换代看，普通机器人、弱智能机器人、强智能机器人的演进，分别反映了辨认能力与控制能力及其主体地位的持续增量。[1]算法的加速完善，使智能程度趋于完全独立自主的"智能机器人"摇身一变，成为可以独立自主实施犯罪的主体。对当代刑法体系而言，这一颠覆效应是致命的，使现有刑法规定及其罪名体系等处于"宕机"状态，现有的规制思维等司法经验亦无法适用。（2）犯罪的罪质变更。在犯罪主体这一本源性的要素发生变异后，整个犯罪构成要件及其要素都有不同程度的质变与量变，导致罪质发生根本蜕变，也使刑法保护的任务、目标以及对象等都发生连锁反应。智能"独立型"犯罪是面向未来、完全独立的新型犯罪形态，目前尚处于发展阶段，具体的表现形式或雏形仍无定论。应坚持发展性的立场，从技术应用的动态过程，将不同阶段的智能技术刑事风险类型化，从结果形态反推智能时代的犯罪类型。智能"独立型"犯罪形态是人工智能主体作为独立的刑法主体实施的新型犯罪，与传统犯罪必然有本质的区别。如智能"独立型"犯罪的实行行为，应当是算法及其运行的过程、结果等；导致的危害结果应当表现为智能安全的损害，而非沿用传统法益所能完整表达的。（3）法益内容有待重新界定。智能"独立型"犯罪侵犯的法益内容具有特殊性，被赋予全新的内容，与智能时代的安全紧密联系；也具有独立性，与传统刑法法益的内容及其形式存在本质差异，不依附于传统刑法法益而存在。相应地，应当调整智能时代刑法设定的保护方式与规制思路等。（4）智能时代犯罪类型与形式的易变性和发展性。人工智能主体实施的犯罪类型，并不局限于传统的犯罪类型及其形态，如人身安全犯罪、财产犯罪、社会主义市场经济秩序犯罪等。人工智能主体独立实施的犯罪，在类型、方式上将大变样。因而，需要重新解读犯罪类型等，且犯罪构成要件要素的变动最为直观。对于完全未知的新生犯罪事物，当代刑法应时刻保持清醒的认识和敏锐的应对，尤其应当重视立法的灵活应对。

2. 新型罪责难题的理论化解

尽管不乏观点认为人工智能时代的犯罪还是"人"的犯罪，刑事责任问题

---

[1] 参见刘宪权："人工智能时代的刑事责任演变：昨天、今天、明天"，载《法学》2019 年第 1 期，第 79 页。

仍旧保持不变。[1]然而，当人工智能主体拥有独立决策能力，能像人一样"思考"，就可以"自主决定"实施犯罪行为。只是犯罪现象目前难以确定，使追究人工智能主体实施犯罪的刑事责任必然成为全新挑战。在数字化时代下，开始出现了新型网络犯罪形式与新的刑法主体，尤其是新型刑法主体的出现，给法律判定带来了新的难题。[2]2016 年，联合国教科文组织会同世界科学知识与技术伦理委员会发布报告指出，机器人一般被视为通常意义上的科技产品。关于智能系统致人损害的责任，可以确立基于行为人过失的产品责任。[3]该观点为机器人以及机器人技术造成的损害进行产品责任的归责提供了有益的思路。但是，在人工智能主体独立的前提下，"独立型"智能犯罪的类型、模式等，不必然表现为传统刑法中的产品责任。

对于智能"独立型"犯罪问题，现阶段仍可以考虑以下问题：（1）故意犯罪。人工智能主体独立或通过其他智能机器人实施危害行为，以及独立滥用或有意借助智能机器人的风险实施危害行为，无论是作为行为、不作为行为还是持有行为等，都是智能时代的新型故意犯罪形态，严格而论，不再与传统故意犯罪相同，因而需要重新考虑立法定量与定性等问题。2015 年 6 月，德国鲍纳塔尔的工厂"机器人杀死人类"事件颇为特殊。未放置在安全笼中的机器人手臂，将一名工人抓起并挤压向一块金属板，最终导致其死亡。2018 年 3 月，美国亚利桑那州出现全球首例"智能驾驶"撞死行人事件。对于这类新型的智能犯罪，完全按照传统的故意杀人罪论处，会出现诸多理论不适问题。只有首先解决人工智能主体的刑法地位这一关键性前提，才能进一步讨论智能时代故意犯罪的本质特征、罪质内容、法益内涵等，并根据智能技术伦理的特有内容，从规范层面解决追究刑事责任的问题。（2）过失犯罪。对于智能技术及其应用风险的不当控制与管理等，也可能引发过失犯罪，如新型的重大智能产品事故犯罪或安全事故犯罪等。但过失犯罪具有法定性特征，立法已经事先作出规定。构成智能时代的过失犯罪，应当以违反法定的注意义务为前提。而设置注意义务，要结合预见能力、避免能力等作综合的考虑，不应当设置过高或不合理的

---

〔1〕　参见冀洋："人工智能时代的刑事责任体系不必重构"，载《比较法研究》2019 年第 4 期，第123 页。

〔2〕　参见［德］埃里克·希尔根多夫："自动系统、人工智能和机器人——一个刑法角度的定位"，黄笑岩译，载《法治现代化研究》2019 年第 1 期，第 86—87 页。

〔3〕　参见吴汉东："人工智能时代的制度安排与法律规制"，载《法律科学（西北政法大学学报）》2017 年第 5 期，第 132 页。

注意义务。目前，智能立法体系整体上处于空白状态。通过立法增设智能产品的过失犯罪，才能有效解决追究过失犯罪的正当性。这进一步要求加快完善智能时代的法律体系。（3）免责情形。相对主义的犯罪观以及犯罪控制理念，决定了不可能杜绝智能技术及其应用的风险，不能苛责过高的注意义务，而应将某些存在技术危险但没有超过社会相当性的加以排除。特别是智能技术的发展性、工具性，无论人工智能主体是否尚未完全独立，都应当充分考虑智能技术的"中立性问题"。例如，在研发与设计阶段，由于不可控的智能技术应用风险所引起的危害结果，属于无法预见和避免的技术事故，在性质上是意外事件，或者是科学实验所容许的风险事故，不应视为犯罪；否则，不具有刑法上的期待可能性，追究刑事责任也是不正当的。因此，对于研发者、设计者、所有者、使用者以及监管者等，故意或过失造成危害结果的，可以归咎于技术本身的危险或技术危险的不可预见性、不可避免性以及技术危险的一般性等，不应当视为犯罪。但严重违反法定义务而滥用技术等行为的，应当依法追究刑事责任。（4）罪责模式的优选与改良。对于发展与形成中的智能"独立型"犯罪，当前尚且可以参用现有传统故意或过失犯罪类型，并根据所侵犯的法益类型、危害行为模式、危害结果的归属等主要要素，进行具体的分析和判断，而扩张解释仍将发挥积极的作用。但是，智能"独立型"犯罪形态是面向未来的新型犯罪，应当跳出既有的思维桎梏，以全新的观念指引规制策略。而且，这种颠覆倒逼理论层面以及立法、司法等环节的深度裂变与整体调试。

3. 积极立法的有序应答

智能技术应用的日益铺开，智能"工具型""对象型"特别是"独立型"犯罪持续增量。应然地看，智能"独立型"犯罪形态完全不同于传统犯罪形态，实施犯罪的主体不再是"人"，而是"人工智能主体"，这是最直接的差异。相比智能"工具型""对象型"犯罪形态的稳步增量趋势，智能"独立型"犯罪形态将加速持续增量并最终占据主导地位，成为智能社会时代的主要犯罪现象。

但现行刑法规范供给不足问题变得更严峻。例如，以智能驾驶系统为主体引发的新型智能驾驶公共安全犯罪，目前的法律处于空白状态，司法机关几乎"无法"可依。[1]单纯依靠刑法解释及其扩张功能，客观上已经不能满足新型

---

[1] 参见孙道萃："智能驾驶测试的刑事风险与规范应对"，载《南海法学》2020 年第 4 期，第104 页。

犯罪的规制需求。这无疑冲击当代刑法理论及其规定的适宜性。在这种强烈的现实需要与趋势下，预示刑事立法活动的启动迫在眉睫。立法作为反映客观事实的"制度性工具"，适时增加新的犯罪规定是一项长期的常态性工作。借此，也将逐渐建立智能时代的新型法定犯罪，真正确立智能"独立型"犯罪时代。所谓智能时代的法定犯罪，旨在强调这类犯罪是"基于智能时代的法律而制定"的特质。[1]尽管自然犯与法定犯源于传统刑法体系，但可以用于界定智能"独立型"犯罪的立法本质特征，意在表达智能"独立型"犯罪形态的本质是"法定的犯罪"而非"自然的犯罪"，是基于违反智能时代的基本伦理与规则体系而予以制定的。但并不意味着完全否定智能时代仍可以存在特殊自然犯的可能性及其潜在容量。

在立法应对上，应注意以下几个方面：（1）依循智能时代的技术特征与基本伦理布局立法。智能时代的犯罪问题，首先是技术"胎记"犯罪特质，与智能时代的技术伦理规则息息相关。在讨论人工智能主体的刑法地位、罪责边界等问题时，都必须以智能技术及其应用的实际情况以及社会伦理道德等为前提和基础。要与智能时代的道德伦理等社会规则体系保持内在的一致性，尊重智能时代的伦理规则、交往规则、价值体系等，不僭越法治的"底线"。应当考虑及时制定机器人伦理章程，用于规定智能技术研发、应用的道德基础。而且，只有适时进行专门的智能立法，明确人工智能主体的法律地位、权利与义务、法律后果与责任分担等问题，才能确立智能法律的基本规范体系，为刑法立法奠定基础。（2）围绕智能法律规范启动刑法立法。人工智能的正常使用与运转，需要一系列相适应的新规则体系予以支撑，如服务于智能驾驶的新型交通规则、数据的智能采集规则、新型的人机伦理原则等。违反智能时代的行为规则与法定义务，往往具有严重的社会危害性，刑法的介入才具有正当性。智能时代的立法完善，绝不能脱离智能法律体系及其规定而存在。当代刑法的立法转型，必须与智能时代的整体立法保持同步。例如，《网络安全法》作为基本法，是指导制定《刑法修正案（九）》中网络犯罪规定的首要依据。这对智能时代的刑法立法完善具有参照意义。在考虑立法修改与增加新罪名之际，应当紧密围绕智能时代的法律规则体系，类型化地开展立法工作。（3）立法策略的取舍。刑法修正案仍将是刑法完善的首选方式。网络犯罪的修改及其良好效果

---

〔1〕　参见孙道萃："智能时代的刑法立法——人类中心主义与现实功利主义的取舍"，载《学术交流》2020年第4期，第78-79页。

无疑予以证实。但从长远看，刑法规范作为对犯罪现状、态势以及规律的客观反映，必须撇清智能犯罪与传统犯罪之间的实质差异。而网络犯罪的深度演变与智能犯罪现象的持续扩充，使传统刑法规范供给不足的问题不断加剧。应当考虑启动全面修改刑法的现实议题，通过立法规定及时客观地反映新情况，确保刑法规范的有效性与正当性。从立法技术上看，围绕传统罪名体系，以"打补丁"的方式，碎片化地通过"旧瓶装新酒"解决规范供给不足问题，并不是长久之计。智能时代的刑法立法，应在个别修正、局部修正、整体修正上做好文章。譬如，可以考虑修改侵害计算机信息系统犯罪、交通肇事罪、危险驾驶罪等，增设人工智能重大安全事故罪，分则第六章增设第十节"妨害人工智能发展罪"，并规定扰乱人工智能活动罪、非法利用人工智能罪、非法提供人工智能技术罪等罪名。[1]这些立法建言有一定的启示意义。智能时代的立法策略应当坚持灵活性、持续性、整体性与前瞻性。（4）法定的人工智能犯罪之立法"定量"问题。智能时代的犯罪在内容、形式及类型等方面，需通过"法定犯"的形式体现，此乃法定犯的基本立法要求。在立法技术上，不仅要解决罪与非罪的定性问题，也要解决构成犯罪的基本标准以及罪重罪轻等定量问题。传统刑法区分结果犯、行为犯、危险犯等不同类型，刑法分则采取"既遂立法模式"或"犯罪成立模式"。这些立法定量的传统经验，对智能时代法定犯罪的立法仍具有参考意义。

四、结语

智能技术的迅猛发展及其广泛应用于生产生活，对人类的主体性地位产生了深刻的影响。智能技术及其应用正在全面渗透与冲击当代刑法体系，并引发一系列理论动荡。智能时代的犯罪现象逐渐显现，并表现为智能"工具型""对象型""独立型"等犯罪形态。面对新型智能犯罪问题，智能系统等载体或产品等，可能表现为一定的工具属性，也可能表现为新型法益形态，未来极有可能演变为刑法主体。在应对思路与规制策略的前瞻上，也要结合智能时代犯罪的特征与类型之演变，选择与之相适用的策略和方法，合理且有效地控制智能时代的刑事风险。但更重要的是，人工智能时代的刑法理论变革与立法修正已经刻不容缓。

---

[1] 参见李振林："人工智能刑事立法图景"，载《华南师范大学学报（社会科学版）》2018年第6期，第125页。

第四章

人工智能刑法主体地位的积极论
——兼与消极论的答谈

智能技术应用的迅猛发展，对以人类的主体性地位为根本前提的当代法律体系形成强烈冲击，人工智能主体的刑法地位成为关键问题。"人造物"等消极论的逻辑机理正是过度释放人类中心主义的效应，显示了智能技术应用的工具属性被深度放大倾向，但消极事由不尽然合乎现实。"电子人"等积极论契合了实际动态，而意志自由、刑事责任能力、道德伦理规则、智能程度与人工智能主体类型、刑事责任的客观存在等供给学理支撑。遵循功利主义的理路以及一系列先行做法的引领下，应分阶段、类型化、动态化厘定人工智能主体的刑法地位。人工智能主体可以享有一定的新兴权利，应具体地确证权利类型等内容。人工智能主体的权利内容与范围目前是限制性的，无法采取与"人"对等的保护策略，保护方式也应有所区别。

一、未竟的知识颠覆

人工智能技术及其应用的增速，使目前仍被认为是"人造物"的"人工智能主体"[1]（智能机器人、人工智能体等），因"类人"的智能程度与行动能力，开始被贴上"主体"的新标签，使人的主体性地位开始动摇。智能技术对人的主体性带来双面震荡：人继续作为"造物主"，人的主体性意识、人的主体性发展均受益；但也严重冲击人的主体性地位、能力、道德伦理，制约人的主体性的发展。这种辩证观察显示了人的主体价值观陷入悖论。人工智能主体的到来及其地位的升级，既是人的主体性之延续，也无形中加速销蚀人的主体性地位。"人"与"人工智能主体"的法律地位之争是隐性效应。在这场拉锯战中，"人创制法律"的认识观、世界观与价值观开始弱化，人创制的法律制

---

[1] 人工智能主体是现实功能主义立场下的称谓，智能机器人及产品等是人类中心主义立场的称谓，此处不做区分。在现阶段，对人工智能主体诸问题的前瞻讨论，不免仍需要借助现行刑法话语体系，如刑事责任能力等概念。

度及其功能亦受影响。尽管"人"仍长期担当人工智能主体的"造物者"身份，但人工智能主体及其地位的强化是趋势。

关于人工智能主体的法律身份与地位，理论上看法不一。目前，实践中存在一种强烈的声音：基于对智能技术的高度期待，应用中的智能机器人以及更高级的人工智能主体，应被认为是像"人"的法律主体，并开始构建人工智能主体格局下的主体范式、关系范式、权利话语体系。但不乏消极观点指出，这种前瞻性的"建构"仍然是人类中心主义。[1]不仅暗示所谓"人工智能主体"必然缺乏道德主体资格，也使人工智能主体通过法律设立的权利"形同虚设"或无法真正行使。毕竟人工智能主体是"人造物"，具有鲜明的"（智能）工具属性"，是为了保护人类的利益而存在的，非真正的法律主体权利，与人的主体性本质与要求完全相斥。人工智能主体能否成为"（类）人"，关键在于确认"（类）人性"（人的社会现实性、历史文化本性等）。这是人工智能主体难题的核心和实质。在此背景下，智能技术的"工具性意义"，相比"机器人是否会威胁或代替人类"的主体性危机，是当下更实际与真实的担忧。但是，消极论在一定程度上脱离真实的诉求，因为探索已走在前面。[2]

尽管理论观望还在持续，但智能技术引发的"人类主体性危机"已悄然蜕变和加剧，正在成为人类社会最大的"人造危机"。当代法律体系，特别是刑法体系，正面临已经迫近的根本性制度危机。目前，关于人工智能主体的刑法地位问题，主要分为消极论和积极论，两方纷争不止，但未能提出面向未来的建设性方案；关于人工智能主体的权利问题，则疏于讨论，导致该问题的研究深度与广度不足。应当从理论与现实层面，对人工智能主体的刑法地位课题进行回顾、反思并再构。这不仅关系人的主体性与刑法的历史定位，也关系当代刑法的生死存亡与功能发挥。

二、消极论：解析与回应

当前，法理领域及民事领域对人工智能主体的法律地位已有初步讨论，也将接近"真实"的争议予以呈现。在人类中心主义思维的作用下，质疑人工智能主体在刑法中的地位具有天然的存在感与认同度。对于消极论，既要深究人

---

[1] 参见刘振宇："人工智能权利话语批判"，载《自然辩证法研究》2018年第8期，第31页。

[2] 国际社会对于人工智能主体的法律地位目前呈现为松绑的积极姿态与做法，并体现在立法与实践方面。

类中心主义过度化所裹挟的不合理性及其隐忧，也要对刑法学界的顾虑作出理性的回答。

（一）消极论的主要事由与解构

受限于智能技术水平与智能程度，人工智能主体与人之间无法画上等号。这是当前无法超越的根本性、决定性的技术瓶颈和价值悖论，导致认识必然相对偏于消极。这在刑法领域也有所蔓延。完全信任现行法律体系的应对能力之合理性与有效性仍有待商谈，从认识论上"抹平"了这场即将到来的重大制度危机。

1. 消极论的主要事由

在法理上，人工智能主体的法律人格问题颇具争议。在民法领域，包括否定说、肯定说和折中说。[1]客体说包括产品责任说、类推适用动物说等。主体说包括代理说、电子人格说等。折中说认为，人工智能主体的民法地位属于"人工类'人格'"，即智能机器人享有通过人工制造、类似或接近于自然人格的民事法律地位，但仍然属于物的范畴，是权利客体，而非民事主体。人工智能主体造成的损害或引发的法律风险等，应适用侵权责任法与产品责任规则。客体说具有显著的人类中心主义倾向，在智能技术与人工智能主体迅猛发展、智能化递增趋势等情况下，滞后性会逐渐显现。主体说的立场较为激进，未能考虑人工智能技术应用尚处于弱人工智能时代的现实。折中说阐释的"人工类'人格'"，虽提及"人"的主体因素，但归根结底是"人造性"，结论实质上是"物"，而非独立的法律人格体。按此逻辑，人工智能不存在法律主体的逻辑问题。这对刑法领域的理解有一定的辐射影响。

目前，刑法领域的消极论较为盛行，也即：（1）全面消极论。人工智能缺乏对外在行为及其社会属性的认识、规范评价意义上的意志自由、理解并遵从法规范的能力、对不法的认识可能性与抵制意志，不能按照法人进行类比。[2]（2）刑法的对象论。人工智能具有绝对的客体性。人工智能犯罪的可归责主体，只能是作为算法安全社会关系主体的"自然人—法人"二元主体。[3]按照

---

[1] 参见杨立新："人工类人格：智能机器人的民法地位——兼论智能机器人致人损害的民事责任"，载《求是学刊》2018年第4期，第84页。

[2] 参见时方："人工智能刑事主体地位之否定"，载《法律科学（西北政法大学学报）》2018年第6期，第70—74页。

[3] 参见魏东："人工智能犯罪的可归责主体探究"，载《理论探索》2019年第5期，第5页。

塞尔"中文房间模型"认知理论，人工智能不具备刑法意义上的辨认能力与控制能力，应当视为犯罪工具或犯罪对象。[1]（3）刑事主体资格条件的缺乏论。该观点认为，根本不可能在认知、意识、情感方面设计与人类相媲美的具有人类心智的人工智能主体，人工智能主体更不能实施犯罪与承担刑罚，不是适格的受罚主体与刑事责任主体。[2]（4）非法定主体论。人工智能是遵循人类目的研发的高级工具，无法被赋予"权利义务统一性"，不具有刑法意义上的辨认、控制能力，不能实现报应、预防等目的，与法人这一非生命体的拟制逻辑不是实质相似。犯罪主体只能是自然人或单位。[3]

2. 消极论的解构

消极立场的理由，基本上可以概括为在现行条件下，人的主体性地位具有专属性、不可替代性、不可动摇性以及天然的法定性等。展开而论：（1）意志自由的缺失与刑事责任能力不匹配。从生物学看，人的刑事主体地位的形成，是建立在意志自由与刑事责任能力的基础上的。前者是哲学层面的人的意志自由，后者是规范层面的行动自由，共同决定是否可以承担刑事责任。但讨论人工智能主体的意志自由与刑事责任能力，面临尴尬的技术局限、语境受限以及规范缺失等问题。人工智能主体的意识或者对行为的违法性认识等主观层面的内容，与人存在本质的区别。和法人相比，虽有相似之处，但差异很大。人工智能主体暂时不具有刑法评价意义上的行为认识与控制要素的自主性，不具有人的目的理性所支配的可答责基础，欠缺作为刑事责任主体的本质要素。这些因素共同决定无法以人类中心主义的逻辑来讨论人工智能主体的法律地位问题。（2）行为理论的不对等。行为是最基础的要素，是刑法评价的直接对象。对于人工智能主体的行为而言，是在其相应的意识、意思以及能力的作用下，决定是否作出某行为并对该行为负责。只是相比于人类的行为逻辑以及所实施的犯罪行为，人工智能主体的实行行为是算法及其运行，二者有明显差异。（3）刑事制裁不吻合。人工智能主体不能直接适用目前刑法规定的刑罚措施。而确认人工智能主体的刑法地位，首要目的是追究刑事责任。与之相适应的刑事制裁

---

〔1〕 转引自刘宪权："对人工智能法学研究'伪批判'的回应"，载《法学》2020年第1期，第12-13页。

〔2〕 参见张镭："人工智能体可罚性辩疑"，载《南京社会科学》2018年第11期，第82页；叶良芳："人工智能是适格的刑事责任主体吗？"，载《环球法律评论》2019年第4期，第67页。

〔3〕 参见冀洋："人工智能时代的刑事责任体系不必重构"，载《比较法研究》2019年第4期，第123页。

措施尚付阙如，无疑使该目的落空。正是人工智能主体缺乏"类人"的可罚性，使其不能成为刑法主体。（4）基本理论不对恰。人工智能主体目前不是法定的刑法主体类型。即使确认人工智能主体的身份，但由于理论体系等未能及时更新，或无法同步确立，必然会出现理论上的深度对冲。（5）定罪量刑的紊乱。按照现行刑法规定，在定罪量刑活动中，很多规定无法适用于人工智能主体，既使定罪的对象、依据等内容失效，也使量刑情节适用等活动无法进行。例如，对人工智能主体的归责，目前只能主要考虑损害结果，却模糊了人工智能主体的主观恶性与行为的故意、过失之分，容易导致刑罚圈的恣意扩大与具体刑罚适用的失当。（6）法律适用的不对接。人工智能主体的主观恶性与人身危险性尚无法确定，刑罚预防措施无法有效配置；无法严格区分故意与过失及其定罪量刑要求，难以体现故意与过失的区分意义；自首、立功等量刑情节无法适用，犯罪特殊形态如犯罪预备、中止、未遂等情形，套用在人工智能主体上非常生硬等。（7）刑事责任的转嫁性。肯定人工智能主体的刑法地位，则可以独立承担刑事责任。人工智能主体与研发者等人类主体相互独立或剥离，在实践中可能出现不同行为的交错与重叠。不排除可能出现人工智能主体滥用技术优势并转嫁风险给人类个体，逃避刑事责任的追究。

从刑法哲学依据、价值观念、具体认定、适用效果等方面看，人工智能主体的刑法地位目前难以获得有效的支撑。这一担忧并非空穴来风。但是，完全遵从人类中心主义并根据现行法律标准，对正在成长中的人工智能主体的法律能力、法律人格等进行评估，在科学性上存在明显不足，因为评价对象完全可能是两种主体。因噎废食是"保守压制"而非"科学释放"智能时代新型主体之刑事风险的做法。

（二）人类中心主义的理性消解

消极论可以归结为"人造物"观，折射了理论界的一般性困扰。对人类中心主义的过度化"引证"是该认识论的重要根源，但与现实需求存在脱节的问题。

1. "人造物"观与工具思维的叠加

诚然，机器人目前不是具有生命体的自然人，也区别于具有独立意志并作为自然人集合体的法人，拟制为"人"并赋予法律主体资格的法理基础薄弱。这是典型的人类中心主义思维。所谓人类中心主义，是以人为宇宙中心的哲学立场。核心内容是一切以人为中心，一切以人为尺度，一切从人的利益出发，最终为人的利益服务。[1]按照人类中心主义的立场，在自然人、自然人集合体等组成法律主体格局下，人工智能主体尚不足以取得独立的法律地位。这既指出人工智能主体缺乏"人的生命属性"，也否定其与"法人"的类通性。从"人造物"的主客体关系看，智能技术的发展程度，无法改变作为人类劳动创造的"技术客体"，主张是"物"有其客观理由。由此，基于智能技术应用的"工具属性"，"物"的角色才是人工智能主体进入法律规范的身份，是与法律交互的前提。这反映了人类的"创制"地位对界定人工智能主体的"映射"效应，"工具属性"使其无法获得独立的法律地位。但是，法律主体是呈扩张趋势的。局部地予以肯定才是应然选择。当前，可以有限度地运用"法律拟制"之立法技术，赋予人工智能主体法律能力地位并无法律技术障碍。这与刑法中确认"法人"地位的方式有异曲同工之妙。

2. 人类中心主义过度化的"加持"

从绝对到相对的人类中心主义，反映了更理性的认识观与实践观。[2]完全按照人类逻辑消极看待人工智能主体的法律地位，不免存在认识论上的误区。人工智能并未对法律基础理论、法学基本教义提出挑战，受到挑战的只是如何将传统知识适用于新的场景。[3]这在人工智能与当代刑法的关系问题上，就反映了鲜明的人类中心主义立场。不仅可能实质地否定当前讨论人工智能主体刑法地位问题的真实性与必要性，也对人工智能主体这一问题提出根本性的质疑。相应地，在方法论上，当前对人工智能主体法律地位的判断，套用了人类中心主义的固有逻辑，用"符合人类的法律主体判断标准"，而非智能时代的特有逻辑，来判断人工智能主体的法律地位问题。这在认识论上隐藏了立场失当的隐忧：因为只有人类才可以理解"权利"与"责任"等问题，人工智能主体只能被设计成遵守规则而不能"理解"规则。根据人应当具备的认知、道德、意思等具体理性能力与特质为内容所形成的判定标准体系，对人工智能主体进行实质与形式的双重"匹配"，这是人类中心主义主导下的"认识"。可以"顺理成章"得出人工智能主体缺乏生命价值、生命脆弱、感知痛苦等具体人性特质，与人类应当具备的一些判定标准体系"绝缘"，人工智能主体不能作为法律主体。然而，对于人工智能主体法律地位的判断，应当以算法、深度学习等要素

---

〔1〕 参见余谋昌："走出人类中心主义"，载《自然辩证法研究》1994年第7期，第8页。

〔2〕 参见邱耕田："从绝对人类中心主义走向相对人类中心主义"，载《自然辩证法研究》1997年第1期，第15–16页。

〔3〕 参见刘艳红："人工智能法学研究的反智化批判"，载《东方法学》2019年第5期，第119页。

为基础，根据智能社会对法律人格判定的专属标准体系，设定独立于"人"的具体特质加以判断。只有建立既不完全脱离人类现存的法律体系，但又符合智能时代的特定发展需要的"判断规则"，才能在过程与结论上，更恰当地对人工智能主体的法律地位及其法律行为能力等问题，作出符合现实条件的判断。

3. 对否定论的审正

从刑法主体的法定性以及刑事责任的重大性、严肃性、专属性等角度看，对人工智能主体及其刑法地位保持"后知后觉"无可厚非。但是，遵循人类中心主义并审视人工智能主体法律地位不能过于绝对化，不能对否定性事由深信不疑。

针对消极论的质疑与担忧，应当澄清以下法理问题：（1）作为人工智能主体存在基础的道德伦理正在形成。人的生理性与社会性，共同决定"人之为人"。人的社会性，表现为社会规则担当起维系社会发展的重任，同时以道德伦理作为最重要的基础。关于人工智能主体的刑法地位，是否具有道德伦理，是决定其法律属性的前提与基础，并与自然人的关系、法律属性、法律制度等相互映照。对于人工智能主体的道德伦理问题，目前更多的是担忧。特别是在人类中心主义的思维下，套用人类自身建立的规则体系，几乎没有肯定人工智能主体拥有道德伦理的空间。然而，从国际社会的动态和一些发达国家的做法看，对智能技术伦理的讨论更趋于乐观，而且形成了一些共识或成果。这种趋势意味着逐步建立与智能时代相适应的道德伦理规则体系并非不可能，也为确定人工智能主体的刑法地位预留了制度空间。（2）法律主体的历史变迁规律。从对等角度看，人工智能主体已然不同于普通机器，存在赋予其法律人格的正当化依据。将没有生命体的人工智能主体作为法律人，具有现实可能性，不会实质地背离法学基础理论。在智能技术应用的特定情形中，超越程序设计与编制范围、基于独立意志进行活动的人工智能主体完全可能出现，使其具备法律人格的基础并成为法律主体。这是对"人"的概念的增补而非致命的冲击。法律中"人"的概念并非僵化不变，立法上赋予人工智能法律人格与权利义务并非完全不可能，而世界范围内已有先行的立法活动。（3）法律拟制的刑法功能与意义。人类是心智、理性、情感、欲望等组成的复合体。从法律发展的规律看，法律是以人类为规制对象，经过长期实践发展起来的，天然不适用于人工智能。将人工智能主体拟制为法律主体，直接降低人的主体性地位，也可能使"人造物"的概念出现异化。目前，人工智能不具备也无法模拟人的全部行为与活动。但从人作为法律主体的形成逻辑、法人作为犯罪主体的历史规律，以及人工智能技术的发展与算法规则的发达以及高度智能化的特征看，智能技术的理性延伸提供了前提，赋予了行动能力的基础。法律拟制可以依法赋予人工智能主体法律地位，与刑法中的法人无异。完全寄希望于既有法律主体规定的有效性显然偏于保守。法律拟制的人为可控性，使人对人工智能主体的刑法地位之预设与调整，仍处于安全的状态。（4）功利主义的司法意义考察。人工智能主体的刑法地位问题，是由现实需要倒逼而来的，而不是纯粹主观臆测的猜想。按照现行刑法理论体系以及立法规定，无法有效规制智能技术及其应用过程中形成的刑事风险。为了确保刑法目的与刑法机能的正常运行，应从根本上谋求更合理的解决方案。从功利主义的现实角度看，人工智能主体刑法地位的阙如是当前困扰的首要症结。对人工智能主体刑法地位予以清晰界定，不仅可以从源头上回答人工智能主体是否可以独立实施犯罪行为，也可以从功能上明确人工智能主体是否可以承担刑事责任。（5）人工智能主体法定化的风险控制。在撇开功利主义的价值纠葛后，无论是通过扩张解释的方式还是通过立法增设的方式确认人工智能主体具有法定的刑法资格与地位，都必然对现行刑法中的主体规定、司法适用、理论体系形成强烈的冲击。实践不断证明，消极地面对新事物，甚至无所改变，才是刑法体系保持生命力与适应力的最大绊脚石。对于人工智能主体的刑法地位类型、刑事责任能力程度、承担刑事责任的范围等问题，应通盘考虑认知立场与价值诉求，通过精细化的刑法制度设计实现预期的目标。

三、积极论：匡正与立基

积极地接纳人工智能主体的刑法地位是供需所使，关系人类生存与发展的重大问题。[1]在功利主义的引导下，逐步确认人工智能主体刑法的地位具有可行性基础。

（一）积极论的主要情状与展开

实际上，不乏主张应当确认与人工智能主体相适应的刑法地位之观点。这些讨论及时回应了消极论的质疑和担忧，也展示了积极论的应对策略以及现实意义。

1. 积极论的几种样态

关于积极论的样态，在理论上形成了以下看法。（1）完全积极论。与现有刑事责任主体的差别不能作为否定的事由，无法证成"强智能机器人不具有自

---

[1] 这里暂不深究"人之为人""人是世界主体"等哲学问题及其旷世纠葛，而是侧重从法律上探讨现实可能性。

由意志"论断，因处罚不能而否定强智能机器人刑事责任主体地位是因果倒置的看法，确立强智能机器人刑事责任主体地位并以现有刑事责任主体推卸刑事责任为代价不能成立。强智能机器人具有辨认能力和控制能力，是刑法主体。[1]（2）相对积极论。不应以人工智能不具备虚拟的、具有理想色彩的完全道德代理能力，而否定智能代理可以成为道德代理。人工智能具备法律人格是成为犯罪主体的基本条件，具有自主学习能力并能够采取自主行动的智能软件系统，可以通过智能代理获得成为犯罪主体资格的条件。人工智能具有可罚性，可以对比人类现有刑罚方式并变通方式执行。[2]（3）一般积极论。眼下人工智能与刑法的问题，主要是计算机技术促进刑法量变的表现。弱人工智能引起刑法质变的可能性仍然抽象。如若无法引起刑法的突变，"人工智能的刑法规制"极可能是伪命题。只有假想的超级人工智能，才可能导致刑法发生突变。但突变后的刑法，显然已不再是当下的刑法。[3]（4）功能发展论。人的主体性地位以及权利主体的哲学本源问题是发展的。人工智能的"人格化"具有方法论依据、智能性的本质要素以及法理基础。人工智能作为"人"，会冲击传统刑法教义学，但有助于解决涉及人工智能主体的"犯罪"现象与疑难社会问题。[4]

在对人类中心主义进行一定的修正后，积极论从法律主体的发展规律层面进行了预测，为讨论人工智能主体的刑法地位提供了多重有益视角。也即：（1）有助于明确智能时代的犯罪诸问题。目前，智能时代新型犯罪问题已经开始出现，主要以智能"工具型"犯罪或智能"对象型"犯罪为主。由于智能时代的犯罪形态仍在发展，犯罪类型等基本问题尚不确定，也影响了对刑事责任的理解与认定。原则上讲，传统犯罪形态与智能时代的新型犯罪不尽相同，其中，人工智能主体与现行刑法主体的实质差异是其缩影。通过明确人工智能主体的刑法地位，有助于进一步认识和界定智能时代的犯罪这一前提问题，也对

---

〔1〕　参见刘宪权："人工智能时代的刑事风险与刑法应对"，载《法商研究》2018 年第 1 期，第 3 页；刘宪权："对强智能机器人刑事责任主体地位否定说的回应"，载《法学评论》2019 年第 5 期，第 113 页。

〔2〕　参见彭文华："人工智能的刑法规制"，载《现代法学》2019 年第 5 期，第 138-147 页；彭文华："自由意志、道德代理与智能代理——兼论人工智能犯罪主体资格之生成"，载《法学》2019 年第 10 期，第 18 页。

〔3〕　参见董玉庭："人工智能与刑法发展关系论——基于真实与想象所做的分析"，载《现代法学》2019 年第 5 期，第 125-132 页。

〔4〕　参见周详："智能机器人'权利主体论'之提倡"，载《法学》2019 年第 10 期，第 3 页。

解决好刑事责任、刑罚等问题有积极意义。（2）可以解决人工智能主体的刑事责任之客观问题。在人类中心主义语境下，人工智能主体的工具属性占据绝对的上风，直接压制其主体性地位。目前，利用智能技术应用平台实施的新型犯罪已经浮出水面，[1]也包括针对人工智能主体的犯罪与人工智能主体自主实施犯罪的情况。对于智能时代的新型犯罪问题，一律借助现行法律规定或理论体系规制未必有效。例如，在智能驾驶中驾驶主体是否存在、驾驶主体究竟是人还是智能系统以及背后的制造者等问题，引发了不确定性的风险。发生重大交通安全事故后，可能涉及产品犯罪、公共安全犯罪、重大监督过失犯罪甚至故意犯罪等。但这些传统犯罪规定不足以解决智能驾驶过程中的新型犯罪问题。显然，明确人工智能主体的刑法地位是解决问题的关键。（3）有助于人工智能主体与"人"的责任分担。人工智能主体的刑事责任问题，涉及与"人"的责任分担。这里的"人"包括研发者、设计者、经销者、所有者、使用者等。完全由"人"来承担替代责任显然不可取。人工智能主体的智能程度不同，与人"共同"犯罪的主次关系复杂。合理确定人工智能主体的身份与地位，便于当前科学地解决责任分担问题。

2. 积极论的规范分解

讨论人工智能主体的刑法地位，首先要以当代刑法体系与基本理论作为依托。同时，应当在现有理论的基础上，作出符合智能时代特征与规律的"新解释"。

在新阶段，对智能时代的意志自由、刑事责任能力等规范要素可以进行更为宽和的理解，并与智能程度、算法发展等积极因素相互叠加，共同夯实积极论的基础与条件，也即：（1）意志自由的有无问题。人的意志自由问题，主要表现为自主地决定自己的意志并实施行为。而其刑法学意义，是指犯罪主体在所有因素的综合下，仍可以自主地决定是否实施犯罪行为。意志自由是社会主体的基本要素，也是刑法主体的必备要素。对于人工智能主体而言，基于人类中心主义及"工具属性"的语境，人工智能主体是人实施犯罪的新工具或方法，显然没有可以和人对等的"意志自由"，也就没有作为法律主体的独立性、自主性。但是，这种理解其狭隘性在于：一是忽视了随着智能技术的发展以及智能程度的升级，可能出现完全智能的主体。从理论看，人工智能主体在认识

---

〔1〕 参见皮勇："全国首例撞库打码案的法律适用分析"，载《中国检察官》2019年第6期，第7-8页。

能力和意志能力上，可能接近甚至超越人类水平，完全可能成为犯罪的主体，直接造成社会危害结果。二是简单固化了人工智能主体的刑事风险，仅限于"人的滥用风险"，而忽视其他刑事风险类型。这是"工具属性"思维左右智能犯罪类型认识的具体反映。在初期阶段，由于算法水平等因素的限制，应用功能较为单一，仍属于"工具"的范畴，与传统的"产品"无异。在深度应用阶段，智能技术可能持续挑战人类社会的认知底线，自主性迅速增强。在完全独立的智能技术应用阶段，人工智能主体的地位趋于巩固，所带来的颠覆性后果完全超出现有法律的约束能力。因此，讨论人工智能主体的刑法地位，应秉持发展性、阶段性的持续性修正理念。三是智能技术的算法规则及其运行是以"智能化"为本质特征，而智能技术的应用是为了"解放人的劳动力"。"工具属性"与"智能属性"之间的博弈关系，随着智能技术的发展，倾斜于后者的趋势是显而易见的。完全否定人工智能主体的"自主性"及其"意志自由"，从技术本身、应用范围、应用目的以及实际情况等方面看，都难以成立。（2）刑事责任能力及其判断。目前，人作为刑法主体所必需的具备刑事责任能力要素，是否可以"等值"输入人工智能主体内，作为评价刑法主体资格的核心要件，是各界讨论的焦点问题。刑事责任能力包括犯罪能力和承担刑事责任能力，具体是由辨认能力与控制能力所组成的。与刑法意义中的自然人相比，人工智能主体由程序设计和编制而成，不是具有生物学意义上的生命体。但智能技术的发展，使人工智能主体无限接近"人"；与动物相比，人工智能主体具有辨认能力与控制能力；与普通机器人相比，人工智能主体可能超越人类设计和编制的程序产生自主的意识和意志。从法律属性上，可以将人工智能主体定位为经程序设计和编制而成的、可以通过深度学习产生自主意识和意志的、不具有生命体的"人工人"。单纯将人工智能主体看成是"执行强制指令而无法独立作出判断的计算工具或编程"，如今已不合时宜。正如阿金（Ronald Arkin）所指出的，为了使军用机器人比人类更具有人性，应在机器人系统中设计"人工良心"，并公开征求机器人应遵循的道德规范。[1]不仅可以逐步建立起独立的人工智能主体道德伦理体系，也可以基于智能程度和算法系统等能力条件，形成独立的思考与行动系统。（3）智能化程度与人工智能主体的类型划分。决定人工智能主体的地位及其能力的首要因素是智能化程度，可以根据智能化程度来确定刑事责任能力程度。基于"行为与责任能力的同时性"原则，在方法论

---

〔1〕　参见杜严勇："现代军用机器人的伦理困境"，载《伦理学研究》2014年第5期，第100页。

上，可以将人工智能的智能化程度作为衡量"刑事责任年龄"的指标依据，判断人工智能主体是否具备刑事责任能力。例如，智能水平很低、较高、很高的，可以分别比拟自然人的完全无刑事责任、相对有刑事责任、完全有刑事责任三种情形。间歇性系统异常或中病毒的人工智能主体，可以类比精神病人或醉酒的人。[1]这种看法有其合理性。根据智能化程度确定人工智能主体的类型以及刑事责任范围是目前较为可行的做法。据此，可以对不同智能阶段的人工智能主体，有区别地施以具体的刑罚。但前提是攻克技术难题，制定具有共识性、正当性的判断标准。目前，主要依靠研发者、设计者等"外部主体"，根据政策与现实情况，设计具有操作性的标准。但最终应通过立法规定或发布司法解释，建立法定化、公开化、统一化的规范判断标准体系。（4）算法作为核心能力的自主优化升级。算法是智能技术获得优势地位的基础，算法规则、伦理以及运行过程等，是人工智能主体的"（数字）大脑"。目前，智能技术应用的认识论基础是"可计算化的认知"，也即最终可以通过智能技术的应用方式，对人脑功能予以"完全仿真"模拟。从法理看，通过法律拟制智能"电子人"的地位身份，必须同时对智能算法的设计原理、与人（设计者和使用者）之间的互动模式以及决策的自主程度等问题进行详细的研究、分类，并基于应用场景等的需要，完善算法的规则设计，才能具备可操作性。

基于这些考虑，可以认为，完全按照人类主体的标准，对人工智能主体的刑法地位进行"评价"，既有失公允，也不客观与合理。在现阶段，对人工智能主体的智能因素及其自主能力的逐步认可，是基于对智能技术及其应用水平的充分认可与预测而作出的，并且是有一定的实践经验等作为支撑的，也显然不以冲垮当代刑法体系的地位及其合理性为代价。更重要的是，对人工智能主体刑法地位进行发展性的评估与阶段性定位，与智能时代的刑事风险治理任务是相互吻合的。可以通过调试认知对立与价值冲突，在理论、立法与司法层面谋求结构性的均衡效果。

（二）功利主义的功能演绎

"电子人"诸说是比较有代表性的积极性看法，与"人造物"等相互分流，反映了人类中心主义与功利主义的对峙，及其在人工智能主体的功能认识、价值取向上的立场差异。功利主义可以更及时地回应智能技术变革带来的新变化

---

[1] 参见马治国、田小楚："论人工智能体刑法适用之可能性"，载《华中科技大学学报（社会科学版）》2018年第2期，第112页。

与需求。

1."电子人"诸说与"去人类中心化"动向

目前，尽管智能技术处于初期阶段，然而，人工智能具有自主性、主动性，已非完全是受人支配的行为客体，应设定为法律上的"电子人"。[1]亦有观点认为，人工智能是介于人与物之间的客观存在，财产性而非工具性是其本质。应以财产性人格为基础，将人工智能拟制为电子法人，解决责任分配问题。[2]这些带有折中色彩的积极性态度，在智能技术应用的迅猛扩张下有相当的"分量"。

人类中心主义的认识论立场，是以人的绝对主体性地位作为认识前提，以人的生理、心理、智力等要素作为评价一切问题的依据。按照人类中心主义的看法，人工智能主体作为工具化的"物"，是智能技术应用的"工具属性"之表现形式。然而，按照"电子人"等积极看法，则显然肯定了人工智能主体的法律人格及其主体性能力，以此来满足当前的实际需要。解决"人"与人工智能主体之间的区分逻辑，完全根据生物差异作为"事实"标准，是人类中心主义下的主客体划分，人工智能主体必然是"物"或客体。按照功利主义对现实合理性的强调，则应当合理地"去人类中心标准化"，考虑法律标准的"等值"摄入，遵循智能时代的规律与本质，更理性地看待人工智能主体的法律地位。也即：（1）从法理看，法律主体与法律关系、权利主体、义务承担者以及法律行为的对象，都有非常直接的内在关系。按照人类中心主义的立场，人类及个体的生理要素、意识能力和独立意志的心理要素、独立的社会角色的社会要素等，都是法律主体必须具备的条件。按照现行法的规定，人工智能主体暂时仍无法具备传统法律主体地位所需要的基本条件。基于人工智能主体的"工具属性"，更容易出现"物"的界定立场。然而，"人造物"等看法，脱离了"主客分离"规则，实质混淆法律关系的主体与客体之概念。人工智能产品目前可以认为是人类创造的产物，是法律关系的客体或标的。但是，人工智能主体未来可以是独立的法律主体，在现阶段可以作出必要的确认或认可。（2）仅从生物学角度看，人工智能主体尽管有一定的认识能力、意志能力以及社会行动能力，但是，缺乏肉体和人脑，也不具有法律上的人格。这种逻辑似乎成立，但过度放大，未必继续成立。例如，法人犯罪、法人刑事责任等问题已经出现，刑法必须介入。立法者通过"法律拟制"的立法技术，赋予法人相应的刑法主体地

---

〔1〕　参见郭少飞："'电子人'法律主体论"，载《东方法学》2018年第3期，第38页。

〔2〕　参见张志坚："论人工智能的电子法人地位"，载《现代法学》2019年第5期，第75页。

位。与法人被赋予法律地位的时代条件相比，智能时代的临界点虽然并未到来，但是，人工智能主体的智能程度、自主性意识等不断提升，传统法律主体格局及其规范意义也不免逐渐出现失效或失灵等现象。以阶段性、发展性的思维审视"人造物"语境，将智能机器人作为独立的主体，可以形成自然人、法人（单位）、智能机器人并列的格局，也有助于拓宽现行法律关系主体的二元结构。这是人类中心主义主导人类主体地位及其标准等问题上的"去中心化"趋势之必然反映，也是社会主体地位及其法律体系根据社会时代变化而调试的正确做法。

2. 功利主义与法律拟制的契合

在现阶段，参照人类法律体系的基本逻辑，评判人工智能主体法律地位的对象，主要表现为人工智能主体的道德伦理、人工智能主体与自然人的关系等基本问题。这使人工智能主体的道德伦理与人类社会道德伦理的激烈碰撞成为必然，使应否赋予和认可人工智能主体相应的道德伦理成为争议问题。在过渡期，人类中心主义与人工智能主体的道德体系在技术演变过程中有所"对冲"。只有具备"人工道德"的机器人，才可以因不道德行为，被非难和承担相应责任。从研发与设计智能机器人的现状看，人工智能主体具备"独立意志""人工道德"，独立于研发者、设计者，应对其法律后果负责。赋予人工智能主体相应的道德伦理能力，其前提是人工智能主体可以在"拟人"的道德判断情境中，作出与人类实质相似的决策过程并作出合法的行动。因此，应当采用智能时代应有的思维与逻辑，通过法律拟制的方式，遵循智能时代的道德伦理等一般性社会关系准则与规范，对人工智能主体的法律地位等作出"相适应"的等值评判。高度模拟的情景，不是完全的"人类"场景，而是在法律上的实质相同，是拟制而成并具有法律意义的智能伦理体系。人工智能主体能够且应当拥有道德时，其不道德的行为便存在可谴责的社会与伦理基础，才能进行道德上的非难。智能时代的道德主体是人工智能主体，而非设计者或使用者。

尝试肯定或承认人工智能主体的道德伦理问题有显著的意义，赋予了具有自主意识的智能机器人，拥有判断某种行为正当与否的基本标准与准则。这是人类社会对人工智能主体融入社会生活最低限度的要求。从追究法律责任的角度看，确认人工智能主体的法律地位，对解决人工智能主体与研发者、设计者之间的责任分配等问题有积极意义。此乃功利主义的思考逻辑。既包括保护人类利益的目的，更包括积极防控与治理智能技术风险的诉求。在法律责任方面，欧盟赋予了某些智能机器人以法律人格或电子人格（electronic personality），可以享有特定的权利和义务，可以追究法律责任。但是，过分强调为了追究法律责任，强行确立人工智能主体的刑法地位，可能与智能技术及其应用等实际情况脱节。从功利主义的立场看，如若单纯为了解释人工智能主体的行为效力和追究法律责任，赋予法律主体资格，也未必具有目的的正当性。即便立法创设"电子人"，而算法规则、人工语言等相关技术无法跟进，"电子人"仍无法理解按照人类方式表述的法律规则等，更遑论对"电子人"的法律能力的质疑从未终止。这就需要在技术层面提供支持。

与自然人、动物或无生命体可以作为法律主体的演化轨迹一致，积极承认人工智能主体的刑法地位，已有成例的做法或官方建议。在智能时代的经济、社会、文化、伦理影响、哲学范式等因素的秩序作用下，人工智能主体的独立身份与地位的基础不断强化。这些积极条件仍在增量，与消极论的诸事由形成了鲜明的对比。尽管如此，仍应当进一步优化借由法律拟制"嵌入"人工智能主体刑法地位的立法实现路径。

（三）立法动向与启示

人工智能主体的刑法地位之论争，在超越人类中心主义的内在偏颇后，以及通过对"工具主义"进行修正，可以逐步确立一种发展性、阶段性的演进逻辑。实际上，从目前的实践动态看，对人工智能主体的刑法地位呈现出积极的确认态势。在功利主义的引导下，通过立法的方式解决人工智能主体刑法地位及其意义更值得期待。

1. 实践先行的参照意义

对人工智能主体法律地位的"担忧"，源于过度"强调"工具属性，引发一系列理论难题与实践困境。相比之下，实践先行的一系列做法提供了积极的参考意义。

实际上，对于人工智能主体的刑法地位，域外与我国当前不乏一些先行的积极做法，反映了积极回应现实关切并有效应对法律诉求的务实立场。主要有：（1）2016年5月，欧洲议会法律事务委员会发布《就机器人民事法律规则向欧盟委员会提出立法建议的报告草案》，[1]同年10月发布《欧盟机器人民事法律

---

〔1〕　参见该报告在第 50（f）项建议：从长远来看要创设机器人的特殊法律地位，以确保至少复杂的自动化机器人可以被确认为享有电子人（electronic persons）的法律地位，有责任弥补自己所造成的任何损害，并且可能在机器人作出自主决策或者以其他方式与第三人独立交往的案件中适用电子人格（electronic personality）。

规则》。法律事务委员会认为，智能机器人已经开始具有自主性和认知特征，具有从经历中学习并独立自主作出判断的能力，可能实施侵害行为并需要承担法律责任。智能机器人的自主性不断增强，使其作为其他主体（制造商、所有人、使用者等）的简单工具之属性不断下降。这需要制定新的规则，为人工智能主体适用"电子人格"身份。鉴于责任规则渐显不足，法律事务委员会提交动议，要求将最先进的自动化机器人定位为"电子人"，赋予其"特定的权利和义务"；建议对智能自动化机器人进行身份登记，为纳税、缴费、领取养老金的资金账号等提供条件。该项法律动议如获通过，无疑使传统的民事主体制度产生动摇。（2）2016 年，Google 无人驾驶汽车在美国加利福尼亚州山景城测试时，与一辆公交大巴相撞并发生事故。对于交通事故责任的认定，美国国家公路交通安全管理局（NHTSA）表示，Google 驾驶系统可以被视为"司机"。（3）国际标准化组织 IEEE 在《合伦理设计：利用人工智能和自主系统（AI/AS）最大化人类福祉的愿景》中指出："如果 AI 依靠人类的交互而实现新内容或发明创造，那么使用 AI 的人应作为作者或发明者，受到与未借助 AI 进行的创作和发明相同的知识产权保护。"[1]（4）2017 年，在百度首届 AI 开发者大会期间，百度公司董事长李彦宏乘坐百度和博世共同开发的一款自动驾驶汽车，并在北京市五环外试驾，后被交警视为"违规驾驶"。这间接传达了对智能驾驶系统的主体性予以认可的倾向性态度。[2]（5）2017 年，沙特阿拉伯对机器人"索菲亚"授予"公民"身份，并向"她"发放了护照。

　　这些实践中的先行做法，可以概括为适度动态的发展观。而且，承认人工智能主体的刑法地位是基于功利主义的考量，也是为了保护人类利益。这对从理论上认识人工智能主体的刑法地位问题，具有非常直观且积极的引导与示范作用。应当以智能技术为基本前提，以智能应用为分析基础，针对不同智能程度的人工智能主体予以类型化考虑，充分兼顾身份的一般性与特殊性、功能的现实性与前瞻性、价值的法定性与拟定性，分阶段、有层次、类型化地确认或规定不同智能程度的人工智能主体在不同时期、不同应用情形、不同行为环境下的刑法主体属性及其能力。

---

　　[1]　参见孙加顺："以伦理为基准的设计　通往 AI 时代的至高美德——访 IEEE 标准协会首席执行官康斯坦丁诺·卡拉卡琉斯博士"，载《中国标准化》2018 年第 1 期，第 18-21 页。
　　[2]　参见李鹏："李彦宏'违法'无人驾驶背后：法规该如何跟上新技术脚步"，载《北京科技报》2017 年 7 月 10 日，第 4 版。

2. 法律功利主义的立法导向

边沁认为，"全部道德体系，整个立法体系，都是建立在一个惟一的基础上：关于痛苦和快乐的知识。快乐和痛苦是关于这一主题的清晰观念的惟一基础"。[1]这是法律功利主义的核心旨趣所在。基于目的与手段的哲学思考："它按照看来势必增大或减少利益有关者之幸福的倾向，亦即促进或妨碍此种幸福的倾向，来赞成或非难任何一项行动。无论什么行动，因而不仅是私人的每项行动，而且是政府的每项措施。"[2]这就是功利主义在法律制度及其立法等方面的特殊价值。法律是有目的性的活动，立法是为了实现立法者的既定目标。边沁明确将法律作为实现功利主义的工具。"对于主权者，他在采纳法律过程中所考虑的目的或外在动机，基于功利原则，仅仅是社会的最大福利。"[3]刑法立法必须遵循功利主义，在犯罪、刑事责任以及刑罚之间，寻求最优组合、最佳配置与最高效益。"政府的业务在于通过赏罚来促进社会幸福。由罚构成的那部分政府业务尤其是刑法的主题。"[4]继而，促进人类的最大幸福，需从立法入手，尤其是从刑法入手。

功利主义是法律制定的重要思想基础。为了达到通过立法增进人类幸福的目的，立法者应当运用道德算术，计算苦与乐，使法律草案的起草过程融入功利主义的元素。[5]由此可见，功利主义之于法律，最直接的启示意义与实践逻辑，便在于为立法者是否以及如何立法提供最重要的"权衡之术"。不仅包括价值取舍层面，也涉及立法技术的最优化标准。而其最核心的立法指导逻辑，也可以归纳为功利主义应作为一项原则性、概括性、框架性的观念，引导立法者更主动、更积极地通过立法满足变革需求。从方法论看，解决人工智能主体的刑法地位问题，相对温和的措施是立足现有法律体系，激活扩张解释的司法张力；而相对激进的措施，是通过立法的方式直接加以确认或规定。

3. 立法建言

在现阶段，可以考虑暂时将人工智能主体视为限制性的法律主体，既是具有人的智慧特质之工具性质，又是可以作出独立意思表示的特殊法律主体。进

---

〔1〕　参见［英］吉米·边沁：《立法理论》，李贵方等译，中国人民公安大学出版社2004年版，第35页。

〔2〕　参见［英］边沁：《道德与立法原理导论》，时殷弘译，商务印书馆2000年版，第58页。

〔3〕　参见［英］杰里米·边沁：《论一般法律》，毛国权译，上海三联书店2008年版，第41页。

〔4〕　参见［英］亨利·西季威克：《伦理学史纲》，熊敏译，江苏人民出版社2007年版，第203页。

〔5〕　参见张宏生、谷春德主编：《西方法律思想史》，北京大学出版社2000年版，第284页。

言之，在智能化程度相对不充分的情况下，工具属性仍然存在，人工智能主体的自我意志无法全面压制和抵消固有的工具属性，无法保障人工智能主体获得与"人"相同程度的法律主体能力，"人造的智能技术物"问题仍然存在。高度智能化的主体，虽具有工具属性，但在一定程度上已经具有独立的自主意识，应享有限制性的法律人格，有限地承担法律责任，而设计者、开发者、制造者、使用者亦应当承担相应的法律责任。对人工智能主体拟制的法律能力也存在一定的限制，但与自然人或公司等法律拟制的人格不同。这正是分阶段思维的可取性，使其既不需要全面突破现行法律规定，同时又可以解决一些新出现的问题。在未来，随着智能技术及其应用的发展与深入学习的提升，人工智能主体可以形成与人相同的思考过程和自由意志，可以独立进行活动并成为法律主体，有必要通过立法的方式予以阶段性地确认。

在此基础上，处于不同智能程度的人工智能主体与"人"（指研发者、设计者、所有者、使用者、销售者、改造者等不同身份）的关系，可以分为：一是基于"工具属性"关系，人工智能主体完全是"人"的新技术工具。二是"过渡性主体"，是指人工智能主体虽有"工具属性"，也是"自主主体"。这两者的关系是动态的，要根据实际情况来判断。三是"拟制主体"与"人"的法律平等地位。人工智能主体基于法律拟制，被确立为独立的法律主体，在法律意义上与"人"是平等的。四是"新独立主体"，是指人工智能主体在终极层面获得统治地位，取代"人"并成为未来的唯一"法定主体"。不同情况下的人工智能主体与"人"的关系不同。

在功利主义的策动下，对人工智能主体刑法地位的规范性界定与确认，都处于应然的"拟制"与"循证"的理性主义阶段，在规范层面尚未形成有效文本与依据。从立法上予以明确，才能将人工智能主体作为刑法规制的对象或作为刑事法律关系的主体，才能从根本上对智能时代的刑事风险予以正面回应。当然，这种立法的开放姿态与突破效应，也意味着对人类中心主义及其所属的法律制度进行必要的"扬弃"，并同时推动传统法律主体制度适时面向智能时代的变迁与发展。

四、权利论：证成与前瞻

人工智能主体的法律地位之形成与确认，使其成为法律行为的主体。人工智能主体享有刑法地位之际，也可以享有"权利"。人工智能主体在刑法领域的权利，属于典型的新兴权利，是自发与自然（形成）的权利形态，[1]是刑法应当保护的潜在对象。

（一）人工智能主体权利的法理课题

人工智能主体在目前可能更多地表现为智能产品，但日渐独立自主的智能机器人，通过深度学习等方式，逐步稳固法律主体地位，人工智能主体的权利保障问题必然提上议程。有效保障人工智能主体的新生权利，是确认人工智能主体刑法地位的集中体现。

1. 人工智能主体权利的由来与现状

当人工智能主体的法律地位问题迟迟不能获得共识之际，人工智能主体的法律权利及其保障问题却已经显现。这种实践超前的趋势，不仅充分显示新兴技术革命对当代刑法制度的巨大冲击，也无形中孕育了新兴权利的形成与发展契机。

关于人工智能主体的权利，当前处于无法律规定的蛮荒时代。尽管如此，作为正在形成中的形态，在智能技术应用最广泛和频繁的领域已经出现。在以下领域，人工智能主体权利问题已经开始引起关注。（1）人格权保护。[2]目前，不乏综合运用智能技术，实施收录人的声音、表情、肢体动作等利用人格权的客体的行为。这隐藏侵犯人格权的危险。但智能系统是否可以作为侵权主体等尚不确定，导致人格权保护可能出现空当。（2）数据财产保护。《民法典》第127条规定了数据的保护问题。智能技术的应用是以信息、数据以及算法等为基础的。数据、信息的法律性质尚不确定，也即数据作为权利对象或权利内容仍是空白。（3）著作权保护。智能创作技术及其应用日益成熟，亟待明确人工智能主体的著作权利保护。人工智能主体的真正完全独立，将使传统著作权领域的主体格局发生巨变。人工智能主体可以首先成为著作权等特定权益的主体，其权益可以归属于公共领域。[3]在刑法领域，对强人工智能的生成物，不乏与自然人应当被同等保护的主张。[4]（4）智能生命体的权利保障。国外已经出现机器人伴侣现象，人类虐待、侵害智能机器人的生命权、人格权的，应否

---

[1]　参见谢晖："论新型权利的基础理念"，载《法学论坛》2019年第3期，第5页。

[2]　参见王利明："人工智能时代提出的法学新课题"，载《中国法律评论》2018年第2期，第2页。

[3]　参见孙占利："智能机器人法律人格问题论析"，载《东方法学》2018年第3期，第10页。

[4]　参见刘宪权："人工智能生成物刑法保护的基础和限度"，载《华东政法大学学报》2019年第6期，第60页。

承担民事责任以及精神损害赔偿责任等问题开始浮出水面。而人工智能主体的法律资格与权利能力是关键争议所在。

智能技术应用的迅猛发展与智能深度化的功能发挥，使人工智能主体在一定程度上开始以渐进性的方式，取代"人"的地位与行动。"替代"过程必然触发人工智能主体的权利问题，并且与人的权利体系时代渐行渐远。而现实的问题是，对人工智能主体及其相关权利问题进行保护的制度安排与法律支持体系明显不够，[1]以至于讨论的法理基础、规范依据等储备尤为不足，而人类中心主义在该问题上的"坚硬性"效应仍在蔓延。这是人工智能主体权利问题的认识论困境。但是，从功能主义视角看，其保守性使刑法制度的司法张力被压缩殆尽，不利于当代刑法体系的适时进化。可以预见的是，独立性与工具属性相互博弈，前者必然逐渐占优。人工智能主体逐渐成为需要法律保护的对象，人工智能主体的权利问题已经不可阻挡。

2. 作为新兴权利的法理释明

晚近以来，随着风险社会、网络时代等社会力量的出现，以人为绝对主导核心地位的权利格局开始出现变化。这就是新兴权利问题。当前，新兴权利的出现乃至泛化，正危及传统权利的基本观念。其证成标准是同时具备合理性、合法性与现实性。[2]对于新兴权利，其法理的接纳难点在于认识论、价值论等方面的重大颠覆，而法律技术层面的规范难题在于"如何证成"。对于正崭露头角的人工智能主体之权利问题，也面临同样的制度困境，而最大的阻碍就是人类中心主义以及人的主体性地位。从现代法理的逻辑看，基于法律主体地位与权利配置的正向关联性，人工智能主体的刑法地位之确认，是决定其权利问题的最基本前提，但是，新兴权利的出现及其保护问题，也会倒逼权利主体资格与能力的法律确认进程。对于人工智能主体与权利之间的相互关系，从比较的立场看，既然法人可以作为法律主体，动物也可以享有部分权利，发展中的人工智能主体至少应拥有相应的道德权利，赋予人工智能主体某些权利内容是合理的。对人工智能主体权利问题的过度绝对化看法不妥。而且，从当代法律主体之权利的历史发展进程看，权利的内容与形式是发展的，新兴权利与传统权利类型交替互进，承认并赋予人工智能主体相应的权利，既是权利范畴发展的内在规律，也是智能技术推动社会发展的必然结果。人工智能主体在刑法领

---

〔1〕 参见季卫东："人工智能开发的理念、法律以及政策"，载《东方法学》2019 年第 5 期，第 11 页。

〔2〕 参见雷磊："新兴（新型）权利的证成标准"，载《法学论坛》2019 年第 3 期，第 20 页。

域享有权利并作为新兴的权利类型，将改写现行法律体系中的权利生态格局。而且，这种新兴权利的证成逻辑，显然是对人类中心主义予以修正后的结论，同时也必然注入功利主义等理论基础，与国际社会发展趋势和实际相互契合。

从现阶段的智能技术及其应用看，人工智能主体既具有工具价值，也具有独立的内在价值，决定了人工智能主体目前可以享有限制性权利。这从与公民权利的差异性上可以窥见一斑。智能技术是发展的，人工智能主体的权利具有立法的拟制性、利他主义属性、功能差异属性，融合了工具性的价值与利他的特性，目前具有服务人类的预设功能。在赋予权利时，应当根据人工智能主体的类型与具体功能，采取差别化的权利拟制与保护机制。"限制性权利"是基于人工智能主体地位的相对性与限制性而提出的，同时也巩固了法律地位与权利赋予之间的内在联系性。在此观念下，可以赋予人工智能主体一定的自由权，使其具有一定的自主决定权。但与人类的自由权有差别，应当作出限制，使人工智能主体的权利及其行使更符合实际情况。

但不乏否定的观点：人工智能主体不是人，不会制造或产生道德问题，无法自行独立作出道德判断，不能具有权利。[1]显然，否定人工智能主体的法律地位后，也就没有权利存在的必要与空间。在人工智能主体是"人造物"的工具主义语境下，智能技术应用的"工具"预设问题始终存在。人工智能主体类似于"奴隶（人）"的行为体，人工智能主体的权利及其保护问题难以存续。但正如雷·库兹韦尔在《人工智能的未来　揭示人类思维的奥秘》中所谈论的："当机器说出它们的感受和感知经验，而我们相信它们所说的是真的，它们就真正成了有意识的人。而大多数道德和法律制度，也是建立在保护意识体的生存和防止意识体受到不必要的伤害的基础上的。"[2]只要人工智能主体的刑法能力与地位客观存在，不论立法是否已经有规定，人工智能主体可以享有限制性权利，也应对其予以必要的保护。断然并完全否定人工智能主体享有技术发展进程中的一些权利内容或合法权益并不妥当。

智能技术及其应用推动人工智能主体能力的跨越式发展，已经成为不可逆转的趋势。简单地加以反对或阻止，可能适得其反。应当认真考虑人工智能主体的人格发展及相关的法律问题，尤其是人工智能主体是否具备人的资格的标

---

[1]　参见甘绍平："机器人怎么可能拥有权利"，载《伦理学研究》2017年第3期，第126页。

[2]　参见［美］雷·库兹韦尔：《人工智能的未来　揭示人类思维的奥秘》，盛杨燕译，浙江人民出版社2016年版，第203-205页。

准问题等。事实上，人工智能主体的道德伦理地位，决定其是否可以享有权利。法律人格的存在，意味着人工智能主体法律权利的附随存在。适时确认人工智能主体的权利具有必然性与合理性。

（二）刑法保护的原则与路径

人工智能主体不仅能够成为犯罪主体，亦可成为犯罪的对象。当代刑法对人工智能主体的保护，是对其主体地位与法定权利的"实践认同"。对人工智能主体权利的保护，不能完全参照刑法对人的保护格局，应根据权利的类型设定科学的保护措施。

1. 平等保护的异议与匡正

人类中心主义与功利主义的认识论，在人工智能主体权利的保护原则上仍将继续"角力"。很容易获得认同的观点是，在智能技术应用的条件下，智能技术的发展水平与应用程度有限，人的主体性地位是当前讨论人工智能主体的法律地位与权利的预设前提。过早超越当代社会以及人的主体性地位这一逻辑底线，不利于在现阶段形成具有共识性、操作性的基本理念，甚至无法有效对人工智能主体进行必要的保护。人工智能主体与自然人暂且无法对等，也几乎无法获得完全、不受限制、与自然人平等的主体地位。人工智能主体可以拥有受限的权利，但在权利形态及保护范围等方面存在差距。基于此，"平等原则"对自然人与人工智能主体之间的关系而言并不奏效。这意味着不能按照人类的标准，对人工智能主体权利进行"等值"的保护。

"平等保护"的争论意味着无法将"人"与人工智能主体在法律意义层面画上"价值等号"，"对等保护"的基础阙如。虽看似合理，其实更是人类中心主义思维的产物，因为是遵循人类的标准来匹配与设定人工智能主体的权利保护原则。实际上，基于"天赋人权"而确立人的主体性地位及其保护逻辑，对于人工智能主体而言，无法"天然"地适用。即使强行画上等号，但二者的法律能力不尽相同，刑法保护的要求也不同。因此，是否"对等"人类的标准予以保护，这一类比的意义很是微弱，甚至可以说，"平等原则"实则是一个伪命题。更值得关注的是，具有独立、自主意识的人工智能主体，并非自然人的财产或单纯的产品。对其权利形态进行保护时，应当遵循智能时代的价值观与标准体系。

当前，导入功利主义的立场，旨在修正人类中心主义的过度化与绝对化问题。在现阶段，可以优先确立限制性权利保护原则。人工智能主体与自然人不存在现行法律意义上的平等地位，与人类权利形态及其保护程度并非实质对等，应当尽量按照智能时代的需求进行专属保护。自然人利益与人工智能主体利益产生冲突，原则上应优先保障人类利益。从长远看，人工智能主体的权利及保护范围亟待立法规定。

2. 权利保障的渐进策略

人工智能主体的权利内容是发展性的，在确定保护的逻辑起点与具体措施上存在不少困难。从原则上看，人工智能主体的刑法保护范围与方式取决于权利的内容与范围。虽然不能直接与"人"的权利知识体系进行无缝匹配，但在思考路径与保护方式上具有一定的参照性。在现阶段，讨论人工智能主体权利的刑法保护问题具有一定前瞻性意义，是对人工智能主体刑法地位及其权利保护问题的积极回应。

具体而言，当下可以着重围绕三个方面展开。（1）跳出"人"的思维窠臼审视人工智能主体是否具有"类人"的基本权利。在现阶段，对发展中的人工智能主体之权利及其与人的权利形态之间的关系，均不能绝对化或极端化。既要跳出人类中心主义的思维窠臼，也要导入功利主义的现实考虑，契合实际情况与需要。人工智能主体不是一般意义上的生命体，没有生命权以及人身自由权，但可以拥有财产权利。[1]但该看法未必都可取。例如，人工智能主体是否可以享有生命权的技术难点在于，能否按照人的生命体及其特征，界定人工智能主体的生命形态及其法律性质、外部载体方式等。当前，无法直接按照人的生命权与传统的保护思维，导致需要重新审定剥夺或侵害人工智能主体生命的方式、刑事制裁等问题。同时，在智能技术层面，人工智能主体的升级换代，其实是通过更新程序等方式，改变（或延长）人工智能主体的生命；达到使用年限后的重新格式化是结束生命的方式。智能技术的升级，使人工智能主体的存续方式更智能与持久。因此，无论是从技术还是从智能系统的独立性看，人工智能主体具有别样的生命权，以及基于生命权所形成的独立的电子人格、自由权、追求幸福的权利、避免被长时间进行奴役性的劳动权利等。（2）立足智能时代审视人工智能主体权利的特殊性。尽管对于人工智能主体权利问题，目前没有先例可供遵循，在知识论上不得不参照"人"的法律立场。但这种参照不能沦为简单的类比或复制。例如，人工智能主体权利的基本类型数据资源的

---

〔1〕 参见刘宪权："人工智能时代机器人行为道德伦理与刑法规制"，载《比较法研究》2018 年第 4 期，第 50—53 页。

共享权利、个体数据的专有权利或排他性权利以及基于社会功能约束的自由权以及获得法律救济的权利，分别是维系人工智能主体群体生存的权利、人工智能主体人身权与财产权的权利基础、有关人工智能主体在算法和决策能力内的行为实施逻辑等。[1]该观点立足于智能技术、技术应用领域等因素。设定数据类的权利形态是可取的。而不完全依循人类中心主义及"人"的权利格局，是典型的智能时代"专属思维"。但是，未能根据智能技术应用水平与智能程度、人工智能主体类型等，精细化地阐明权利的内容，并提出刑法保护措施。人工智能主体的权利内容不限于数据形态方面。即使主要肯定人工智能主体的数据权利，仍需明确数据权利的基础、类型、权限以及在权利体系中的地位等相关问题。（3）刑法保护的主要策略。在目前的条件与认知能力下，可以从以下几个方面讨论如何保护的问题：一是权利形态的兼容性。可以适当比拟"人的权利"逻辑，为探讨人工智能主体的权利范围提供思考空间。例如，生命权、自由权、人格权、健康权、财产权等具有高度"人的专属性"，是否可以"移植"为人工智能主体的权利形式。可以结合智能技术、算法运行、应用载体等要素，进行"等值"的功能判断。又如，对于人工智能主体的著作权，目前的应用已经很成熟，可以考虑优先确认。由此可见，合理借鉴"人的权利"逻辑，可以对人工智能主体的权利范围有更清晰的前瞻性思考。二是权利范围的专属性。人工智能主体的权利内容与形式具有显著的专属性，包括基于算法运行而生成的一系列专属性数据权利。当前，基于数据形成的权利体系是人工智能主体权利的主要来源与表现形式，而且具体类型是不断变化的。同时，人工智能主体专属的数据权利，不仅与算法等智能因素息息相关，也与研发者、设计者、所有者、使用者等"人"的（数据）权利相互竞合，不能忽视与人作为权利主体之间的实质界限。三是权利的限制性。人工智能主体与人原则上不能对等，其权利具有一定的限制性，权利范围更狭窄。专属于人的权利，人工智能主体并不必然享有。人工智能主体的权利行使受限，相互冲突时，一般优先保护人的权利。四是权利结构的优化。既包括实体性权利，也包括程序性权利，如人工智能主体作为法律意义上的原告与被害人等。既要赋予权利内容，也要赋予救济性权利，避免权利处于司法保护的空白状态。五是保护措施的完善。通过立法完善，增加与人工智能主体权利保护相适应的刑事制裁措施，或同步修正现

---

[1] 参见张玉洁："论人工智能时代的机器人权利及其风险规制"，载《东方法学》2017 年第 6 期，第 56-63 页。

有的刑事制裁措施，更好地保护人工智能主体的权利或权益。

五、结语

对于人工智能与法律的交汇，人工智能的法律地位备受关注，并在一定程度上决定了二者互动的前提和基础。这在刑法领域尤为凸显。当前，刑法理论界对此进行了较为热烈的讨论，消极论与积极论此起彼伏。不仅说明这一问题的重大分歧性，也显示了传统刑法理论体系的坚固性与排斥性。但是，消极论罔顾实际需求，明显压制了理论需求的释放。对此，应当予以明确澄清。然而，积极论的不少立场与主张过于理想化或哲学化，未能回归刑法学的语境，难以支撑有效的刑法教义学关怀。在此前提下，进一步推动人工智能主体的刑法争鸣，旨在澄清各方立场，还原本真的讨论场域，为当代刑法体系的积极回应奠定科学基础。

第五章

人工智能的刑法立法：场域和演绎

人工智能技术及其应用的迅猛扩展，已经开始将当代刑法规范供给危机推向前端，主要表现为立法原意的缺失、扩张解释的瓶颈、网络犯罪的嵌接、专属立法的空白等，并引发拖困司法的效能、加剧立法的分裂、迟滞理论的进化等副作用。人工智能立法势不可挡，在功利主义的导引下，刑法面向人工智能的前瞻立法可以发挥积极规制作用。应坚持科学立法，重视立法技术与规范表述的充分达致。应围绕基本范畴统筹立法，优先解决智能犯罪现象的规范界定，着重解决人工智能主体的刑法地位、智能犯罪的罪名体系表述、刑事责任的实现难题、刑事制裁范畴的调试等。人工智能刑法立法应以适时创新为基本遵循，以人工智能主体地位的立法确认为首要任务，策动犯罪构成体系及其要素的同步立法调试，有效统筹消解智能时代法定犯罪罪名体系、刑事制裁体系的创制等疑难问题。

一、问题的提出

现代信息网络技术的高度普及与应用，已经逐渐开始成为人类生产生活的基本要素与方式，孕育了新的社会基础，策动当代法律制度的内部胎变。特别是人工智能技术及其应用的爆炸性发展，使其独有的科技安全和风险问题日益暴露。这要求采取特殊的法律应对，尤其是应加快制定人工智能科技的特别法。[1]人工智能已经引发包括"人的主体性地位下降"等问题，也动摇了当代法律制度的存在根基。现行刑法制度可能正在经历一场裂变，逐渐取而代之的可能是"人工智能社会与刑法"。[2]这种不可逆转的技术与法律之间的全方位"遭遇"，在本质上是现代科技对法律制度的"渗透"，既压缩了当代刑法体系固有的生

---

[1] 参见龙卫球："科技法迭代视角下的人工智能立法"，载《法商研究》2020年第1期，第66-67页、第71页。

[2] 参见孙道萃："人工智能刑法研究的反思与理论迭进"，载《学术界》2021年第12期，第64页。

存空间，也赋予面向未来的诸多可能，更迫使法律制度必须作出改变，并开启立法层面的转向。对于新出现的人工智能刑事风险与犯罪治理，完全依靠以人为核心与基础的当代刑法体系显然不够。从罪刑法定主义出发，刑法应尽可能保持稳定。然而，从法律的社会功能看，刑法的变更却不可避免。在这个恒久的矛盾体中，人工智能时代显然对后者提出更殷切的希望。从理论、立法等方面作出改变也是各方的初步共识，（专属）立法的前瞻探索更受推崇。[1]但不乏观点认为，在智能犯罪现象不明确、人工智能主体地位待定的情况下，依照现行刑法规定即可，无需增设新的罪名。[2]但是，人工智能立法已经是全球新趋势。2018年9月，《十三届全国人大常委会立法规划》公布，人工智能立法列入其中。不应否定立法变革的必要性。域外亦认为，既要依赖现行法律及刑法教义学的作用，也要引入新的危险犯构成要件；[3]而且，域外的立法尝试持续增量。[4]目前，尽管对人工智能主体是否可以作为刑法主体、智能时代的犯罪究竟是独立还是裹挟于传统犯罪、对智能犯罪是否能够进行刑罚处罚等问题，仍存在不少的分歧、疑点乃至担忧，但人工智能领域的刑法立法供需矛盾不断加剧，当代刑法不能"无动于衷"。为了有效应对当代刑法规范供给不足等一系列结构性危机，并为当代刑法体系面向人工智能时代的知识转型开辟新场域，应当就人工智能时代的刑法立法问题作出明确解答。应当积极倡导面向未来的人工智能刑法立法，以促成当代刑法体系建立健全"前瞻型"的立法回应模

---

〔1〕　参见李晓明："论人工智能刑法规制中的技术规范"，载《东方法学》2021年第2期，第54页。

〔2〕　参见姚万勤："对通过新增罪名应对人工智能风险的质疑"，载《当代法学》2019年第3期，第3页。

〔3〕　参见〔德〕埃里克·希尔根多夫："自动系统、人工智能和机器人——一个刑法角度的定位"，黄笑岩译，载《法治现代化研究》2019年第1期，第94页。

〔4〕　例如：一是2016年8月，联合国下属的科学知识和科技伦理世界委员会发布《机器人伦理初步报告草案》。二是2016年5月，欧洲议会法律事务委员会发布《就机器人民事法律规则向欧盟委员会提出立法建议的报告草案》；2016年10月，又发布研究成果《欧盟机器人民事法律规则》。2018年3月，欧盟委员会下属欧洲政治战略中心发布《人工智能时代：确立以人为本的欧洲战略》。2018年4月，欧盟委员会向欧洲议会、欧盟理事会等提交《欧盟人工智能》的报告。2019年4月，欧盟委员会发布《可信人工智能伦理指南》。三是2016年，国际标准化组织IEEE发布《合伦理设计：利用人工智能和自主系统（AI/AS）最大化人类福祉的愿景》。2019年2月，美国总统特朗普发布第13859号关于启动"美国人工智能倡议"的行政令。2019年6月，美国白宫更新《国家人工智能研究和发展战略计划》。2019年8月，美国国家标准与技术研究院发布《美国如何领导人工智能：联邦参与制定技术标准及相关工具的计划》。四是德国于2021年5月通过《德国自动驾驶法》，允许L4级别智能汽车在德国公共道路指定区域运营，规定了相应的技术要求、行驶条件和数据处理规则，创设了技术监督员制度等。此外，再次修订《德国道路交通法》和《德国机动车强制保险法》。

式，也为设定下一次刑法修正案的主题提供最新的线索。

二、人工智能的刑法立法之现实考量

人工智能技术及其应用的迅猛扩张，不仅诱发智能时代的新型刑事风险，也使当代刑法体系规范供给不足的窘境日益相形见绌，人工智能刑法立法的适度转轨势在必行。

（一）现行刑法规范供给不足的审视

当代刑法体系是现实物理社会的产物。在智能时代，刑事风险以及犯罪现象具有新的特征，使当代刑法规范供给不足问题加速呈现，并引发一系列负面影响。

1. 主要表征

人工智能技术引发的新型刑法挑战，使当代刑法体系陷入"规范供给不足"的制度性危机，暴露现行刑法体系的历史滞后性问题。这必然加速变革的到来。主要表现为：（1）立法原意的缺失。立法是现代法治国家治理的重要手段。我国刑法立法的 40 年历程表明，刑法是社会治理不可缺少的手段，对于惩治犯罪和保障人权具有重要作用。[1]任何立法都是接近特定时代的客观实际之反映。"反映"的特质正是立法原意的规范化、制度化与明确化。它不仅是启动立法活动的内在动因，也决定立法成果的赋能与价值预期，并确保立法者"预设"的赋能可以"达标"。立法原意是立法活动的基本要素，是事关立法过程及其结果的决定性因素。立法原意，是指立法者坚持的立法理由等内容，是法律解释的主要依据。刑法立法原意，就是具体刑法条文所表现的立法者意图。立法原意是具有丰富内涵的概念，深受社会、经济、政治、文化等因素的影响，是最高的立法原则与指导思想。但是，现行刑法在制定与修正时，客观上无法"覆盖"当时无法预料的新型智能犯罪问题，并未将其"预先"纳入立法原意内。这直接决定现行刑法规范与新型智能犯罪问题的"绝缘性"，也就不能直接规制新型智能犯罪问题。当代刑法规范供给危机由此出现。不仅极大地削弱了现行刑法规范的规制"张力"，也极大地限制了刑法解释的潜力。（2）扩张解释的瓶颈。刑法解释是缓解刑法立法滞后性缺陷的常态模式，在立法原意和客观意思之间搭建起"往返"的交互桥梁与方式，激活并延续刑法规范的生命

---

〔1〕 参见陈兴良："回顾与展望：中国刑法立法四十年"，载《法学》2018 年第 6 期，第 18 页。

力。但是，在解决智能时代的新型犯罪上，问题在于：一是刑法解释的功能效果总是次优于立法规定的"前提性"地位。刑法解释的"扩张"功能只有间接缓解刑法规范供给不足的作用，无法"治本"。二是扩张解释的限度、与类推解释的区分标准及其正当性纠葛始终存在，导致解释结论的正当性存在不确定的风险，甚至可能出现行类推解释异化之实。三是即使扩张解释可以激活现有刑法规定的潜能，用于解决新型智能犯罪问题，但在立法原意缺失的情况下，扩张解释所能借助的"有效"规范相对有限。（3）网络犯罪的嵌接。现代信息网络技术与人工智能技术之间具有显著的"姻亲性"。目前，网络犯罪概念是与智能时代的犯罪问题最为"嵌接"的比对样本。传统刑法应对网络犯罪的经验，可以为认识智能时代的犯罪诸问题提供"先见"的意义，填补立法空白的规范空缺难题。网络刑法规范的相对充沛与发展，使其可以是当下积极治理智能时代的刑事风险的"良策"，也使"嵌入式"的司法方法论具有一定的延续性。然而，网络犯罪时代也深陷刑法规范"失灵"以及理论困局。[1]这直接弱化"嵌入式"认知模式的合理性、可持续性，也暴露当前对智能时代的犯罪诸问题甚至缺乏最起码的基本认知。智能犯罪现象的不确定性与发展性等情况，更加剧"嵌入式"认知模式裹挟的"盲区"与匮乏。这种认识论上的"信息不对称"与"观念缺位"，直接击中当代刑法体系的适宜性之"命门"，使当代刑法体系面对智能技术时代的乏力等问题暴露无遗。（4）专属立法的空白。当代刑法体系对智能时代的"集体恐慌""生存焦虑感"主要表现为现行刑法规定因缺乏立法原意的支撑，在治理上显得"无能为力"与被动。这首先可以归咎为人工智能的专属立法完全空白。当代刑法体系在遵循罪刑法定原则后，受立法的滞后性之"先天性缺陷"制约，司法应对如同"作茧自缚"，缺乏直接的针对性与具体的有效性。尽管不应过度苛责立法的滞后性，也不能完全归咎于立法者的消极不作为。

2. 主要危害

刑法规范供给不足的现实危机，使当代刑法体系在应对人工智能技术及其应用过程中发生的刑事风险问题上，司法效能低下，立法优势全无，理论反应迟滞。具体而言：（1）拖困司法的效能。罪刑法定原则是构建刑事司法与刑法立法之间理性关系的根基。立法是司法的前提和基础，司法必须围绕立法展开适用，不能僭越、取代和更改立法，司法依附于立法。刑法立法的完善与否、

---

〔1〕　参见孙道萃：《网络刑法学初论》，中国政法大学出版社 2020 年版，第 183 页。

先进与否，直接决定刑事司法的效能。对于新型智能犯罪现象，因刑法规范供给问题日益严重，司法应对非常被动，既无法准确评估智能犯罪的社会危害性程度并准确界定智能犯罪的性质，也无法准确地解决定罪、归责、制裁如何有效等问题。对此，实践中的变通方式为：一是刑法解释的应对，是当前常见的应急之策。二是司法机关基于"无法可依"等因素，可能选择不予介入。这种"鸵鸟思维"背离当代刑法惩治犯罪和保障人权的基本定位，使司法层面的"贫困"效应持续累积，无形中加剧"认识论"的匮乏问题。尽管司法活动也具有"反哺"立法的能力，但司法永远无法取代立法的基础性地位。（2）加剧立法的分裂。立法往往具有主动性、积极性、灵活性与能动性，往往比司法或理论应对更具有天然的适宜性和生存能力，可以支撑前瞻应对的现实诉求，但也使立法活动往往背负"离经叛道"的正当性困局。相比于传统社会长期固有的稳定性、持续性、相连性，人工智能技术具有极大的突破性、颠覆性乃至破坏性。这极大地压缩了立法原有的可持续性规律，导致无法直接在原有立法基础上，以可控的成本和经验进行立法完善，以满足司法的需要。新型智能犯罪的立法完全缺乏直接可以借鉴的"同类"样本与经验。立法的外部风险与内部风险缺乏可控性，难以合理预估与控制立法举动所引发的连锁反应。立法甚至有可能就是最大的不确定性风险。这种立法成本的相互叠加，不仅降低立法者的变革热情，也使现有立法与新型需求之间越发割裂开来。（3）迟滞理论的进化。当代刑法体系与理论生成的源泉首先是司法经验及其逻辑，而理论固化的方式是立法。司法检验理论的合理性，立法修饰理论的精细性。司法与立法作为"两驾马车"，共同推进刑法理论体系的进化与完善。智能技术及其应用给当代刑法体系带来一系列重大影响。例如，人工智能辅助量刑的探索颠覆传统刑事司法模式及其运行的有效性。[1]但是，当代刑法体系依存的社会基础，与智能时代的知识体系，并不在同一种群序列内，不能直接套用或嫁接，使当代刑法理论体系与知识储备显得难以招架。这更直接导致智能时代的刑法理论体系不仅处于空白状态或远未被认识、发现，更与现有刑法理论体系之间存在"隔代"摩擦等问题。甚至不乏观点认为，人工智能技术及其应用仍在发展与扩充，智能时代的犯罪诸问题尚未完全成型，使目前讨论智能时代的刑法理论体系转型显得

---

〔1〕 参见孙道萃："人工智能辅助精准预测量刑的中国境遇——以认罪认罚案件为适用场域"，载《暨南学报（哲学社会科学版）》2020年第12期，第64页。

"操之过急"，是缺乏社会基础的空洞化讨论，[1]也即似乎不是真正的"前瞻性"探讨而是单方面的"主观臆想"。因认识论不足而引发的刑法理论知识境遇，也使刑法立法不敢率先作出突破，司法的主动应对往往搁置不前。

（二）人工智能立法的刑法回应

近现代以来，立法活动日益活跃，旨在满足新的社会形势与司法需求。尽管人工智能与刑法交互后出现认识分歧，[2]但是，无论是域外还是国内，随着智能法治议题逐渐丰满，人工智能立法已经陆续启动，刑法立法应保持适度的活性化。

1. 人工智能立法已经蓄势待发

纵观域外，关于人工智能方面的专门或特殊法律问题，美国与西欧国家近些年进行了有益的探索与实践。我国高度重视人工智能技术及其应用的法律规制与保障，反映我国在人工智能法律制度发展以及立法上的积极姿态。[3]当前，不仅要看到人工智能技术及其应用倒逼国家政策与立法导向的显著转变，也要看到互联网、大数据、云计算、人工智能等技术的发展将促生一种新的法治形态暨智慧法治。智慧立法是其基本元素之一，旨在通过立法为网络和人工智能的发展提供稳定的制度保障，促进网络和人工智能与立法活动的良性互动，并借助网络和人工智能技术提升立法质量。[4]智慧法治行动正在持续深入，人工智能立法处于更尖锐的供需矛盾中。那些主张当前制定人工智能法律制度的技术应用基础和智能犯罪的演化等条件尚且不足、修改并补充现行法律制度即可的看法不可取，因为完全寄希望于现有刑法体系显然不切实际。当前，传统刑法理论体系及其立法规范的"不适"问题已经暴露。受限于一些主客观要

〔1〕　参见刘艳红："人工智能法学研究的反智化批判"，载《东方法学》2019 年第 5 期，第 104-110 页。

〔2〕　参见刘宪权："对人工智能法学研究'伪批判'的回应"，载《法学》2020 年第 1 期，第 3 页。

〔3〕　2018 年 10 月，习近平总书记在中共中央政治局第九次集体学习时强调，加快发展新一代人工智能是事关我国能否抓住新一轮科技革命和产业变革机遇的战略问题。《新一代人工智能发展规划》传递人工智能立法及其迫切性，要求初步建立人工智能法律法规、伦理规范和政策体系，形成人工智能安全评估和管控能力。2019 年 6 月，国家新一代人工智能治理专业委员会《新一代人工智能治理原则——发展负责任的人工智能》提出人工智能治理的框架和行动指南，为人工智能立法如何在伦理、价值等重大关切方面设定基本原则。2021 年 9 月，国家新一代人工智能治理专业委员会发布《新一代人工智能伦理规范》，旨在将伦理道德融入人工智能全生命周期，促进公平、公正、和谐、安全，避免偏见、歧视、隐私和信息泄露等问题，为从事人工智能相关活动的自然人、法人和其他相关机构等提供伦理指引。

〔4〕　参见雷磊："中国特色社会主义智慧法治建设论纲"，载《中共中央党校学报》2020 年第 1 期，第 103-104 页。

素，尚缺乏专门的"人工智能"法律体系，更遑论专属于人工智能时代的刑法规范体系。这显然不足以有效应对新型智能犯罪及其刑法问题，也对刑法立法规范供给提出了更迫切的要求。及时启动专门或特殊的立法调试已经迫在眉睫。

2. 法律功利主义的当代演绎与立法赋能

在追求法律正义的道路上，不能没有法律功利主义的理论支持。功利主义为法律发展与变革提供了更清晰且可操作的应对逻辑。通常认为，功利主义主要包括行为功利主义、规则功利主义以及双层功利主义。[1]功利主义对结果的关注，使其摆脱对习俗和教条的过重束缚，呈现出更乐于社会改革和制度进步的倾向，是注重务实的理论学说与价值关怀。而且，功利主义内生的创新与变革"基因"，完全契合社会发展需要以及推动法律制度变革的基本规律与现实诉求。在近现代法律制度中，功利主义有其深远的渊源、深厚的理论学说积淀以及广泛的法律实践。法律功利主义思想及其流派对立法及司法均具有深远的意义。功利主义大师边沁将法律视为功利主义得以实现的工具。"除非立法者谨慎地重新调整惩罚，而改变精明盘算的平衡，否则一些人的利益，将不断地与其同类的利益相冲突。"[2]这阐明功利主义与法律实施的目的之间存在"呼应"关系。为了促进人类的最大幸福，需从立法尤其是从刑法入手。边沁认为："政府的业务在于通过赏罚来促进社会幸福。由罚构成的那部分政府业务尤其是刑法的主题。"[3]继而，边沁还按照功利主义的原则尝试解释哪一种行为可以视为犯罪行为与应当如何处罚，以正确引导人们的行为。[4]功利主义是法律制定的基础，也是立法之目的所在。任何立法都是目的性的活动，是为了满足社会需要。为达到通过立法增进人类幸福之目的，边沁还认为，立法者在启动立法前，应当考虑功利主义，善于运用"道德算术"，计算苦与乐，并贯彻到法律草案的起草过程中，大致包括苦与乐之间的对比、所有的关系人或整个社会的利益所受到的影响、受害或受益的人数多寡的权衡、是否符合赏罚原则、是否"为最大多数人谋求最大的幸福"的效果等。[5]功利主义导向下的立法发展观

---

〔1〕 参见姚大志："当代功利主义哲学"，载《世界哲学》2012年第2期，第50页。

〔2〕 参见［英］亨利·西季威克：《伦理学史纲》，熊敏译，江苏人民出版社2007年版，第203页。

〔3〕 参见［英］边沁：《道德与立法原理导论》，时殷弘译，商务印书馆2000年版，第58页、第122页。

〔4〕 参见徐同远："边沁的功利主义理论与分析法学思想"，载《比较法研究》2008年第6期，第125页。

〔5〕 参见张宏生、谷春德主编：《西方法律思想史》，北京大学出版社2000年版，第284页。

念，不仅对立法的科学性与正当性具有积极的启示意义，也对立法的合法性与有效性具有深远的支撑意义，还引导立法者有效面对日益复杂多变的社会发展形势。人工智能技术及其应用迅猛推进，尽管对人工智能究竟是产品、服务或是主体之本源性问题存在不同认识，但引发的刑事风险问题正在涌现，包括人工智能程序违反"理性的人应当知道"的法律规定、被作为新型犯罪工具等。[1]这不仅使当代刑法体系陷入规范供给不足等制度性困境，也使当代刑法体系的立法转型命题被迫提上议程。为了防止滥用人工智能或人工智能主体实施危害行为等情形，刑法基于保障机能应当及时介入造成严重危害社会结果或高度危险的情形。

3. 刑法立法应保持适度的活性化

回顾德国过往半个世纪的刑法立法，保持了相当的灵活性，是侧重功能主义的积极刑事立法观。[2]日本的刑法立法近年来也保持了相当的活性化。[3]现代科技革命加速演变，使法律制度处于动荡不止的大变革状态。这要求法律制度主动求变，特别是立法应保持必要的活性姿态，以前瞻的预防性功能作为触须，积极防控风险。不应当简单地认为，人工智能技术及其应用尚处于起步阶段，对现代刑法的影响仍微乎其微或尚未出现，而主张前瞻性的立法具有象征性的趋势。不容否认的客观事实是刑法规范供给不足等问题已经浮出水面。确保人工智能立法的科学性、民主性、有效性以及合法性、正当性才是接下来应关注的重点。概言之：（1）人工智能技术的综合性正在引发全方位的深度影响。人工智能不仅涉及技术问题，也涉及社会问题。人工智能技术带来的社会问题是前所未有的，具有巨大颠覆潜力和认知能力等特性。人工智能立法应当有效地关切经济需求，回应社会需求，关注价值关怀与伦理担忧。应当及时转向"技术—社会+经济"的新范式，[4]在规范人工智能技术及其应用中的法律风险时，兼顾经济问题与社会问题。应当秉持开放、兼容的规制立场，均衡保护各方利益，包括法律人和程序员、人工智能专家等利益相关方都应充分参与，确保算法及其运行具有正当性，使算法和法律相互自洽地融合。（2）应当明确

---

〔1〕 参见［英］约翰·金斯顿："人工智能与法律责任"，魏翔译，载《地方立法研究》2019年第1期，第43-44页。

〔2〕 参见王钢："德国近五十年刑事立法述评"，载《政治与法律》2020年第3期，第94页。

〔3〕 参见张明楷："日本刑法的修改及其重要问题"，载《国外社会科学》2019年第4期，第4页。

〔4〕 参见龙卫球："人工智能立法的'技术—社会+经济'范式——基于引领法律与科技新型关系的视角"，载《武汉大学学报（哲学社会科学版）》2020年第1期，第65页。

人工智能立法的理性进路。人工智能带来的法律挑战与刑事风险是全方位的，如何开启人工智能立法完全是新情况。有观点认为，对于安全与权利挑战，应小幅度调整现有法律制度；对于治理挑战，重视立法回应与强化法律约束。[1]人工智能立法遵循类型化思维，可以使立法应对更精细和有针对性与有效性。针对人工智能带来的刑事法律风险，及其与现有法律的修正关系，刑法应当优化立法策略与规划，根据实际情况作出最恰当的处置。（3）为了消除刑法过度干预对智能技术创新的负面影响，确保人工智能时代犯罪化的正当性、合法性、必要性，应当秉持适度的犯罪化，避免刑法规范供给"不对称"引发的"介入乏力"等问题。

三、人工智能的刑法立法之基本理路

人工智能刑法立法是全新的课题，既缺乏可资借鉴的国内样本，也没有直接参照的域外经验。对于即将到来的重大刑法制度变革，应当坚持科学立法精神，通过有效的立法支点，围绕重点与难点议题展开精细化立法。

（一）立法科学化的理念支点

近现代刑法体系是立足于人的法定主体地位这一最基础的理论预设，以自然人及其实施犯罪等为核心展开的，并决定传统立法与司法的基本逻辑起点。智能时代的刑法立法，在顾及人工智能主体法律地位之际，应重视立法的发展阶段。

1. 立法阶段的演化

人工智能与当代刑法体系的交互，在整体或局部场域所呈现的风险问题与立法需求都不尽相同。现行刑法规范不会即刻失灵和失效，但在特定领域可能陷入重大危机。同时，人工智能立法的对象是人工智能法律风险。它是不断变化和演化的。立法不仅要面向已经发生或相对成熟的犯罪问题，更要面向可能发生或未来出现的犯罪问题。因此，面向人工智能的刑法立法应当具有前瞻性。目前，人工智能刑法的专属立法与传统刑法修正是主要的立法分流方向，体现决策者对不同方案的"赋能"决心。完全独立的"智能刑法"模式是理想模型，但面临人工智能主体的刑法地位、刑罚正当化和自由意志等不成熟和不稳定的阻力。"传统刑法的修正"模式虽坚守传统刑法的生命力，却压缩了理论生长的空间，新旧刑法知识力量的角逐恐难以调和。不同社会阶段的刑法制度

---

〔1〕　参见李晟："人工智能的立法回应：挑战与对策"，载《地方立法研究》2019 年第 5 期，第 61 页。

面对不断变化的社会，都被立法者赋予特定的保障功能，只是保障功能的对象、实现方式等是发展与变化的。在智能时代，刑事风险加速递增，刑法保障功能不减。由于内容与形式已有变化，不能直接套用传统刑法理论与实践逻辑。从立法发展与现实要求看，人工智能主体的能力及其地位不断提升，可能出现自然人与人工智能主体的双轨制甚至人工智能主体的单轨制，"智能刑法"立法最终呈现更旺盛的生命力。

2. 立法技术的达致

再好的立法原意与立法思想，也需要通过精致且科学的立法技术予以精准表述与微观达致。这考验并反映立法者在面向人工智能时代时的立法水平。尽管人工智能时代的刑法立法技术尚未起步，但以现行刑法理论与立法经验作为逻辑起点和临摹蓝本，仍可以有效呈现由传统犯罪形态到智能时代犯罪的裂变过程，并为人工智能的刑法立法提供方法论参考。例如：（1）智能时代故意犯罪的规范评判基准。在人工智能时代，传统故意犯罪中的法定主体的罪过要素（犯罪目的等）、行为要素、共同犯罪等问题，都可能需要重新调整与设定，并与人工智能主体的刑法地位息息相关，决定智能时代故意犯罪的本质规律与趋势。总体看，当前主要表现为"工具型""对象型"犯罪，也可能是"独立型"犯罪。智能时代的故意犯罪在现阶段仍与传统故意犯罪有重合之处，但也包含人工智能主体的刑法地位等全新因素，故意的主观罪过以及社会危害性评价等面临何去何从的问题。人工智能主体的刑法地位日益明朗，故意犯罪及其内容是否留存还是进一步扩展尚需观察，也有待确认故意犯罪的类型、社会危害性原则的意义等规范评价要素、标准等。智能安全刑法法益受到实质危害或处于高度危险，应当是刑法介入的根本前提，也是规范评价的首要标准。（2）智能时代过失犯罪与法定注意义务的设置。智能技术应用引发的刑事风险与过失犯罪的联系更紧密，智能时代的过失犯罪呈增量趋势，对立法提出新的要求。如对于有缺陷的不同智能程度的产品，研发者、设计者违反法定的注意义务，引发严重的实害结果，应当承担过失犯罪的刑事责任。在智能驾驶领域，驾驶系统的研发者与设计者，违反智能驾驶的安全保障义务且具有预见能力与避免能力的，应成立过失犯罪。[1]研发者、设计者、所有者、使用者所负的法定注意义务是立法的核心依据与内容，应根据各自在不同阶段与环节的注意能力、注

---

〔1〕　参见孙道萃："人工智能驾驶的刑法解构与回应路径"，载《西安交通大学学报（社会科学版）》2022年第2期，第158页。

意义务、避免能力具体决定立法。从长远看，为了使人工智能时代的立法本意与规范表述能够被充分达致，应积极建立具有专属性的刑法立法技术，科学澄清人工智能时代犯罪的规范表述、罪责的规范载体、制裁的规范方式等"关键难题"，夯实立法的科学性与有效性。

（二）立法的重点与难点

刑法立法是对理论体系的积极"策应"，通过立法可以积极促进理论突破与重大变革，依法确认、验证与修正具有共识性的理论认识等。应当抓准需求这一"牛鼻子"，围绕刑法理论体系的基本范畴，整体探讨立法完善的主要方向。

1. 人工智能犯罪的概念模糊与规范界定

犯罪学与刑法学同在一个"屋檐"下。刑法立法首先应当以充分、全面认识智能时代的犯罪现象为前提和基础，才能正确界定其基本概念、类型等内容，更好地指导立法工作。尽管不乏否定人工智能犯罪的观点，[1]但关于智能时代的犯罪概念及其内涵仍有以下看法：一是利用人工智能技术实施犯罪是"内在风险"。人工智能产品可能引发"外在（技术）风险"。[2]人工智能犯罪是人工智能算法安全犯罪，保护的法益是作为公共安全的人工智能"算法安全"。[3]二是人工智能既可以是犯罪工具进化的新形式，也可以是刑法中产品犯罪的对象。[4]包括系统研发、提供和管理相关的犯罪，即侵害智能系统安全犯罪和智能化的传统犯罪、利用人工智能侵犯个人信息的犯罪、独立的外围人工智能犯罪、违反人工智能安全管理义务的犯罪。[5]三是科技犯罪概念包括计算机系统犯罪、信息网络犯罪、人工智能犯罪，后者集中在智能技术与智能产品的制造、销售、使用、管理等阶段。[6]Web3.0时代的最大特征是智能性，个性化、互动

---

〔1〕 参见郭泽强："人工智能时代权利与责任归属的域外经验与启示"，载《国外社会科学》2020年第5期，第61页。

〔2〕 参见刘宪权、林雨佳："人工智能时代技术风险的刑法应对"，载《华东政法大学学报》2018年第5期，第46页。

〔3〕 参见魏东："人工智能算法安全犯罪观及其规范刑法学展开"，载《政法论丛》2020年第3期，第107页。

〔4〕 参见庄永廉："人工智能与刑事法治的未来"，载《人民检察》2018年第1期，第44-45页；高铭暄、王红："互联网+人工智能全新时代的刑事风险与犯罪类型化分析"，《暨南学报（哲学社会科学版）》2018年第9期，第1页。

〔5〕 参见皮勇："人工智能刑事法治的基本问题"，载《比较法研究》2018年第5期，第149页。

〔6〕 参见陈伟、熊波："人工智能刑事风险的治理逻辑与刑法转向——基于人工智能犯罪与网络犯罪的类型差异"，载《学术界》2018年第9期，第74页。

性和精准应用服务的网络空间成为犯罪空间。[1]上述看法可以归结为三种主要的"界定"思路：（1）种属概念的路径。以科技犯罪统领先后出现的计算机犯罪、信息网络犯罪、人工智能犯罪，是种属逻辑下的概念区分。但科技犯罪不完全是刑事法治概念，也过于宽泛，不利于更精准理解和认识智能时代犯罪及其与其他科技犯罪的差异。（2）类型化的路径。按照类型化思维，根据"工具化"与"对象化"的不同类型，智能犯罪可以分为智能工具层面的犯罪与智能对象层面的犯罪，如智能时代新型财产犯罪等概念。但它无法涵盖其他新型犯罪，如人工智能主体实施的犯罪等。（3）关系型的路径。智能技术及其应用过程，既涉及相关的责任主体，如研发者、设计者、所有者、使用者等，也涉及不同的智能危害行为或危险行为，如非法利用、滥用等。这虽有助于认识智能时代犯罪的内外结构，但认识的层次偏于微观。尽管如此，上述三种路径对认识智能时代的犯罪现象具有积极意义，特别是"工具""产品"的界定思维，很好地概括了人工智能时代的初期犯罪形态与表现形式，也为当前司法"定罪"与立法开辟了积极的探索方向。但智能时代的犯罪现象正在发生与进化，理论上尚不足以进行完整与有效的描述，也难以对其全貌进行立法的定性与定量。因缺乏具有高度共识性的规范内容及要素，导致难以固化成熟的"立法原意"，立法的事实基础也偏于薄弱。但随着智能技术及其应用过程中刑事风险的不断固化与类型化，智能犯罪现象更加确定，犯罪的事实概念趋于清晰和完整，将为规范层面的科学界定提供前提。

2. 人工智能主体地位的论争与休止

关于智能时代犯罪现象与规范认识等基本问题的讨论，客观上无法避开人工智能主体的刑法地位这一前提性问题，这是关系智能时代犯罪的独立地位之根本因素。"人工智能体实施侵害行为，应以智能程度比拟刑事责任能力程度，决定刑事责任。"[2]这是立足于人工智能主体的地位而展开的讨论。根据设计和编制的程序范围，可以区分弱与强的智能机器人。在设计和编制的程序范围外实施行为的，智能机器人可以成为刑事责任主体。[3]该观点明确认为人工智能主体（智能机器人等）可以作为新型的犯罪主体，对进一步认清智能时代的

---

〔1〕 参见刘艳红："Web3.0时代网络犯罪的代际特征及刑法应对"，载《环球法律评论》2020年第5期，第100页。

〔2〕 参见马治国、田小楚："论人工智能体刑法适用之可能性"，载《华中科技大学学报（社会科学版）》2018年第2期，第112页。

〔3〕 参见刘宪权："涉人工智能犯罪刑法规制的路径"，载《现代法学》2019年第1期，第75页。

犯罪现象有积极的意义。但是，对人工智能主体的刑事责任能力、主体地位等，消极论似乎更占据上风。[1]究其原因，按照人类中心主义的认识论及其方法论，从人类的视角审视，在结论上不可避免地偏于消极一面。[2]这也使关于智能时代犯罪现象的认识与规范界定，受限于传统犯罪的知识体系、犯罪分类等要素，"嵌入"传统刑法思维，如人工智能产品犯罪等概念便由此而来。但是，仅以传统刑法思维，审视人工智能主体及其行为的性质，并非真正的"等值性"立场。应根据新情况适时调整传统刑法体系的陈旧理论和观点，防止当代刑法变革陷入思想准备不足的被动状态。在界定智能时代的犯罪之规范内容与立法表述时，应首先充分考虑人工智能主体的刑法地位，根据这一变量的实际发展情况，对犯罪的类型、主要性质、基本特征、危害形态等核心要素，作出符合智能技术及其应用代际的"等值"判断。这才能进一步推动解决智能时代犯罪构成要件要素的立法转向问题。但不能因人工智能主体的刑法地位尚不够明确，而迟滞对人工智能主体的立法探讨，搁置对智能时代的犯罪及其规范构成内容的立法确认等问题。整体推进智能时代的刑法立法，有助于从全局解决好包括人工智能主体在内的相关立法问题。

3. 刑事责任难题与立法疏通

人工智能技术及其应用的加速推进，不仅使犯罪现象出现重大变化，也使刑事责任方面出现新问题。理论上形成以下看法：一是弱人工智能产品可以是犯罪工具。[3]强人工智能产品具有辨认能力和控制能力，具有独立人格和刑事责任能力，需要承担刑事责任。[4]二是人工智能是辅助工具，不存在"法律人格"。人是最终的责任承担者。[5]人类中心主义的责任体系恒久有效，犯罪主体只有自然人或单位。[6]三是人工智能作为工具，适用代理人责任；在编程者、使用者的范围内，由编程者、使用者承担责任；完全超出设计者、使用者的

---

[1] 参见叶良芳："人工智能是适格的刑事责任主体吗？"，载《环球法律评论》2019 年第 4 期，第 67 页。

[2] 参见孙道萃："人工智能主体的刑法地位之积极论"，载《法治社会》2021 年第 2 期，第 73 页。

[3] 参见刘宪权："人工智能时代的刑事责任演变：昨天、今天、明天"，载《法学》2019 年第 1 期，第 79 页。

[4] 参见卢勤忠、何鑫："强人工智能时代的刑事责任与刑罚理论"，载《华南师范大学学报（社会科学版）》2018 年第 6 期，第 116 页。

[5] 参见李爱君："人工智能法律行为论"，载《政法论坛》2019 年第 3 期，第 176 页。

[6] 参见冀洋："人工智能时代的刑事责任体系不必重构"，载《比较法研究》2019 年第 4 期，第 123 页。

预见范围，人工智能主体应独立承担刑事责任。[1]这反映刑事归责难题重重以及司法应对立场的模糊化。对于智能技术及其应用过程中出现的刑事风险，当代刑法应当及时介入，以保护智能时代合法的安全法益。但难题在于：（1）人工智能主体是否具备犯罪主体资格，在一定程度上决定其是否可以作为刑事责任主体，以及可否按照"类人"的逻辑承担刑事责任。一律转向其他的关联主体，如研发者、设计者、使用者等前后流程的主体，存在替代责任的正当化隐忧。即使对关联主体追究刑事责任，仍需明确研发者、设计者、生产者、所有者、操作者、监管者的责任范围及分配规则，符合罪责刑相适应原则。这是当前面临的重大司法挑战。（2）针对人工智能主体以及智能产品的危害行为，暂时可能主要表现为传统犯罪形态。如何追究刑事责任是全新的挑战，目前没有"标准答案"可供参考。例如，经过深度学习和算法不断优化后的人工智能主体，与"人"无异，实施伤害行为的，遵循故意杀人罪、故意毁坏财物罪等传统定罪逻辑，不能充分反映智能时代的价值定位、认识观以及技术伦理。（3）传统刑法主要保护人的生命、健康、财产等刑法法益，刑事责任体系由此确立。但是，智能犯罪时代的法益内容、形式以及犯罪的类型、规范本质都发生了重大的变化，刑事责任必然受到影响。"旧瓶装新酒"的直接套用做法显然不可行，应从刑法规范层面持续进行调试。

4. 刑事制裁范畴的失效与深度调试

能否科学治理与有效惩治智能犯罪，具体取决于刑罚制裁的有效性。1997年《刑法》规定刑罚体系由主刑和附加刑构成，包括生命刑、自由刑、财产刑、权利刑。然而，从立法原意看，现行刑罚体系显然并未预先考虑细腻性智能犯罪问题，也更非直接针对人工智能主体而设置，缺乏对其进行制裁的立法原意。从罪责刑相适应原则与刑罚处罚的有效性看，应当重新根据人工智能犯罪的类型、人工智能主体的刑法地位等新要素，设置相适应的刑事制裁措施，才能符合并实现启动刑罚处罚之目的，并满足刑罚原理的基本要求。然而，也不乏对刑事制裁体系的智能化变革持消极态度者。从法理看，人工智能主体的法律人格、辨认能力和感知惩罚能力以及刑事责任能力等因素，直接决定其是否具有承担可罚性的能力。按照消极论，必然直接影响对承担刑罚能力的认可。可罚性能力的缺失，无疑导致对人工智能主体的刑事制裁可能是无效的。从人工智能主体的刑法地位、性质以及刑事责任能力内容等因素看，目前讨论智能

---

〔1〕　参见李婕："智能风险与人工智能刑事责任之构建"，载《当代法学》2019 年第 3 期，第 33 页。

时代的刑事制裁体系问题，虽是面向未来的前瞻性分析，但绝非毫无意义的揣测。

四、人工智能的刑法立法之具化构想

智能技术及其应用不断发展和完善，因应智能时代的刑法立法，不能寄希望于一劳永逸的修正，而应采取阶段性、进化型的立法策略与推进逻辑。通过循序渐进的立法变革，有效调和传统刑法与人工智能时代犯罪之间的深度"摩擦"。

（一）人工智能主体刑法地位的立法拟制

人工智能主体的刑法地位问题，是当前各方关注的焦点，也成为讨论智能时代犯罪及其立法、司法等一系列问题的前提。立法应当率先解决这一本源性问题。立法拟制是当前可以期待的选择，而有效解决其他立法问题亦提供积极的外部条件。

1. 主要争议与澄清

目前，主要存在两种典型的理论倾向：（1）人类中心主义与消极论。当前人工智能本质上是人类辅助工具，不具有法律上的人格属性，欠缺法规范遵从能力的意志性，不具有刑法上的可归责性。[1]（2）现实功利主义与积极论。将智能机器人予以"人格化"有法理基础与方法论依据，可以建构为法律上的"人"。[2]尽管可能会严重冲击传统的法教义学体系，但具有适应社会发展的正向功能，有助于更好地处理涉及智能机器人的各种犯罪现象与疑难社会问题。[3]强人工智能主体应作为刑法主体，并享有财产权等权利，并不意味着所有的强智能机器人均是犯罪主体。[4]从法理逻辑上讲，以人类中心主义的立场进行讨论，如若肯定人工智能主体的刑法地位，当前仍然需要解决一些根本性的说理难题。而最简单的"公众隐忧"在于：毕竟只有人类才可以理解"权

---

〔1〕 参见时方："人工智能刑事主体地位之否定"，载《法律科学（西北政法大学学报）》2018年第6期，第67页。

〔2〕 参见彭文华："自由意志、道德代理与智能代理——兼论人工智能犯罪主体资格之生成"，载《法学》2019年第10期，第18页。

〔3〕 参见周详："智能机器人'权利主体论'之提倡"，载《法学》2019年第10期，第3页。

〔4〕 参见刘宪权："对强智能机器人刑事责任主体地位否定说的回应"，载《法学评论》2019年第5期，第113页；刘宪权："智能机器人工具属性之法哲学思考"，载《中国刑事法杂志》2020年第5期，第20页。

利"与"责任"以及法律规则等内容。但更值得探讨的是，从功利主义的视角出发，为了解释人工智能主体的行为效力以及责任等问题，通过立法拟制法律主体资格有其必要性。在功利主义的引导下，立法者创设类似于"电子人"的法律人格，完全符合当前的现实需要，也为人工智能主体逐步获得刑法地位奠定了基础。否则，按照传统刑法理论，只能局部或暂时对研发者、设计者、使用者等关联主体及其行为进行规制，无法从根源上追究人工智能主体独立实施新型犯罪的刑事责任问题。这显然制造了刑罚处罚的灰色区域，也不利于及时科学地规制新型刑事风险。

2. 立法策略

欧盟率先提议把最先进的自动化机器"工人"的身份定位为"电子人"，而沙特阿拉伯授予了机器人"索菲亚"首个公民身份。这些积极的实践信号，反映立法者主动发现并遵循新的"立法原意"之变革意图，既认可人工智能主体可以实施犯罪并需要承担刑事责任，也主动从立法上确认其身份与资格，以此搁置理论上的僵持与担忧。从智能技术及其深度应用看，人工智能主体日益趋于真正或全面的智能化。在立法技术上，可以考虑法律拟制方式，参考法人主体资格的拟制思路，逐步探索依法确认人工智能主体刑法资格的法律拟制模式，并基于智能技术的发展，进一步确认或规定人工智能主体的意思要素、行为要素等基本内容，使其刑法主体地位更牢固。在立法建议上，有以下考虑。（1）《刑法》第 13 条对犯罪概念、犯罪构成的法定化等作了规定，是最基础的刑法规范，具有统领性。因此，可以增设第 13 条之一，人工对智能主体的刑法地位作出规定。（2）《刑法》第 30 条通过拟制的方式，对单位主体予以确认。因而，当前可以增设第 30 条之一，对人工智能主体的刑法地位作出规定。对于这两种方案，增设第 13 条之一更具有整体性与全局性的立法效果，对确立人工智能主体的刑法地位具有直接的普遍效应，但是，可能与刑法中关于主体的规定相互交错；增设第 30 条之一完全契合立法拟制的做法，但容易被认为是参照法人主体而设置，不利于彻底提升人工智能主体的刑法地位。尽管如此，无论是选择第 13 条之一还是第 30 条之一均可，其立法表述可以采取简明罪状，也即："人工智能主体实施犯罪行为的，危害智能安全的，依照本法规定，应当对其罪行承担刑事责任。但法律有规定的除外。"（3）《刑法》第 17 条、第 17 条之一、第 18 条、第 19 条对刑事责任能力等作了规定。在智能时代，针对不同智能程度与能力的人工智能主体，也有必要区分不同的犯罪能力与承担刑事责任能力。同时，考虑到人工智能主体的特殊性，原则上仅限于第 17 条暨第 17

条之一具有一定的参照性。可以考虑增设第 17 条之二，对人工智能主体的刑事责任能力进行规定。其立法表述可以为："人工智能主体实施犯罪的，可以根据其智能程度的技术级别或类型，依法追究刑事责任，或者从轻、减轻、免除处罚。"

（二）犯罪构成要件要素的修正表述

随着犯罪主体要素发生重大变动，犯罪构成体系及其要素也必然迎来大变化。尽管智能时代的犯罪现象仍在发生，使讨论智能时代的犯罪构成要件要素之蜕变过程颇为困难，但以现有理论体系的话语结构为支撑点，仍可以展开前瞻思考。

1. 法益（犯罪客体）

任何刑法体系都具有鲜明的"工具属性"，作为一项具体的法律制度，承担保护法律价值与利益的基本任务。保护合法利益不受侵害，也即法益保护是启动刑法立法的基本前提。只有明确了刑法保护对象，才能精准地设置刑法规范。智能时代的法律体系所保护的利益在内容、形式、价值预设、冲突选择等方面明显不同。[1] 传统刑法与智能时代下的"法益"概念及其内容可能出现质性的分流。刑法语境下的智能安全法益及其内容、形式也不断壮大，逐步侵蚀和取代传统刑法法益的内容及其形式。所谓"智能安全的刑法法益（犯罪客体）"，是指基于智能技术及其应用所形成的智能安全法益，是智能时代的刑法保护对象。在立法建议上，鉴于刑法法益在本质上与犯罪概念高度相关，也需要通过犯罪构成等予以体现。在当前的情况下，对其作出相应的修正，仍需要回归《刑法》第 13 条。第 13 条可以宏观地讨论人工智能主体的刑法地位问题，也可以讨论智能时代的新型刑法法益之保护问题。承上所述，拟增加第 13 条之一暨"人工智能主体实施犯罪行为的，危害智能安全的，依照本法规定，应当对其罪行承担刑事责任。但法律有规定的除外"的立法表述中，"危害智能安全的"作为评判行为的规范依据与新内容，正是对智能安全刑法法益进行的立法确认之体现。

2. 行为

行为是传统刑法的基石，是刑法评价的基础和对象，是与行为主体并列的两大规范要素。然而，犯罪主体的渐进"换位"，"人"可能不再是法定的犯罪

---

〔1〕 参见袁曾："人工智能法益位阶研究"，载《地方立法研究》2019 年第 5 期，第 73 页。

主体。人工智能主体的到来，无疑导致刑法意义上的行为焕然一新。从智能犯罪中的行为及其构成要素与特征看，刑法中的行为在内部构造上会有不同程度的变化，尤其是在行为的本质特征、规范内涵以及理论功能等方面。由此，对智能行为的"规范评价标准与体系"，不能再套用传统犯罪所遵循的规范与原理。在立法建议上，智能刑法中的行为具有类型化、易变性等特征，在刑法总则中，借助犯罪概念暨第13条对其作出概括性的规定并非最佳选择，容易出现概括不足的问题，应当首先并主要通过分则的个罪或类罪来实现。应当基于"工具型""对象型""独立型"之智能犯罪形态，结合人工智能主体的地位之演变情况，通过增设不同类型的智能犯罪规定，对智能时代刑法中的行为进行"具体化""个别性"或"类型化"的立法说明与规范表述，从而较好地消解智能犯罪行为不断演变所带来的不确定性风险。而且，刑法分则所策动的持续性立法及其所积累的立法成果，可以为总则今后的概括性规定提供丰富的素材和基础元素。

3. 危害结果

传统犯罪中的危害结果要素不仅是认识犯罪、评价犯罪的重要内容，也是"事后制裁"的逻辑原点。在智能犯罪时代，人工智能主体实施的行为，所造成的刑法意义上的"结果"已然不同。更重要的是，"结果"在内容、范围、形式以及形态等方面的一系列变动，导致其形式特征、规范评价要素、标准以及体系等也进入重构的时代。这如同在网络犯罪时代，网络定量因素、标准以及体系正处于成长阶段，与传统犯罪的内容与形式不尽相同，因而需要调整。在立法建议上，与智能时代刑法中的行为紧密联系的"结果"，因智能犯罪的内容与形式是发展和变化的，《刑法》总则第13条也不便于作出一般性规定；可以在分则中，根据不同犯罪类型等因素，个别或类型地作出规定。而且，分则在对"结果"作出立法回应和确认时，仍有必要坚持"立法定性+定量"的立法技术。对智能时代新型犯罪的定罪处罚标准，应当尽量通过立法予以明确，但客观上无法进行"立法定量"的情况除外。"立法定量"模式倒逼立法者根据实际情况，归纳总结成熟的"结果"类型，为科学定量与处罚提供最基础的"定量要素"，也为设定"定量标准"提供依据和参考，从而提高刑法规范的司法操作性。

4. 主观罪过

对于传统犯罪而言，故意与过失组成的主观罪过是必要条件，是犯罪主体的主观心态之载体。在智能时代，人工智能主体的刑法地位问题比较特殊，使传统的主观罪过范畴是否继续存留的问题浮出水面，故意与过失的地位或许不复存在，甚至传统固有的主观罪过之话语体系可能消亡。尽管如此，当前在讨论智能犯罪问题时，仍有必要讨论故意和过失问题，但对主观方面的内容与要素宜进行改变。在立法建议上，鉴于《刑法》第 14 条、第 15 条对故意和过失作了规定，第 16 条对意外事件作出了规定，应当围绕上述条文，探索相适应的立法路径。简言之：（1）在过渡期，人工智能主体的刑法地位正在形成和发展，但仍不成熟。可以借用故意、过失以及意外事件等已有规定及法定概念。在前述三个条文后，另行增加一款，明确人工智能主体实施的，可以参照执行。第 14 条第 2 款、第 15 条第 2 款、第 16 条第 2 款可以分别表述为："人工智能主体实施故意犯罪的，应当负刑事责任""人工智能主体实施过失犯罪的，法律有规定的才负刑事责任""人工智能主体实施第一款规定的，依照前款规定处罚"。（2）在独立期，人工智能主体获得了完全独立的刑法地位，且与"自然人"主体存在本质差异，故有可能无法直接采用故意、过失等传统刑法的话语体系。为此，应设计与之相称的智能时代之规范概念，用于明确人工智能主体实施犯罪的主观恶性，但具体的建构仍需进一步探讨。

5. 技术中立与归责原则

智能技术的应用风险不可能杜绝，应适度容忍应用过程中出现的危害后果或者可能的危险。对于技术发展及其应用过程中引发的危害问题，要严格区分技术风险的可控性，不能苛责使用者过高的注意义务。例如，研发者与设计者为了实施犯罪，而研发人工智能打码平台，但运营者、所有者、使用者已尽到合理、谨慎的注意义务，无法避免技术风险的发生，主观上完全反对，不应认为是犯罪。尽管从理论上可以"释明"技术中立与刑法介入的适当性，但从立法上实现科学表述仍颇具挑战性。对此，可以考虑以下思路：一是在《刑法》第 20 条、第 21 条规定的正当防卫、紧急避险之后，再增加单独的条款或条文，如分别增加第 20 条第 4 款、第 21 条第 4 款，并分别表述为"人工智能主体实施前三款规定的，依照前款规定处罚"。二是增设第 20 条之一、第 21 条之一，并表述为"人工智能主体可以正当防卫，防卫过当的，应当承担刑事责任"与"人工智能主体可以紧急避险，紧急避险过当的，应当承担刑事责任"。三是对于个别特殊情形，可以在分则中，就具体罪名的罪状，另行直接作出明文规定。

（三）智能法定犯罪的立法创制

智能犯罪现象的纵深演进，宣告智能时代法定犯罪的来临。鉴于人工智能犯罪形态是典型的法定犯罪，而现行刑法规范供给不足问题呈现出加剧的态势，必然需要启动适度的犯罪化进程，增设专属于人工智能时代的新型法定犯罪。

1. "碎片化"立法的检视

对于罪名设置的议题，主要看法有：（1）增设滥用人工智能罪，是故意犯罪；增设人工智能事故罪，是过失犯罪和严格责任。[1]（2）修改计算机犯罪、交通肇事罪、危险驾驶罪；增设人工智能重大安全事故；分则第六章增设第十节暨"妨害人工智能发展罪"，设置扰乱人工智能活动罪、非法利用人工智能罪、非法提供人工智能技术罪等。[2]（3）增设非法利用人工智能罪、人工智能监督过失罪、无人驾驶汽车交通事故罪等。[3]这些探讨具有积极的参考意义。但问题在于：一是基本上不考虑人工智能主体地位问题，也未考虑智能犯罪的性质及其与传统犯罪的差异；对罪名设置究竟是采取局部修正、重新立法或全面重来，尚缺乏清晰的立场。简要复制传统立法的痕迹较为明显，不足以全面反映智能时代犯罪的真实情况与趋势。二是立法观念相对单一，主要针对某单一的具体犯罪或特定的行为主体或危害行为。立法的整体性和连续性不足，使司法的辐射面与预见性等都不尽如人意。三是立法的说理性不足，不足以充分揭示立法的正当性。四是立法技术整体尚不够精湛，如罪名界定、罪状描述、法定刑配置、罪名区分等都处于空白状态，仍需进一步凝练，提高司法的可操作性。

2. 理性增设专属罪名

关于罪名体系的立法创制思路、技术等问题，应着重关注以下几个方面。（1）适当的犯罪化与正当性。不能忽视智能时代法律体系的一般规制作用。智能时代行政法体系的规制尤为重要，对智能时代的过失犯罪、故意犯罪之立法具有非常直接的规范储备等作用。应否设定新型智能犯罪，必须充分考虑智能时代法律体系之已有规定或规范内容，确保智能时代法律体系内部的统一性，否则，容易削弱立法的正当性。例如，在智能技术应用初期，研发者、设计者对智能技术危险负有主要的管理责任，违反法定义务的，造成严重后果的，涉嫌过失犯罪。但我国智能法律体系尚不健全，法定义务及其类型等尚不完整，

---

[1] 参见刘宪权："人工智能时代的刑事风险与刑法应对"，载《法商研究》2018年第1期，第6-11页。

[2] 参见李振林："人工智能刑事立法图景"，载《华南师范大学学报（社会科学版）》2018年第6期，第125页。

[3] 参见陈结淼、王康辉："论无人驾驶汽车交通肇事的刑法规制"，载《安徽大学学报（哲学社会科学版）》2019年第3期，第116页。

应合理限缩成立范围，防止过度的犯罪化立法。（2）立法内容的预见性与完整性。智能技术及其应用对法律制度的冲击力巨大，但也赋予重构法律制度的无限潜能。在解决智能时代的犯罪及其立法调试问题时，应当特别强调立法内容的前瞻性与预见性。立法应当能够可持续地解决新出现的其他问题，以维护立法修正的稳定性与预期性。为了提高立法规定的实效性与操作性，应根据智能时代法律体系的最新进展，确保立法内容是完整的而非碎片化的，明文规定并合理表述罪状、罪名、法定刑、制裁措施等一系列内容。（3）立法定性与定量的优化。我国采取"立法定性+定量"的模式，总体上符合我国犯罪现状与民众观念，具有广泛的认同度，有助于限制犯罪圈的不当扩大，提高司法的可操作性。在智能时代，首先需解决犯罪的定性问题，但绝不能忽视定量问题。智能时代犯罪的立法定量，应与人工智能主体等犯罪构成要件要素相结合，充分考虑智能时代不同犯罪类型及其危害形态的演变情况，以及类罪、个罪的罪质内容，统筹解决并明确犯罪在规范层面是否有罪、此罪与彼罪的法定标准。（4）理性参照计算机犯罪、网络犯罪的立法经验。承前所述，计算机信息技术、现代信息网络技术、人工智能技术是一脉相承的，引发的新型犯罪在内容与形式上具有相似性。这决定计算机犯罪、网络犯罪与智能犯罪之间存在密切联系，在立法治理上具有一定的传承性、持续性。目前，有关计算机犯罪、网络犯罪的立法规定，可以作为应对新型智能犯罪的立法依据与体例参照，如"对象型""工具型""独立型"犯罪形态及其立法等。但由于网络犯罪与智能犯罪在刑法主体等构成要件要素上的差异，立法经验上也不能简单复制，应当强调智能立法的专门性、独立性与时效性。（5）立法技术的配套。在现阶段，包括以下方面：一是坚持刑法修正案模式，保持必要且适度的修改规模，及时增补智能时代的新型犯罪规定及罪名体系。目前尚不具备设置智能犯罪"专章"的条件，因此容易引发智能犯罪的立法碎片化与体系紊乱等问题。二是对分则的个罪、类罪进行针对性修改的，可以参照在现有条文后另行增加一个单独条文之做法，并表述为"第×××条之一"等，实现条文体系的协调性。三是具体罪名的表述，应当优先采用叙明罪状而非简明罪状，强化规范的明确性与可操作性，也与立法的概括性与前瞻性保持一致。智能时代的法律体系仍在健全并处于持续完善中，应当慎用空白罪状；但确需作出前瞻性立法，而智能时代的法律体系尚付阙如的除外。同时，应明确智能时代刑事制裁的内容及其方式，强化刑法规范与罪名的"制裁力度"。四是罪质的选择与配置。在传统犯罪的罪名体系中，通常存在实害犯、结果犯、行为犯、危险犯，反映立法技术的精细化与科学化。由于智能犯罪的罪质及形态仍在演变，必然对立法提出更精细化的要求。在设计智能时代的新型犯罪罪名体系时，应当从类型化角度设定规范表述。

（四） 以有效性引领刑事制裁体系的更替

犯罪现象的发展，必然引发刑罚范畴的后发性改变。例如，网络犯罪浪潮的到来，有必要建构独立的网络刑事制裁体系及其措施，以保证刑罚的有效性。[1]对于智能犯罪时代的刑法立法而言，刑事制裁范畴及其体系的修正也是题中之义。

1. 单一立法思维的辨正

关于智能时代的刑事制裁措施的创制问题，由于缺乏"前见"作为知识基础，现有探索就是"白手起家"。根据智能机器人的属性，可以优先增设删除数据、修改程序、永久销毁等新型刑罚处罚方式，今后可以根据条件增设财产刑、权利刑等刑罚处罚方式。[2]该看法有其合理性，具有鲜明的"技术导向"意识，也遵循传统刑罚体系的逻辑。但既表现为对传统刑罚体系的内容进行简明复制问题，如继续配置财产刑未必具有可操作性，因无法预测智能时代的"财产概念"及其行使主体；也表现为类型的单一化，人工智能主体及其行为模式、危害结果等基础因素始终在发展，删除数据或财产刑等建言，都基本以智能技术的初期应用阶段为主，未能有效顾及快速发展的新情况；还表现为粗略加工后的删除数据等措施，并不具有持续的制裁有效性，因为注入删除数据等做法主要以智能时代的产品为对象，而非指向独立的人工智能主体。

2. 刑罚有效性的立法建言

设置针对智能时代犯罪以及人工智能主体的刑罚处罚是前沿问题，是智能时代犯罪现象倒逼刑罚范畴作出改变的逻辑结果。重新设计智能时代的刑事制裁措施体系，其逻辑前提是已经（部分）肯定人工智能主体的刑法地位；基于人工智能主体的社会道德、伦理等前提，对人工智能主体科加具有社会意义、规范意义等内容的"刑事制裁"，应着重解决好几个问题：（1）刑事制裁目的应与时俱进。报应与预防长期占据了刑罚目的理论的阵地，支撑起刑罚体系的

---

〔1〕 参见孙道萃："网络刑事制裁范畴的理论视域与制度具象之前瞻"，载《西南政法大学学报》2019 年第 4 期，第 100 页。

〔2〕 参见刘宪权："人工智能时代我国刑罚体系重构的法理基础"，载《法律科学（西北政法大学学报）》2018 年第 4 期，第 74 页。

现代化发展。然而，智能时代需要重新审视刑事制裁目的要素与体系构造等基本问题，其难点在于：一是面向人类个体的报应、预防之刑罚目的，对于人工智能主体是继续有效还是推倒重来，始终是首要难题。二是智能时代的犯罪治理、人工智能主体的监管、人工智能主体的自我规范，对审定刑罚目的所起到的作用及其功能导向等问题，尚需尽快明确。随着人工智能主体的独立性、自主性不断提高，甚至成为独立的刑事主体，刑事制裁的目的设定，应实质地有别于人类法律主体时代，与智能犯罪的基本特征、规律保持一致。传统报应目的可能不再是必要的，因为法律上的报应具有极强的人身属性，而人工智能主体对报应的感知能力相对弱化。预防目的仍可能延续，特别是针对智能技术应用造成的刑事风险以及人工智能主体的自主行为，积极的一般预防目的相对看更有其用武之地。至于应否增设新的刑罚目的，仍有待进一步讨论。（2）刑事制裁措施的多元化与类型化。《刑法》总则第三章"刑罚"、第四章"刑罚的具体运用"是修改重点，也是修正的参照样本。当前，诸如删除数据、修改程序、永久销毁等立法建议具有鲜明的技术导向特征，反映了从技术制衡角度设置刑事制裁措施的思路。但存在类型化不足、碎片化痕迹过重，甚至滑向"技术至上"的规制思路等问题。我国传统刑罚体系根据刑罚处罚措施的性质、严厉程度或适应对象等要素，分为生命刑、自由刑、财产刑、资格刑，并区分主刑与附加刑。这显然无法全部继续套用。创制智能时代专属的刑事制裁措施，应遵循类型化原则，基于迫切性、体系性、整体性、全局性之原则，兼顾技术制衡的制裁思路，以规制智能犯罪的形态为逻辑起点，根据人工智能主体的智能程度、刑事责任能力与地位，人工智能主体的危害行为、危害结果等基本要素，创制不同功能类型的制裁措施，使其与现行刑罚体系及其措施保持功能上的无缝对接。

第六章
我国刑事司法智能化的知识解构与应对逻辑

"人工智能+法律"的时代交融与裂变已悄然上演，刑事司法体系的智能化变革已在不同端口有所呈现，宣示自上而下启动的史无前例的司法知识转型的启程。但司法权的独立命运、司法主体的地位取舍、司法裁判行为的可替代危机、对定罪活动的"染指"边界、司法标准化与个别正义的博弈、司法裁判知识的重述等法治隐忧有待疏解。刑事司法智能化搭上人工智能技术的"快车道"，可以有效释放案多人少的正能量，持续放大支持司法改革的技术红利，发挥人工智能应用的司法方法论意义，司法风险与安全处于"可视化"的控制效度。多方推动探索的智能量刑，正成为刑事司法智能化的重要试验田，其与自由裁量的协调性、量刑的公正性以及地位、功能等问题尚需澄清。刑事司法的智能化改革呈现出"遍地开花"的态势，但其实际意义、功能定位仍有待理性揭开。

一、问题的提出

诚然，碎片性的、尚未系统化的人工智能早已应用于司法领域。当前，信息网络技术纵深跃进，继大数据时代后，人工智能技术已经处在下一风口。人工智能技术的迅猛发展，正在迅速改变人类社会的生产生活方式，法律体系亦不能幸免。近现代法律体系是当代人类文明的瑰宝，能否成功应对人工智能技术裹挟的新风险和不确定性因素并谋求持续发展，是必须面对的紧迫重大问题。而且，从司法效率的改革导向看，人工智能技术的法律应用具有广阔的前景。

2017年是人工智能技术发展与应用的"元年"。国务院印发的《新一代人工智能发展规划》将"初步建立人工智能法律法规、伦理规范和政策体系"作为重点任务，彰显了依法治理的前瞻思维。法律应用是热点。为了促进证据收集、法律文件适用、案例分析等的智能化应用，要积极建设"智慧法庭"及数据平台，融合数据应用、审判、人员、司法公开与动态监控等因素，实现法院审判体系和审判能力的智能化。这不仅描绘了我国智能技术的应用愿景，也勾勒了"人工智能+法律"变革的未来图景。随后，工业和信息化部印发《促进新一代人工智能产业发展三年行动计划（2018—2020 年）》，进一步明确了具体的任务与时间表，要求各方加速开发与拓展应用。

在此政策红利下，刑事司法智能化改革加速推进。2016 年 10 月，孟建柱在主持"第四次百万政法干警学习讲座"时指出，智能技术已经开始改变人类的生产生活方式。法律及其运行的思想观念要作出改变。[1]2017 年 7 月，孟建柱在出席"全国司法体制改革推进会"时强调，应充分结合大数据、人工智能等新兴技术，探索法律与智能技术的深度融合，推广庭审语音识别等智能辅助系统应用。[2]同月，时任检察长曹建明在"大检察官研讨班"指出，要积极运用大数据、人工智能，推进建设跨部门的大数据办案平台、智能辅助系统等检察智能辅助办案系统，实现证据标准的数据化、模型化认定，科学把握智能评判与司法判断的关系。[3]《上海市高级人民法院"数据法院"建设规划（2017—2019）》的制定，加速了"人工智能+法律"时代的来临；[4]贵州法院政法大数据系统和上海法院刑事案件智能辅助办案系统已走在试行前列，成为各界透视"人工智能+法律"的前端试点样本。在自上而下的"司法智能化"改革推动下，各级司法机关纷纷打通大数据、人工智能与司法体制改革的"嫁接"通道，因地制宜启动"数据法院""智慧法院""智慧检务"等创新实践，成为新一轮信息革命正在深刻影响我国司法改革的最佳注脚。

这些探索立体地勾勒了"人工智能+法律"的美好前景，也揭示了人工智能技术将给传统法律运行模式、法律职业群体等带来重大的机遇与挑战。不仅冲击法律职业共同体的存在感，更预示智能技术对具体法律制度及其运行机制的侵蚀、渗透以及改变，正在逐步增量和演变，未来的辐射面与纵深度将不断增量。基于此，刑事法治体系的人工智能化动向亟待前瞻性的探索和定位。

二、刑事司法智能化的法理挑战与发展机遇

刑事司法活动不仅高度专业化、专属化，而且尤为严肃和具有重大利害性，

---

[1] 参见蔡长春："树立战略眼光 增强机遇意识 创造性运用大数据提高政法工作智能化水平——郭声琨周强曹建明听取讲座 马云作主题讲演"，载《法制日报》2016 年 10 月 22 日，第 1 版。

[2] 参见孙春英、蔡长春："主动拥抱新一轮科技革命 全面深化司法体制改革 努力创造更高水平的社会主义司法文明——郭声琨周强曹建明出席会议"，载《法制日报》2017 年 7 月 12 日，第 1 版。

[3] 参见庄永廉："攻坚克难确保司法体制改革落地生根提高政治站位坚持稳中求进推进工作——大检察官研讨班会议综述"，载《人民检察》2017 年第 14 期，第 20 页。

[4] 参见严剑漪："从'互联网+'迈入'人工智能+'新时代——上海法院加快智慧法院建设纪实"，载《人民法院报》2017 年 5 月 21 日，第 1 版。

是我国司法体制改革的难点与重点。人工智能技术因其"智能化"技术优势，或将为刑事司法改革更好地平衡"公正与效率"提供新的通道，而备受关注。但这场充满不确定性的技术变革，也为刑事司法知识体系注入挑战与机遇。

（一）刑事司法智能化的法理隐疾

对于人工智能技术及其应用，法律界以及司法界既要看到技术福利的积极层面，也要看到传统刑事司法体系经受的重大冲击，全面厘清这场变革的真实面貌。

1. 司法权的独立命运

从国家权力结构的分布看，司法权是与立法权、行政权相互分离且独立存在的权力类型。司法权是末端权力，是"分配正义"的官方权威机制。司法权的中立性、被动性、独立性和终局性特征，彰显其对国家治理体系与功能的不可替代性作用，权力制约、权利保护是当代司法权构成与运行的核心要素。

对于刑事司法而言，司法权还有更独特的内容：（1）刑事司法权的核心内容是裁判权，[1]事关惩治犯罪与人权保障这一国计民生的重大问题，不仅决定公民的生死、财产以及自由，也左右社会稳定与发展。（2）刑事司法权需要妥善解决国家、被追诉者、被害人以及社会等多重的交替复杂关系，司法权的精英化与大众化、集中化与民主化、专业化与社会性等矛盾相互交织，对抗性强、协商性偏弱。（3）刑事司法权的运行具有显著的法定性、强制性、单一性、组织性等内外特征，具体表现为司法权的运行程序具有法定性、司法权的内容与结果具有最强效力、司法参与的非对等性、司法仪式的严肃性等。相比于其他法律领域，刑事领域的司法权是最稳定的形态，国家主导下的公权力色彩尤为浓厚，司法的协商性、司法程序的简化、司法的非亲历性等问题都需审慎"解封"。

刑事司法的智能化应用，不免引发以下颠覆效果：（1）司法权的官方性、法定性、仪式性被严重削弱。司法权的程序运行，不仅是对个人行为的法治"规训"，也是对公众的宣示，并依赖机关、人员的官方性，过程与方式的法定性，时空的仪式性等实现。智能化变革"侵蚀"了传统司法的运作根基。从智能技术的智能化程度看，即使司法智能系统运行正常，优势明显，其形成和强化审判权威性的能力仍有待提高。单纯试图通过智能系统规范法官的裁量行为，可能威胁法官专享的独立权力，并隐藏误导和空想的危险。刑事司法的智能化可能逐步"稀释"司法权的权威，使司法权的运作方式发生巨大变革。（2）司

---

[1]　参见陈瑞华："司法权的性质——以刑事司法为范例的分析"，载《法学研究》2000年第5期，第30页。

法过程与结果形成的信息不对称性、诉讼风险的不确定性、不公正性。司法权威与信任首先源自于"良法"，但也需"人"的善用。法官正是被公众认同的"唯一法定角色"。如果习以为常的刑事司法活动部分或全部交由人工智能主体来操作，难免导致诉讼参与方缺乏对等的信息共享机制，难以充分交流与合作。诉讼风险的分配与承担最终是由智能技术随机确定，而智能处理的算法逻辑与结果是否公正令人担忧，对司法公正的实现无疑是负面因素。（3）司法权的主动性转向技术的统治性，司法权由"目的"转为"手段"的迹象显现。司法权是国家权力，刑事司法活动是国家行为，是主动干预社会和打击犯罪的官方仪式。司法权的运行是在实现刑事法治体系目标之际，一并巩固司法权威。由人工智能主体部分和全部取代人的司法活动，司法权则成为智能司法活动的"物化"依据，成为智能司法运行体系的"对象"，难谈司法权的主动性与主导性。

目前，人工智能技术及其应用水平相对有限，在司法领域的应用主要处于初级阶段，无法与现代司法审判制度的成熟度相媲美；司法权具有终局性和局限性，在很大程度上仍决定诉讼主体的广泛参与具有必要性，对结论的可接受性具有决定意义。目前，人工智能技术仍主要是实现合法正义的辅助手段，智能化系统主要用于辅助法官决策判断。[1]然而，一旦出现"阿尔法法官"等，则可能真正取代"人是法官"的传统形态。[2]易言之，刑事司法智能化一旦发生革命性的变化，司法权的彻底沦陷以及习以为常的刑事司法体系遭受淘汰并非毫无可能。

2. "人"的司法主体地位取舍

人工智能研究创始人之一的明斯基（Marvin Minsky）在1968年集中概括了人工智能研究的实质："让机器从事需要人的智能的工作的科学。"[3]这种"替代性"特征，意味着人的主体性地位及其作用是可以被"取代"的。刑事司法的智能化实践，首先冲击由"人"统治司法主体的格局及所形成的司法运行体系等内容。人工智能的核心是算法，人工智能的司法化主要是算法的司法化，也即人工智能主体可以完全模拟人进行学习、思考和判断等。人工智能技术的应用效果是司法活动的"智能化操作"，原有司法主体逐渐"退居二线"，不继续真正完全负责司法活动。这使司法活动的专属性与高度分工性、司法主体的

---

〔1〕 参见季卫东："人工智能时代的司法权之变"，载《东方法学》2018年第1期，第125页。

〔2〕 参见何帆："我们离'阿尔法法官'还有多远？"，载《浙江人大》2017年第5期，第47页。

〔3〕 参见於兴中："当法律遇上人工智能"，载《法制日报》2016年3月28日，第7版。

独立地位、司法行为的特定性等问题必然受到瓦解。尽管算法裁判具有模拟人的智性、体现人的智性功能等特质，暂时并不能真正替代人。最终是否完全具有"类人"的心性和灵性的司法判断潜质尚且无从得知。

关于人工智能主体的法律资格问题，实践已经走在理论的前面。2016年，美国国家公路交通安全管理局（NHTSA）认定，Google智能驾驶汽车的智能系统可以被视为"司机"。[1]智能产品在一定程度上被赋予拟制的"法律主体资格"，但以"司机"的名义接受法律制裁，实际是变相替代承担智能产品提供者的法律责任。而俄罗斯的"格里申法案"认为，机器人可以视作与动物一样具有特定相似性的财产，但根据发展趋势，也可能成为人类的一种自主代理人。可以借用对动物和法人的调整规则的理念，也即对法人予以登记和规制的方式，调整"机器人"问题。[2]这种类型化与递进性并存的立法思路，更符合智能技术发展的规律，可以有限地认可智能机器人的主体性。而国内有观点认为，人工智能具有独立自主的行为能力，有资格享有法律权利并承担责任。应当具备限制的法律人格，承担行为的能力与后果有限，可以适用侵权责任法律规范。[3]根据《产品质量法》第43条的规定，人工智能产品只能被视为"物"或"产品"，而并非法律意义上的"人"，智能产品等并无独立的法律主体资格。

尽管人工智能主体获得真正主体身份与地位仍需假以时日，但这种快速变革的趋势，客观上冲击人的主体性地位，也波及司法主体的地位与身份。"人"不再主导刑事司法活动，刑事司法的定罪量刑活动则缺乏立命根基，裁判主体的合法性地位、裁判活动的可视化及其结果的正当性、认同性等都将丧失殆尽。这对传统刑事司法活动的专属性、严肃性等形成潜移默化的稀释效果。

3. 司法裁判行为的可替代危机

司法裁判是人类社会高度分工后的专属法律活动，具有非常明显的社会属性与裁判者的主观能动性，包括司法机关的法定性与权威性、司法主体的独立性与专业性、司法裁判行为的主体参与性及主客观一致性等内容。按照人工智能技术进入刑事司法实践的发展前景，司法裁判活动可以由人工智能主体全面具体操作。这无疑弱化了传统司法裁判活动的品格，也削弱了司法人员的裁判地位。

---

〔1〕　参见张艳："人工智能给法律带来四大挑战"，载《社会科学报》2016年8月4日，第4版。

〔2〕　参见张建文："格里申法案的贡献与局限——俄罗斯首部机器人法草案述评"，载《华东政法大学学报》2018年第2期，第33页。

〔3〕　参见袁曾："人工智能有限法律人格审视"，载《东方法学》2017年第5期，第50页。

目前，关于智能系统的司法裁判地位，主要持审慎的态度。因为司法裁判具有系统性、职业性和经验性等特殊性，智能技术与功能存在一定的技术局限性，智能系统不可能取代或代替法官办案，只能辅助法官办案。[1]客观而言，初级的智能系统，在理解案情上存在"认知"短板，裁判能力尚有缺陷，不仅难以完美地应对法律的复杂性，也难以周全地应对法律的社会因素。官方层面也持相似立场。2017 年 7 月，孟建柱在出席"全国司法体制改革推进会"时指出，智能辅助办案系统不直接替代正常的刑事诉讼活动和司法人员的独立判断，而是推动公检法参与协同办案平台，共同明确基本证据标准并指引办案。[2]地方的试点单位也指出，智能技术更擅长证据的形式"筛选"，但法官最终决定证据缺失、证明标准等问题。智能系统可以为法官提供同案、类案的量刑参考，但法官最终决定定量。智能系统不能直接决定判案，法官处于主导地位，并真正决定案件结果与裁判质量。当前是推进法院信息化建设的重要审判辅助手段阶段。[3]在刑事司法智能化的初期阶段，智能技术的司法应用及其产品，主要被当作优化法律制度运行的"术"，而非直接替代传统刑事司法体系的"本"，并未动摇以"人"为中心确立的司法裁判地位。借此，解放司法裁判人员的生产力，提高司法效率与裁判质量。

尽管在现有的技术条件下，初级阶段的智能技术及其应用的发展水平远未达到成熟状态，不可能真正有效取代传统"人"作为司法主体的地位，发挥完全主导的控制作用。但随着智能时代的发展，智能技术及其应用仅被单纯作为"技术手段"并成为刑事司法活动的辅助手段，可能是其一特定阶段，未来可能完全独立运行。一旦在智能技术应用层面获得认识论的肯定，价值论与本体论的争议也将随之减少。

4. 对定罪活动的"染指"边界

尽管当代刑事司法裁判由定罪裁判、量刑裁判和程序性裁判的相对分离为特征，[4]但在报应性刑事司法模式中，定罪活动最为重要，恢复性司法理念中

---

〔1〕 参见潘庸鲁："人工智能介入司法领域的价值与定位"，载《探索与争鸣》2017 年第 10 期，第 101 页。

〔2〕 参见孙春英、蔡长春："主动拥抱新一轮科技革命　全面深化司法体制改革　努力创造更高水平的社会主义司法文明——郭声琨周强曹建明出席会议"，载《法制日报》2017 年 7 月 12 日，第 1 版。

〔3〕 参见严剑漪："揭秘'206 工程'：法院未来的人工智能图景"，载《上海人大月刊》2017 年第 8 期，第 41 页。

〔4〕 参见陈瑞华："刑事司法裁判的三种形态"，载《中外法学》2012 年第 6 期，第 1105 页。

的定罪仍然重要，只是更新了表达载体与法律形式。[1]在传统刑法理论体系中，定罪是决定人的最基本权利甚至生死的最严肃活动，若不再是由法官暨"人"而是"机器"定罪，由此引发的不确定性因素将无法预测。而且，智能技术的不可控性、未知的算法裁判逻辑、无法获得相应的救济等负面因素，也可能引发"司法混乱"的公众恐慌。这不仅颠覆了传统认识，也极大地动摇了定罪活动的存在根基。

通常认为，"以事实为依据，以法律为准绳"是主要的定罪理念。司法裁判的核心是事实，偏离案件事实与证据，司法公正很可能塌陷。目前，智能技术仍无法高度"类人"思维，深度学习仍不足以综合解决"事实认定""证据审查""法律适用"等核心问题，也无法真正有效地"类人"裁判。例如，在证据审查与应用方面，智能系统尚不具备实质审查证据的能力，无法独立完成证明力的判断，也无法独立"确证"是否达到证明标准。但可以从形式上对证据能力进行划分，智能辅助地解决证明力、证明标准等问题。这是智能定罪面临的根本性的制度难题，也是刑事司法智能化系统工程的"最后一公里"难题。

当前，应当分阶段看待定罪活动的智能化问题：一是人机互联在司法审判领域的应用，意味着人工智能的标准化程度不断升高，客观上提高了智能审判的高效性和客观性，将人类从繁重的事务性工作和复杂的案外因素中解放出来；二是在智能化定罪中，虽然缺少人文因素等传统的审判要素，但智能系统并非最终的决定性因素，而是致力于丰富和深化传统定罪要素。当进入智能时代的最高阶段后，真正出现可以与人完全媲美的"智能法官（主体）"时，传统定罪活动已经完全实质智能化，也许不再是"离经叛道"或"天方夜谭"。

5. 司法标准化与个别正义的博弈

智能技术的发展及其应用具有显著的不确定性与风险的不可预测性，既可能是正义的化身，也可能是邪恶的"帮凶"。必须用法律守护好人工智能技术正义的刻度尺。在传统法律体系中，司法裁判追求同案同判，是法律平等原则的体现。不同案件适用的规则具有差异性与个体化，个案细节差异的认知并非易事。智能系统的深度学习能力拥有强大的自主性，可能将训练样本的某些细节特点视为一般规律予以学习。这是常见且难克服的"过拟合"（overfitting）

---

[1]　参见孙道萃：《罪责刑关系论》，法律出版社 2015 年版，第 225-228 页。

技术问题。[1] 人工智能在提炼一般规律时可能出现过拟合现象，导致个案信息异化为一般特征。这正是智能应用"标准化司法建设目标"与"案件个别正义"的不合拍。

智能系统想要代替法官裁判，首先需通过算法将法官的裁判活动进行程序化。然而，即便是基于客观事实并根据法定程序作出判断，也很难实现真正的公正。例如，智能系统无法在情与法中进行合理的权衡。[2] 个案发生的背景和结果不相同，司法的审判过程不是司法公式，要综合考虑价值判断、人类情感、国家政策等因素，对情与法等利益加以权衡。而且，法官围绕个案裁判的推理过程十分复杂，涉及证据的真实性、证明力度、法律条文的含义与相关司法解释的目的等基本裁判要素。由此可知，法律适用有别于纯粹的数学公式，刑事司法活动更涉及人与人、人与社会、人与国家等多重复杂关系，裁判主体必须在客观事实的基础上发挥一定的主观能动性，否则，可能是机械性司法。智能系统介入定罪活动后，完全确立智能系统独立判案的做法，可能是机械性司法。

作为案件质量的重要保障手段，智能化、标准化的技术优势，对传统刑事司法活动的积极意义客观存在。当然，涉及刑事实体法的智能化适用，应坚持相对性、可靠性、适度性、独立性、可控性等要求。[3] 当前，刑事司法智能裁判系统的应用，既要坚持内容与方法的开放性，也要在智能标准化的框架下谋求个别性、特定性的生存空间，防止智能标准化、流程化引发个案不公。而且，要确保智能应用依赖的司法大数据的真实与客观，正确处理实体法适用时的区域差异及其合理度，避免不切实际或过度的强制性智能标准，确保智能系统及其运行结果能够有效隔绝非案件因素的干扰。在此基础上，审慎推进智能定罪的探索。

6. 司法裁判知识的重述

在以审判为中心的诉讼制度改革中，审判权作为末端机制，与审前阶段的侦查权、检察权，共同组成更优化的司法权结构与功能体系，也筑起我国司法裁判知识的基础。司法裁判是司法权运行的核心。智能技术应用下的司法裁判，需要通过算法比较、分析、重构当事人与法官等的陈述、论据、理由、假设，基于算法的逻辑，智能推出最佳的结论或建议。因此，人工智能加速嵌入司法

---

[1] 参见周志华：《机器学习》，清华大学出版社 2016 年版，第 23-24 页。

[2] 参见金泽刚："用人工智能判案程序正义怎么算"，载《新京报》2017 年 8 月 4 日，第 A04 版。

[3] 参见黄京平："刑事司法人工智能的负面清单"，载《探索与争鸣》2017 年第 10 期，第 91-94 页。

运作体系后，必然冲击传统的司法规则、司法经验、司法逻辑等一套"规范内容"，势必引发传统司法模式的"蜕变"。

智能量刑、智慧法院等探索，都相继"冲洗"传统刑事司法制度的知识体系。在这场辞旧迎新的司法量变过程中，司法知识的"碎片化"效应加剧：既表现为司法制度及其运行体系的局部智能化动向，甚至出现"不伦不类"的做法；也表现为变革受制于智能技术及其应用水平，难有超越性发展，但又孕育值得期待的内部潜力。这导致对刑事司法知识智能化动向之"观察"并非易事，也使建立稳定性与持续性的价值评判与功能选择的标准很困难。而且，刑事司法的知识结构是以人类语言为基础建立的，人类语言与智能机器所使用的自然语言不尽相同，刑事司法智能化的知识结构及其语言基础截然不同。这对长期积累的刑事司法经验形成摧枯拉朽之力。但建构一套成熟可操作的智能司法知识结构并非易事。

借助"人工智能+法律"的热潮，毫无节制并大幅度或全盘推翻近现代社会确立和完善的司法制度，尤其是审判制度，势必极大地动摇法官的地位与定位，甚至造成审判系统乃至司法权的全面坍塌。例如，人工智能自动输出判决，直接导致裁判的决定者出现分离化、非专业问题，研发者、设计者、运营者以及企业等，与法官共同裁判，严重模糊司法权力的专属边界，司法责任制容易流于形式，司法责任制无从谈起。又如，智慧法院的设想如果流于片面并走向极端，由算法自动生成判决机制的普及化，势必导致算法支配审判的事态。这种不可控的技术"滥用优势"风险及其所引发的司法不公，对司法权威的侵蚀更严重。

（二）刑事司法智能化的积极效能

刑事司法智能化是当代以人工智能为核心的互联网信息技术与法律运行交互后的必然产物，刑事司法体系无法绝缘于人工智能时代的渗透。刑事司法体系的智能化改革不可逆转，实践应用发挥独特的作用，可以服务于司法改革。

1. 有效释放"案多人少与提高效率"的正能量

智能技术具有提高司法效率的显著作用。例如，广州法院利用司法大数据的优势，以智能技术为抓手，开发并启用智慧庭审系统与智审裁判系统等智能办案系统，有效破解"案多人少"的难题。[1]又如，上海法院已经初步实现法

---

[1]　参见祁雷、潘玲娜、黄玉良："人工智能助办案　'鹰眼'神器盯老赖"，载《南方日报》2017年7月10日，第A04版。

官的智能化办案，自动推送类案等功能运行良好，有利于解决裁判标准不统一、同案不同判问题，提高了效率，2016 年的人均办案量为 228 件。[1]再如，杭州市人民检察院开发并试运行智能侦监、智能民行辅助办案系统，切实提高办案效率。[2]此外，"苏州模式"构建 OCR 识别、智能语音转写、文书智能生成、智能推送、同案不同判的自动监测预警等应用系统，有效减少书记员事务性工作 50%，剥离法官的事务性工作 40%，案件平均审判效率提高 30%。[3]这些刑事司法智能化的探索，都展示了"司法效率"导向层面的明显优势。

借助智能技术的优势，可以整合学术成果、法律规范、类型化的适法经验、裁判逻辑等网络资源，内化为案件裁判的新型知识力量，最大限度地实现审判资源共享，逐步改变传统的办案思维、办案模式，使法官更理性、裁判更公正，直接服务于以审判为中心的诉讼制度改革，更好地提高案件的审判质量。概言之，其优势在于：一是通过信息化手段为法官"减负"，大量的审判辅助事务被智能化处理与集约化管理，法官专心庭审与裁判，显著提高审判效率。二是借助信息化与智能化系统，对案件类型进行繁简分流，实现"简案快审、难案精审"，推进审判中心改革与庭审实质化。三是司法业务的智能流程化。通过远程提讯、远程调解、电子卷宗、数字法庭、远程审判等应用的高度普及，推动程序进程，减少无关程序与环节，极大地提高司法效率。四是司法经验的"集约化"与"标准化"，促进司法的"流程化"，加深司法裁判结果的"统一性"。

2. 持续供给司法改革享用技术红利

智能技术走进刑事司法活动，将成为推动刑事司法改革的重要动力。例如，上海司法系统充分挖掘司法大数据的智能预测潜能，先后建成与试行智能化的审判辅助体系等，为办案人员提供更简便易行的办案指引，增强证据、程序与司法责任意识。[4]目前，各界对刑事司法智能化改革都抱以厚望，也正是对智能技术优势的充分认可与无限应用价值充满积极期待的结果。

举例而言：（1）保障司法人权。可以更好地实现司法便民，有效满足群众的知情权、参与权、监督权等，进一步强化司法公开与社会监督，有利于"让

---

〔1〕 参见严剑漪："从'互联网+'迈入'人工智能+'新时代——上海法院加快智慧法院建设纪实"，载《人民法院报》2017 年 5 月 21 日，第 1 版。

〔2〕 参见陈东升、王春："人工智能应用司法办案提高工作效率"，载 http://zjdt. jsjc. gov. cn/zt/tszs/201801/t20180122_ 258276. shtml，最后访问日期：2020 年 3 月 1 日。

〔3〕 参见丁国锋："八种'机器人'助力苏州法官判案"，载《法制日报》2017 年 4 月 15 日，第 3 版。

〔4〕 参见辛红："大数据人工智能助力司法改革"，载《法制日报》2017 年 9 月 18 日，第 2 版。

人民群众在每一个司法案件中感受到公平正义"。[1]同时，有助于降低司法裁判的不当外部干扰，保障裁判主体的独立性与裁判结果的公正性。（2）定罪量刑可以更具有中立性与客观性。例如，在美国卢米斯案中，卢米斯因偷窃枪击者抛弃的汽车，而被警察误当作枪击者予以逮捕。根据智能技术形成的COMPAS测试，卢米斯的再犯风险极高，法官最终裁决服刑6年。被告人以程序不正当等为由进行上诉。但威斯康星州最高法院驳回其上诉并重申裁定理由：COMPAS的风险评估及其功能，是借助独立的子项和复杂的算法完成的，最终得出的1—10的级别评定，具有中立性和客观性。[2]又如，对于路边假借手机打电话后却卷走手机逃跑的类案，各地定罪量刑标准不一。广州市中级人民法院运用大数据技术，分析了300多万份同类案件，形成智审辅助量刑裁决系统。[3]该系统抽取生效判决涉及的20多类因素及其权重比例，承办法官输入关键要素后，系统既推送相似案例，自动进行比对和运算，出具量刑意见并附上图形分析和数据参照，显著防止"类案不同判"问题，一审服判息诉率达84.6%。（3）司法活动的"智能预测"功能日渐凸显。基于司法大数据的前提，类案推送等做法日渐成熟，不断提高司法的可预测性。例如，在域外，法官根据智能化程序，复审已经生效的裁判，获取系统的推荐意见；智能系统协助法官进行判决时，可以评估犯罪记录、犯罪的严重性与频繁度等重要因素，提示应考虑的其他因素；智能系统会主动评价案件的全部情况，为法官推理与裁判提供参考，或自动提供相关建议性的咨询与参考。[4]（4）优化诉讼证明问题。在传统司法模式中，专家证人发挥相当积极的作用。基于智能技术的先天优势与便捷效应，智能系统在为法官提供诉讼证明的辅助功能上，往往更直接且低廉。

这些探索进一步提升法律制度的专业性与职业化程度等。智能司法系统的相继出现与改进升级，可以弥补司法人员的专业空白、经验短板等，是非常重要的司法辅助方式。智能技术的无限红利，是刑事司法智能化被高度重视的基本前提与内因所在，成为各界加紧推进的重要动力。

---

[1] 参见孙海龙："以制度、科技、文化推动人民法院科学发展"，载《人民法院报》2017年8月9日，第5版。

[2] 参见刘振宇："人工智能时代的司法建设"，载《中国社会科学报》2017年8月16日，第5版。

[3] 参见李哲："人工智能走进法院'判案子'"，载《经济日报》2017年7月14日，第11版。

[4] 参见[美]Pamela S. Katz："专家机器人：利用人工智能协助法官采纳科学性专家证言"，邓桐、刘鑫译，载《证据科学》2017年第4期，第506页。

3. 激活人工智能应用的司法方法论意义

在司法实践中，法定的司法主体在专业性上独占鳌头。但案件事实纷繁复杂，与社会因素交错，案件并非孤立。司法活动不能完全成为"少数人"的专业判断，而应适度引入外部因素。这正是司法辅助力量体系的来源所在。智能技术的优势决定其完全胜任新的司法辅助工具，以弥补"人的智力"盲区。

当前，智能技术首先是更科学、更优化、更理想的"技术优势"或"技术手段"，成为弥补"人脑智力不足"的高效方式。这奠定了智能技术的"技术作为方法论的意义"，是对"人及其智能"的强力"辅助"。延伸到刑事司法领域，刑事司法智能化不可避免地延续其"司法方法论"的基本属性与意义，发挥支持刑事司法改革的技术保障力量，撑起司法改革的节能提效功能，见证司法改革在人权保障方面的进步。例如，虽然智能技术在取代法官裁量推理领域的技术潜力非常可观，但目前不能完全实现与"人主导"司法裁判的"无差别"模拟。司法裁判导入智能技术因素后，可以基于大数据分析等能力来强化裁判的经验性、客观性、中立性，加强标准化管理与裁判的一致性。由此，智能技术与刑事司法裁判活动的深度"结合"，是其司法方法论的内涵之反映，并释放相当大的司法潜能。

进言之，基于传统司法裁判活动的本质及其规律，人工智能导入司法裁判后，力图寻找和实现更适宜的纠纷解决机制与裁判支持功能。[1]目前，人工智能的司法裁判方法论意义，主要集中表现为对裁判系统的高度标准化、裁判程序的集约化、司法推理的技术化、裁判规则的统一化、法官自由裁量的理性化等内容予以"重述"。例如，人作为裁判主体，相对独立、具体且个体化，裁判系统的标准、推理规则、证明规则、裁判规则等往往无法真正实现高度的统一标准化，证明标准是更接近于"主观"的认识，裁判主体的裁量权限具有一定的不可控性与自由度，裁判程序的实际运行情况不尽相同等。但智能技术通过对裁判主体及其所主导的裁判体系进行"重构"，提倡通过智能技术更好地进行裁判，颠覆以"人的智力与经验"为核心的传统司法技巧与方法的印象。

特别是当下智能时代远未到来，"人工智能+法律"仍处在初步的磨合期，刑事司法智能化尚在初期探索阶段，谈及"刑事司法智能化哲学"等为时尚早。突出人工智能对接刑事司法的"方法论意义"，无疑是对这场技术变革的

---

[1] 参见冯洁："人工智能对司法裁判理论的挑战：回应及其限度"，载《华东政法大学学报》2018年第2期，第25-29页。

客观反映，可以暂时抛弃更深层次的价值纠葛，而聚焦于人工智能技术的"积极效能"。

4. 司法风险与安全系数的"可视化"控制属性

人工智能导入刑事司法体系后，既有"技术福利"，也有潜在的法治风险。主要有：（1）人工智能技术及其运用仍存在局限性与功能瓶颈。智能技术高度依赖算法，而司法大数据是最基本的元素。实际上，刑事司法的智能化，在很大程度上取决于大数据的真实性、客观性以及算法的公正有效性。但是，优质且海量的法律数据资源建设仍在起步，大数据算法的科学性、精准性等仍有待提高，法律人才的储备明显不足。[1]这隐藏功能局限与重构的重大风险。（2）保障现行法律体系的价值基础的能力不足。公平正义是司法的价值追求，人工智能介入司法，应当充分体现司法公平。从技术上看，技术的中立性既是优势，可以屏蔽一些主观因素，但也是劣势，无法通盘考虑案件的内外因素。人工智能应用必须更好地实现公正，否则，在改革功能与价值上处于负值状态。（3）与整个法律体系的兼容性不强。当前，智能技术对正式法律外的因素，仍存在"介入不足"的问题；对司法改革、刑事政策、地方主义等复合性的司法环节或司法因素，仍缺乏足够的应对"智能"。而且，刑事智能裁判系统对证据审查、证明标准等问题，仍存在技术不过关、系统不成熟、结论不可靠等试点风险，影响裁判结果的有效性。（4）与现有裁判主体的协同性偏差。在现有技术条件下，"人（法官）"作为裁判主体，仍在刑事司法智能化进程中扮演重要的角色，既是研发者，也是使用者。司法裁判流程、规律、经验以及体系的高度智能模拟化，虽然可以形成先验的固化、可重复性、标准化与包容性的知识体系，但也可能因接受度偏低而"不好用"，甚至是"人"作为使用者无法有效掌控的"工具"，[2]进而直接影响实际效果。

这是智能革命的"可视化"风险，是指立足智能技术水平，可以向外显现的不确定性风险，往往表现为技术的滥用、技术的过度依赖、技术的不稳定以及应用系统的非科学性等情形。对此，一方面，绝不能因噎废食，刻意回避人工智能技术应用的正面功能。合理控制人工智能技术的潜在风险，有特殊的"技术监督"意义。另一方面，技术的潜在风险是变动和无形的，往往是由使

---

〔1〕 参见左卫民："关于法律人工智能在中国运用前景的若干思考"，载《清华法学》2018年第2期，第114—120页。

〔2〕 参见吴习彧："裁判人工智能化的实践需求及其中国式任务"，载《东方法学》2018年第2期，第110页。

用主体等外部因素所决定的。不能奢望可以控制所有的潜在风险，而应转向通过"可视化"的方式，合理控制内外部风险。对人类可以认识或预见的技术风险加以必要或事前的防控，才是秉持"技术中立"与"安全与发展并重"的应然立场。在刑事司法智能化的过程中，应围绕技术制衡来优化防控风险。既要立足算法与深度学习，确保智能研发、设计、应用的正当性与合法性，也要对不同的刑事司法智能化应用进行类型化的监管，建立"强力"的监管体系。

三、智能量刑探索的司法品格与功能端视

智能量刑是信息网络技术不断升级换代的表现，也成为人工智能在刑事司法应用环节的首要体现，并已经展露令人期待的发展前景。但是，仍应当理性看待智能量刑的技术优势及其潜在的司法风险。

（一）人工智能正在改变传统量刑格局

在智能时代，借助大数据的基础流量，通过精密的算法，"用鼠标点击自动化判决"，正在成为解决量刑规范化的技术难题的方式，也成为超越法律经验与人脑智力的可能途径。算法的"认知的可计算"功能，具有显著的商业价值，尤其在案件重复率较高的领域，可以提供更精准的预测，为大规模、重复性的司法活动提供更可靠的高效解决方案，弥补人类智能的物理短板。

在实践层面：（1）2016 年，欧洲一些专家以算法为基础，打造了智能计算机"法官"。据介绍，计算机"法官"能够评估法律与证据，考虑伦理问题，决定案件的判决方向；可以自动审查新案件的信息，独立作出决定；智能作出的决定，与欧洲高水平法官的判决基本相符，案件预测准确度达到 79%。但计算机"法官"暂时无法取代人类法官，主要发挥辅助和识别等功能，而非独立裁判。尽管如此，"量刑活动的智能化"嫁接于相当成熟的智能技术，智能量刑的未来前景值得期待。（2）在我国，2016 年，北京市高级人民法院推出智能研判系统"睿法官"，通过提供办案规范和量刑分析等精准信息，提高适用法律的精准度，强化裁判标准的统一。2017 年，"国双"检察院线产品推出定罪量刑辅助系统。智能系统根据给定资料，结合法律法规、既往案例，自动推送定罪量刑建议。[1]2017 年，海南省试运行量刑规范化智能辅助办案系统。该系统智能识别、提取犯罪事实和量刑情节，自动推送关联法条和类案，自动根据

---

[1]　参见孙道萃："人工智能对传统刑法的挑战"，载《检察日报》2017 年 10 月 22 日，第 3 版。

历史量刑数据提出量刑建议。具备深度学习能力，可以不断提高提取案件事实情节、推荐法条及类案的准确性。在试运行期间，显著减少同案不同判情况。[1]2017年9月，最高人民法院召开"推进量刑规范化智能辅助系统建设"座谈会，要求力争3年内建立全国性的法院量刑智能辅助系统，辅助法官办案，实现量刑的现代化。[2]

由上可见，目前对智能量刑系统的推崇，源自于量刑规范化因技术短板等制约因素而出现的信息化建设相对滞后，量刑规范化办案辅助系统明显脱离工作实际需要，优化并提高智能化水平迫在眉睫。智能技术为大规模、可复制、模型化以及更中立、科学的量刑活动提供技术便利与可能，也为量刑规范化、精准化与公正化提供更令人期待的新平台。深入推进司法改革、"智慧法院""数据法院"等方面的建设，为量刑规范化改革提供新的机遇。探索表明，我国智能量刑探索在实用性层面具有可观的超前能力与前景，市场需求非常旺盛。特别是随着"智能犯罪"形态的覆盖面递增，人工智能主体甚至可能成为犯罪主体，量刑活动的规范化逐渐转向"智能化"趋势，智能量刑时代也可能到来，"智能化"甚至将取代"规范化"命题，成为左右司法（量刑）公正评价的标准。但类案推送功能的类同化、智能水平不高、算法缺乏透明性等问题也很突出，是亟待完善的地方。

（二）智能量刑的潜在风险与因应策略

智能量刑是解放人类智能的有益探索，但不能脱离司法正义的底线要求，更应与社会发展、人类需要保持高度一致。

1. 智能量刑与自由裁量的证伪性

传统量刑活动充分尊重法官的自由裁量权。但是，按照智能量刑的基本原理，必然要更换原有的量刑主体、量刑方法，通过智能量刑系统的"智能化计算"获取更科学的结果，裁判主体的"自由裁量"被极度压缩或取代。但其可行性、地位及其发展前景等问题仍有待验证和完善。目前，智能技术的司法应用，仍然无法根本上改变传统司法活动的本质特征及其运行机制。[3]智能量刑

---

〔1〕　参见方茜："海南法院大数据人工智能助力司法改革——量刑规范化智能辅助办案系统效果明显"，载《人民法院报》2017年7月27日，第1版。

〔2〕　参见陈学勇："最高人民法院立项开发建设量刑智能辅助系统"，载《人民法院报》2017年9月27日，第1版。

〔3〕　参见张明楷、陈兴良、车浩："立法、司法与学术——中国刑法二十年回顾与展望"，载《中国法律评论》2017年第5期，第24-25页。

系统作为更先进的辅助系统，可以提高量刑的预测性与标准化，但不能完全取代法官量刑。这引发智能量刑的技术短板与智能预测量刑的功能证伪性问题。

对于智能技术应用下的新型量刑裁判预测问题，应当全面看到其可行性与技术壁垒，也即：（1）智能预测的变量相互交织。智能技术的优势是可以基于大数据等展开更精准的裁判预测。[1]基于法律规定、大量生效案件信息、司法裁判规律等因素及其内部的逻辑关系，对未决的类似案件的裁判结果展开或然性推测。但刑事司法活动的裁判预测毕竟有特殊性，特别是司法大数据的不足。大数据的"量"无法确定，是不可预测的模糊概念；大数据样本的不完整性问题始终存在，导致样本的"非中立性"与"非完整性"。目前，公开的裁判文书是主要数据来源，是智能预测的前提。但在海量的生效案件中，对案件处理具有显著影响的因素，未必都体现在判决书的文字中，裁判文书可能遗漏有效信息或者未能充分利用已有的信息，引发"小样本局限""大样本不客观"等问题。除非不同意义上的事实类型、法律信息、司法规律、司法经验、裁判规则等所有变量，都被客观地全面记录、深度地实证分析等，否则，始终存在大规模下智能预测不准确的问题。（2）裁判结论的一致性与统一性。绝对的同案同判并不存在，司法裁判具有个别性与差异性。基于智能技术的案件预测具有相对性而非绝对性，只能确保相似案件的处理结果趋于高度接近，以消弭相似案件不同判背后裹挟的法治不统一与司法不公。智能量刑暂时仍难以完全模仿人的思维进行裁判，也难以有效并全面考虑必要的案外因素。由此，"既定的计算答案"可能千篇一律，变成非个别化或类型化的"裁判结论"。（3）智能裁判语言的限制。在智能量刑中，法律知识通过网络技术的特殊语言结构，实现科学的模型化，适当而准确地解码、转译成计算机语言并进行自动化运算。但此乃需要攻克的技术难题。当前，应将人类语言、思维、经验等信息，转换成可以计算的电子信息，作为算法运行的依据。运用可视化、可操作的方式，将传统司法信息予以标准化，用于裁判预测。

2. 智能量刑的裁判公正问题

算法是人工智能的核心，由于深度学习能力相对不足，算法升级的过程漫长而且复杂。算法不可能自主升级，仍需要人的指导。机器学习取决于算法的不断更新以及对海量数据的输入、优化等，是典型的人推动下的"数据驱动"。

---

[1] 参见白建军："法律大数据时代裁判预测的可能与限度"，载《探索与争鸣》2017年第10期，第95页。

例如，智能量刑需要运用算法，对可能的法定或酌定情节进行类型化评价，充分权衡行为的社会危害性以及人身危险性，将大量的量刑情节转化成算法可以公开呈现的具体"维度"，但目前效果不佳。这从内外都隐藏了裁判不公正的现实危险。

智能量刑系统在技术上主要依赖算法，但算法的公开透明问题始终存在，更遑论依靠不真实数据而展开的算法及其结论更可能偏离公正。这是算法的不确定性风险与"垄断性技术优势"，甚至可能异化为"人无法控制"的"技术独裁"形态，侵蚀正义的基础。例如，尽管大数据支持下的智能系统辅助"法官"作出的"司法判决"，可以屏蔽人情、关系等案外压力，更可能符合逻辑与法条本意，但也无法考虑案外的情况、法外的现实需要，可能导致"智能化量刑"结论更为"干枯"，导致裁判缺乏足够的外部接受性。

一旦脱离"人"的裁判，人工智能依赖的算法可能成为暗箱。片面或过度强调，可能使算法及其结果继承原有司法实践的弊端和偏见。继而，智能化刑事司法系统可能被"唯算法论"倾向支配，甚至出现被算法干扰、被数据处理商绑架的命运。应当警惕并竭力杜绝算法的偏见性，否则，不仅可能误导和阻碍智能办案辅助系统对具体案件的事实认定和法律适用，引发个案司法决策的不公，也使深度学习的源头被污染，引发整个算法系统的恶性循环。

此外，智能量刑体系的确立与普及适用，"人"作为法定的量刑主体成为过去式，不再真正独立决定刑罚裁量问题，使司法改革被委以重任的司法责任制受到冲击，"机器法官"的监管与司法责任问题亦随之产生。

3. 智能量刑的地位与功能

我国重定罪轻量刑的问题，因量刑规范化改革的深入而显著改观，但并未被彻底消除。量刑是较薄弱的环节，容易成为司法公正的"沦陷区"。量刑规范化改革不尽如人意，依靠传统"人的智慧"为基础的量刑规范化改革路径相对有限，量刑规范化改革效果难以获得实质性进展；同时，由于办案质量参差不齐，审理主体滥用裁量权时有发生，司法腐败难以遏制，冤假错案时有发生，极大地动摇了公众对人脑判断的惯习认可与司法信任，无疑顺理成章地助推了对智能技术引导量刑的客观性、中立性、确定性、科学性等多重期待。智能量刑无疑是对现实诉求的积极回应，积极功能的合成效应，不仅与量刑规范化的目标完全契合，也与公众注重量刑结果并视其为司法裁判核心内容的诉求完全同拍，孕育了智能量刑的市场动能。这是量刑智能化获得官方支持、社会认同、体系兼容的基础和前提。

但智能量刑系统在认识论上存在"人类给定"的预设逻辑问题。从数据输入与深度学习的对象看，仍是人类的理性预设，除非智能技术依赖的算法具备独立自主的深度学习能力。而且，智能量刑系统的标准化与规范化虽是其独特的技术优势，但在个别正义的需要下，可能无法与人一样"灵活而非机械地裁判"，对刑法的立法原意、社会因素等具有"法律意义"的判断与评估，出现不同程度的"忽视"和"弱化"。同时，考虑到刑法立法、司法裁判知识体系、司法知识数据库等要素不尽完备的情况，在现阶段应保持审慎的态度，辩证地看待智能化系统的应用效果，不应过快推进智能量刑的适用，法官心证和自由裁量仍应保留。易言之，在智能技术的发展过程中，由于智能程度的不确定性、充分性，司法应用系统目前仍主要作为辅助办案工具而非取代法官。[1] 而且，智能量刑在技术上仍有需要克服的难题，也遭遇来自传统司法模式的"阻力"。在深入推进量刑规范化改革与智能量刑探索上，应坚持符合实际、自成一体、规则有序、功能齐备与自主升级完善等原则，优化与升级应用系统及产品。

而且，再成熟的智能量刑系统，作为"人造工具"，仍需解决监管与被监管问题。对智能量刑系统的有效监管，是为了防止系统风险的外泄，减少算法歧视与错误的连锁反应，防止"人"失去主体性地位与法官控制力下降后，出现"技术垄断与独裁"。同时，法官作为开发者与使用者，也是管理者，承担更专业的管理责任，不能滥用技术优势与纵容"技术不公"。但监管是为了给智能系统"赋能"，不能变成"做减法"的因噎废食之举。

四、结语

十九大报告强调，中国特色社会主义进入新时代，我国社会主要矛盾已经转化为人民日益增长的美好生活需要和不平衡不充分的发展之间的矛盾。人工智能加速进入刑事司法运行体系，是法律供需矛盾自主调和的时代体现。得益于司法大数据公开等得天独厚的优势条件，智能技术正在有序渗透到刑法体系的运作过程，传统由"人"主导的运行体系，开始步入"智能（辅助）化"轨道。这是智能刑法体系的基本面貌与发展动态。应当充分根据司法体制改革的要求，审慎思考和妥当应对"刑事司法智能化"的正负效应。当前，刑事司法智能化探索仍需解决好以下挑战。（1）进一步完善司法大数据建设，确保司法大数据的完整性、真实性，为算法规则的制定与运算奠定前提与保障。（2）语

---

〔1〕 参见潘庸鲁："人工智能介入司法领域路径分析"，载《东方法学》2018 年第 3 期，第 109 页。

言转换与数据解码处理技术是关键，应实现计算机语言与人类语言的无缝对接，优化算法的透明性、程序正当性。（3）法律适用基本不存在唯一的标准答案，智能系统设定或通过学习得出的标准答案，存在机械性司法的覆辙之风险，应予以控制。（4）应对智能技术及其应用进行必要、有效且可靠的伦理监管，使技术应用具有可视化与可知性、程序正当性，避免"技术暴力"演化为具体危害与危险。（5）应对智能系统控制的数据、信息等进行保密，规范数据的采集、提供、存储、使用等方面的行为。（6）前瞻地讨论智能法律体系的"法律职业人资质"问题，包括法律职业资格考试、职业等级认定、司法责任制等的调试。

第七章

人工智能辅助定罪：检视、理论与应用

　　刑事司法正经历深度智能化，人工智能辅助定罪办案系统的探索加速冲破传统定罪观念的禁区。人工智能辅助定罪由经实践检验的理性要素合成其制度本体。传统定罪理论体系、本质特征、运行机制整体上遭遇冲击，由此孕育专属的人工智能辅助定罪之司法知识体系、理论基础，为量刑正义赋以新能。经由算法逻辑及其规则，形成科学的理论知识谱系与实践理性模型，辅以完备的匹配、验证等运行机制，铸成人工智能辅助定罪系统的基本应用原理。人工智能辅助定罪不脱离传统理论，以司法大数据及其蕴含的"活着的"定罪逻辑为实践前提与参照，奠定辅助预测定罪功能的客观性、真实性与可靠性。当前，针对认罪认罚案件的人工智能辅助定罪之探索迎来得天独厚的实践优势与契机。

　　现代信息网络技术、大数据技术以及人工智能技术，正在加速颠覆人类生产生活方式与当代法治文明。当代刑法体系作为相对保守的法律板块，无法避开以智能技术应用为主要平台的"刑事司法智能化"动向。[1]在传统刑法理论视域内，定罪作为古老的知识禁区已经开始松动，人工智能辅助定罪的实践探索纷至沓来。经由人工智能辅助定罪的试验遍地开花，是现代刑事司法智能化变革的具体体现。人工智能辅助定罪系统的研发与实践探索是一场前所未有的制度改革，正在孕育一种全新的刑事司法（定罪）知识体系，也是对传统定罪理论与实践的渐进式背离。在这种新旧定罪知识的博弈过程中，人工智能辅助定罪的探索既不能唯技术论，成为技术应用的附庸，放纵刑事司法智能化风险的外溢；也要敢于充分释放人工智能技术及其算法的强大动能，拓宽定罪理论体系的发展潜力，提高定罪活动的准确性、科学性。基于此，应从人工智能辅助定罪探索的实践理性出发，针对存在的理论问题与面临的制度挑战，以建构性的立场，对人工智能辅助定罪系统及其知识体系、运行机制予以前瞻性地讨论。

────────────────

〔1〕　参见刘艳红："人工智能技术在智慧法院建设中实践运用与前景展望"，载《比较法研究》2022年第1期，第1-11页。

一、人工智能辅助定罪的探索样态

人工智能辅助定罪并非无法逾越的"制度禁区"。在刑事领域，借助人工智能，摸索更科学与准确的辅助定罪，无疑撬动了传统定罪理论体系的"禁区"。这不仅反映了对智能技术应用的高度期待，也是提高司法效率与质量的合理反应。当下，人工智能辅助定罪系统的研发与功能实现已经成为司法改革的既定议程。

（一）"走出理论禁区"的人工智能辅助定罪

刑事司法智能化的变革已经势不可挡。[1]但传统刑事司法活动遵循法定性、程序性、亲历性、责任性等规律，而法官自由裁量权的自主性、隐性审判经验的专属性、实质正义的终诉性等因素的地位根深蒂固。这使证据取舍、证明力判断等的智能化应用效果与空间仍有待观察。[2]在新旧司法知识体系的较量中，因传统刑事司法理念与运行规律的掣肘，[3]刑事司法智能化的探索面临一些困题，包括数据真实性缺乏保障、算法暗箱缺乏监督、法定证据制度的认识误区、智能辅助定位与全面发展的平衡、智能技术运行失误的责任承担主体不明、过度依赖智能技术可能破坏法治制度、司法大数据库无法满足智能司法需求等。[4]

而且，传统刑事司法知识体系在智能化转型过程中也派生出一系列消极的连锁反应。特别是在一些核心禁区领域启动的刑事司法智能化尝试，容易撼动传统刑事司法体系的根基。刑事司法智能化探索与正确看待传统刑事的知识禁区已经相互交错。不乏观点认为，以现有刑事法治的要求与标准为前提，刑事司法智能化的探索禁区，至少包括罪刑法定原则下的案例规则、裁判规则与立法解释、司法解释、规范文件明确的制度、改革试验、地方规范等内容。[5]尽管并未明确将定罪以及证据与事实的判断、法律适用的智能化等作为试验的禁

---

[1]　参见卞建林："人工智能时代我国刑事诉讼制度的机遇与挑战"，载《江淮论坛》2020年第4期，第150页。

[2]　参见潘庸鲁："人工智能介入司法领域的价值与定位"，载《探索与争鸣》2017年第10期，第101页。

[3]　参见李训虎："刑事司法人工智能的包容性规制"，载《中国社会科学》2021年第2期，第42页。

[4]　参见孙道萃："我国刑事司法智能化的知识解构与应对逻辑"，载《当代法学》2019年第3期，第15页。

[5]　参见黄京平："刑事司法人工智能的负面清单"，载《探索与争鸣》2017年第10期，第85-89页。

区，但实质而论，在刑事司法智能化问题上，传统定罪活动具有基础性、前提性以及法定性、专属性、严肃性等特征，牵一发而动全身。相比量刑领域的探索，[1]人工智能辅助定罪与理论禁区的碰撞更显而易见。反而，民商事领域更容易接受试行智能裁判（断案）做法。2016 年，福田法院与阿里巴巴公司合作开发"金融纠纷案件智能裁判"系统。[2]2017 年 11 月，上海市高级人民法院正式上线"上海民商事、行政案件智能辅助办案系统"。[3]特别是近年来，我国已经陆续在杭州、北京、广州等地设立互联网法院，受案范围仅限于民商事案件。这与刑事定罪应作为理论禁区的观点相呼应，在一定程度上也反映当前的政策倾向与实践诉求，而其背后是对现代民商事审判活动充分追求效率价值的制度体认。

刑事司法活动的严肃性、法定性、不可裁量性，以及刑事定罪的专属性、定制性、复杂性，使在效率与公正之间的博弈问题上，必然是侧重于公正问题。这种传统司法的公正价值与功能导向，压制定罪领域的智能化探索。然而，真实的司法需求才是更客观中立的评判标准。"人工智能裁判的运行逻辑和审判中心主义的内在机理存在显著冲突"的观点是片面的，[4]只看到了审判中心主义的要旨，而忽视如何实现的一面。在"案多人少"的背景下，对认罪认罚案件、类案以及简易案件等，试行人工智能辅助定罪办案系统，回应司法诉求，具有可观的司法效益、弥补传统定罪模式之不足等优势。这不仅是刑事司法智能化改革真正落地的体现，也是智慧司法改革进入深水区倒逼的结果。但也可能隐藏刑事司法异化的新风险，既包括可能裹挟的理论冲突与规范危机，也包括刑事司法智能化夹杂的数据不准、应用范围相对狭窄、与司法人员的配合不好等功能性风险。然而，刑事司法智能化发展是不可阻挡的趋势。应保持不畏"离经叛道之指责"的勇气，保持理性与审慎，在适度的张力与稳定之间寻找自洽点。

（二）人工智能辅助定罪的最新进展

目前，人工智能辅助定罪的探索发展迅猛，正在形成一些有代表性、具有

---

[1] 参见孙道萃："人工智能辅助精准预测量刑的中国境遇——以认罪认罚案件为适用场域"，载《暨南学报（哲学社会科学版）》2020 年第 12 期，第 64 页。

[2] 参见孟绍群："大数据助办案提效确保司法公正"，载《法制日报》2017 年 7 月 12 日，第 3 版。

[3] 参见严剑漪："揭秘'206'：法院未来的人工智能图景——上海刑事案件智能辅助办案系统164 天研发实录"，载《人民法治》2018 年第 2 期，第 38-43 页。

[4] 参见胡铭、张传玺："人工智能裁判与审判中心主义的冲突及其消解"，载《东南学术》2020年第 1 期，第 213 页。

推广价值且正在试行的人工智能辅助定罪办案功能模块或专门系统。

1. 以智能类案推送制度为核心内容的模式

以智能类案推送制度为核心内容的模式，可以分为如下发展阶段：一是类案指引是初级形态。2015 年 10 月，为完善法律统一适用，统一裁判标准，安徽省高级人民法院研发类案指引项目。以类案同判为目标，以海量裁判文书形成的司法大数据为基础，建立类案指引与类案推送系统。通过构建同类案件的裁判量化分析模型，对相似案件进行智能判断，辅助法官定罪量刑，对异常案件还可以设置自动预警提示。2016 年 5 月，部分法院开始试用于盗窃罪、诈骗罪、交通肇事罪等，有利于实现类案同判目标。[1]二是类案智能推送系统。2017 年，人民法院推出类案智能推送系统，实现精准高效推送类案，并可以作为定罪量刑的重要参考。[2]2018 年 1 月，最高人民法院正式运行类案智能推送系统。它不是传统的关键词检索，而是以海量司法大数据资源为基础，全面采用新一代的人工智能技术，构建司法案件知识图谱与案例智能服务产品，可以实现案件的智能认知和分析、类案剖析更专业、类案识别更智能、推送结果更精准等功能。[3]三是类案强制检索制度。2019 年 9 月，最高人民法院印发的《进一步加强最高人民法院审判监督管理工作的意见（试行）》继续全面推行类案及关联案件强制检索制度，要求承办法官在办理案件时，对已审结或者正在审理的类案与关联案件进行全面检索，并制作检索报告。2020 年 7 月，最高人民法院《关于统一法律适用加强类案检索的指导意见（试行）》第 3 条规定，承办法官依托中国裁判文书网、审判案例数据库等进行类案检索，并对检索的真实性、准确性负责。这蕴含智能类案推送的庞大需求。类案推送是早期探索的雏形，是相对粗糙的应用阶段。虽然直接或间接涉及人工智能辅助定罪问题，但存在深度不够、精准度不足问题，对辅助定罪的实质作用相对有限。

2. 作为以证据的智能审查判断为主的智能办案系统之配套或子系统

2017 年 2 月，上海高院正式推出"上海刑事案件智能辅助办案系统"（以下简称"206 系统"）。该系统主要由上海刑事案件大数据资源库、刑事案件智

---

〔1〕　参见李忠好、姜浩："安徽研发类案指引项目并试用"，载《人民法院报》2016 年 6 月 21 日，第 1 版。

〔2〕　参见罗书臻："'智慧法院导航系统'和'类案智能推送系统'上线运行　周强强调　认真学习贯彻党的十九大精神　深入推进智慧法院建设"，载《人民法院报》2018 年 1 月 6 日，第 1 版。

〔3〕　参见"贵州省高级人民法院——探索'类案类判'机制　确保法律适用统一"，载《人民法院报》2018 年 1 月 26 日，第 4 版。

能辅助办案应用软件、刑事案件智能辅助办案系统网络平台组成，重在解决证据标准适用不统一、办案程序不规范等问题。系统具有校验、把关、监督功能，可以及时发现证据中的瑕疵与矛盾，及时提示办案人补正或作出说明，确保提请逮捕、移送审查起诉的案件符合法律规定的标准。该系统初步实现对各种证据的要素及形式等智能识别、定位和信息提取，对单一证据实现自动校验，具备证据标准指引、单一证据校验、逮捕条件审查、社会危险性评估、证据链和全案证据审查判断、非法言词证据排除等 20 项功能。同年 5 月，"206 系统"正式在 6 家法院、6 家检察院、13 家公安机关试运行。对案件证据进行智能审查，必然涉及定罪的智能化问题。但这导致智能辅助定罪的功能具有依附性，也使人工智能辅助定罪的实效发挥受限。

3. 人工智能辅助量刑为主、人工智能辅助定罪为辅的综合办案系统

在综合性或专业性办案系统中，智能量刑功能与效果不断得到验证和完善，同时，针对一些简单案件或认罪认罚案件，通过人工智能辅助定罪也开始变得切实可行，并且具有可靠的精准度。目前，主要有：（1）智能法官系统。2016年底，北京市高级人民法院推出智能研判系统"睿法官"。该系统依托北京三级法院统一的审判信息资源库，依托法律规则库和语义分析模型，运用大数据与云计算等技术，充分挖掘、分析数据资源，自动推送案情分析、法律条款、相似案例、判决参考等信息，为法官裁判案件提供统一、全面的审理规范和办案指引。[1]2019 年 9 月，在杭州市上城区人民法院的某法庭，无实体的 AI 法官助理"小智"上演首秀，实现由网上审判到智能审判的新阶段。[2]（2）案件智能研判系统。2016 年，贵州省人民检察院逐步创建为司法办案提供智能服务的司法办案辅助系统、为案件监控提供数据分析的案件智能研判系统，为管理决策提供智库意见的数据分析服务系统共 3 个大数据系统。运用"实体识别""数学建模"等大数据技术，通过绘制"犯罪构成知识"图谱，建立各罪案件的数学模型，提供证据审查指引，实现数字化监控和管理。司法办案辅助系统可以自动抓取犯罪嫌疑人信息、犯罪事实、证据材料等基础信息，按照相关法条提供 23 项证据审查指引，要求检察官逐一进行审核，并辅以类案推送、量刑

---

〔1〕 参见罗书臻："挖掘'富矿''反哺'审判——运用裁判文书大数据促进司法公正的地方经验"，载《人民法院报》2017 年 9 月 1 日，第 1 版。

〔2〕 参见刘克勤、孟焕良、徐琦："AI 法官助理开启智能审判新模式"，载《浙江人大》2019 年第 11 期，第 42 页。

建议计算等智能化模块。[1]（3）全国检察机关统一业务应用系统 2.0 版。"智慧检察"的全面建设正在加速推进，定罪量刑等核心业务是优先探索范围。2019 年 12 月，最高人民检察院讨论统一业务应用系统 2.0 版的试点部署与应用工作，着力提升流程管理、智能辅助、数据应用、知识服务等问题，初步实现为检察办案提供量刑辅助等功能。[2]2020 年 1 月，根据"科学化、智能化、人性化"建设原则，最高人民检察院，贵州、海南两省检察机关正式上线试点运行全国检察机关统一业务应用系统 2.0 版，全面迎来检察业务应用系统 2.0 时代。[3]这些都整体提升了智慧检务的水平。（4）随着最高人民法院《人民法院在线诉讼规则》《人民法院在线运行规则》相继出台，宣告世界范围内的首个全方位、系统化的互联网司法规则体系基本建成，更好地引领和规范智慧法院建设。其中，《人民法院在线运行规则》第二部分"系统建设"第 4 条第 1 款规定，人民法院应当建设智慧服务、智慧审判、智慧执行、智慧管理、司法公开、司法数据中台和智慧法院大脑、信息基础设施、安全保障、运维保障等智慧法院信息系统，保障人民法院在线运行。这是综合性的智慧法院信息系统。而且，第 6 条规定，智慧审判系统应当能够为审判人员提供阅卷、裁判辅助等在线服务，支撑构建现代化审判体系。而且，智慧审判系统包括智能裁判辅助系统、量刑规范化系统等，以确保具备案件信息管理、类案智推、量刑辅助等功能。据此，智慧法院信息系统应当包含人工智能辅助定罪部分。

4. 人工智能辅助定罪为主要内容或基本内容的专门系统

一些商业公司相继研发相对独立、专门的人工智能辅助定罪系统，基于定罪原理、司法大数据以及算法等基础，对认罪认罚案件以及事实与证据简单的其他案件，初步建立智能辅助定罪的办案功能，与人工智能辅助量刑系统相得益彰。例如，"小包公"智能定罪与量刑预测系统运用刑法知识体系和大数据引擎技术，通过人工智能技术，对海量法律条文、案例要旨、法律观点、裁判文书等司法大数据进行深度加工、科学分类、深度聚合、交叉剖析和关联分析，提供可视化程度高、挖掘层次深、预测能力强、应用价值高、个性化定制、类案推送等智能定罪量刑预测方案。同时，对各省的每个罪名实现个性化与定制

---

〔1〕 参见彭波："司法办案辅助系统、案件智能研判系统、数据分析服务系统，有效促进司法公正贵州：大数据点亮'智慧检务'"，载《人民日报》2017 年 5 月 31 日，第 19 版。

〔2〕 参见杨帆、金鸿浩："统一业务应用系统 2.0 版试点倒计时　助力履职能力现代化"，载 http://www.jcrb.com/procuratorate/jcpd/201912/t20191210_2087240.html，最后访问日期：2019 年 12 月 20 日。

〔3〕 参见戴佳："检察业务应用步入 2.0 时代"，载《检察日报》2020 年 1 月 4 日，第 1 版。

化的智能定罪与量刑辅助系统。根据输入不同的定罪条件与量刑条件，可以自动生成个性化的专业法律意见书，包括定罪意见、量刑意见、降低刑期建议及类案推送。定罪意见包括是否构成犯罪的分析、结论并提供法律适用依据。目前，试点情况良好。[1]

(三) 人工智能辅助定罪的发展困题

现阶段的人工智能办案辅助系统有着不同的功能定位，各自对智能辅助定罪的系统及其功能板块亦有不同的安排与设定。尽管如此，在实施机制上，都积极尝试并试验通过人工智能技术、结合司法大数据等，以更好地辅助（预测）定罪。同时，也要看到，人工智能辅助定罪探索仍遇到一些制度困境与应用难题。

1. 证据体系的智能化运行仍显吃紧

定罪过程中的证据审查与判断是最复杂的部分。证据能力、证明力、证据标准等内容的判断始终是世界性难题。这主要是人的认识能力毕竟有限，重返犯罪现场并重构犯罪事实全貌是"人脑"思维的极限处。人工智能与证据审查判断的结合，可以有效地保障证明标准的统一化，也可以借助算法的计算能力缓解证明的难度。例如，"206系统"通过证据标准指引、单一证据审查等多项具体功能，为办案人员提供证据指引，对案件的单一证据进行审查，对证据链和全案证据进行判断。这很好地促进公检法三机关办案人员执行统一的证据标准。但是，算法完全模拟人对证据判断的逻辑尚且存在一定的技术短板。"过于追求证据规则细致化、繁密化，可能会使司法官的理性判断窒息，由事务性取代人性，让我们看不到一些案件事实的纵深。"[2]严格而论，人工智能辅助定罪系统应当是完整的，证据审查与事实认定是不可或缺的重要内容。当前，人工智能辅助定罪系统中的证据收集、审查、判断等智能化运行内容虽在可靠性、准确性上仍有待加强，但正向参考和反向预警的双重作用仍完全值得期待。[3]

2. 人工智能法律适用面临"非对称"难题

在传统定罪活动中，司法人员基于案件事实、证据，依法律规定完成法律适用过程。定罪活动必须包括适用法律的内容。法律适用是极其复杂、始终争

---

〔1〕 参见樊崇义："关于认罪认罚中量刑建议的几个问题"，载《检察日报》2019年7月15日，第2版。

〔2〕 参见王治国、徐盈雁、闫晶晶："司改要敢于啃下硬骨头——专家学者建言检察机关深化司法体制改革"，载《检察日报》2017年7月22日，第1版。

〔3〕 参见董坤："证据标准：内涵重释与路径展望"，载《当代法学》2020年第1期，第118页。

议不断的，是事实、规范、价值相互交错、博弈的重大课题，应由专业、熟练的司法人员来承担。在不考虑深度学习能力早期需由人"摄入"的特定情况下，人工智能辅助定罪系统原则上由智能系统自主适用法律，并以算法及其规则作为核心的技术支撑与实现载体形式。然而，人工智能的深度学习离不开法律专家的介入和监督，智能定罪系统与人的智力水平尚有差距，[1]在认识、解释适用法律上，存在能力"不对称"的隐忧。而且，算法的不可解释性或"黑箱"化，也可能引发数据垄断、数据歧视、数据不公等负面问题。人工智能辅助定罪系统在解决法律适用问题上，不仅存在一定的技术认知短板，也存在准确理解和依法适用的风险。这也是当前功能配置上的"软肋"。法律适用的"意见之不确定性"，与证据、事实的智能化审查判断所隐藏的风险相互交错，要求算法支持的智能模拟应当包括法律解释和法律议论的规则、程序要求，并摄入人工智能辅助定罪系统。[2]

诚然，对于处在起步阶段的人工智能辅助定罪系统，在合法性、操作方便性、精准性、可靠性、正当性等方面，必然出现诸多值得研究、完善与改进之处。应当从传统定罪理论的修正、人工智能辅助定罪的理论建构与应用等方面着手完善。

二、人工智能辅助定罪的理论谱系

在传统刑法体系下，定罪活动遵循具有共识性的逻辑与运行规律，并成为定罪活动的本质内涵。这些固化的认识论与知识体系，成为难以撼动的部分。人工智能辅助定罪的探索正在形塑新的司法特征与规律，冲击传统定罪的基本理念、认识及模式等。走出传统定罪观念设定的"理论禁区"，是刑事司法智能化变革与传统定罪知识博弈的要求。人工智能辅助定罪系统的探索与实践，为传统定罪理论的现代转型注入新动能，无形中加速孕育全新的知识储备与教义学基础。

（一）人工智能辅助定罪的学理重塑

人工智能辅助定罪系统的研发与实践，逐渐呈现其独有的知识体系，也必然与传统定罪观念"相隔而望"。人工智能辅助定罪的教义学基础由此孕生。通过梳理人工智能辅助定罪的基本逻辑，可以更进一步确认其知识体系的专属

---

〔1〕 参见王聪："'共同善'维度下的算法规制"，载《法学》2019 年第 12 期，第 66 页。

〔2〕 参见季卫东："人工智能时代的法律议论"，载《法学研究》2019 年第 6 期，第 32 页。

特性。

1. 人工智能辅助定罪的技术基础

虽然导入人工智能技术后的优势更为凸显，但该探索不应止于单纯的技术变革，更应回归法律进化的制度变迁维度。立足传统定罪理论，基于人工智能技术所形塑的人工智能辅助定罪理论的独有品格，由三个基本的制度要素组成。

首先，司法大数据蕴含的"活着的定罪经验与逻辑"是专属优势。实现人工智能辅助定罪及其可靠性，不仅需借助算法重构传统定罪理论予以实现，还需根据过往的司法大数据发现、巩固与验证以解决好事实与证据问题。人工智能辅助定罪系统以司法大数据中"活着的"司法逻辑、定罪规律、定罪的真实标准等内容为前提，基于算法的超级计算能力，可以对过往海量并持续增量的司法大数据进行深度分析，自动获取个别的、类型化的、一般性的司法裁判规律、定罪规则，用于对新案件的人工智能辅助定罪并输出参考意见。基于司法大数据内在的司法规律，对每个新案件的定罪，能够达到司法规律的一致性、有序性，更利于实现类案类判。这是人工智能辅助定罪的重要技术优势与资源储备。

其次，类案智能推送为人工智能辅助定罪提供标准化条件。类案检索作为对案件进行收集、分析、归类、总结并可以检索的早期简易做法，是大数据时代探索同案同判的有益尝试。承上所述，最高司法机关不断完善和全面推行强制类案检索制度，实现了从类案检索到智能类案推送的升级。从技术背景、司法效果等角度看，类案检索与智能类案推送存在实质差别。智能类案推送是以智能技术为基础，通过算法，自动识别、抓取、匹配类案，是对司法大数据的自动化、精准化、个性化的定制推送。一旦褪去智能技术，类案推送与类案检索并无实质差异，仍是对类案的粗糙检索，仍由人主导完成筛选、识别、比对、匹配等工作，并无智能化的效果。[1]相比于类案检索与类案推送等早期相对简单和粗糙的实践样态，基于大数据技术与司法大数据建成的智能类案推送制度，是对司法大数据的最优精简分解，具有实现更大规模的统计、整合以及类型化匹配等优势，是依托智能技术的更精准辅助模型，可以提供更直观、精准的定罪意见。特别是可以匹配最接近的个案或类案，从同案同判、类案类判的角度，就是在辅助正确裁判的过程中最大限度地实现定罪标准的统一性。而且，在类

---

[1] 参见陈琨："类案推送嵌入'智慧法院'办案场景的原理和路径"，载《中国应用法学》2018年第4期，第92-94页。

案类判的目标下，人工智能推送案例制度可以更好地统一司法裁判尺度，避免司法裁判不公，优化疑难案件的解决途径，甚至成为新型的司法控制手段与审判管理技术。[1]可以说，上述做法是对司法理性的最佳回应。

最后，人工智能辅助定罪仍依托传统的司法预测功能。对人工智能辅助定罪与传统定罪加以对比可以发现，二者虽然在技术基础、运行模式、司法人员的定罪地位等方面存在质性的差异，但并不影响在功能上的同质性。从定罪活动的方法论看，无论是演绎法还是归纳法，都旨在根据法律、事实以及证据，对个案的定罪意见进行预测，并最终上升为具有法律效力的定罪（裁判）意见。传统定罪活动的终极目标是依法确定是否构成犯罪、是否需要追究刑事责任，为量刑活动提供前提条件。在个别正义的要求下，个案的定罪必然是专属、定制、个别、精准的，但也可以存在类案化、重复性、可复制性的情况。定罪活动需要处理千变万化的个案或类案，为了提高定罪的精准性与可靠性，以及强化定罪的法定标准统一化，个案的定罪意见必然寻求精准功能。传统的定罪做法主要是通过司法经验、法理学说等方式予以实现，司法人员作为个体通过总结过往判决的规律，用于具体个案的参照适用，但问题不少。人工智能辅助定罪试图跳出单纯的经验量刑模式，克服司法经验的不确定、不统一以及失衡性，同时借助司法大数据以及算法的整合功能，超越司法人员的个体性经验之局限性，着力激活和发挥人工智能在司法预测领域的优势，遵循同案同判、类案类判的正义要求，提高定罪标准的统一性，同时强化定罪（预测）意见的精准性与可靠性。

2. 人工智能辅助定罪的知识结构

人工智能辅助定罪在颠覆传统定罪理论之际，也生成一套独立的知识体系与话语结构。它主要涉及五个部分，并支撑起人工智能辅助定罪的理论本体。

首先，定罪主体及司法地位出现更迭的新动向。智能技术及其应用的本质内容，就是要实现高度"类人"的智能，从而可以和人一样思维与行动，最终替代或取代"人"的主体性地位，并成为独立的社会主体、法律主体，以及可以承担社会责任与法律责任。[2]人工智能主体因其高度智能化的特质，在刑事司法智能化的背景下，就人工智能辅助定罪系统而言，因存在不同的系统形态

---

〔1〕 参见左卫民："如何通过人工智能实现类案类判"，载《中国法律评论》2018年第2期，第26页。

〔2〕 参见孙道萃："人工智能主体的刑法地位之积极论"，载《法治社会》2021年第2期，第73页。

与形式，在与人（法官）的司法主体地位的关系上，可能表现为一般辅助、重大参与、主要负责、基本替代等不同情形。这使以"人是法定主体"的司法活动观念逐渐被淡化，司法人员的定罪主体地位亦受波及，而人工智能主体的定罪地位不断强化。专业司法人员是法定、唯一的权威传统定罪主体，[1]但是，人工智能辅助定罪主体具有非唯一性与可替代性。

其次，定罪本质特征的渐进蜕变。人工智能辅助定罪系统使传统定罪活动的本质特征陷入不可逆转的"离经叛道"之路。传统定罪逻辑具有法定性、单方面性、不可协商性、官方纠错性等特征，[2]但智能定罪中权威的非公众认同性与技术独裁性较为明显，继而孕育智能定罪的本质特征。在传统刑事司法模式中，在遵循法定规则与要求后，所得出的结论具有权威性，利益相关者与社会公众是予以认同的。司法的权威性，既源自于程序正义的基础，也源自于司法人员被贴上实现正义的"化身"。在智能定罪环境下，算法主导定罪的核心过程，算法的运行过程及其意见的生成，对司法人员以及利害关系主体而言，是完全"脱逸"的状态。这直接导致人工智能辅助定罪的意见在公众认同性上大打折扣，也是司法人员目前无法完全、普遍接受的根源。应当克服人工智能辅助定罪的"不可视"等技术难题，使其得出的意见之有效性及其程度与法官定罪实质上无差异；否则，对智能辅助定罪的精准性、有效性之担忧会始终存在。而且，人工智能辅助定罪系统为了消解个体性司法经验的局限性，更强调定罪规则与程序的标准化、统一化等目标。因为个案的差异如果很大，很可能丧失对个案正义的充分照顾。

再次，定罪程序与过程的结构性异动。传统定罪程序所坚守的理论阵地与程序配套等内容正在遭受人工智能辅助定罪的各种轮番冲击。传统定罪具有程序正义性、结论的唯一性等鲜明属性，[3]而智能辅助定罪全流程的去人中心化现象非常明显。也即：（1）定罪过程的非可视化与算法主导。在以法官等司法人员为绝对核心的定罪活动中，基于定罪活动的程序正义性，涉案各方都可以不同程度参与定罪，但司法人员才是唯一且法定的裁决主体。这使传统定罪过程具有显著的可视化特质，裁判结果及其形成过程具有一般预期性。司法的可

---

〔1〕　参见周洪波："论定罪的原则"，载《首都师范大学学报（社会科学版）》2002年第2期，第48页。

〔2〕　参见陈兴良："定罪之研究"，载《河南省政法管理干部学院学报》2000年第1期，第11页。

〔3〕　参见李洁、王志远："公正定罪实现论纲"，载《吉林大学社会科学学报》2006年第3期，第75页。

预测性是裁判结果具有共识性、接受度的基础。但人工智能辅助定罪系统中，算法作为核心要素及其运行规则是肉眼无法看到的；自然语言控制下的算法及其逻辑组合，相对不易被认识和理解。传统定罪活动也在瞬间智能地完成，便形成非可视化的程序黑箱区域。智能定罪活动一旦披上非可视化的外部印象，则容易引发司法公正可能被忽视的隐忧。AI 司法的复杂性与隐秘性共存。[1] AI 司法过程的不可还原性，可能导致黑箱效应。数据与算法作为 AI 司法的重大内容，也并非无懈可击等。（2）人工智能辅助定罪意见的辅助性与非决定性。智能技术及其应用的发展水平、刑事司法智能化的程度与覆盖面、审判工作的系统性、法官的职业性和经验性等因素，决定人工智能辅助定罪系统主要发挥辅助作用。运用人工智能辅助定罪系统不是替代传统刑事诉讼活动和司法人员独立判断或直接全面取代法官的工作，而是辅助法官定罪的技术手段，意见是参考性而非决定性的。刑事司法领域的人工智能辅助定罪系统，目前主要是为公检法相互配合、相互制约提供新载体，为线下办案活动规范化提供助推器，为司法人员依法独立判断提供好助手。[2] 在人工智能辅助定罪系统的适用初期，辅助性也体现在适用范围主要以简单、明确的刑事案件为主，如盗窃、抢劫、酒驾等，而职务犯罪以及杀人、故意伤害等恶性案件因证据甄别、审查的复杂性等因素不便率先适用。

复次，定罪原理的构造演变。传统定罪对象是证据、事实与规范，并以刑事归责为目的，构成其基本原理及实施流程。[3] 但是，人工智能辅助定罪的内部运行结构趋于全新，而且具体表现为不同的内容与形式：（1）定罪的规范性下降与适法依据不明确性。依法定罪是传统定罪活动最基本的要求，是指依照法律规定，在实体、程序上，围绕事实、证据、法律等要素，明确解决是否构成犯罪的问题。依法主要是指遵循刑法、刑事诉讼法的规定，主要表现为适法的正确与有效。这决定在适法问题上，定罪具有鲜明的规范性。适法依据是法定的，强化定罪活动的依法性、规范性，夯实定罪活动的合法性基础。在人工智能辅助定罪系统中，适法依据问题被明显"虚化"，适法过程所呈现的规范

<hr>

〔1〕　参见李飞："人工智能与司法的裁判及解释"，载《法律科学（西北政法大学学报）》2018 年第 5 期，第 32 页。

〔2〕　参见左卫民："关于法律人工智能在中国运用前景的若干思考"，载《清华法学》2018 年第 2 期，第 123 页。

〔3〕　参见孙道萃："我国定罪理论体系构造的设想"，载《内蒙古社会科学（汉文版）》2016 年第 1 期，第 102 页。

特质也极大地被弱化。按照智能定罪的基本运行模式，定罪中的适法环节，已经通过算法、深度学习等被智能因素所替代。适法的过程与规范性要求，都难以继续通过固有的方式体现。（2）定罪意见的说理非透明性与说理机制非公开性。在传统定罪活动中，定罪结论的得出，是以可视化的多方参与过程、司法说理等内容予以实现的。事实、证据、规范的高度合一，直接决定定罪活动的说理之充分性，也成为检验或验证说理是否真实、有效的重要依据。但是，在人工智能辅助定罪系统中，说理的逻辑、依据及其过程，部分或基本上被算法及其规则的计算逻辑所取代，说理的方式并非可视化，理解与认知上存在明显的语言类型不同等问题。这诱发人工智能辅助定罪说理的非透明性等问题。它不仅侵蚀定罪预测的学理之正当性，也模糊依法科学定罪的规范基础，更引发定罪意见出现非唯一性的不确定隐忧。这些对人工智能辅助定罪功能的科学性而言无疑是致命的风险。

最后，定罪司法规律的质性迁移。传统定罪有其独特的司法规律，特别表现为高度专业性与司法责任制等内容。但人工智能辅助定罪出现法定专属性与司法责任制急速弱化等迹象。司法亲历性是以审判为中心的诉讼制度改革的基本精神。然而，人工智能技术导入刑事司法过程后，暂时无法承受可视化的司法亲历性、责任性之要求。传统司法的亲历性被压缩甚至消失的潜在迹象，无疑冲击定罪活动的法定专属性，也使司法责任制流于形式的危险骤增。按照人工智能辅助定罪系统的运行模式，司法人员即使仍然主导定罪活动，但是，智能技术的深度参与，实质增加司法责任主体的参与范围，要求人工智能辅助定罪系统承担司法责任也不切实际。譬如，司法工作者作为使用者，比软件开发者和设备制造者更直接、密切联系人工智能辅助定罪系统，使用时也负有监督审核等义务。有观点认为，对于智能定罪错误引发的司法责任问题，应当适用过错推定原则，由使用人工智能的司法工作者优先承担。[1]"谁使用、谁负责"的归责做法看似简单和便于操作，且有一定的合理性，但它也完全忽视人工智能辅助定罪系统的研发者、设计者的安全保障义务及其应负的法律责任。在人工智能主体地位不明的情况下，上述做法可能异化为司法替代的责任模式。优先要求司法人员承担智能定罪错误引发的司法责任，也有制造"替罪羊"的不公正之风险。

---

〔1〕 参见程凡卿："我国司法人工智能建设的问题与应对"，载《东方法学》2018年第3期，第129页。

（二）人工智能辅助定罪的理论特质

人工智能辅助定罪的探索不仅输出实践理性，也为理论建构供给制度基础与知识要素。尽管人工智能辅助定罪理论体系仍在发展，但具有独特的教义学特质。

1. 科学定罪的规范保障

与传统定罪的生成逻辑相比，人工智能辅助定罪必然以技术应用、技术依赖、技术优势乃至技术崇拜为内在的发生逻辑以及功能本源。这冲击了树立并遵从司法人员在定罪活动中的主体性地位、主导责任以及权威性、可信度这一最核心的传统定罪理论前提。定罪方法或模式的分化与差异，所撬动的"命门"正是定罪的规范化。通过总结和归纳人工智能辅助定罪的实践支点，它并未背离定罪的规范要求以及一般原理，而是为了更好地辅助定罪活动走向更优的规范轨道。

首先，立足合乎法律的立场。与传统定罪理论和实践是以司法人员为主导地位的基本逻辑相比，人工智能辅助定罪系统不仅是技术合成的先进产品，也是法律体系框架内的自洽物，而非脱离法治框架的纯粹技术产品。这要求人工智能辅助定罪的探索，必须贴合刑事法治的理念。尤其是在微观运行层面，应当积极契合定罪活动的基本特征、属性及规律，确保人工智能辅助定罪的探索在规范层面可以做到规则的自洽与结果的正当。而且，人工智能辅助定罪的各种试点，并非为了消极地对待传统定罪的本体内容与实然作用，而是为了更好地服务于定罪。只有密切联系传统定罪原理及其在新时代的需求，才能完成规范化的改革预期。

其次，超越传统定罪的规范痛点。人工智能辅助定罪的探索正是遵循依法、规范的宗旨而展开的，无论是对司法大数据的全面运用，还是对类案推送制度的相对侧重，以及对预测功能的司法锚定，甚至对证据审查、法律适用的延伸，都旨在更好地辅助定罪，超越传统定罪活动的一些弊端或不足，包括定罪标准尚不统一、定罪的非理性外因介入、司法人员的定罪主体性地位过于单向化等。在证据、事实以及法律适用的全流程上推动智能化运行，有助于构建更全面的智能定罪系统。但限于技术应用水平，开始便将其设定为人工智能辅助定罪系统，在很大程度上卸下外界的各种担忧，也摆正了技术导入法律的应用立场之合理维度。

最后，人工智能技术对定罪规范化的重塑能力。在探索的过渡期，断然将人工智能辅助定罪与传统定罪理论加以完全割裂不可取。通过确保人工智能辅助定罪系统是合乎刑事司法逻辑的立场预设与广泛实践的，才能裨益于传统定罪活动及其理论体系。以渐进式的变革与渗透，有序扬弃传统定罪理论体系的内在缺陷及其不足，是相对合理的司法改革理念，可以促进定罪活动的理性发展。人工智能辅助定罪的理论发展也应重视日渐夯实其规范属性以及规范的立法化等，以妥帖的规则融入司法实践，也以实践优化的方式推动理论进化以及立法完善。

2. 公正定罪的价值归宿

人工智能辅助定罪系统在实践逻辑上，与传统定罪活动及其基本原理、运行方式等相比，已经开始显现差异性。这是其日渐独立的基础。这种知识结构的渐进式转型，是人工智能辅助定罪探索的司法谱系之养成路径。知识体系的转变不只是为迎合技术的需要，而是为了更科学地定罪。人工智能辅助定罪知识体系的养成，不仅保留传统定罪的原理结构与合理成分，也遵循定罪活动的基本目标以及任务设定，更旨在借助技术的手段消解传统定罪的误区与司法痛点。

首先，传统定罪活动的司法痛点。在以司法人员为中心的传统定罪活动中，最为忌惮的是定罪这一司法裁判权的恣意行使，危害结果是冤假错案；同时，定罪标准的随意性也常受诟病，表现为同案不同判、类案的定罪结果差异过大等司法不公现象。而且，定罪过程的外部干扰问题愈演愈烈，民意介入等非理性、非法律因素的渗透，降低了定罪的规范性，也破坏了定罪结论的权威性以及可接受性。此外，定罪的低效亦是司法痛点之一，繁琐的定罪程序以及漫长的诉讼期间，无形中增加了诉累。概言之，在司法人员的主体性地位与外部力量干预及合理度上，传统定罪活动处于失衡的状态，对主客观相统一的动态达成上存在偏差。[1]

其次，与传统定罪机制的比较优势。遵循传统定罪的规范基础、司法运行体系以及外部支撑要素，对于传统定罪的司法痛点所启动的司法改革，往往很难取得实质性的改良成果。这是因为司法话语束缚改革的张力。更本质的问题是，仍然依靠司法人员的大脑及其情感、理性、司法经验，以及司法人员的外部环境，在根源上难以获得突破性的进展，最多是修修补补，不能直击痛点的

---

[1] 参见郑军男："论定罪中的'主客观相统一原则'——解读刑法理论中的主观主义与客观主义"，载《法制与社会发展》2005 年第 4 期，第 102 页。

本源。允许和期待人工智能技术进入定罪领域这一坚固的知识禁区，是为了打破司法的不理性平衡。通过技术优势之外力，消除部分长期存在的负面因素，既包括司法人员主体性地位的负面作用之外溢问题，也包括外部因素干扰定罪公正的问题。在有限的司法资源与精力下，进一步释放司法人员的专业潜能，明显解放一般事务性的司法工作，屏蔽外部的非理性干扰因素，集中做好定罪工作。

最后，合法公正的基本导向。人工智能技术及其应用具有可观的相对优势，在运算能力上明显优于人脑的智力极限。而且，可以在算法的支持下，对复杂的案件、海量的司法大数据进行快速、精细的处理，抽取已决案件中"活着的"定罪逻辑与规律，可以建立成熟的类推强制适用制度，更好地实现定罪标准的统一化、标准化以及流程化；可以通过技术的中立性，建立一套屏蔽外部干预的良性机制，在定罪意见的科学性以及司法效率上获得实质的提升。上述预期目标的达成，不仅是人工智能辅助定罪系统的应然归宿，也是确保定罪的合法公正之根本，还使这场司法知识的转型具有司法意义与理论价值。

3. 辅助功能的司法定位

在现有司法体制改革与人工智能技术水平的背景下，人工智能辅助定罪的探索，主要服务于以审判为中心的诉讼制度改革、认罪认罚案件的精准适用，既会侧重提高司法的集约化、模块化效率，减少重复性、可复制性等简单的司法活动，也旨在解放司法办案中的冗余生产力，并最终提高办案效率与质量。刑事司法智能化的诸多尝试，暂时还无力直接全面取代传统刑事司法模式及其主导地位，目前主要是辅助的角色与地位。"206 系统"设计者与使用单位指出，目前无法全面模拟创造性思维，"206 系统"只是辅助办案，可以作为提示与指引，法官享有最终的决定权。法官可以借助技术手段实现帮助判断，但不可能被技术替代。[1]尽管如此，应赋予其比过往的辅助措施更智能化、更可靠与高效的功能期待。随着人工智能技术与算法规则的发展，人工智能辅助定罪的功能会变得更加丰富和强大。

三、人工智能辅助定罪的应用前景

人工智能辅助定罪的落脚点是应用及其司法效果。基于司法大数据的基础

---

〔1〕　参见崔亚东："司法科技梦：上海刑事案件智能辅助办案系统的实践与思考"，载《人民法治》2018 年第 18 期，第 92 页。

意义、算法及其规则的内部贯通，可以形成完整的人工智能辅助定罪应用原理体系。人工智能辅助定罪系统以一般定罪理论为基础，同时通过充分挖掘司法大数据的实际定罪经验与逻辑，可以更加科学精准地预测定罪结论，进一步辅助司法人员智能定罪并输出更为科学的定罪意见。认罪认罚案件可以是最好的试验田。

（一）应用系统的一般构成

人工智能辅助定罪探索的司法目的与传统定罪活动无异，旨在兼顾司法公正与办案效率。但其优势在于，根据一般定罪的理论学说与刑法规定，同时基于对司法大数据的定罪经验进行大规模的回溯性分析，智能匹配并输出更可靠和值得信赖的定罪建议，缓解人遵循定罪理论与司法经验定罪模式的司法痛点。这也基本上勾勒出了人工智能辅助定罪系统的核心优势及其应用原理的生成框架。

1. "算法+司法"大数据融合新动能

相比于由司法人员及其智力主导的经验性传统定罪活动，人工智能辅助定罪很好地统合算法与司法大数据，在辅助科学定罪的应用层面激发新动能。

首先，算法及规则的基础地位。算法是人工智能技术的核心要素。它真正支撑智能程度与行为能力等，决定计算、决策与认知等在内的逻辑方法、结构及功能属性，对自主决策的过程和结果具有不可忽视的主导作用。相比人脑及其所形成的经验理性等，当前借由人工神经网络、深度学习的支持，算法在计算、分析、学习、判断等智能化运行能力等方面，既蕴含无法预估的潜能，也始终保持不断优化与升级，持续逼近、接近甚至超越人的智力之极点。基于算法的智能优势，在导入定罪活动中，以定罪的基本理论和司法大数据作为前提条件，使其具备最大限度根据同案判决或类案判决的精神。根据演绎法或归纳法，提炼过往司法实践中已经形成的最一般性、普适性的定罪逻辑，而后针对每个具体案件，通过对证据与事实以及法律适用的智能分析，判断、匹配二者之间的共性与差异，经过定罪理论的验证无误后，最后自动输出最适宜的定罪意见。但人工智能辅助定罪系统在算法逻辑的设定、数据的使用方法、算法规则的实施等方面，可能被植入设计者、开发者的主观价值选择及其偏见、垄断等因素，[1]并非完全客观和中立的，甚至可能导致偏见、独裁、极端化、不透

---

[1] 参见雷震文："算法偏见对'智慧司法'的影响及其防范"，载《法制日报》2017年12月27日，第11版。

明等问题。这需要通过更加规范的程序方式，确保数据的司法应用是合法、正当的。

其次，司法大数据的应用价值。司法大数据与人工智能结合可以重塑司法公正，也是人工智能辅助定罪系统的优势所在。人工智能技术与定罪活动的良性互动，既需要海量数据、模拟算法、深度学习、算法规则等因素，也取决于司法大数据的准确性、客观性、全面性等。然而，我国司法大数据库建设与数据鉴真机制等配套措施相对落后，司法大数据的可持续性、可靠性与完整性、准确性仍有盲区与不足，对数据的整理与提取存在急功近利的粗糙化现象，如串案套改、重复案号、数据冗余等问题。这不仅降低了司法大数据及其所蕴含的司法经验之准确性、真实性与可靠性，也使司法大数据在实现人工智能辅助定罪功能上变得不确定（不准确）。鉴于我国司法大数据存在数据总量偏低，以及司法大数据真实性不足与鉴定规则不完善等问题，应持续推动我国司法大数据制度的建设，在数据来源、数据可靠性等方面，推动人工智能辅助定罪系统在数据上的优化与升级。

2. 内容模块

在充分全面激活司法大数据的前提下，依据《刑法》《刑事诉讼法》等规定，人工智能辅助定罪的应用系统主要包括四大模块，使其成为一个闭环系统。

首先，理论模块。人工智能辅助定罪是法治化的产物，其规范化基础是遵循定罪的一般理论体系，并以罪刑法定原则等为依据，在合法性的前提下进行。这是理论模块的规范定位。根据定罪的规范依据、理论学说等，通过算法及其规则进行对接和导入，构建一套面向理论层面的人工智能辅助定罪机制，发挥一般性的参考作用。相比于通过传统人力的方式进行积累、总结的做法，智能地解构并重构而成的理论模块，最大限度地集成定罪的一般理论及其知识要素，可以明显超越个体性、经验式的传统定罪模式，更加夯实理论理性的深度、厚度与广度。

其次，数据模块。已决案件组成海量的司法大数据，但是，过往限于技术水平以及人类的认识能力，对已决判决的深度挖掘、分析以及适用并不充分。应当明确的是，已决案件所形成的司法大数据，蕴含"活着的"定罪逻辑、规则等。这些经验理性不仅是对过往定罪规律的反映，更是被反复验证、重复检验以及不断修复的进化型司法知识。通过对这些定罪规律的大数据分析，可以获取类型化、典型化、合法化的定罪经验。而且，智能技术还可以将司法大数据中的定罪逻辑、规律予以分解与再集成，进而浓缩为类型化的数据，并以算法及其规则可以识别的形式对外呈现。这些最基础的数据"清洗""筛选"，旨在最大程度"透析"司法大数据中隐含的"活着的"定罪逻辑，用于辅助对其他案件的定罪。

再次，运行模块。理论模块与数据模块是相互独立、相互合作、相互制约的辩证统一体，旨在对个案进行智能化的辅助定罪。这就是运行模块的存在意义和基本功能。只有将理论模块与数据模块高度捏合为互动的整体，也即将一般定罪理论与"活着的"定罪规律进行精准地匹配与校准，反复适用新出现的个案或类案，才能最大限度发挥人工智能技术在算法上的能力和优势。而且，它的一般运行流程是对新的个案及其证据、事实、法律适用问题进行自动分解，自动抓取关键信息与相似要素。这些基础性的数据分析工作，也为类案的智能匹配提供科学依据。同时，根据设定的算法逻辑、深度学习能力等组成的算法及其规则体系，对两种定罪经验与个案的定罪问题之间进行智能匹配，基于同案同判、类案类判的要求，个别性、定制化或类型化自动推送定罪意见。而且，每次运行的数据以及得出的意见之精准度，都会直接成为深度学习的新素材和新起点，为今后更智能地辅助定罪蓄力。这也是运行模块最值得期待的司法潜质。

最后，司法说理模块。人工智能辅助定罪系统的优势不仅表现为对技术、理论与实践经验进行深度统合，也表现为内在的科学性，也即智能要素的全面性、规则的严谨性，特别是司法的说理性。在传统刑事司法活动中，定罪活动的说理机制并不充分。它主要通过庭审的质证与辩论予以过程性体现，以及通过裁判文书的说理部分进行结论性展示。然而，上述做法仍不足以提供完整的说理机制。因为只有官方说理是不够的，也难以令人信服。人工智能辅助定罪系统是以技术中立为前提的第三方，具有显著的司法避险能力。可以在算法的支撑下，提供兼具过程性、结论性的司法说理平台与方式，供利益攸关方进行公开检验。人工智能辅助定罪系统中的司法说理机制，是对传统定罪的说理机制的重要补充。根据罪刑法定原则与程序正义原则，人工智能辅助定罪系统应当配备完整的释法、说理、论证等机制，对算法过程、意见形成等环节予以可视化的说明与阐明。据此，以算法、深度学习为支撑的智能技术，使智能定罪具有深厚的数据属性、回溯性，也具有高度的专属性、可靠性、模块化、可复制性等优势。

3. 验证机制

从适用的可靠性角度看，针对人工智能辅助定罪系统得出的（参考）意见

（结论）尚需设立配套的验证机制，检验并修正其准确性与科学性，才能最大限度地提高辅助办案效果的定制性与正当性。这也是刑事司法智能化的纠错机制。

在人工智能辅助定罪系统中，可靠的验证机制主要包括以下几部分。（1）理论模块与数据模块的验证。理论模块与数据模块作为人工智能辅助定罪的双轨，分别依托理论学说与数据理性。二者相互验证，是确保定罪意见可靠的首要方式。人工智能辅助定罪的知识谱系与理论模型首先就是理论模块，作为验证定罪意见是否科学与正当的要素，主要根据理论模型的一般性演绎方式，对具体的定罪意见进行一般性的匹配。同时，基于数据模块得出的大数据意见，以相互对比的方式，动态、具体地判断是否明显或严重超出理论或数据的峰值。这是最基础的验证机制。（2）实体法与程序法的验证。定罪是融合证据、事实、规范以及价值的综合性司法活动。人工智能辅助定罪应当遵照刑事一体化精神，接受两方的验证。定罪的合法性是前提，可以根据刑法规范的内容，在法律适用的层面，对得出的意见进行规范性、合法性的验证。同时，基于程序正义的要求，根据案件证据与事实等定罪的基本要素，定罪的程序过程也应具有可检验性，以确保意见的精准性。借此，可以强化遵循算法规则的正当性，通过正当、透明、民主等方式，凸显在程序意义上的公开性以及意见的公正性。（3）人工修正与自主修正的模式互补。当前，仍需发挥司法人员的裁判权与裁量权，经过验证或对比后，认为意见不够精准的，司法人员可以自主修正。在未来，可以在智能技术完全成熟的情况下，由人工智能辅助定罪系统自行验证并修正，实现全流程的智能适用模式。

（二）精准预测功能的实现逻辑

在一般定罪原理的基础上，基于智能技术的优势条件，以及司法大数据制度的建立与发展，通过紧密整合司法大数据与智能技术，不仅从本源上孕育人工智能辅助定罪的内在基础及其可行性，还促成人工智能预测定罪之精准功能。

1. 传统定罪的预测属性及其不足

传统定罪的一般理论是司法人员根据法律规定，就个案的证据、事实以及法律适用进行综合判断，决定是否符合法定的犯罪构成以及是否需要承担刑事责任。这是演绎法在定罪理论上的典型体现。但是，定罪的过程是动态的，需要同时处理好证据、事实、法律适用以及法律之外的因素（刑事政策等）。刑事司法中的定罪不完全受制于演绎法，也不是简单的理论分析与规范确认，而是一项多重复杂的裁判工作。司法人员（法官）聚焦到每一个案件的定罪问题时，就是法官基于个体的"前见"，作出个别性、具体性以及专属性的裁判，最终给定预测的定罪意见。主要表现为行为符合犯罪构成与因事实不清、证据不足且未排除合理怀疑导致行为不符合犯罪构成两种情形。任何针对个案的裁判都是司法主体试图最接近正义的决定，其本质是预测的意见，而不是绝对的既定且不得更改的意见。因而，定罪活动在司法品格上具有预测的本质属性。而其检验标准不仅包括内心确信的主观层面，也包括同案同判、类案类判、社会认同感等客观标准。正是因为定罪的预测司法品格，很容易使传统定罪活动陷入定罪标准不统一等司法痛点。导入人工智能技术并对司法大数据中隐藏的"活着的"定罪逻辑与经验进行提取、分析与展示、运用，可以更好地实现定罪规范与标准的统一化、中立化以及规范化，因而值得期待。

2. 智能预测的供给基础

"大数据时代的到来，不仅意味着海量数据池的形成与无限递增，也意味着数据的价值逐步被发掘和释放。大数据技术描述一个新时代，被设计于从大规模多样化的数据中通过高速捕获、发现和分析技术提取数据的价值。"[1] 大数据技术具有强大的批量数据分析能力。法律大数据时代更能实现将过往"活着的"司法规律与逻辑"显名"，并逐一释放和整合司法大数据背后隐藏的一系列价值与规律。这是司法大数据应用于法律后的巨大价值与潜能。司法大数据与智能技术的深度"联姻"，使人工智能辅助定罪及其预测功能，具备可靠且稳定的司法规律与经验，也为其提供可持续性的数据基础，以及可以作为验证定罪意见的支撑。

具体而言：（1）人的经验性定罪脱离于司法大数据。传统人主导下的经验性定罪机制，存在"人的不确定性或恣意性"之缺陷，预测功能并不理想，往往是以经验估堆等为主，缺乏统一性、标准化，容易造成量刑失衡等问题。而其原因在于，基于人的智力及经验性司法所形成的定罪逻辑，是基于"人可以掌握定罪活动"的预设前提而存在。但事实证明，人的智力与经验是相对有限的，定罪活动因个案的差异，难以对过往的海量案件进行大规模的分析、总结、归纳，无法建立完全放之四海而皆准的普适性、标准化规则或原则。对于不断出现的新类案、个案，已有做法也难以与已决案件实现高度接近的匹配，可能降低同案同判、类案类判的预期效果，出现定罪标准的不统一性、差异性或不

---

〔1〕 参见张吉豫："大数据时代中国司法面临的主要挑战与机遇——兼论大数据时代司法对法学研究及人才培养的需求"，载《法制与社会发展》2016年第6期，第52—61页。

公正等问题。（2）司法大数据供给智能预测定罪的可行性与有效性基础。定罪活动在既有司法规律与具体个案之间不断往返。刑事司法中形成的定罪规律，是对新的个案进行定罪预测的首要依据与认识基础。这既是传统定罪的主要司法逻辑，也即个体经验性定罪的来源，也是智能预测定罪的核心依据，毕竟实然的定罪标准更值得倚重。司法大数据蕴含的优势，与智能预测定罪的司法诉求完全不谋而合。为了充分发挥司法大数据的潜能，就必须释放司法大数据的容量、真实客观性以及处理技术的先进优势。通过对海量的司法大数据进行智能化处理，可以在既定的先例数据库与待决的新案件之间实现精准识别、归类和匹配，充分发挥实然情境下定罪规律的适法指导意义，超越人类司法模式的不确定性。

3. 经由算法达致精准预测的效果

传统定罪与智能定罪都包含预测功能。但司法大数据蕴含"活着的"法律，是法律经验的承载样本，是可以充分发挥人工智能技术并实现司法预测的最佳素材。海量且不断更新的司法大数据使司法预测具有可持续性、稳定性以及可靠性。

首先，传统定罪预测模式的数据短板。刑事司法活动具有鲜明的经验式预测性质。司法人员对每个新案件的定罪建议或定罪结论，在方法论上实质就是预测。只是预测根据主要是司法人员的司法经验与知识积累，主要表现为司法个体人员或司法集体，根据过往的定罪实践经验，将其总结并上升为定罪规则、原则层面的内容，用于新出现的个案定罪预测。但传统的经验式预测定罪，存在个体认识的局限性、司法实践经验的案件基数有限性、司法经验的个体化色彩偏重、司法经验的集体性与标准统一性偏弱等问题，既无法最大限度固化定罪预测的基本规律，也可能忽略个案之间的差异与类案类判的基本精神。这是传统定罪活动的可预测性能力不足之症结。智能预测定罪显著提高可预测性及其精准性、可靠度、公正性，超越传统定罪的个体经验性及其裹挟的各种弊端。

其次，智能预测定罪的数据验证优势。人的智力与司法人员主导的定罪格局，也是以预测功能为前提的司法活动。只是主要依赖于司法人员的经验性认识、积累，也以理论学说、规范体系为必要前提。智能预测定罪以一般定罪理论为前提，优势是司法大数据，发现隐藏在司法大数据背后的司法规律、定罪逻辑，与理论定罪逻辑保持高度一致，实现理论、规范与技术的相互验证。通过揭示司法大数据内在的司法审判逻辑，基于算法对理论学说、法律适用的充分吸收与消化，可以实现更智能定罪，消除个体性经验的不确定性错误。

最后，基于司法大数据的智能预测达致精准功能。预测功能作为大数据应用层面的核心价值，通过智能分析司法大数据，可以明显缓和人预测的不精准性等问题。融合大数据技术与司法大数据的应用，可以形成的强大预测功能，通过对司法大数据进行大规模、持续性的回溯性智能归纳、分析、整理以及类型化等处理，可以提炼出与司法实践相匹配的定罪标准，并根据社会发展形势作出及时调整，提高个案的定罪标准与定罪预测之公正性和科学性，也降低了主观性和任意性，对量刑标准的科学确立有积极的启示意义。因此，依托司法大数据的智能预测定罪，可以有针对性地克服传统定罪预测模式的困境，不仅提高了预测的精准度，还实现了大规模、集约型、模块化、标准化的精准预测。但也应谨防精准预测的技术陷阱之风险。从应然看，得益于司法大数据、算法逻辑、智能预测、逻辑验证等要素组成的操作体系之智能预测，相比传统定罪的个体经验性预测更智能与精准。但算法的形成和完善是以大量的数据摄入、训练等为基础，算法决策的基本原理是以过去的数据预测未来的趋势。司法大数据的有效性、准确性，决定了算法决策和预测的准确性。数据偏见会影响算法的科学性，引发算法偏见，可能误导案件事实的认定、法律的正确适用，造成司法不公。

（三）　认罪认罚案件的适用场域与规则

人工智能辅助定罪系统的高效运行，应以证据审查、事实认定、法律适用的智能化运作为前提和支持体系。但目前围绕智能审查证据和智能适用法律的争议不少。[1]尽管如此，在认罪认罚从宽制度正式被《刑事诉讼法》（2018 年修正）规定为基本制度后，认罪认罚案件将逐渐成为主要的办案对象。在认罪认罚案件中，自愿性作为适用前提使传统定罪问题基本解决或基本无争议，显著降低了传统定罪活动的主导性、法定性、复杂性。基于此，可以优先考虑全面启动人工智能辅助定罪系统，对该类案件实现可重复、可复制的流程性、规模性办理。

1. 认罪认罚案件定罪的特殊逻辑

《刑事诉讼法》（2018 年修正）第 15 条确立了认罪认罚案件与不认罪认罚案件的立法分流。在认罪认罚案件中，认罪认罚的自愿性是最根本的适用条件。自愿认罪认罚的行为，使侦查工作明显简化。在认罪认罚从宽协商诉讼程序中，

---

〔1〕　参见熊秋红："人工智能在刑事证明中的应用"，载《当代法学》2020 年第 3 期，第 75 页。

客观上不存在或基本没有定罪争议。[1]审查起诉阶段的控辩协商是最核心的实施环节，庭审的重点是自愿性审查与量刑建议的公正性。概言之，量刑问题成为新的核心内容。

相比于不认罪认罚案件，认罪认罚案件的定罪问题表现出以下显著特征。（1）犯罪嫌疑人、被告人自愿认罪认罚的，直接解决口供这一核心证据的审查认定难题。既然案件的事实清楚、证据确实充分，且排除合理怀疑，侦查机关的法定任务实质上（被）完成或被极度简化。（2）认罪与认罚是一体的，是对犯罪事实、犯罪性质、法律适用及其结果等的综合认可或没有异议。定罪与量刑的司法虽相互独立，但内部分工有所变化。（3）在全面实施阶段，认罪认罚案件将占全部案件总数的80%左右，案多人少的矛盾持续加剧，办案期限短等要求，使办案人员面临巨大的效率压力。这要求办案机关在不能侵蚀正义的底线下，必须提高办案效率，探索高效的量刑建议工作机制。尤其需要借助现代科技手段，对认罪认罚案件进行类型化、模块化、集约化的高效办理。（4）认罪认罚案件主要以轻罪为主，大部分是可能判处三年以下有期徒刑的。在证据、事实基本无争议的情况下，定罪主要是依法确认，而不再逐一严格认定。大量类型化的程序确认之定罪活动，具有高度的相似性、类案性、流水化等特征，使认罪认罚案件的定罪问题具备集约化、统一化、标准化的办理条件。不仅可以提高办案效率，同时又不会减损公正。针对认罪认罚案件优先试行人工智能辅助定罪系统，是在案多人少矛盾的"天时"、认罪认罚使定罪基本无争议的"地利"、司法人员通过标准化办案以同时提高效率并保证质量的"人和"等优势条件下进行的。

2. 应用系统的可行性论证

承上所述，认罪认罚案件适用人工智能辅助量刑系统既是共识，也被广泛实践。同时，认罪认罚案件适用人工智能辅助定罪系统，具备得天独厚的各项优势，也更容易实现和获得公众的信任。而其实施的要点在于：（1）自愿性的形式复核。自愿性是认罪认罚案件的适用前提。在审查自愿性的真实性上，人工智能辅助定罪系统可以发挥有限的主观能动性，主要负责形式复核，也即再确认。形式复核不是流于形式的确认，而是通过算法及其建立的知识图谱，对涉及自愿性的要素，建立体系化、层级化的智能提取、匹配与确认机制。只要前端的程序审查依法且可靠，人工智能辅助定罪系统对自愿性要件的形式复核，便具

---

[1]　参见孙道萃：《认罪认罚从宽制度研究》，中国政法大学出版社2020年版，第1—8页。

有合法性与稳定性，并不违反《刑事诉讼法》的规定。（2）精准（程序）确认定罪是主体内容。基于罪刑法定原则与定罪的一般原理，认罪认罚的自愿性作为适用前提，使传统定罪活动中的实体认定与程序审查简化为程序确认这一新的工作内容；[1]复杂的实体认定不再是实质的必要阶段，主要是程序认定。通过程序确认是否有罪作为办理认罪认罚案件的必经程序与主要内容。在程序正义的前提下，与之相关的证据审查、法律适用等定罪活动可以简化甚至仅予以复核，也即以确认为主要方式。对于程序确认的任务，也要围绕精准功能展开，做到类案确认、同案确认。既应建立健全认罪认罚案件的数据库，总结过往的定罪经验与规律，夯实预测的数据基础，也应建立科学的知识图谱、知识模型与确认步骤，赋予程序确认必要的实质内容与实施要素，逐一保障认罪认罚案件定罪确认中的程序合法问题。（3）建立类案智能辅助（预测）定罪办案机制。在认罪认罚案件中，根据所侵犯的法益或犯罪类型等不同要素，可以且有必要建立更精细化的类案（检索）制度，进一步强化认罪认罚案件的类型化、规模化以及结构化、流程化办案要素。建立与完善类案数据库，有助于更充分、立体地挖掘类案中的定罪规律与司法经验，有助于养成类型化、精细化的司法参照体系。对具有相似定罪问题的案件，可以实现规模化、集约化、可复制、可重复性的预测，并确保意见的精准性、可靠性与高效。

四、结语

人工智能技术的法律应用正处于前所未有的政策红利期，最高司法机关也积极推动部署各项工作。即使是传统刑法知识体系中最为坚硬与保守的定罪领域，也已经出现一系列松动的探索迹象。然而，对于人工智能辅助定罪的全新议题，理论上几乎缺乏必要的关切，更遑论理性的认识与研判。对于正在发展中的人工智能辅助定罪活动，应当从技术与法律的双重维度进行全方位的审视与评估。既要澄清不同知识体系交互后的冲突、不适与应对之道，也要更前瞻地厘清理论发展的脉络与方向，还应当从有效实施的维度提升其合理性与实效。只有首先不惧怕、不排斥人工智能辅助定罪的挑战，才能更好地营造知识创新的前景。

---

[1] 参见孙道萃："论认罪认罚从宽协商的有效模式"，载《学术界》2021年第1期，第154页。

第八章

人工智能辅助量刑的实践回视与理论供给

人工智能技术法律应用的迅猛发展，以及司法改革政策红利的强劲输出，为人工智能辅助量刑提供了探索空间。人工智能辅助量刑有独特的实践要素与理论体系，虽然冲击传统刑事司法观念与运作模式等整套知识体系，但为推进量刑规范化注入了新的规范潜能与动力，人工智能辅助精准预测量刑是功能融合点。量刑规范化改革的本质是提高量刑的可预测性，人工智能辅助精准预测量刑的功能与之契合，可以有效提升规范量刑的正当性与有效性。算法及其规则是核心实施要素，应当克服算法认知、应用的正当化以及说理等难题，夯实算法运行的正当性根基，遏制不可控的司法化风险。现阶段的技术水平决定了人工智能是"辅助"量刑之工具，但可预见的发展优势将为公正量刑供给新能量。

一、问题的提出

2017 年是我国人工智能技术发展的"元年"。我国新一轮的司法改革在此背景下拉开帷幕。在日益蓬勃的智慧法治建设进程中，智慧（智能）司法是重要的实施内容。[1]人工智能在司法改革中的地位和作用显著提升。特别是对刑事诉讼的深度渗透与嵌入越发全面和系统，但存在通用性过重而专属性应用不足等结构性问题、数字司法在公正与效率上的兼顾不周，甚至可以完全由类案系统来替代人工智能辅助量刑的独立地位与功能等问题。[2]在刑事法领域，智能化应用快速推进，在刑事司法智能化的专业性、具体性上迈出了坚实的步伐，

---

〔1〕 参见雷磊："中国特色社会主义智慧法治建设论纲"，载《中共中央党校学报》2020 年第 1 期，第 99 页。

〔2〕 参见左卫民："从通用化走向专门化：反思中国司法人工智能的运用"，载《法学论坛》2020 年第 2 期，第 17 页；程龙："人工智能辅助量刑的问题与出路"，载《西北大学学报（哲学社会科学版）》2021 年第 6 期，第 163 页。

甚至在事实认定等传统刑事司法中最"坚硬"的环节也有突破和进展。[1]人工智能辅助量刑应运而生。2019年2月，《最高人民法院关于深化人民法院司法体制综合配套改革的意见——人民法院第五个五年改革纲要（2019—2023）》明确要求加强智能辅助办案系统建设，建设智能辅助审判系统，完善类案推送、结果比对、数据分析、瑕疵提示等功能，促进裁判尺度的统一。2019年7月，最高人民法院时任院长周强在"世界互联网大会智慧法院暨网络法治论坛"上指出，研发与应用各类人工智能办案辅助平台，利用大数据实现案件的标准化认定，有助于推进司法公正与司法的现代化。我国审判机关正在加快智能技术推动下的全流程、全场景与集约化裁判尝试，[2]量刑的智能化推进已纳入议程。2020年1月，最高人民检察院正式上线试点运行全国检察机关统一业务应用系统2.0版，智能辅助量刑系统是重要的功能模块。[3]按照最高司法机关的部署，运用大数据、人工智能等先进技术辅助量刑，才能真正实现量刑的智能化与现代化，深入推进量刑规范化工作，确保量刑的公正。[4]2021年6月，最高人民法院公布《人民法院在线诉讼规则》，宣告迈向在线诉讼2.0时代。[5]2022年1月，最高人民法院印发《人民法院在线运行规则》，在世界范围内首次构建全方位、系统化的互联网司法规则体系。[6]而且，诸如积极构建"全域数字法院"的重大设想与实践也在逐步实现中。[7]

与此同时，《刑事诉讼法》（2018年修正）第15条正式确立认罪认罚从宽制度。这宣告已经建立起了有中国特色的认罪认罚案件控辩量刑从宽协商机制，同时也对量刑规范化改革提出更高的质量要求。2019年4月，全国检察机关贯彻落实认罪认罚从宽制度电视电话会议强调，各级检察机关应加强量刑规范化建设，进一步细化常见罪名的量刑标准。[8]同月，全国检察机关"量刑建议精

---

〔1〕 参见栗峥："人工智能与事实认定"，载《法学研究》2020年第1期，第117页；马国洋："论刑事诉讼中人工智能证据的审查"，载《中国刑事法杂志》2021年第5期，第158页。

〔2〕 参见周佑勇："智能技术驱动下的诉讼服务问题及其应对之策"，载《东方法学》2019年第5期，第14页。

〔3〕 参见戴佳："检察业务应用步入2.0时代"，载《检察日报》2020年1月4日，第1版。

〔4〕 参见陈学勇："更高水平推进量刑规范化工作"，载《人民法院报》2020年11月6日，第3版。

〔5〕 参见刘哲玮："迈入2.0时代的在线诉讼"，载《人民法院报》2021年7月3日，第2版。

〔6〕 最高人民法院还公布《人民法院在线调解规则》，推动构建中国特色、世界领先的互联网司法模式。

〔7〕 参见李占国："'全域数字法院'的构建与实现"，载《中外法学》2022年第1期，第5页。

〔8〕 参见戴佳："把认罪认罚从宽制度落实到具体案件中"，载《检察日报》2019年4月15日，第1版。

准化、规范化、智能化"网络培训会议强调，深入加快推进量刑建议工作，充分发挥大数据智能辅助系统的作用，适时组织研发可以普遍适用的量刑建议辅助系统，有效提升量刑建议的精准度。[1]这反映了最高司法机关已经充分意识到智能量刑的发展契机及其对认罪认罚案件的积极意义。实践已经证明，以量刑的一般原理及其规定为前提，立足司法大数据及其潜能，充分整合司法大数据与人工智能技术，可以实现智能预测量刑，提升量刑建议的精准度。[2]未来的量刑活动，需要人工智能辅助量刑系统的支撑。人工智能辅助量刑系统整合了现代信息网络技术、大数据技术等，为传统量刑规范化改革注入以智能（精准）预测为核心功能的全新赋值。加快人工智能辅助量刑系统的研发和推广，是提升量刑建议的客观性、精准度和公信度的必由之路。[3]这堪称是超越传统量刑规范化改革之独辟蹊径。此后，随着在线诉讼制度的快速发展，在推动构建中国特色、世界领先的互联网司法模式过程中，对人工智能辅助量刑的政策支持与保障力度更是空前的。

客观地讲，人工智能与当代刑法的深度交互仍存在不少争议、分歧，人工智能的司法化也遗留价值对立、功能疑问、理论互斥等深层次问题。[4]人工智能辅助量刑作为面向未来的重大司法实践课题，[5]尚需澄清与传统刑事司法知识的调试、价值取舍、功能设定等重大理论问题。同时，更需要明确人工智能辅助量刑的司法风险、知识体系、基本原理以及实施机制，以及更加实用的产品端供给等。借此，才能不断深化人工智能辅助量刑的基本法理以及司法演化的核心逻辑。

二、人工智能辅助量刑的发展供需

在最高司法机关积极部署与推进下，释放了重大政策红利，人工智能辅助

---

〔1〕　参见史兆琨："深入推进量刑建议工作有效开展"，载《检察日报》2019年4月29日，第1版。

〔2〕　参见卞建林、苗生明、李建超、刘卉："确定刑：认罪认罚从宽制度下量刑建议精准化之方向"，载《检察日报》2019年7月29日，第3版。

〔3〕　参见罗庆东："以精准化量刑建议落实认罪认罚从宽"，载《检察日报》2020年2月10日，第3版。

〔4〕　参见刘艳红："人工智能技术在智慧法院建设中实践运用与前景展望"，载《比较法研究》2022年第1期，第1页；魏斌："司法人工智能融入司法改革的难题与路径"，载《现代法学》2021年第3期，第3页；郑曦："人工智能技术在司法裁判中的运用及规制"，载《中外法学》2020年第3期，第674页。

〔5〕　目前，域外的COMPAS等AI裁判在一些边缘性司法决策活动中已经崭露头角，其前景很是乐观。

量刑呈现出迅猛发展的实践态势，其作为辅助办案工具备受期待，开辟了全新的量刑改革时代。人工智能辅助量刑系统的探索正处于无限机遇与未知风险的混合交错中，为量刑规范化改革等司法改革提供了全新的功能。但也存在一些问题和不足。

（一）蓬勃的实践探索动态

积极推动人工智能辅助量刑是最高司法机关正在密切关注的重要战略部署。正在如火如荼进行中的人工智能辅助量刑探索，立体地勾勒了这场盛宴的境况。

目前，人工智能辅助量刑系统的探索正在加速推进，主要有：（1）智审辅助量刑裁决系统。2014年起，广州市中级人民法院针对盗窃、抢劫类案件数量大、量刑尺度不统一的问题，建立智审辅助量刑裁决系统。法官输入案件要素后，系统自动推送相似案例，自动进行比对和运算，自动推送量刑幅度，并辅以图形分析、数据参照等形式。[1]（2）量刑建议辅助分析系统。各地积极探索建立量刑建议辅助分析系统，推动提升量刑建议的精准度。例如，贵州省人民检察院运用算法模型，建立案件"要素—证据—量刑"的关联模型，创建案件智能研判系统，对案件风险、要素与量刑的偏离度等，进行全流程的数字画像、数据分析和类案数据对比，为案件质量评查提供精准依据。[2]又如，杭州市检察机关研发运行危险驾驶案办案辅助系统，具备自动提取、智能关联、量刑研判等功能，依据系统预置的量刑计算规则，结合以往同类案件判决情况，自动计算、智能对比、自动输出量刑建议，可视化展现计算的过程，辅助准确量刑。[3]2018年10月，杭州市西湖区人民检察院《认罪认罚案件审查起诉规则》针对犯罪情节和刑期较难量化的罪名，充分利用大数据为量刑建议提供技术支持和参考。[4]（3）智能研判系统"睿法官"。2016年底，北京市高级人民法院推出智能研判系统"睿法官"。[5]该系统依托北京三级法院统一的审判信息资源库，

---

〔1〕 参见汤瑜："全国政法机关主动提升司法效能"，载《民主与法制时报》2017年7月16日，第1版。

〔2〕 参见彭波："司法办案辅助系统、案件智能研判系统、数据分析服务系统，有效促进司法公正 贵州：大数据点亮'智慧检务'"，载《人民日报》2017年5月31日，第19版。

〔3〕 参见鲍键、王瑛："智慧公诉建设与未来发展——以浙江省杭州市检察机关的实践探索为例"，载《人民检察》2018年第4期，第74页。

〔4〕 参见范跃红、张永睿："认罪认罚案件量刑建议采纳率达98% 杭州西湖：多举措提升办理认罪认罚从宽案件量刑建议精准度"，载《检察日报》2019年5月8日，第2版。

〔5〕 参见罗书臻："挖掘'富矿''反哺'审判——运用裁判文书大数据促进司法公正的地方经验"，载《人民法院报》2017年9月1日，第1版。

依托法律规则库和语义分析模型，运用大数据与云计算等技术，充分挖掘、分析数据资源，自动推送案情分析、法律条款、相似案例、判决参考等信息，为法官裁判案件提供统一、全面的审理规范和办案指引。（4）量刑规范化智能辅助办案系统。2017年，海南省高级人民法院成功研发量刑规范化智能辅助办案系统，具有智能识别提取犯罪事实和量刑情节、自动推送关联法条和类案、自动依据历史量刑数据推荐量刑、自动生成程序性法律文书和框架性裁判文书、多维数据统计等功能，同时具备深度学习与自主优化能力。[1]量刑预测的试点效果良好。[2]（5）刑事案件智能辅助办案系统。2017年，上海研发并试运行刑事案件智能辅助办案系统，具有量刑参考功能和类案推送功能，可以根据案件的事实、情节等，通过语音识别，经过大数据处理输出量刑建议，智能推送全市案件数据库中与本案证据相似的案件。[3]（6）类案智能推送系统与量刑规范化智能辅助办案系统。2017年，人民法院推出类案智能推送系统，实现精准和有效推送类案，并可以作为定罪量刑的重要参考。2017年底，最高人民法院正式启动开发建设量刑规范化智能辅助办案系统工作，构建完善的全国法院量刑智能辅助系统，辅助法官办案。[4]2018年1月，最高人民法院正式运行类案智能推送系统。[5]它以海量司法大数据资源为基础，构建司法案件知识图谱与案例智能服务产品，作为类案推送系统的智慧大脑，可以实现案件的智能认知和分析，类案剖析更专业、类案识别更智能、推送结果更精准。[6]中国司法大数据服务网作为最高人民法院指定的中国司法数据服务平台，全面上线类案智能推送功能。（7）全国检察机关统一业务应用系统2.0版。2019年12月，最高人民检察院召开有关统一业务应用系统2.0版的智慧检务座谈会，旨在着力提升流程管理、智能辅助、数据应用、知识服务，初步实现为检察办案提供辅助量刑等

---

〔1〕　参见方茜："海南法院大数据人工智能助力司法改革——量刑规范化智能辅助办案系统效果明显"，载《人民法院报》2017年7月27日，第1版。

〔2〕　参见叶子："'智慧司法'开启法律服务新时代"，载《人民日报海外版》2018年1月26日，第8版。

〔3〕　参见辛红："识别证据瑕疵　推送类案及量刑参考"，载《法制日报》2017年9月18日，第2版。

〔4〕　参见陈学勇："最高人民法院立项开发建设量刑智能辅助系统"，载《人民法院报》2017年9月27日，第1版。

〔5〕　参见罗书臻："'智慧法院导航系统'和'类案智能推送系统'上线运行　周强强调　认真学习贯彻党的十九大精神　深入推进智慧法院建设"，载《人民法院报》2018年1月6日，第1版。

〔6〕　参见"贵州省高级人民法院——探索'类案类判'机制　确保法律适用统一"，载《人民法院报》2018年1月26日，第4版。

功能。[1]2020年1月，统一业务应用系统2.0版正式试用，扩大了智能辅助量刑探索的覆盖面。而且，《人民检察院办理认罪认罚案件开展量刑建议工作的指导意见》第20条规定，人民检察院可以借助量刑智能辅助系统分析案件、计算量刑，在参考相关结论的基础上，结合案件具体情况，依法提出量刑建议。(8) 最高人民法院有关部门研发人民法院量刑智能辅助系统。该系统具有智能导入案件信息、智能提取量刑情节、智能辅助量刑并生成量刑表格等功能，可以智能地辅助法官进行量刑。[2]特别是《人民法院在线运行规则》第二章"系统建设"着重规定了智慧法院信息系统的建设与构成。其中，第6条规定，智慧审判系统要为审判人员提供阅卷、裁判辅助等在线服务，智慧审判系统包括智能裁判辅助系统、量刑规范化系统等，智慧审判系统应当具备类案智推、量刑辅助等功能。这些都是人工智能辅助量刑的具体实践，并且进入了全面建设阶段。

此外，民间市场的产品建设也在加速。例如，"小包公"智能系统。以刑事定罪量刑预测为核心的办案辅助系统，独创国内智能精准量刑系统，可以提供精准量刑预测及说理过程，具有国内首创实用量刑协商工具等优势。理论量刑预测系统提供理论预测，实际量刑分析系统依托大数据提供案件的可视化分析，双系统相互印证，最大程度实现精准量刑。该系统在法检机关的试用效果良好。[3]

人工智能辅助量刑系统在研发与应用方面取得了非常喜人的成绩。这些大胆的积极探索，不仅初步搭建起我国智能量刑的实践模式，并累积了丰富的经验理性；也通过百家争鸣的方式，实现优胜劣汰的良性竞争效应；还为深度透视智能量刑模式的基本理论与展望其未来的发展趋势，提供有益的认识前提。

（二）共性归结与供需问题

最高司法机关联动人工智能与辅助量刑的政策改革导向，使人工智能辅助量刑迎来迅猛发展的历史契机。探索与试点在呈现喜人成绩之余，也暴露不少问题。

---

〔1〕 参见杨帆、金鸿浩："统一业务应用系统2.0版试点倒计时　助力履职能力现代化"，载 http://www.jcrb.com/procuratorate/jcpd/201912/t20191210_2087240.html，最后访问日期：2019年12月20日。

〔2〕 参见陈学勇："更高水平推进量刑规范化工作"，载《人民法院报》2020年11月6日，第3版。

〔3〕 参见樊崇义："关于认罪认罚中量刑建议的几个问题"，载《检察日报》2018年7月15日，第2版。

　　不同的人工智能辅助量刑系统在内容与形式上虽有一些差异，但核心功能与目的基本一致。其共性与特征可以归结为：（1）主要表现为智能推送类案、量刑建议参考等形式。目前较为普遍的做法是，通过对司法大数据进行大数据提纯或智能化分析，建立类案检索、类案推送等机制，或对已有判决中的量刑规律进行整理、归纳和总结规律，投放到相同或相似案件中，用于预测个案的量刑"估值"，实现同案同判、类案类判效果。（2）司法大数据是重要基础。从技术可行性看，可以在短时期内实现智能辅助量刑工作的跨越式发展，主要得益于司法大数据所积累的海量公开案件信息。司法大数据蕴含"活着的"量刑规律与经验，最接近实际量刑生态。对司法大数据的深度智能分析，为智能量刑探索提供海量的"粮草"。通过向智能系统输入"活着的"量刑逻辑，可以生成、分析与计算相关变量、指标体系等要素，与个案进行精准匹配后，智能输出预测的量刑建议。但大数据库的不完整、智能处理能力等相对不足，使类案量刑的推送、量刑建议参考等成为主要的工作方式，导致在精准预测上的着力明显不足。（3）达致量刑规范化是终极目的。智能司法以技术优化司法运行作为逻辑转向，以更好地重塑量刑公正理念。智能量刑系统与量刑规范化在目标上殊途同归，前者以后者为基本前提与基础，而不是脱离或者互斥。从人工智能辅助量刑系统的操作要求和基本功能等内容看，在方法上可以修复量刑规范化不足问题，可以纠偏传统经验式量刑估堆等做法。通过结合量刑原理与司法大数据中的量刑规律，遵循演绎法、归纳法的司法逻辑，可以对个案进行智能精准预测，相互验证并自动输出最佳的量刑建议，更好地实现同案同判、类案类判目的。（4）基于算法的智能精准预测量刑是本质特征与优势。任何具体的量刑活动都旨在获得最公正的量刑结论。而对所有已决案件进行穷尽参照是最好的保证。智能量刑探索完美地提供可靠的预测方式。以司法大数据等为前提，按照算法运行规则，根据已有案件的量刑趋势或规律等，对新出现的类似案件或相同案件进行匹配、核查并验证，能实现智能精准预测，此乃最核心的特质与功能。而不再是经验式的量刑做法或基于人类智力的一般性量刑模式等。智能预测正在取代经验、智力以及其他规范化方法，可以最大限度地通过智能技术实现量刑预测的最适当性。算法及其司法化的优势，是最关键的支撑点与制度保障。（5）认罪认罚案件的人工智能辅助量刑系统是最迫切的应用场域。认罪认罚案件已经成为我国刑事诉讼的主要办案对象，针对认罪认罚案件的专属办案机制正在形成。在认罪认罚案件中，自愿认罪认罚使定罪问题基本解决或无争议，量刑从宽协商成为办案核心。量刑从宽协商是从宽处理的决定性因素，量刑建议的提出与采纳是决定公诉权行使效果与办案质量的终极指标，倒逼检察机关提出精准的量刑建议，提高从宽处罚的可预期性。[1]认罪认罚案件在整体上是典型类案，具备实现类型化办理的条件。通过充分挖掘司法大数据蕴含的"活着的"量刑规律与经验，结合量刑规范化的基本原则与实施细则，不仅可以智能预测认罪认罚案件的量刑，而且可以高效精准预测。（6）角色定位目前主要是辅助办案系统。受限于智能技术及其司法应用的水平，人工智能辅助量刑系统仍不成熟、不足够可靠，传统量刑理论体系仍发挥重要作用。人工智能辅助量刑主要定位为辅助办案系统，旨在辅助司法人员实现更加智能的预测量刑，使量刑结论更精准，并缩小量刑失衡问题。法官、检察官是绝对的核心使用群体，律师也是重要的使用主体。

正在如火如荼进行中的智能量刑探索，为量刑规范的智能化改革提供了诸多新期许，为认罪认罚案件的精准量刑开辟新天地，也将人工智能辅助量刑的可行性与可信赖性推向新的阶段。但是，日益拓展的人工智能量刑应用系统探索也开始进入制度供给的瓶颈期，包括澄清与传统量刑模式的不适并谋求共识性的达成、明确算法的地位与作用并遏制其运行的司法风险、妥善协同与量刑规范化的结构协同关系、充分发挥辅助功能等重大问题。应当启动反思性的理论解构，对智能量刑系统予以结构性的完善，从法理层面予以升华，从制度供给上予以巩固。

三、人工智能辅助量刑的理论基础

刑事司法智能化改革必须以促进与推动司法体制改革为基本导向，否则，扭曲、阻碍甚至消解司法体制改革的负功能可能随之而来。人工智能量刑系统对传统司法体制的冲击是显而易见的，在新旧刑事司法知识的交替过程中，二者应当积极融合，更好地发挥人工智能辅助量刑系统应有的功能期许与司法意义。

（一）与传统量刑理论的交锋界面

当前，智能量刑之于传统司法观念颇为"离经叛道"。但从量刑规范化改革的终极需求看，却赋予太多的可能性与技术优势上的期待。这种价值悖论及其衍生的关联问题，是当前人工智能辅助量刑系统需要直面的冲突与发展困境。

---

〔1〕 参见卞建林、苗生明、李建超、刘卉："确定刑：认罪认罚从宽制度下量刑建议精准化之方向"，载《检察日报》2019年7月29日，第3版。

具体而言：（1）司法权的争夺。在近现代刑法中，司法权是国家权力，具有高度的垄断性、专属性、法定性以及权威性。司法权只能由国家行使，并且只有符合法律规定的司法人员才能行使司法权。量刑权是司法裁判权的具体内容，只能由人来行使。如若转由智能系统（主体）行使，无疑是对司法权配置的重大冲击，而司法人员与智能系统的主体性地位对峙是无法避免且难以调和的。（2）司法主体地位的割据。司法人员依法主导量刑活动是现代刑事司法的基本特征。在人工智能辅助量刑系统中，基于大数据的统计分析并由智能系统自动生成的意见、自主矫正量刑偏差等做法，导致审判主体的结构变成二元化甚至多元化。人工智能辅助量刑系统的程序研发与设计人员、司法大数据的处理者等，也实质上与法官共同作出决定。一旦出现司法主体的割据状态，审判主体和决定者难以特定，司法权力边界也就变得模糊不清。当出现分歧或需要作出最终决定时，法官的独占性地位不复存在，司法责任制容易流产。（3）司法权威的旁落。司法活动的法定性、专属性以及程序化，是司法权威的重要形成基础和维护力量，也是形成司法信任的重要基础，更是司法专业化被反复强调的根源所在。在算法支撑下，人工智能辅助量刑系统取而代之，同时导致量刑的公开性、透明性以及可视化、可沟通等正当程序的优点相继流失，量刑活动所应建立的司法信任以及司法权威难有土壤。这折射了人工智能辅助量刑系统的接受度与有效性都是各界担忧的焦点所在，势必无法在短时期内获得当事人和社会公众的广泛认同。（4）司法裁判规律的逆反。司法规律是司法权运行的科学之道。为了确保量刑的公正，与之相配套的司法裁判准则是前提，主要包括量刑主体的专属性、量刑依据的法定性、量刑方法的规范化、量刑结果的正当性等。然而，人工智能辅助量刑系统导致司法权的行使、司法主体的取舍等均发生变化，使传统司法规律受到直接影响。为了确保量刑活动的稳定运行，在现阶段仍应坚持人工智能辅助量刑系统的工具性价值，不可断然抛下传统司法裁判的本质规律与法官的职业裁断。新旧司法规律的有序衔接，也可以更好地发挥人工智能辅助量刑系统的辅助作用。但对智能量刑探索的深入挖掘也形成一定的外部拘束力。（5）司法责任制的流产危机。在司法责任制的改革过程中，需要避免出现因智能技术的司法应用，导致司法人员将责任转嫁给智能系统的情形。法官不能将案件责任转嫁给智能系统，以规避司法责任。同时，必须正面解决人工智能辅助量刑系统因技术缺陷等而引发的司法责任归属问题。这些问题的交错出现，也使说服法官相信并主动使用人工智能辅助量刑系统处于前后矛盾的尴尬状态，智能技术伦理的审慎介入显得尤为迫切。（6）司法量刑技艺的丧失风险。司法人员的裁判活动具有专业性，经过长期积累和总结，汇集成特定的司法技艺。量刑活动有其专属的技艺体系，有自成一体的司法知识系统，具有高度的专属性、专业性等特征。人工智能辅助量刑系统不仅打破司法技艺的形成、传承以及发展模式，也影响传统司法技艺的生存境遇。例如，人工智能辅助量刑系统虽然可以自主生成参考性文本，但法官的审阅矫正等工作未变，在案多人少、审理期限短等办案压力下，人工智能辅助量刑系统的辅助功能及其优化，可能助长司法人员的惰性，甚至异化为过度依赖人工智能辅助量刑系统办案的"去人中心化"倾向。（7）定罪活动一并遭受殃及。刑事司法中的定罪与量刑高度结合。从司法的时间逻辑看，先有定罪，后才有量刑。智能定罪的探索需要突破重大的理论禁区与认识难题，更面临司法公正沦陷的公众隐忧。当前，人工智能辅助量刑系统的探索走在智能定罪系统的前面。但是，人工智能辅助量刑系统的深度发展，对传统定罪体系及理论学说的逆向渗透效应不容忽视。

这些潜在的可能冲突之存在以及是否可以被有效解决的隐忧，是人工智能辅助量刑系统谋求升级和完善的逻辑起点，也是人工智能辅助量刑系统可以深入发展的前提和保障。

（二）人工智能辅助量刑理论的新赋能

目前，对刑事司法智能化的担忧仍不止。2019 年 3 月，法国颁布了"第2019-222 号"法律，[1] 其第 33 条规定，法官和书记官的个人数据不能被用于评估、分析、比较或预测他们的实际作出或将要作出的专业行为，任何违反该条新规的人都可能被判入狱 5 年。这显然对基于大数据、人工智能技术及其应用所形成的司法预测功能持消极态度。但是，人工智能指引（预测）司法裁判乃众望所归。人工智能辅助量刑系统的提出与铺开并非单纯对智能技术的狂热吹捧，而是试图超越传统量刑活动的弊端。在司法功利主义的鉴别下，认可其蕴含的多重技术优势并付诸实践，可以主动回应与释放外界期待的司法正能量。

人工智能量刑时代的到来，虽然对传统量刑理论形成了不同程度的冲击，但在此过程中，也开始形成相对独立的知识逻辑体系。这场渐进的渗透亦预示无限的可能，源自于其在刑法理论上迸发新内容、新特质，也即：（1）局部消解人的智力在量刑环节的短板效应。人类具有智力这一尤为特殊的生理结构因

---

〔1〕 参见施鹏鹏："法国缘何禁止人工智能指引裁判"，载《检察日报》2019 年 10 月 30 日，第 3 版。

素，使其拥有主体性地位。司法人员的大脑经过专业化锤炼，可以担当并处理纷繁复杂的司法活动与量刑任务。但人的智力仍存在局限性，包括智力水平的相对发展性、不均衡性等问题，使人类不足以充分与彻底认识和解决量刑规范化的本质和形式等问题。而人工智能技术及其应用被赋予诸多的厚望，智能优势及其对刑事司法活动的积极意义被不断放大。特别是在量刑规范化领域，智能技术比人的智力更具有优势，可以填补人的智力在刑事司法领域的短板。当前，各国法院司法体系正处于由专家审判司法体系向智能人工司法体系的大转型趋势，[1]看重的就是人工智能技术及其应用对传统司法的积极助推作用。(2) 有效降低司法人员统领量刑活动所形成与依赖的司法经验之非理性成分。司法经验是非常重要的司法资产，是司法活动的重要前提和基础。司法经验的形成高度依附司法人员，甚至可以认为是人的智力在司法领域的结晶。但是，司法经验的非理性因素及其所暴露的问题常被诟病。从智能技术的特征看，智能技术在量刑领域的辅助应用，可以降低司法经验累积的非理性因素，增加更客观中立的理性因素。(3) 将传统量刑说理切换为算法运行及其智能化优势。量刑的科学化与规范化，从法理层面看，主要是通过量刑说理予以实现和论证的。从传统的量刑说理方式看，主要存在说理方式较为单一、说理依据不充分、说理的精细化不足、说理的比较性欠缺等问题。在智能技术的支持下，基于司法大数据及其"活着的"量刑规律与经验，可以为量刑提供更便捷、高效且强力的说理论据、方式等。人工智能辅助量刑系统依托司法大数据，可以充分评估已决案件的情况，从纵横两个维度进行动态对比，为实现同案同判、类案类判提供相对更可靠、全面、系统以及权威的说理支撑。(4) 减轻司法人员的非核心量刑工作并提高效率。当前司法改革的聚焦点仍是"人"，但是，司法人员承担大量的非审判性等事务，不利于专注于规则适用等核心审判工作。在传统司法环境下，司法人员的量刑活动异常复杂，不仅要应对外部因素，还要应对内部因素。内部因素不仅限于量刑本身，还包括大量的事务性工作、程序性要求、内部考核指标等。为了充分解放司法人员的生产力，使其重心落在量刑等司法主体活动上，智能技术的导入便具有非常积极的"解压"作用，促成科技理性与法律理性的深度融合，可以显著地提高审判效率。(5) 从量刑技术与方法层面加速量刑规范化改革的升级。量刑规范化改革旨在消除传统量刑中的

---

〔1〕 参见程金华："人工、智能与法院大转型"，载《上海交通大学学报（哲学社会科学版）》2019 年第 6 期，第 33 页。

外部干扰大、量刑说理不够精细、量刑情节的规范评价体系不科学等弊端。从量刑规范化改革的方法论看，在反思经验主义等做法之际，当前所依赖的一些做法仍没有实现质变。逐步导入智能技术后，人工智能辅助量刑系统的探索与推行，从方法论上实现了质性的飞跃。以高度智能化为逻辑起点，非常贴切地回答量刑规范化的目标与要求，也从方法论上恰如其分地予以贯彻和落实。人工智能辅助量刑系统被赋予使量刑活动具有更高科技含量的预期功能优势，量刑结论也被认为更具有个别公正性与可接受性。

(三) 人工智能辅助"精准预测"量刑的功能逻辑

传统量刑与智能量刑两种模式，在定罪与量刑的关系与安排、刑法规范的适用模式等核心内容上有所差别。但是，从量刑逻辑看，都遵循演绎与归纳的方法论，通过"不断往返于一般经验与个案需要之间"的方式，尽最大可能针对个案预测量刑建议，最终实现公正的量刑。预测是一切量刑活动的本质逻辑与属性，精准预测是人工智能辅助量刑系统的核心司法价值，也是其最本质的特征与主要功能定位。

1. 个体经验性预测向算法下智能预测的转变

尽管传统量刑模式与人工智能量刑模式存在激烈的对冲现象，但二者都是为了实现量刑公正。在核心的实施要素上，都是根据量刑原理与量刑经验，作出最符合个案的预测量刑意见，实现量刑规范化的基本目标。

在量刑活动的预测之基本特征下，智能辅助预测的功能效果更值得期待。其根据为：（1）预测量刑是基本原点。从量刑的过程看，个案的量刑相互独立，均需要作出个别化的结论。量刑公正是司法责任制度的核心内容，迫使量刑主体必须穷尽所有可能的方法，将既往的量刑经验等信息，作为具体某一次量刑的参考。这些量刑参考发挥个别性量刑预测功能。因此，预测量刑是规范量刑活动与量刑公正的重要问题。从逻辑起点看，量刑规范化旨在实现量刑公正，在方法论上必然自成体系。究其实质，都旨在更好地根据经验与法则预测量刑结果，在不断出现的新个案中，实现量刑结果的公正与有效。（2）两种预测模式的比较。无论是经验量刑方法，还是常见的规范量刑方法，都是以人的智力为前提的。实践证明，人的智力具有一定的局限性，面对大规模案件、大数据分析等问题时，存在能力不济的结构性短板。特别是在面对海量的司法大数据与复杂案件时，传统的人预测之经验与方法，难以和智能技术的计算能力与预测效果相比。事实上，智能技术引导的量刑在智能程度的技术上更胜一筹，也因此受到各界的追崇。智能预测量刑与传统量刑活动的"不适",并非实质的功能对立,只是在方法上有较大的差异,前者依赖智能技术,后者以人的智力为基础。这实际上是技术与人的较量。究竟是人定胜天还是技术更优的争论虽难有定论,但不变的是,任何量刑系统实质上都是为了实现量刑过程与结果能够无限接近科学、精准,最终实现罪责刑相适应原则。(3) 精准预测是智能技术与量刑的制度性耦合产物。人工智能与现代法律的深度融合,可以发现法律运行发展的深层规律,从而促进司法预测等在内的计算法学之发展与发达。智能预测量刑的优势是可以借助量刑原理与司法大数据的经验,进一步提高量刑预测结论的有效性及其程度。这正是智能量刑与传统量刑可以完美融汇的结合点。目前,人工智能辅助"精准预测"量刑系统的主要工作原理存在高度相似性。通常是基于算法及司法大数据等,结合算法的函数、逻辑等运算规则,建立独特的量刑算法系统、量刑预测系统及模型,自动对海量案件的量刑情节进行提取、分析与组合等,通过海量的精准算法与匹配、对比,自动根据司法大数据中的量刑规律,为具体个案输出精准的量刑预测建议。而且,可以强化量刑过程的动态说理性与量刑结果的有效性,是为法官提供量刑参考的技术平台,凸显智能预测量刑的精准并提供量刑建议(参考) 的辅助功能。

2. 精准预测功能的实现路径

人工智能辅助"精准预测"量刑的功能,是以量刑规范化原理为前提和基础,遵循传统量刑理论及其方法的有益部分,通过深度激活、挖掘、总结与提炼司法大数据中"活着的"量刑规律与经验,自主"发现"与"固定"司法大数据中的"实然""中立"之量刑逻辑与经验,针对个案展开智能预测。这超越了司法人员的个体性或经验式等传统量刑预测的技术壁垒与不足,可以辅助精准量刑。

其内容包括:(1) 预测结果的实体裁判属性。司法大数据与人工智能技术的深度整合,在量刑领域,可以实现量刑建议的智能精准预测功能。进言之,通过算法及其规则的同比模拟与计算,根据已经设置的量刑裁判模型及其参数等,可以自动抓取个案的量刑事实与情节,通过类案推送与匹配的方式,对比司法大数据中的规律与经验,预测正在审理案件的实体性量刑裁判并提出参考意见等。因此,人工智能辅助"精准预测"量刑的功能,是以实体法为前提,以定罪活动为基础,基于量刑的基本原理及规律,智能输出量刑建议,具有实体裁判属性,决定了刑罚处罚的结果与效力。当然,实体裁判中的量刑预测,主要是为法官对具体个案提供量刑参考的智能化工具，直接由人工智能作出裁判并不符合当前司法运行的基本伦理。（2）算法规则实现量刑情节的规范化、智能化裁量。量刑情节是刑罚裁量活动中的"重头戏"。司法人员对量刑情节的认定，在方法论上可以概括为"经验+规则"。前者是指司法人员既有的量刑经验，后者是指刑事司法广泛存在的立法解释、司法解释以及细则等。它们都体现了司法人员的主体性、主动性与主导性，司法机关的集体讨论等特殊情形亦不除外。司法人员完全统领下的个体性、经验式量刑预测模式客观上有不足，是我国量刑规范化改革进程中的老大难问题。在人工智能辅助"精准预测"量刑中，对个案的量刑情节的认定，是通过事前的数据输入、分析等，与设定的计算规则、分析规则进行最佳匹配后，智能输出经过理论与实际相互验证后的预测性参考意见。这使"个体经验性""内心独白式""封闭性"的传统量刑，变成了以知识谱系、系统设置、数据输入、算法规则及其运算体系等智能要素为核心的说理过程。通过算法规则的科学设置与深度学习，更能确保裁量过程及结果的合理与公正，排除外部因素的不当干扰。（3）个案与类案的智能精准匹配与量刑结论校正。在传统量刑模式中，司法人员的精力与能力受限，主要是通过一般理论的演绎、经验的积累、典型案例或指导性案例的提示等方式进行量刑。原则上无法穷尽已有的案件，对"活着的"量刑经验无法全面掌握或精准类型化采用，存在司法经验的不完整性、不全面性甚至极端化等问题，严重影响量刑公正的结果实现。相反，算法规则依托一般量刑原理、司法大数据与智能分析等优势，可以对海量的同案、类案等进行比对和分析，推送最具系统性、综合性的预测性参考意见。这直接填补个体经验性量刑的比对基数不足问题。通过最大限度的"类案的海量实质对比与校正"，强化量刑预见的可预测性与有效性。（4）实体裁判预测的自主监督与自觉纠错。基于司法大数据、深度学习等条件，人工智能辅助"精准预测"量刑系统不仅可以自动抓取同判或类判的类案或个案，也具备强大的审查与纠错能力。经过智能对比并发现重大偏离的，对基于量刑原理得出的量刑建议，可以自动向办案人员发出预警，防止裁判尺度出现重大偏离。例如，苏州法院的智能系统不仅可以统计类案的裁判模式与结果，还能根据历史裁判模型，对具体待决案件进行模拟裁判。法官作出的判决结果，一旦发生重大偏离，系统将自动预警。[1]这确保了量刑预测建议的准确性，有助于确保刑罚裁判的公正质量，同时也不削弱审判监督的

---

〔1〕 参见丁国锋："八种'机器人'助力苏州法官判案"，载《法制日报》2017年4月15日，第3版。

应有力度与效果。

四、人工智能辅助量刑的规范构造

规范量刑几乎成为我国近些年量刑改革的核心旨趣。量刑改革的规范化导向，不仅成为量刑科学化的动力，也为人工智能辅助量刑系统的探索孕育土壤。人工智能辅助量刑系统应当以量刑规范化的基本原理为前提和基础，充分发挥司法大数据的量刑预测意义，提高量刑预测的精准性，在功能与制度上实现深度升级与优化。

（一）人工智能应用是量刑规范化改革的突围方向

《人民法院量刑指导意见（试行）》（已失效）《人民法院量刑程序指导意见（试行）》《关于规范量刑程序若干问题的意见（试行）》（已失效）以及《关于规范量刑程序若干问题的意见》相继出台，标志着我国量刑规范化改革进入新时期。持续修订《关于常见犯罪的量刑指导意见（试行）》（2021 年）使规范化改革持续推进。《最高人民法院司法责任制实施意见（试行）》《进一步加强最高人民法院审判监督管理工作的意见（试行）》《关于规范量刑程序若干问题的意见（试行）》等相继出台，既明确要求法官审理案件应全面检索类案和关联案件并制作检索报告，加强统一司法裁判及量刑标准的工作，也优化了量刑的程序。这些都有助于纠正量刑不均衡与规范量刑活动。但是，量刑规范化改革的现实阻力却不减，与大数据技术的对接虽然提升了动能，实践中的问题仍然不少。

目前，处于"深水区"的量刑规范化改革，其理论与司法痛点集中表现为：（1）量刑可预测性的司法改革目标不达标。回顾量刑规范化这项重大司法改革的迅猛推进，虽然取得了有效转变"重定罪而轻量刑"观念等成绩，但个案裁量的规范化、标准统一化等僵局性问题依旧存在。特别是传统估堆量刑等方法仍然根深蒂固，经验量刑的不确定性与不统一性、量刑标准的随意性与不统一性、基准刑的认定过于僵化等问题依旧存在。然而，公认的是，提高量刑可预测性是量刑规范化改革的目标，促使公民自愿遵循和认同法律。[1]所谓量刑的可预测性，是指对诉讼各方及社会公众而言，经过量刑规范化及其程序得出的最终宣告刑，与各方对刑罚的比较与估量具有同一性或相似性，属于一般

---

[1]　参见高憬宏、黄应生："积极稳妥推进量刑规范化改革"，载《法律适用》2009 年第 8 期，第 3 页。

可以预测或可接受的范围。实践证明，司法结果的可预测性是司法正义的重要内容。量刑规范化以提高量刑的可预测性作为目标，旨在改变量刑的标准不统一，破解同案不同判、类案不类判等问题。目前，量刑规范化改革对量刑的可预测性问题着力不够，尚未进入"深水区"。最高司法机关之所以力推强制类案检索报告制度，就是为了提高量刑的可预测性。（2）司法大数据与类案推送制度的粗糙化。大数据技术进入量刑领域，主要是借助司法大数据蕴含的量刑经验，最大程度减少个体司法人员决策所产生的量刑误差以提高量刑质量。立足司法大数据，对裁判文书的海量汇集与类型化分析，通过类案推送等工作方式，抽取实践中的量刑规律与规则，可以消解量刑经验主义的样本不足、类型不充分、规律不完整等问题，并稀释以司法人员为核心的经验主义模式及其不足。但是，类案推送等类案类判系统相对粗糙和简单，主要建立更全面的司法大数据系统与案件数据库，是对司法大数据进行更大规模的类型化整合，虽然优化了司法大数据分析能力，但是，预测量刑建议的精准性相对有限，对同案同判、类案类判的促进效果尚不明显以及检索推送案例的精准性不足，案例的关联性不高，案例的来源及层级不充分，类案类判的实践差异显著等问题相互叠加。相比之下，对司法大数据的全面分析、量刑结果的智能预测等做法，能够达到更直接的效果，超越了案例大数据库建设、案件检索及类案推送等粗糙的数据分析与加工阶段。

（二）人工智能辅助量刑的规范塑造

量刑规范化改革旨在更好地实现量刑公正。人工智能辅助量刑系统的尝试与推进也是在此背景下进行的。从技术支撑与方法论的角度看，提高量刑预测的精准度与质量，特别需要发现并运用过往司法经验中的量刑逻辑，以"活着的"量刑规律与经验校正量刑规范化的理论偏差，合理限制自由裁量权的边界。人工智能辅助"精准预测"量刑的核心功能与量刑规范化完全契合。在深度衔接的过程中，量刑规范化的改革和完善，可以借助人工智能辅助量刑系统的正向优势予以巩固。

为了推进二者的深入衔接与发展，应从以下几个方面进行完善。（1）同案同判、类案类判的宗旨设定。刑事司法的智能化可以降低司法人员主观性中的不确定性，减少或消除裁判的模糊性、标准的不确定性并增加裁判的统一性和预见性。在量刑问题上，人工智能技术的精确计算功能，与司法大数据的深入融合，可以很好地消除同案不同判的量刑失衡问题，更好地做到同案同判。人工智能辅助量刑系统是以量刑原理与司法大数据库为基础的，通过算法的强大优势，对司法大数据进行智能分析，深度挖掘类案的具体结构与影响要素，以数据化与智能化的方式，自动且个别地、具体地输出量刑预测建议，辅助法官对类案的裁判，保障司法裁判标准的统一，促进同案同判、类案类判。智能技术导入量刑环节后，类案类判不再是纯粹的大数据司法分析技术，而是集中到提升量刑的智能预测及其精准度。通过充分发挥算法及其深度学习的能力，提高智能运算、分析、决策等能力，可以超越一般性的经验积累与人的理性在量刑活动中的极限，最终在方法论上实现高度智能预测量刑的绝对优势。这不仅可以拓宽传统裁判思路与思维，也可能发展为统一司法适用的强化手段，甚至上升为新型司法判决的质量控制机制。同时，应继续推动量刑规范化改革，制定出台精细的量刑指导意见；加快建立健全司法大数据库，优化类案类判系统的司法管理体制，制定标准流程与规范管理制度，实现类案检索、类案推送、类案类判的复合功能体系。（2）量刑规范化的智能标准化体系。统一司法裁判尺度，是对人工智能辅助量刑系统功能的基本定位。在决策与实施的指导层面，该核心功能被通俗地概括为标准化。以标准化为核心功能导向，催生了新的司法运行机制。司法判断和决策模式在算法的推动下，呈现出智能化、标准化、集约化、模块化等特征。通过竭力追求量刑预测的标准化，将审判权还给法官，确保类似案件的裁判尺度尽量相同，也生成更开放与包容的第三方评估标准，强化了量刑预测的监督属性。然而，标准化在契合智能技术的流水作业属性时，也要坚持适度的灵活性。人工智能辅助量刑系统的标准化应用不能走向极端，个案公正是不能突破的底线。但不能忽视重视标准化的可靠性问题，特别是重大、疑难、新型案件更复杂，人工智能辅助量刑系统的标准化要求更高，才能确保预测结论的可靠性，真正促成量刑标准的统一化。在量刑预测过程与结论的标准化上，应留足必要的差异性空间与干预范围。（3）人工智能辅助量刑的专业化。只有将算法、司法大数据与量刑基本原理进行高度黏合，才能达致精准预测。进言之，在定罪是量刑的前提、个案的量刑要素分析、同案或类案的分析与对比、量刑预测与量刑建议等核心环节，都注入算法的计算能力与运行因子，才能提升量刑过程的科学性与结果的有效性。目前，人工智能辅助量刑系统仍缺乏专属性与独立性，往往隶属于智能审判系统或智能检察办案系统，而非完全独立的测算模块与运行系统。在现阶段，为了破解专门化、专业化、专属性相对不足等问题，应加快应用层面的专业化建设，实现原理、数据以及智能预测的三维合一。首先，应当完善司法大数据库的建设及分析能力，[1]优化对司法大数据的智能挖掘能力，改进算法的规则与运行。在系统应用的便捷性上，应当优化量刑建议的推送方式，附上相应的算法说理内容。在系统结论的正当程序性上，增加量刑建议的透明性与验证性，使其更符合刑事司法规律、量刑活动的需求。（4）优化人工智能辅助量刑的说理性能。既有的量刑说理在数据支持、说理的表述方式、论证方法以及说理的过程公开等方面都存在一定的问题，也使量刑结论的可接受性受到相应的影响。基于算法而形成的人工智能辅助量刑系统，构建了一种新的量刑说理机制，有助于消除个体性、经验性量刑预测做法的封闭性与独断性。通过统合量刑规范化原理与司法大数据中的量刑规律，可以提供更中立、直接以及具有验证性的说理机制，以更立体、可视化的方式展示同案同判、类案类判的实现过程，强化预测结论的正当性与可接受性。为此，应当以算法为核心，不断优化算法规则、运行方式以及深度学习能力等条件，完善人工智能辅助量刑的说理水平。一是提高自然语言的解码能力，与人类语言可以实现无缝对接，避免出现语用逻辑等信息偏差、数据输入错误等深度学习的误区。二是要尽快实现算法规则及其运行的透明性，加大智能量刑过程的公开性，强化智能量刑说理机制的外部可识别性、可解读性与公众可参与性等。三是具体操作与实施环节，不仅应以推送确定或具体的量刑建议为常态做法，更应附上算法层面的说理依据，实现说理与结论的相互验证。四是建立人工智能辅助量刑系统说理的外部监督机制。应当允许司法人员或利害关系人员提出意见和监督，对于明显错误或不当的，设置纠正或不予以采纳的补救通道。

五、人工智能辅助量刑的公正达致

人类的智力水平及其经验所形成的刑事法治知识体系，是司法活动的重要基础。得益于智能技术与司法大数据的融合技术优势正在壮大以及集体释放的积极效果，人工智能辅助量刑快速发展。但其是否更科学、可靠及其有效性等深层次追问也随之出现。尤其在算法主导下，智能量刑尚且存在可视化不足等问题。算法合乎正当程序运行是人工智能辅助量刑系统达致司法公正的保障。

（一）警惕算法司法化的隐忧

人工智能技术高度依赖算法及其运行规则。对于这一新事物，实践中不乏

---

〔1〕 参见左卫民："迈向大数据法律研究"，载《法学研究》2018 年第 4 期，第 139 页。

各种担忧的态度。主要是因为算法的自主运行很可能超出人的控制，继而导致人工智能辅助量刑系统的运行及其结论可能脱离司法正义的底线之设定。

当前，对算法的司法化及其辅助量刑尚且存在以下技术应用风险。（1）算法系统的非透明性。数据和算法是算法治理的核心，人工智能辅助量刑系统高度依赖算法与自主的深度学习能力。但是，算法是"黑盒子"，"黑箱性"特征是其天性。数据在完整性和真实性上的瑕疵以及算法的不可解释性，使算法及其运行具有不透明性等问题，天然地与法律决策与司法裁判的透明性、公开性等要求相冲突。算法的隐蔽性和当代刑事案件的裁判过程透明性之间的不适乃至冲突问题由此而生。在此基础上，人工智能及算法有可能成为内在的技术障碍。在现阶段，人工智能辅助量刑系统无法真正全面实现透明化、可视化。通过正当程序的方式，合理稀释非透明性并增加公开性、可视化，是一项需要长期努力才能实现的任务。（2）算法规则的权力垄断倾向。人工智能辅助量刑系统包括自动生成判决、根据大数据矫正法律决定的偏差等功能，都是对目前量刑活动的有益修正与补充。然而，自动生成判决的普及适用，也使法官的地位和作用被极端弱化，甚至可能出现算法支配或控制审判，一旦变成司法常态，算法的独裁问题随之出现。例如，深度学习可能使既有判决中存在的失误、质量问题以及偏差值在无意间被固定化。将错就错的风险，容易压抑通过个案发现并确认合法权利、创新规范、推动制度升级的动态进化机制。（3）算法预测偏好的极端化。人工智能辅助量刑系统依靠算法进行预测，在一定程度上使传统量刑的程序独立改革化为泡影，转而是不可视化的算法之运算过程。这可能导致量刑辩论等核心的程序性活动走向消亡。"一切取决于既定的软件，面对面的对话式论证不需要"的算法运行逻辑，在现有的情况下，可能会引发负效应的扩大化，特别是量刑过程中的法律推理、法律议论、法律解释学等本就薄弱的部分会变得更弱不禁风。而且，来源多样化、规模不断膨胀的法律数据的可靠性与真实性仍存在问题，难免诱发算法的暗箱效应。片面且过度强调人工智能辅助量刑系统的可靠性，可能加剧原有司法实践的弊端和偏见或放大某些缺陷，甚至制造新的弊端和不足。（4）算法语言切换的隐忧。如何借助智能技术遵循人类社会信赖的公正标准与正义要求，将人类语言、思维、经验等法律知识，通过自动解码，转换成人类可以识别的电子信息、数据以及结论。这是两种语言之间的技术鸿沟。只有实现信息对等、充分沟通、有效对话，才能保障算法的程序正义与结果公正。语言鸿沟使人工智能辅助量刑系统背后隐藏一定的技术暗箱操作与流水线生产方式等隐忧。这是不可测且不可控的不确定性司法风险。（5）算法的数据制度跟进滞后。司法大数据库的持续建设以及人工智能技术的充分发掘，使"活着的"量刑规律与经验日益公开、丰富与可靠，为人工智能辅助量刑系统的实践提供基本的类比依据。但是，我国的司法大数据库建设仍存在不少问题，包括体量不足、内容不充分、真实性与客观性有待加强、司法大数据的结构分类不到位、一定范围内的数据缺失与匮乏等问题。司法大数据是人工智能辅助量刑系统中算法的运行基础，是精准预测的匹配对象。司法大数据体系尚不完善，降低了算法运行的顺畅与结论的科学性。（6）算法逻辑的社会属性匮乏。在美国，不透明的算法规则，部分取代法官的自由裁量活动，已引发批评与担忧，特别是智能技术应用脱离了社会现实。[1]社会属性与人文关怀的缺失，既是智能技术应用过程中的去人中心化效果的必然产物，也使智能应用在量刑领域必须面对去人性化等的制度性困难。量刑活动既是法律行为，也是社会问题。量刑的标准及其裁量，必然受到各种社会经济因素的影响，也必须整体上有效回应社会诉求。在现阶段，人工智能辅助量刑系统在有效植入并充分评价社会因素上，仍存在一定的技术短板，可能削弱精准预测的有效性与公众认可度。

上述对算法的司法化之疑惑及其发酵，折射出对人工智能辅助量刑的正当性隐忧。如何规制算法并确保人工智能辅助量刑的过程与结果公正是关键。

（二）遏制消损算法公正的有效措施

以司法大数据和算法为基础建立的智能决策模式，可以较大程度克服人类因认知局限或主观恣意等导致的偏见，使司法结果更客观、准确和公平。人工智能技术与司法的结合，往往被认为更接近公平。但智能技术及其应用的好坏并非绝对，智能司法引发的歧视和偏见并不鲜见。算法及其规则体系作为智能量刑应用的关键支点，及其所得出智能量刑预测结果，应当兼顾司法的一般公正与个别公正。立足当下的技术应用水平，既要从外部控制算法的司法化风险外溢，也要从内部强化算法逻辑的科学性，为人工智能辅助量刑打造可靠的公正性基础。为此，应建立一套有效的规范化预防措施。

遏制消损算法公正的有效措施，至少应当包括以下内容。（1）量刑公正的指标设定。为了充分发挥人工智能辅助量刑的技术优势，克服算法本身的技术风险，应设定一套司法公正的指标体系。其要素应当包括：一是司法大数据的

---

〔1〕 参见李本："美国司法实践中的人工智能：问题与挑战"，载《中国法律评论》2018年第2期，第54-56页。

公开与统一。除了量刑规范化的基本原理，司法大数据是人工智能辅助量刑系统的基础要素，也是算法运行的主要对象，对算法规则与结果形成具有前端影响力。向智能系统输入的司法大数据必须是公开的，不仅可以从源头确保算法的科学与公正，也可以回溯算法的源头，增加算法在前端的透明性。而且，为了统一刑事司法智能化的适用标准，应当建立统一的司法大数据库，打破当前司法数据孤岛的消极局面，[1]确立国家统一的标准化共享共用机制，在更大幅度内通过司法大数据实现预测量刑的规范化、标准化。二是量刑情节的法定化、类型化与酌定情节的规范化。量刑情节是量刑活动的关键要素，量刑情节的法定化是确保量刑规范化、统一化的重要前提。人工智能辅助量刑系统对量刑情节的自动识别和分析，也应当以法定化为原则，并增加类型化的分析功能。应当规范酌量情节的适用，强化个案的公正效果。只有对量刑情节的识别、分析与处理，符合法定原则、规范要求，算法运行所得出的量刑建议才具有正当性。三是算法过程的透明性。在技术应用层面，应当考虑建立一套可以被外部观察或体验的机制，优化算法运行过程的透明性问题。例如，算法运行的主要步骤、阶段、分析方法等要素，可以通过人类语言的方式对外进行公布，或有相应的预警、监督措施。四是量刑建议的说理性。在自动输出量刑建议之际，应当附上相应的说理内容。既要阐明结论的形成过程，也要立体地、可视化地阐明理由，使结论具有辩论性、检验性。在现有技术条件下，司法人员基于公正的需要，可以主动干预，对预测的量刑意见作出合理修正，或直接不予以采纳并说明理由。（2）遵循正当程序的算法逻辑。算法的运行方式具有隐秘性与非透明性，目前主要由研发者、设计者及其相关公司负责管理与控制，在算法的运行规则、过程以及结果等方面，容易形成"黑箱"效应。但是，遵循正当程序原理，司法裁判活动必须具有公开性，利益各方可以充分参与，通过辩论等方式保护合法权益。算法作为人工智能辅助量刑系统的核心要素，与正当程序原则及其要求可能在实践中存在一定的差距。在美国卢米斯案中，威斯康星州最高法院支持初审法院的判决，否定卢米斯提出的正当程序和平等权主张。被告在算法评估结果前，对于 COMPAS 分析了记录在案的公共数据（犯罪记录）和基于被告对问题的回答而形成的数据，有机会否认或解释相关信息以及验证相关信息的准确性，事后质疑信息准确性缺乏合理依据。法院承认 COMPAS 算法评

---

[1]　参见赵龙、刘艳红："司法大数据一体化共享的实践探微——以破除'数据孤岛'为切入点的逻辑证成"，载《安徽大学学报（哲学社会科学版）》2019 年第 6 期，第 130 页。

估结论，可以揭示与卢米斯相似的一类人的再犯风险，但该评估结论不是法院作出量刑判决的唯一依据，法院拥有同意评估结论的裁量权和相关证据的裁决权限。该量刑判决是充分个别化的结论。[1]这在一定程度上肯定了算法的程序正义性。算法的程序正义性与司法说理下的程序正义，在价值取向与功能配置上相似，在程序正义的实现上可以相互借鉴。对于算法的运行而言，建立健全法律议论机制有积极意义。[2]法律议论机制可以充分关切利益攸关方，通过对话等程序达成共识。相应地，应当接纳司法人员的外部监督与介入，容忍辩论等交互、兼容的形式。在刑事司法智能化的背景下，人工智能辅助量刑系统发生在封闭的裁判场合，算法要处理个人与国家之间的复杂法律关系，在证据、事实、法律以及价值中进行审查与综合判断，应充分考虑社会因素等案外要素，而不是单纯分析法律规范。因此，算法规则与法律的正当程序必须深度嵌合，消除算法的不透明问题，使算法运行的规则、方法、逻辑、过程以及结果生成等要素符合正当程序，消除算法的垄断、偏好以及极端等问题。（3）算法供给量刑说理机制。算法是智能技术的生存灵魂，算法规则是智能技术走向应用层面的道德伦理规则。人工智能辅助量刑系统所依赖的算法，其意义与功能大体相当于传统量刑说理制度。从可视化的角度而言，算法运行与传统量刑说理具有本质上的相似性，肉眼无法直观。但从思维的层面却是可以被看见或被发现的，也是可以被讨论、检验、修正以及改良的对象。从实践做法看，人工智能辅助量刑系统所依赖的算法，在发挥精准预测等量刑功能时，正好扮演提供新型说理系统的角色，只是说理的主体、原理、对象、目的、表现形式等，与司法人员的量刑说理机制差异甚大，但并不能阻隔人工智能辅助量刑系统所依赖的算法运行规则承担起输出人工智能辅助量刑的说理任务。基于此，算法逻辑支撑下的人工智能辅助量刑，实际上正在生成一种新的量刑说理模式，其最大的特点是通过算法而非人脑，可以智能预测个案的最佳量刑意见，可以无限接近合理性与可接受性。这与传统量刑的说理机制在本质与功能上是一致的，也是人工智能辅助量刑系统嵌入量刑规范化改革的最强内生动力。而且，通过算法及其规则，不仅可以恰如其分地褪去"非可视化""透明性不足"等技术缺陷所引发的外部纷扰，还可以更专注地提升人工智能辅助量刑预测的科学性与精准性。更重要的是，算法逻辑与量刑说理的重新搭配与组合，也孕育了人工

---

〔1〕 参见郑戈："算法的法律与法律的算法"，载《中国法律评论》2018年第2期，第75页。

〔2〕 参见季卫东："人工智能时代的法律议论"，载《法学研究》2019年第6期，第32页。

智能辅助量刑系统的规范性基础与教义学属性，使其不再单纯停留于运用司法大数据获得数据对比优势等智能技术应用优势的单一层面，反而更充分、具体地彰显人工智能辅助量刑系统拥有可靠的规范基础、法理依据以及功能体系，也即它是事实分析、规范判断、价值取舍的综合体。（4）算法风险的制度自控。量刑建议的适当与否，直接依赖于算法规则、算法运行的精确性。从现有技术看，基于深度学习而自主升级的算法，仍处于非常艰难的爬升过程，尚需要借助外部力量，特别依赖人类在前期的海量数据输入。目前，机器学习是在算法不更新的情况下，通过海量数据的输入进行优化，早期的学习积累过程在一定程度上受人的主体性地位及其能力的影响。在升级与完善算法及其运行上，既要强化改进司法数据等前端要素，也要通过增加自主学习和优化积累能力等，提高算法的法律理性要素。对于算法与司法的结合，要在准确性、科学性与透明性等方面寻找最佳结合点。这赋予人类一定的干预必要性，可以对算法及其运行摄入正当性的要素。在具体对策上：一是可以建立和完善算法审查制度。人工智能辅助量刑系统在运行中可能出现不确定性风险，影响司法决策的科学性。可以建立算法的合法性、正当性审查机制，通过人类的外部干预予以消解。例如，可以考虑建立由司法人员和智能研发、设计专家等组成的伦理审查委员会，对不透明、反歧视等热点伦理和法律问题进行审查，借助外部力量督促算法的公正性和合法性。二是在研发与设计阶段，应当预设一定的可回溯性功能，利用算法系统的可回溯性功能，对算法的运行过程及结果进行回查和监督，作出必要的矫正与修正功能。三是确立权威的算法价值调和与解释规则。对于算法在刑事司法应用领域引发的风险与价值冲突，不仅要确立基本的调和原则，明确当前智能技术辅助的角色以及人类利益优先原则，用于解决重大疑难问题，也要确立权威的解释规则，用于个案或类案的止纷，以及界定司法人员的渎职责任。制定解释规则的主体应当是最高司法机关，确保利益攸关方的充分参与，以对话、协商的方式，妥善解决价值冲突。

六、人工智能辅助量刑的应用完善

人工智能辅助量刑系统是辅助办案平台，与法官量刑的协作有待明确和磨合。为了优化人工智能辅助量刑系统的发展性优势，应当建立更具普遍效能的实施机制。

（一）人工智能辅助量刑的角色定位

传统司法人员预测量刑与智能预测量刑虽存在运行模式的差异，但并未彻底变成完全对立的两种模式，而是相互依存并嵌入使用的。这是现阶段的实际样态。不过，专属性与独立性的薄弱，也决定了人工智能辅助量刑系统的辅助角色定位。应当根据传统司法与量刑活动的惯习，充分释放人工智能辅助量刑系统的司法辅助角色与功能。

在现阶段，决定它是辅助角色与功能的内因，主要包括：（1）竭力吻合刑事司法智能化的公众认同度。刑事司法智能化的进程与效果，应与现阶段的司法认同水平保持一致。人工智能尚未在法律核心领域显示全面超越人类的应用能力。人工智能适宜作为法官裁判的助手而非完全替代法官。现阶段的刑事司法智能化，应定位于辅助法官决策的助手与参谋角色，而非直接取代。这既是由人类对法律职业的认知决定，也是由人工智能技术的不足决定。当下，应当坚持法官的主体性，确认人工智能辅助量刑的工具性，旨在防止出现过度依赖智能工具后的锚定效应。人工智能辅助量刑系统可以与法官量刑的主导性、法定性功能相辅相成。但也不应低估人工智能辅助量刑系统潜在的重大司法意义和正义价值。（2）激活辅助量刑意义应循序渐进。人工智能技术及其应用的深度演变，可以建立高度"类人"的决策机制，可以和人一样对复杂情形作出合理决策。在量刑领域，基于算法的强大功能，可以高度模拟司法人员，依法预测量刑，通过技术优势，使量刑结论更具有合理性、科学性以及参考价值。进言之，人工智能技术通过大数据分析、数字运算及系统化分析等优势，可以建立更可靠的预测性能与指引效果，为法官持续提供相对客观的比照标准与预测结果，对疑难复杂刑事案件的量刑具有积极的意义。人工智能辅助量刑系统在预测上有非常突出的精准优势，但是，并不能直接否认传统量刑规范化体系的合理性及其优势。从功能预设看，人工智能辅助量刑系统暂时尚不具备直接取代法官地位的能力，而是努力"思考得像一个法官"并作出分析、决策、判断。[1]法官也不能完全依赖人工智能技术，沦为人工智能辅助量刑系统的附属。此外，司法大数据等外部支撑要素的不足，使刑事司法智能化无法充分展开，从而主要扮演辅助性角色而非司法实践的主体角色，完全取代法官不切实际。（3）全流程促进司法改革效能应当被有序伸张。目前，各地探索与研发的人工智能辅助量刑系统，既有从全流程推进智能司法办案的角度进行定位的，也有专门从量刑预测系统的个别性需求出发进行定位的。量刑是刑事诉讼活动

---

〔1〕 参见左卫民："AI法官的时代会到来吗——基于中外司法人工智能的对比与展望"，载《政法论坛》2021年第5期，第3页。

的终端与归属，人工智能辅助量刑可以注入精准预测的能量。作为新型智能化办案平台，人工智能辅助量刑系统不仅可以释放技术推动量刑规范化改革的潜能，还可以结合司法大数据的丰富内涵，显著提高量刑的精准性与公正性。人工智能辅助量刑是推动以审判为中心的刑事诉讼制度改革落地的有益尝试与重要辅助措施，是刑事司法智能化改革进程的开拓者。不能片面地认为，人工智能裁判的运行逻辑和审判中心主义的内在机理存在显著冲突，从而限制人工智能裁判及其在量刑领域的适用。审判中心主义及其诉讼制度改革是全面地、积极地追求司法公正与诉讼效率的融合。人工智能辅助量刑可以很好地提升量刑规范化质量并提高量刑精准性，其关键在于完善的配套措施。随着司法大数据的不断增量与积累，人工智能辅助量刑的实证依据、规律等支撑要素变得更强大，预测的量刑结果将更精准，对刑事司法智能化的贡献将不断释放。人工智能技术及其应用是进步的，人工智能辅助量刑系统的预测功能将不断升级和完善，辅助角色及其内涵也是发展的。

（二）人工智能辅助量刑的改进方略

从传统司法人员量刑到人工智能辅助量刑系统的演进，是人与技术的分离与重合。两种量刑的思维与模式，在实践逻辑与功能定位上存在一定的对冲性。既要正视人工智能辅助量刑的技术短板所引发的不良反应，也要充分认识到智能技术及其应用的升级潜质与发展动能。应当推动技术升级，不断提高量刑预测的精准性。

1. 自然语言处理技术的衔接升级

算法的运行是以自然语言进行的，与人类语言不同。人工智能辅助量刑系统需要以自然语言解码人类语言表述的法律问题。这引发了不同语言之间的衔接与冲突问题。以法律文书的读取、分析等为例，电子法律文书大致按照统一的格式编辑。但司法人员撰写法律文书时，对相同事项的文字表述方式具有多样性。如自首可以表述为自动投案、代为投案、如实供述罪名等形式。在人工智能辅助量刑中，算法构建日益理性与科学的知识图谱后，由于自然语言技术尚不成熟等原因，可能无法通过传统的关键词匹配等方式，全部、完整提取情节，无疑弱化了智能技术本应发挥的技术优势。人工智能辅助量刑当前在自动高效、准确提取案件事实、证据以及情节等数据信息上仍有提升空间，是自然语言处理技术短板的体现。优化自然语言处理技术的外部便捷性，可以显著提高算法的沟通、协作能力。

2. 保障技术正义的程序配套

程序公正是保护被告人基本诉讼权利的前提。人工智能辅助量刑系统的不公开问题，可能压缩公正性的应有含量。在美国卢米斯案中，人工智能辅助量刑引发的主要争议是人工智能辅助刑事裁判的不确定性、可解释性风险。究其原因，是人工智能辅助量刑系统所主要依赖的算法及其运行规则，具有隐秘性、不透明性等问题，任其完全主导量刑过程，可能出现司法垄断等问题。克里斯托弗·斯洛博金教授指出，如果认为有必要，法院应该有权强制披露相关智能分析工具算法的代码。[1]易言之，人工智能辅助量刑系统的公正性，取决于算法的外部公开性与可视性。应当进一步优化算法及其运行过程与程序正义的契合性，做好如下措施。（1）应当披露人工智能辅助量刑系统的技术参数、算法逻辑等核心司法要素，使外部利益攸关者可以充分知情、有效参与。从现有的主客观因素看，人工智能辅助量刑系统的数据公开、算法公开、过程公开等一系列问题，并不单纯是法律适用与理解的问题，首先是智能技术攻关问题。此项正当程序工作的推进，仍需假以时日。这是人工智能辅助量刑系统无法与法官量刑"平起平坐"的技术内因。应当率先从智能技术升级的层面解决算法公开的难题，实现人工智能辅助量刑的预测过程与结论之程序公开。（2）智能司法伦理建设的加强。目前，人工智能辅助量刑系统在程序层面缺乏可责性与回溯机制，使司法责任制几乎无从谈起，无形中弱化了对人工智能辅助量刑系统的质量控制、责任监督。人工智能辅助量刑的进一步发展，应全面始终贯彻合乎技术伦理的设计理念，制定与完善设计者和使用者的司法技术伦理指南，使算法的运行及结果更接近司法正义。

3. 有序扩充适用范围

公权力的行使遵循公开性与透明性，而算法具有相当的"黑箱性"。算法的形成、运行规则、运行过程与内容等，目前不便于公开或公示以及不容易被外界认知。这就天然地与公权力行使的透明性、刑事司法及其规则的公开性相悖，决定刑事领域的审慎应用与推广之理性选择。例如，公诉办案辅助系统和量刑建议分析系统主要适用案情简单、证据标准较明晰的轻刑案件，如危险驾驶、"两抢一盗"、赌博等。[2]又如，对于人身危险性的量刑意义之识别、判断

---

〔1〕 参见朱体正："人工智能辅助刑事裁判的不确定性风险及其防范——美国威斯康星州诉卢米斯案的启示"，载《浙江社会科学》2018 年第 6 期，第 82-83 页。

〔2〕 参见宫鸣："推动现代科技与公诉工作深度融合"，载《人民检察》2017 年第 20 期，第 35 页。

以及智能量化等，仍有很大的进步空间。尽管人工智能辅助量刑系统适用的罪名仍未全覆盖，但对占比极高的认罪认罚案件，可以优先探索并实现人工智能辅助量刑系统的一般性应用。《刑事诉讼法》（2018 年修正）第 15 条规定了认罪认罚从宽制度。这使认罪认罚案件与不认罪认罚案件的程序繁简分流得以规范化、正式化。在全面实施阶段，认罪认罚案件的数量占比不断攀升，成为司法机关最主要的办案对象。在自愿认罪认罚的前提下，定罪基本无争议或已解决，并主要通过程序予以确认有罪，使量刑从宽协商、量刑建议的提出、量刑建议的精准等成为重中之重。科学开展量刑从宽协商、精准提出量刑建议并使其具有正当性，成为认罪认罚案件质量考核的核心标准。人工智能辅助量刑的探索与适用，成为认罪认罚办案机制的新生力量。[1]相比于不认罪认罚案件定罪量刑的"坚硬性"等法定特征，研发与适用针对认罪认罚案件的人工智能辅助量刑已经成为目前最急切与优先的实践问题。

---

〔1〕 参见孙道萃："人工智能辅助精准预测量刑的中国境遇——以认罪认罚案件为适用场域"，载《暨南学报（哲学社会科学版）》2020 年第 12 期，第 64 页。

第九章

人工智能辅助精准预测量刑的中国境遇

——以认罪认罚案件为适用场域 *

在认罪认罚案件中，控辩量刑从宽协商机制的司法供给不足、量刑建议协商的效率诉求攀升、量刑建议的正当性与精准化要求等问题交互叠加，亟待从理论本源上疏解供需矛盾，人工智能辅助精准预测量刑也应运而生。认罪认罚案件具备智能办案的规模化、类型化优势条件，与预测量刑的本质特征、量刑规范化理论、司法大数据蕴含的量刑规律与经验等，共同生成人工智能辅助精准预测量刑的知识体系。理论预测与数据预测作为体系双核相互验证，与必要的人工介入，齐力实现更精准预测量刑，提高量刑协商效率与量刑建议质量。人工智能辅助精准预测量刑系统宜定位为司法辅助角色，发挥量刑规范化层面的参考作用。

一、问题的提出

《刑事诉讼法》（2018 年修正）第 15 条正式规定了认罪认罚从宽之基本诉讼制度。这使认罪认罚案件与不认罪认罚案件的程序繁简分流被制度化。在全面实施的背景下，认罪认罚案件的数量占比不断攀升，成为最主要的办案对象。[1]在自愿认罪认罚的前提下，定罪基本无争议或已解决，主要通过程序确认"有罪"。通过量刑从宽协商机制提出科学的量刑建议成为重中之重。[2]这要求转变传统办案理念与方式。根据《刑事诉讼法》（2018 年修正）第 176 条第 2 款以及第 201 条的规定，检察机关迫切需要构建量刑协商机制与提高量刑

　＊　本文部分内容曾发表在本人专著《认罪认罚从宽制度研究》（中国政法大学出版社 2020 年版）中，特此说明。

　〔1〕　参见樊崇义、常铮："认罪认罚从宽制度的司法逻辑与图景"，载《华南师范大学学报（社会科学版）》2020 年第 1 期，第 169 页。

　〔2〕　参见陈瑞华："刑事诉讼的公力合作模式——量刑协商制度在中国的兴起"，载《法学论坛》2019 年第 4 期，第 5 页。

建议能力，尤其是应当尽量提出精准且明确的量刑建议。[1]签署的具结书及量刑建议的合法性成为人民法院庭审的新对象。[2]这决定了科学开展量刑协商、精准提出正当的量刑建议，是当前办案质量的核心考核指标，也是创新办案机制的新方向。然而，如何在短时期内高效完成量刑协商并提出科学的精准量刑建议仍在摸索中。

与此同时，2019年2月，《最高人民法院关于深化人民法院司法体制综合配套改革的意见——人民法院第五个五年改革纲要（2019—2023）》明确指出，要加强智能辅助办案系统建设，建设智能辅助审判系统，完善类案推送、结果比对、数据分析、瑕疵提示等功能，促进裁判尺度的统一，提高审判的质效。[3]2019年7月，时任最高人民法院院长周强在"世界互联网大会智慧法院暨网络法治论坛"上指出，信息技术推动司法的现代化，研发与应用各类人工智能办案辅助平台，利用大数据对案件进行标准化认定，可以推进司法公正。[4]这充分说明人民法院高度重视智能审判辅助系统建设，[5]刑事审判领域针对认罪认罚案件的智能办案是当前的热点与难点所在。这对检察机关而言更为迫切。2019年4月，全国检察机关贯彻落实认罪认罚从宽制度电视电话会议强调，进一步细化常见罪名量刑标准，加强量刑规范化建设。[6]同月，全国检察机关"量刑建议精准化、规范化、智能化"网络培训要求，各级检察机关加快全面提升检察官量刑建议的能力和水平。特别要求充分发挥大数据智能辅助系统的作用，通过大数据、智能化与检察工作的结合，有效提升量刑建议的精准度，充分论证并适时组织研发可以普遍适用的量刑建议辅助系统。[7]这明确提出了认罪认罚案件的量刑智能化改革之改革方向。目前，认罪认罚案件人工智能辅助精准预测量刑系统已经开始陆续上线试用。例如，由广东博维创远科

---

[1]　参见卞建林、苗生明、李建超、刘卉："确定刑：认罪认罚从宽制度下量刑建议精准化之方向"，载《检察日报》2019年7月29日，第3版。

[2]　参见樊崇义："2018年《刑事诉讼法》最新修改解读"，载《中国法律评论》2018年第6期，第7-8页。

[3]　参见扬凡："建设智慧法院为司改注入新动能"，载《人民法院报》2019年7月13日，第2版。

[4]　参见徐娟："让智慧法院为法治中国建设加速"，载《人民法院报》2019年7月12日，第2版。

[5]　参见周佑勇："智能技术驱动下的诉讼服务问题及其应对之策"，载《东方法学》2019年第5期，第14页。

[6]　参见戴佳："把认罪认罚从宽制度落实到具体案件中"，载《检察日报》2019年4月15日，第1版。

[7]　参见史兆琨："深入推进量刑建议工作有效开展"，载《检察日报》2019年4月29日，第1版。

技有限公司研发与设计的"小包公"智能定罪与量刑系统，对认罪认罚案件具备强大的人工智能辅助精准预测量刑功能，能够更好地推进量刑规范化改革，已在全国 200 多个法检使用或试用，试运行效果良好。[1]2020 年 1 月，遵循"科学化、智能化、人性化"智慧检务建设原则，最高人民检察院以及贵州、海南两省检察机关正式上线试点运行全国检察机关统一业务应用系统 2.0 版，其中，智能辅助量刑系统是非常重要的板块。[2]大数据与人工智能技术可以智能抓取、分析相关量刑情节并智能输出预测刑期。未来的量刑活动，特别是认罪认罚案件的量刑，借助大数据智能辅助系统，可以提升量刑建议的精准度。[3]当前，进一步加快量刑智能辅助系统研发和推广，是提升量刑建议的客观性、精准度和公信度的必由之路。[4]随着刑事司法智能化改革走向"深水区"，[5]围绕认罪认罚案件探索人工智能辅助精准预测量刑系统亟需理论支撑，更是理论发展的使然。当前，有关认罪认罚案件的人工智能辅助精准预测量刑系统的理论依据、原理构造等研究相对滞后，理论指导实践的效能不足，亟待释明和建构实施机制。

二、人工智能辅助认罪认罚案件量刑的理论供需

因定罪问题基本解决，办案机关转而着力保障量刑从宽协商的公正性。但检察机关量刑建议能力的积累与培养相对不足，迫切需要通过量刑建议辅助系统实现"弯道超车"。人工智能辅助精准预测量刑系统应有一席之地，可以发挥提高量刑建议精准化及其效率等积极作用，也宣示独立的量刑办案机制正在加速形成。

（一）量刑建议核心地位的司法供给瓶颈与制度性消解

在不认罪认罚案件中，定罪量刑是既定的核心司法活动，定罪是量刑的前提，甚至在实践中异化为"重定罪、轻量刑"的不良倾向。在认罪认罚案件

---

〔1〕 参见樊崇义："关于认罪认罚中量刑建议的几个问题"，载《检察日报》2019 年 7 月 15 日，第 2 版。

〔2〕 参见戴佳："检察业务应用步入 2.0 时代"，载《检察日报》2020 年 1 月 4 日，第 1 版。

〔3〕 参见卞建林、苗生明、李建超、刘卉："确定刑：认罪认罚从宽制度下量刑建议精准化之方向"，载《检察日报》2019 年 7 月 29 日，第 3 版。

〔4〕 参见罗庆东："以精准化量刑建议落实认罪认罚从宽"，载《检察日报》2020 年 2 月 10 日，第 3 版。

〔5〕 参见孙道萃："我国刑事司法智能化的知识解构与应对逻辑"，载《当代法学》2019 年第 3 期，第 15-26 页。

中，定罪问题基本解决或无争议，量刑协商及量刑建议等成为焦点。但是，针对量刑建议的核心办案任务，当前的司法供给制度明显滞后。鉴于刑事司法智能化的潜质与意义，可以从办案思维、司法理念以及技术方法层面提供制度性的消解路径。

1. 量刑从宽协商机制乏能的思维超越

长期以来，我国刑事司法片面强调控辩对抗，忽略控辩合作。试点经验已经证明，犯罪嫌疑人、被告人自愿认罪认罚的，控辩之间对抗的法律前提已然消失，可以通过合作、协商的模式获取最大利益。[1]认罪认罚从宽制度直接推动我国刑事诉讼结构的深度调整，确立了诉讼合作模式之图景。速裁程序的正式入法，与普通程序、简易程序共同构建了多元化、多层次的诉讼程序，使诉讼合作已经具备程序基础，实质启动繁简分流的多层次诉讼制度体系之构建。刑事诉讼结构、诉讼理念的重大转变，不仅冲击不认罪认罚案件的传统办案机制，也要求为认罪认罚案件设计相对独立的办案模式，贯彻司法合作的精神。在认罪认罚案件中，量刑协商成为常态性活动，但协商机制尚不健全。[2]检察机关主导量刑协商过程、科学提出精准的量刑建议作为至关重要的新任务在理论储备上非常不足。

量刑从宽处理是司法层面的法律后果与终极归宿。在如何实现从宽处理的办案任务中，量刑从宽协商、提出精准的量刑建议、签署具结书以及一般应当采纳等，是基本的实施要素与指标体系。[3]从个案正义看，量刑从宽协商的过程与量刑建议的合意结果都非常重要，不仅关系实体裁判的准确性与合法性，也具有程序正当的重大赋能意义。在诉讼简化下，量刑建议的精准与科学，可以提高诉讼效率与减少当事人的诉累。但是，在量刑环节提高效率，其思路不同于定罪，要充分结合认罪认罚案件的属性。既要确保量刑从宽协商的实体正义与程序正义，也要在办案方式、方法上进行创新。其核心诉求就是，在有限司法资源下，以更高效的方式，达到量刑从宽的公正性。为了使认罪认罚案件的量刑从宽协商机制得以充实与具化，不仅需要借鉴传统诉讼协商的基本理念与做法，更需要谋求中立性、客观性、高效性的协商平台，满足大规模、常态

---

〔1〕 参见樊崇义："2018 年《刑事诉讼法》修改重点与展望"，载《国家检察官学院学报》2019年第 1 期，第 9—10 页。

〔2〕 参见陈庆安、潘庸鲁："认罪认罚从宽制度试点期间的问题与应对"，载《河南师范大学学报（哲学社会科学版）》2018 年第 5 期，第 50 页。

〔3〕 参见樊崇义："刑事诉讼法修改的重点难点问题解读"，载《法律适用》2019 年第 3 期，第 83 页。

化的量刑协商工作。这就要求办案机关拓展业务升级思路，加大辅助办案措施的配套力度。导入智能技术并应用于量刑从宽协商机制与量刑建议的商定，不仅可以释放人工智能技术的强大算法能力，也可以发挥第三方技术的中立"参考""建议"与"监督"作用。

2. "无定罪、重量刑"下量刑建议新课题的突围

在不认罪认罚案件中，定罪是极其重要的司法活动。[1]它集中表现为：一是适用普通诉讼程序。基于对抗式的诉讼结构与诉讼原理，程序不能简化，以达到法律真实的目的。二是法定的证明标准与严格证明方式。必须按照法定的证据制度、证据类型，根据法定的证明标准，遵照严格证明，达到排除合理怀疑的内心确认。三是定罪的不可动摇性。定罪活动具有不可替代性、不可省略性、不可交易性或柔化性，以及严格的程序性与结果的法定性、仪式性、程序性、权威性等。这是传统不认罪认罚案件最核心的司法特征，往往导致量刑的地位被弱化。

目前，认罪认罚案件成为一类完全独立的案件类型。在认罪认罚案件中，传统报应性司法模式明显"瘦身"。特别是自愿认罪认罚的行为，不仅使定罪活动的法定性、强制性等被"柔化"，也使最具争议与复杂的传统定罪活动基本得以解决或无争议。围绕定罪的重要性及其衍生的法律真实、繁琐的程序等传统问题也被简化，形成了"无定罪、重量刑"的办案特征。通过量刑从宽协商达成量刑建议的合意，是办案质量的核心检验标准。只有提出精准的量刑建议，才能确保量刑合意的采纳率。[2]这对量刑建议提出了质量与效率并重的办案要求。但是，量刑本不是刑事司法的"显学"。精准量刑作为办案质量的指标系数，无疑给办案机关提出了全新的课题。为了实现精准目标，不能固守现有的司法经验与做法，应当立足认罪认罚案件的特性，特别是借助技术方法予以疏解。人工智能技术导入量刑活动，可以在一定条件下超越人脑的智力极限。通过对司法大数据的规模分析、算法的精准运算等，达到辅助提高量刑协商效率与质量之目的。

（二）量刑建议协商机制的效能导向与技术呼应

在全面实施阶段，认罪认罚案件数量急速攀升，案多人少的矛盾有增无减。对高度类案化的认罪认罚案件，特别是对量刑协商及量刑意见的提出，探索类

---

[1] 参见孙道萃：《罪责刑关系论》，法律出版社 2015 年版，第 1-30 页。

[2] 参见陈国庆："量刑建议的若干问题"，载《中国刑事法杂志》2019 年第 5 期，第 3 页。

型化、集约化的高效智能辅助办案方式，可以短时期内补齐检察机关在量刑工作上的短板。人工智能技术的强大应用优势，正好可以有用武之地。

1. 办案"高压"可以借助智能技术适度疏浚

从试点以及目前发展的情况看，认罪认罚案件在全部刑事案件中的占比很高，且一直处于高度递增状态，并以轻罪案件为主。具体而言：（1）认罪认罚案件的权重大。从试点到 2017 年 11 月底，适用认罪认罚从宽制度审结刑事案件 91 121 件、103 496 人，占试点法院同期审结刑事案件的 45%。[1]而从试点至 2018 年 10 月，适用认罪认罚从宽制度起诉的案件数，占同期起诉刑事案件总数的 50% 左右。[2]试点至今，认罪认罚案件的占比与权重稳步增长。这使办理认罪认罚案件的司法压力激增。（2）认罪认罚案件以三年以下有期徒刑的轻罪为主。其表现为：一是以速裁程序与简易程序为主、适用普通程序为辅。从试点情况看，适用速裁程序、简易程序审理的案件，分别占全部认罪认罚案件的 65.48%、26.63%，占全部认罪认罚案件的 92.11%；适用普通程序审理的案件，仅占 8.19%，全国仅有 17 个中级人民法院试点。[3]二是重罪的适用。目前，对重罪案件，尤其是可能判处无期徒刑以上刑罚的案件，在适用上仍偏于保守，[4]但实践中正在逐步松动。认罪认罚案件具有较为特殊的案件结构与类型，预示着办案对象、任务与指标的实际变动。

截至 2019 年底，认罪认罚案件的适用率已达到同期审结人数的 74.6%。[5]同时，自愿性的审查以及量刑建议的实质判断，是最重要的审理对象，使程序的全程简化成为必然。[6]新时代案多的问题正在加速形成，办案机关的司法责任却更繁重，对司法效率提出了新的更高要求。但是，程序的简化不能以程序正义的塌陷为代价。司法机关亟需解决好大规模、类型化且增量中的量刑建议活动，提高量刑协商并达成量刑建议合意的效率与质量无疑是最迫切的任务。

---

〔1〕　参见周强："关于在部分地区开展刑事案件认罪认罚从宽制度试点工作情况的中期报告——2017 年 12 月 23 日在第十二届全国人民代表大会常务委员会第三十一次会议上"，载《人民法院报》2017 年 12 月 24 日，第 1 版。

〔2〕　参见胡云腾主编：《认罪认罚从宽制度的理解与适用》，人民法院出版社 2018 年版，第 271 页。

〔3〕　参见胡云腾主编：《认罪认罚从宽制度的理解与适用》，人民法院出版社 2018 年版，第 271 页。

〔4〕　参见苗生明、卢楠："重罪案件适用认罪认罚从宽制度的理论与实践"，载《人民检察》2018 年第 17 期，第 36 页。

〔5〕　参见郭璐璐："《人民检察院刑事诉讼规则》修订：完善认罪认罚从宽制度　加强被害人权益保障"，载 http://www.ce.cn/xwzx/gnsz/gdxw/201912/t20191230_ 34015459.shtml，最后访问日期：2020 年 2 月 26 日。

〔6〕　参见杨立新："认罪认罚从宽制度核心要素解读"，载《中国检察官》2019 年第 1 期，第 6 页。

这需要探索相对独立的办案机制，特别是围绕量刑建议摸索高效的办案方式。但是，在新的案多人少背景下，完全依靠司法人员的有限精力及其个体性、经验式量刑做法等显然不够，通过引入大数据、人工智能技术等司法智能辅助系统是可取之路。充分运用人工智能技术与司法大数据，可以解放司法人员的部分事务性工作，将有限的办案精力投入量刑建议环节，更好地确保量刑建议的质量。

2. 提升量刑建议专业能力的人工智能方法论转向

认罪认罚从宽制度必然改变检察机关的公诉模式与法院的审判方式，[1]公诉在刑事诉讼中的主导作用更为突出，审前阶段成为办案的核心环节，检察机关起主导作用，[2]亟需丰富和完善检察机关的公诉裁量权。检察机关主导量刑协商、提出量刑建议，控辩双方共同签署具结书，是办理认罪认罚案件的必经环节。[3]这倒逼检察机关在量刑协商过程中，必须提升量刑建议的协商能力。在试点期间，尽管人民法院对量刑建议的采纳率保持较高水平，但检察机关提出确定的量刑建议的比例相对不高，与"提出明确具体的量刑建议"的要求不符。更严峻的是，大部分罪名没有明确的量刑指导意见或实施细则，已有的常用罪名的量刑指导意见主要涉及主刑而非附加刑，增加了提出确定的量刑建议之难度，加剧了检察机关的量刑建议能力不足之短板，包括确定从宽幅度、确定基准刑以及尽可能提出明确的量刑建议、重罪的量刑建议等方面。[4]因此，检察机关在如何提出精准或确定的量刑建议上仍有很大的增量空间，亟需跨越式地提升业务能力与水平。

提出合理的量刑建议是激励犯罪嫌疑人自愿认罪认罚的关键。然而，检察机关在量刑建议上准备不足、储备有限。长远看，检察机关应当加强对量刑规定和量刑指导意见的培训，加强对量刑规范化问题的研究，与法院加强沟通协调，积极参与量刑指引的制定，共同研究出台量刑规则或量刑指导意见，为规范、准确量刑提供依据。但是，在短时期内，检察机关以及人民法院都必须积

---

[1] 参见孙谦："检察机关贯彻修改后刑事诉讼法的若干问题"，载《国家检察官学院学报》2018年第6期，第6-7页。

[2] 参见朱孝清："检察机关在认罪认罚从宽制度中的地位和作用"，载《检察日报》2019年5月13日，第3版。

[3] 参见陈国庆："刑事诉讼法修改与刑事检察工作的新发展"，载《国家检察官学院学报》2019年第1期，第32页。

[4] 参见国家检察官学院刑事检察教研部课题组："检察机关认罪认罚从宽制度改革试点实施情况观察"，载《国家检察官学院学报》2018年第6期，第134-135页。

极寻求其他辅助手段或配套机制，在方法论上实现质的飞跃，从而有效满足庞大且高质量的量刑能力需求。按照最高人民法院、最高人民检察院的相关部署，人工智能辅助精准预测量刑系统是重要的发展方向，可以快速并高质量地提升量刑协商、提出精准量刑建议的能力，使控辩审三方确立统一的量刑协商标准，减少程序拖沓。

（三）量刑协商正当化与量刑建议精准性孕育智能供给契机

以量刑建议为核心的办案机制，重在挖掘高效、精准的实现方式。控辩审三方应当围绕量刑协商的公正性与量刑建议的精准性展开，真正实现简化审与提高效率。导入人工智能技术及其算法能力，可以促进传统量刑活动更接近于正义。

1. 量刑协商说理正当化的可视化路径

量刑协商的说理机制非常重要，却是当前薄弱的环节。它表现为：（1）量刑协商从宽幅度的具体把握是难题。个案情节千差万别，应当在统一量刑标准的前提下进行精细化量刑。同时，检察机关在提出量刑建议时，必须强化说理机制，为量刑从宽协商注入"释法"的正能量，明确阐明量刑建议的合法性、正当性、精准性之法理基础、法律依据、司法经验等，防止量刑从宽协商机制"徒有其表"，在实体层面、程序层面流于形式。（2）检法统一的制度阻力。为了维护控辩双方协商过程、具结书签署及其量刑意见的稳定性与权威性，应赋予量刑意见一定的强制效力，维护具结书的有效性。签署的具结书具有一定的强制性效力，意味着法院一般应采纳量刑建议。但是，从尊重和维护审判机关的裁判权看，法官拥有最终的决定权，可以依法调整量刑建议。这使检法两家在量刑意见上的不一致问题日渐凸显。量刑建议作为量刑从宽协商的结果载体，其规范性、合理性，尤其是精准性，决定了审判阶段的从宽处理效果，也是决定案件质量的最根本要素。检察机关必须通过量刑协商说理机制，在控辩之间寻求合意，充分阐释量刑建议的合法性与正当性，在法检之间建立起具有共识性的衔接机制。

在如何建立量刑说理机制上，既可以是传统的口头说明、书面释法、当庭陈述等方式，也需要更中立、开放、可视化与便捷化的说理方式，确保量刑说理机制不是封闭性的官方意志行为，而是符合程序正义的公开形式。但更关键的是，认罪认罚案件的量刑说理机制，应当以量刑标准的统一化为前提，遵循量刑规范化的基本原理，满足类案类判的基本要求，能够与已决案件保持量刑的统一化、标准化。按照最高人民法院、最高人民检察院的部署，借助智能技术、司法大数据等优势资源，可以确立常态化、智能化、标准化的第三方量刑说理方式。而且，"可视化"的公开量刑说理机制，直接提升量刑建议的"合意"程度，强化了量刑建议的可接受性。

2. 精准量刑与采纳率指标倒逼"智能辅助"的转向

人民法院最终采纳量刑建议，是办案质量的基本评判标准。在试点期间，检察机关对认罪认罚案件依法提出从宽量刑建议，法院的采纳率为 92.1%。[1]截至 2018 年 9 月底，检察机关量刑建议的采纳率为 96.03%，足见控辩双方量刑协商得到充分尊重。抗诉和上诉率分别为 0.04%、3.35%，反映了控辩双方充分表达意见的基础上，法院的裁判更容易得到控辩双方的认可和尊重。[2]但是，这一切都以量刑建议的合理性与科学性为前提，否则，人民法院不会"一般应当采纳"。这对检察机关提高量刑建议的准确性与公正性等，均提出了非常严苛的要求。

检察机关过往并未将量刑建议作为一项常态工作。当前，又亟需提升量刑协商与量刑建议的能力。这些新的考核指标催生了新的办案方式。就采纳率而言，检察机关不应止于竭力避免出现"量刑建议明显不当"等例外情形，而应尽可能在本源上提高量刑建议的精准度，通过尽可能明确、具体的量刑建议，提高量刑建议的合理性与可接受度。只有将量刑精准与采纳率作为一个整体，法检两家才能在统一量刑标准的前提下，相互以公开、可视化以及高效的说理方式，共同推进办案考核指数达标。检察机关要在极短时间内达到能提出高水平、高质量、高效率的量刑建议能力，必须实现跨越式发展。在方法论上，应当注重向现代科技要生产力、要司法效率，通过人工智能、大数据的深度运用，推动提升检察机关量刑建议的精准度。继而，才能更好地实现"一般应当采纳"的司法效果，有效避免"明显不当"的情形，在末端程序中稳定量刑从宽的可预期性与激励机制，降低上诉率、抗诉率，并避免出现认罪反悔、程序回转等情况。

---

〔1〕 参见周强："关于在部分地区开展刑事案件认罪认罚从宽制度试点工作情况的中期报告——2017 年 12 月 23 日在第十二届全国人民代表大会常务委员会第三十一次会议上"，载《人民法院报》2017 年 12 月 24 日，第 1 版。

〔2〕 参见杨立新："认罪认罚从宽制度理解与适用"，载《国家检察官学院学报》2019 年第 1 期，第 59—60 页。

三、人工智能辅助认罪认罚案件量刑的知识理据

研发与适用认罪认罚案件的人工智能辅助精准预测量刑系统具有非常迫切的现实需求，也是理论发展所应攻克的难题。同时，认罪认罚案件的内在规律与类案规律特质、量刑预测的基本属性与一般量刑理论的储备、司法大数据的深度供给等，共同支撑起认罪认罚案件人工智能辅助精准预测量刑系统的知识基础。

（一）认罪认罚案件的专属适用潜质

面对巨大的认罪认罚案件基数及增量态势，始终存在高效、规模化的办案压力。认罪认罚案件与不认罪认罚案件相互分流后，是完全独立且典型的新类案。当前，大量自愿认罪认罚的案件，正在成为高度相似或相同的类案，集中表现为量刑协商与精准量刑是起诉与审判的重点。这为人工智能辅助精准预测量刑提供了独特的内在优势条件与衔接潜质，可以实现标准化、流程化、统一化办案。

1. 规模化办案的内质性

从试点的情况看，认罪认罚案件的数量比不认罪认罚案件的数量明显多，而且保持快速增长的趋势。按照美国辩诉交易的经验，90%以上的案件都会进入辩诉交易状态。[1]根据《刑事诉讼法》（2018 年修正）的规定，只要是自愿认罪认罚，基本上不存在罪名、案件类型、主体类型等方面的限制，[2]而是全覆盖的适用格局。在认罪认罚案件与不认罪认罚案件分流后，认罪认罚案件将持续攀升并占据绝对多数，成为最主要的案件类型，是司法机关最主要的办案对象。

基于认罪认罚案件数量的占比攀升、增幅的规模化态势等因素，以及案件的独立性、特殊性，及其与不认罪认罚案件存在实质的差异，不能完全套用不认罪认罚案件的繁琐办理模式及其配套的普通诉讼程序，应当建立相适应的办案机制与模式。在定罪问题得以解决的前提下，围绕量刑协商问题，探索具有类型化、流程化、标准化以及快捷化的简化办案机制，与量刑活动的规范化属性相容，与认罪认罚案件的属性相符。它不仅可以在缩短的诉讼期限内消化案

---

〔1〕 参见杨宇冠、刘曹祯："辩诉交易制度简论"，载《人民检察》2016 年第 11 期，第 25 页。

〔2〕 参见苗生明、周颖："认罪认罚从宽制度适用的基本问题——《关于适用认罪认罚从宽制度的指导意见》的理解和适用"，载《中国刑事法杂志》2019 年第 6 期，第 3 页。

件，也可以聚焦量刑协商的程序正义与量刑建议的精准化效果，还可以达到办案数量的规模化效应、办案流程的模块化效能。认罪认罚案件的规模化办案，是对诉讼期限短与提高诉讼效率诉求的积极回应。它完全建立在认罪认罚案件具备实现不同纬度或层次的类型化办案条件之上，而传统的不认罪认罚案件就很难操作，因为后者必须解决定罪与量刑两大问题，且量刑不能协商。在规模化办案的背景下，对最为关注的量刑问题，人工智能辅助精准预测量刑系统的嵌入，无疑解了燃眉之急。它不仅可以超越个体（经验式）量刑做法的弊端，还可以在技术可靠性与算法精准度上满足精准量刑建议的迫切要求，驱动标准化办案的有序发展。

2. 标准化办案的可行性

对于认罪认罚案件，其核心要素包括认罪认罚及其自愿性、量刑协商以及从宽处理三部分。但最关键的是量刑协商及其结果。在检察机关的主导下，基于控辩双方之间平等自愿协商，在认罪认罚的自愿性被证实或确证无误的情况下，意味着自愿认罪认罚使传统的定罪问题基本得以解决或无争议，而主要在审判阶段进行程序确认（审查）。在此前提下，量刑从宽协商是核心环节，并主要通过检察机关的量刑协商与建议能力、量刑建议的精准性与规范性、量刑建议的强制性与公信力等要素予以实现。这使认罪认罚案件在量刑规范化层面，具有高度的"同案性"或"类案性"，具备达致"同案同判、类案类判"的特定优势条件。在此基础上，就控辩量刑协商的程序机制、量刑合意的达成、量刑建议的具体与精准，可以考虑建立标准化、统一化的办案机制，实现量刑从宽协商的模块化、高效性。既契合认罪认罚案件的特质与规律，也可以集中精力解决量刑公正问题。

针对认罪认罚案件的标准化办案，首先是以其内生的规模化办案要素为前提和动力的。易言之，认罪认罚案件的同一性、类案性特质，使其具备类型化与规模化办案的条件，可以进行标准化办案，以此提高量刑协商活动的效率。对量刑协商、提出量刑建议等活动进行标准化办案，其核心就是量刑协商机制与过程的标准化、流程化，实现量刑标准的统一。这与量刑规范化改革的目标是高度一致的。在实现的方式上，借助人工智能技术及其强大的算法能力，结合已决认罪认罚案件组成的司法大数据及其量刑规律等资源，可以统一认罪认罚案件的量刑规范化标准，更好地实现个案层面的精准预测，提高量刑意见的科学性与规范性。

（二）量刑"预测"属性与精准化的智能达致

量刑规范化的实质就是"科学预测"个案中的量刑建议，使其最大限度接近"同案同判、类案类判"。认罪认罚案件的办案核心就是遵循量刑规范化目标，实现精准量刑。在量刑规范化与司法大数据的双重前提下，人工智能技术可以实现精准预测量刑。不仅超越了传统人主导下的"经验型"量刑预测的痼疾，也可以在更大层面与规模上实现类型化、标准化量刑，更好地推进量刑规范化改革。

1. "预测"是量刑的本质属性及新发展

公正是刑事司法活动的底线所在。一般公正具有基础性意义，而个案公正才是更具体与实际的公正。如何实现量刑公正，在一段时期内，被定罪主导下的"真相"诉求压制。直到"重定罪、轻量刑"思维得以逐步扭转，以及量刑规范化的启动与稳步推进，才得以实质地发展与完善。从方法论上，对于个案的量刑而言，都是个别性的司法活动。而且，应当首先遵循演绎法，也即根据一般的量刑理论，在定罪的基础上对个案进行量刑；同时，也根据过往的量刑经验，在归纳法的基础上，通过历史性的对比，对个案进行量刑。这就是一般性的量刑方法论，也是量刑规范化的技术本真所在。无论是演绎法，还是归纳法，实质上都是司法人员基于量刑的理论与经验之双重逻辑，对每一个新出现的个案进行"预测性"量刑，其中，"预测"功能的实现在过往主要取决于司法人员的知识储备、经验积累等。同时，对于量刑"预测"过程及其结果的公正问题，既通过量刑结论的实际接受度、类案对比度等予以检验，也通过各方的外部监督予以修正。

由此可见，个案的量刑活动，或者类案层面的量刑活动，在方法论上都表现出"预测"的属性。或者说，"刑罚裁量（裁判）"中的"裁量"实质上包含了"预测"的因子。既需要与已决案件保持一致性，也要与量刑理论和规定相符，继而也决定了"预测"是一切量刑活动在方法论层面的本质特征。但是，在很长一段时期，我国量刑规范化问题不少，量刑的一般理论相对不成熟，实践中又过度依赖司法经验以及估堆的做法，导致量刑的"预测"之本质不太被司法人员所认知与认可，"预测"的结论也显然缺乏精准性，客观上降低了量刑结果的公正性与可接受性。在认罪认罚案件中，自愿认罪认罚的行为使定罪问题得以解决，量刑协商活动成为实质的重点，相比于不认罪认罚案件，对"预测"功能的需求度与依赖度进一步递增，同时对精准度也提出了更高的新要求。而且，量刑的"预测"属性，以及认罪认罚案件对"预测"之精准度的要求，不仅迎合了量刑协商是认罪认罚案件的办理关键，直击了量刑协商的办案压力之痛点；也正好印合了其具备规模化、标准化办案之潜质，使导入人工智能辅助精准预测量刑系统可谓"天时地利人和"；同时，通过遵循量刑规范化的旨趣，通过统一认罪认罚案件这一新型类案的量刑标准，可以在更高效的层面，实现流程化的精准量刑效果。

2. 人工智能辅助量刑预测的"精准"释明

在全面实施阶段，前所未有的大规模、批量性、类型化的认罪认罚案件出现，使量刑协商活动持续高位运行。从现实诉求看，量刑协商与量刑建议是认罪认罚案件量刑规范化的关键。不仅决定从宽处理的合法性，也直接左右认罪认罚从宽制度的激励机制、权威性等。特别是当其成为决定办案质量的核心要素后，量刑建议的精准化成为最受关注的质量指标。对于精准预测，既不能仅限于检察机关提出"确定刑"的方式，也不能对检察机关提出的"幅度刑"予以过于严格的排斥。"精准"更强调量刑建议的规范性、合理性以及科学性，其本质特征是符合司法公正的要求，没有僭越个案公正的底线。在表现形式上，"精准"首先且一般表现为"确定刑"的常见形式。明确且具体的量刑建议，对稳定自愿认罪认罚的被追诉者之量刑预期与信守契约具有非常直观的意义。但是，也可以表现为"幅度小"的"幅度刑"之情形。相对精确的"幅度刑"也是一种符合精准要求的"确定刑"之表现方式。不过，坚决排斥幅度过大或明显模糊化的估堆量刑等结果。无论是具体、明确的"确定刑"，还是幅度很小、相对精确的"幅度刑"，都是符合认罪认罚案件对精准量刑之实质要求的表现样态。

与不认罪认罚案件的量刑任务不同，特别是对于检察机关而言，量刑建议并不是传统模式中最核心的办案业务，量刑建议能力的培育也相对不足，检法之间的认识与理解也存在差异，导致"精准"量刑带来前所未有的挑战。为了达到量刑建议的明确、具体与可预期之精准要求，不能完全依托人的智力与司法经验，过往的量刑活动已经充分予以佐证。导入智能技术与算法的人工智能辅助精准预测量刑系统，有助于实现精准量刑目标。在大规模认罪认罚案件数量的情况下，基于认罪认罚案件的类案属性及其智能化办理的优势条件等，研发并应用更高效的人工智能辅助精准预测量刑系统，无疑是雪中送炭。不仅在本质上契合认罪认罚案件对效率与公正的双重追求，可以直接缓解案多人少的尖锐矛盾；也有助于形塑相对独立的认罪认罚案件办理模式，并在终端层面提升办案质量与效率。

（三）量刑学理与司法理性共筑核心储能

司法机关探索新型认罪认罚办案机制，重在建立新型量刑协商模式。[1] 量刑从宽协商机制的高效化，是以量刑规范化为前提，并侧重挖掘司法大数据的能量。应考虑以精准预测功能为基本导向，借助量刑规范化的基本原理及改革成果，挖掘司法大数据中"活着的"量刑规律与经验，促成智能预测量刑的办案效果。

1. 量刑规范化理论的托底

虽然重定罪、轻量刑问题得到了显著改观，但量刑规范化问题始终存在。为此，最高人民法院启动自上而下的量刑规范化改革，出台了《人民法院量刑指导意见（试行）》（已失效）、《关于常见犯罪的量刑指导意见》（法发〔2013〕14 号，已失效）、《关于常见犯罪的量刑指导意见（二）（试行）》（2017 年）、《关于实施修订后的〈关于常见犯罪的量刑指导意见〉的通知》（法发〔2017〕7 号，已失效）等。借此，量刑规范化亟需的量刑的指导原则、量刑的基本方法、常见量刑情节的适用、常见犯罪的量刑等核心问题都有明确的索引，为量刑规范化改革注入强大的合法性基础、科学性依据、规范性指引、标准化路径。

量刑规范化改革的深入推进，显著地改变过往司法人员的个体经验量刑、估堆量刑等传统做法的统治局面，很好地扭转了量刑标准不统一的问题，也极大地促进了刑罚个别化、量刑结论科学性，更好地实现量刑均衡化。但是，这场改革主要是由人民法院为主导推进的。相比之下，检察机关在这方面的改革稍显滞后。检察机关已经成为审前阶段的主导办案机关，并对审判阶段具有直接的重大影响。特别是量刑协商成为认罪认罚案件的办理中心任务后，由于量刑规范化改革的问题依旧存在、检察机关提出量刑建议能力培育的薄弱等问题，使检察机关担负的量刑规范化改革必须尽快进入加速推进的"快车道"。不仅应当整体上推动量刑规范化改革，也要针对认罪认罚案件探索特殊的量刑实施细则。《关于适用认罪认罚从宽制度的指导意见》（2019 年）进一步细化了量刑从宽协商机制的操作问题。但是，对如何有效实现精准量刑，仍缺乏有力的支撑与明确的指引。为了更科学地指导认罪认罚案件的量刑协商工作，应当尽快

---

〔1〕 参见陈国庆："适用认罪认罚从宽制度的若干问题（下）"，载《法制日报》2019 年 12 月 4 日，第 9 版。

出台统一且专属的量刑规范指导意见，就精准量刑的核心问题作出具体的解答。最高人民检察院已经明确，将会同最高人民法院等部门共同研究修改完善量刑程序相关规范，明确不同阶段认罪认罚的量刑减让幅度，制定常见罪名量刑标准，适时出台人民检察院量刑建议工作指导性文件。[1]当前，仍应当遵循量刑规范化的一般原理，结合量刑规范化改革的实践动态予以总结和完善，强化理论指导量刑工作的重要意义。

2. 司法大数据供给"活着的"量刑规律与经验理性

量刑的指导原则、量刑的基本方法、常见量刑情节的适用、常见犯罪的量刑是量刑规范化的关键旨趣。这是理论层面的规范性表述，与实际存在（活着的）的量刑规律、原理相呼应。后者是指刑事司法运行进程中自发自觉形成的量刑规律与经验，具有天然的合理性、反复的被验证性、借鉴的可复制性等特定优势，既应当作为指导量刑的重要依据，也对量刑理论体系具有相当的反制与修正作用。但是，在很长一段时间，主要依托司法人员的个体能力，对"活着的"量刑规律进行归纳和总结。这种传统做法不仅是不全面或不体系的，甚至存在个体性歧视、实体性偏差以及量刑经验的不当垄断等问题，更无法充分释放"活着的"量刑规律指导量刑的重要意义。而其中缘由，首要问题是司法人员的认识能力与技术支持不足。对于认罪认罚案件而言，随着全面实施、案件数量的庞大性以及已决案件的高速递增，认罪认罚案件的司法大数据库加速建成，使"活着的"量刑规律与经验，日渐规模化、固定化与常态化。特别是依托大数据分析技术、人工智能技术以及算法规则，相比于过往司法人员认识与总结的传统做法之局限性等弊端，借助刑事司法智能化释放的技术优势，可以更及时、全面并准确地"发现""获知""统合"认罪认罚案件司法大数据中隐藏的量刑规律与经验，同时固化为实践中的量刑规律与经验理性。这可以为认罪认罚案件的量刑协商提供值得信赖的"前见"，推动量刑标准的统一，实现"同案同判、类案类判"。

以司法大数据为重要前提的人工智能辅助精准预测量刑，虽有"活着的"量刑规律与经验作为支撑，却也面临以下难题：一是在全面实施的初期，已决认罪认罚案件的数量相对不充足，大数据分析的基数达不到海量程度，能获得的量刑规律与经验具有一定的相对性、不完整性等问题。二是已决案件的司法

---

[1] 参见罗庆东："以精准化量刑建议落实认罪认罚从宽"，载《检察日报》2020年2月10日，第3版。

文书，在数据公开、文字表述等方面，存在不全面、不客观甚至遗漏等问题，可能影响数据抓取的全面性与准确性，使司法大数据及其内在的办案规律、经验存在误差、偏差甚至错误，继而可能导致预测的准确度不够。三是智能挖掘司法大数据的技术仍有待进一步完善，既需要克服算法及其规则的运算等难题，也需要解决好技术、数据与应用之间的衔接等问题。尽管如此，已决认罪认罚案件组合而成的司法大数据，在智能技术与算法相继介入后，可以实现对"活着的"量刑规律进行可持续性的数据挖掘与提纯，不断促进量刑参照与预测的全面性与完整性。

四、人工智能辅助认罪认罚案件量刑系统的实施体系

借助大数据技术、人工智能技术，研发可以普遍并优先适用于认罪认罚案件的人工智能辅助精准预测量刑系统已经迫在眉睫。在澄清了理论诉求、知识构造及其原理等基本问题之际，更需对其实施的基本平台与机制予以实用化的阐述与建构。

（一）理论预测与数据预测形塑"双核"协作体

在量刑规范化原理与司法大数据的前提下，研发与设计认罪认罚案件的人工智能辅助精准预测量刑系统，可以建立理论预测与数据预测并轨的应用模型，分别从量刑的一般理论以及司法大数据，提炼、获取并输出精准的预测意见。这两个环节相互匹配与验证，同时配置必要的人工干预机制，确保输出由理论基础、数据支撑、预测验证、人工介入共同分析与决定的精准量刑建议。

1. 理论预测

理论预测，是指根据量刑规范化改革所确立的量刑基本原理，通过导入人工智能技术，对量刑的原则、方法、情节以及基准等要素，进行算法层面的结构性重整、定性、语言衔接等活动，借助算法设定新的量刑知识图谱，通过自动抓取、识别、分析具体案件中的量刑信息等要素，智能输出理论上的预测量刑建议。

具体而言：（1）量刑规范化原理是基础依据。按照我国量刑规范化改革的目标、成果以及经验等看，不认罪认罚案件通常要遵循量刑的一般原则、方法、情节规则等要求进行刑罚裁量，以摆脱司法人员的经验性量刑以及估堆等做法的弊端。最高人民法院对于常见的罪名持续更新与发布量刑的指导意见，对统一量刑标准具有强制性的指引意义，也客观上提供精准量刑的规范基础与依据。

对于认罪认罚案件而言，仍可以遵循现有的量刑基本原理及量刑指导意见。同时，应当结合认罪认罚案件的本质特征，将量刑规范化的基本要素、基本规则以及实施细则等，通过算法"解码"与"编码"的重构方式，设定为人工智能辅助精准预测量刑系统的基本环节与步骤，通过可视化、程序化、公开化以及人类可以理解与认识的计算方式，针对新出现的个案，智能预测出量刑建议。这是较为典型的演绎法逻辑，相比过往司法人员擅长的经验式预测，强化了对理论体系的"智能"与"精准"把握，遵循统一量刑标准，对个案进行一般性预测。（2）算法系统与知识谱系的生成。算法是人工智能技术的核心。在理论预测系统中，算法规则的设计无疑是最重要的课题。其任务就是根据算法的逻辑与规则，将量刑的基本原理等理论内容导入系统，使其可以成为智能技术准确识别、理解、分析、处置的对象或依据、功能等。根据认罪认罚案件的特质等，结合量刑规范化的基本原理，应着重解决以下几个问题：一是知识谱系的编定。人工智能辅助精准预测量刑，是以人工智能技术作为前提的，而算法是人工智能技术的核心。在理念上，应当以量刑基本理论为对象，根据算法及其规则的运算方式、衔接能力及载体形式等，确定知识谱系的基本要素、主要变量与结构体系、判断逻辑等。而且，人工智能辅助精准预测量刑系统的知识谱系，不同于司法人员熟悉的传统量刑理论知识体系。它必须是以人工智能技术所能承载的对话、表达以及沟通、呈现方式，以算法及其规则能够阐明的可视化途径，可以对外公开与适用，具有一定的程序性、透明性、可校正性等特性，结果形态是能够被司法人员及社会大众所理解与接受的。在此前提下，就认罪认罚案件的人工智能辅助精准预测量刑系统，其在算法层面的知识要素，应当包含适用对象、识别规则、抓取逻辑、分析依据、算法规则、说理体系、输出方式、修正与监督机制、呈现的不同载体、法律文书样态等。二是人工语言与自然语言的无缝对接。现有的量刑理论是通过人类的自然语言予以呈现的。只有"人"才能理解文字、法律规定以及理论体系，而智能技术依赖人工语音对外交互，因此，必须解决好不同语言之间的无缝对接问题。这是系统研发与设计的首要技术难题。人工语言下的算法是建构知识谱系的前提与保障，也决定智能预测的精准度，还是预测结果能够被案件利益攸关方所理解、认可以及接受的关键所在。三是量刑情节要素的算法逻辑切换。在认罪认罚案件中，定罪问题基本解决或无争议。有关决定"行为是否符合犯罪构成"的定罪事实及其规范判断，原则上不存在继续实质审查的必要性，而是可以通过程序确认的方式进行合法性的固定。因此，理论预测的重点要素是法定或酌定的从重、从轻、减轻或加重量刑情节等的智能处理。这些定量要素的规范判断，是算法及其规则运算的主要对象。算法体系应当准确提取、认知、分析现有法律规范，同时基于统一的量刑标准体系，对量刑情节及其幅度等进行类型化的定量分析，设置科学的权重系数与运算规则，实现智能分析与结论推送。（3）理论预测的可靠性与精准性。个体性、经验式量刑或估堆量刑等做法，在人主导司法的格局下仍有其必要性与稳定性。但是，人的智力与经验主导下的传统量刑预测模式，在预测的规范性、科学性、精准性、统一性与标准性等方面仍存在不足，可能导致量刑结论的可靠性、统一性等受到影响。人工智能辅助精准预测量刑的精准预测功能，依托量刑的基本理论、人工智能技术的强大算法能力等优势，遵循理论与技术深度衔接的演绎法之基本逻辑，对不同个案或类案，输出一般性、模块化、标准化的预测结论，在方法论上不再单纯是"司法人员的个体性经验"，而是理论模型与数据规律的高度集成，决定了精准预测功能所得出的量刑建议具有可靠性与信赖度。

2. 数据预测

司法大数据蕴含独一无二的"活着的"量刑规律与经验。它既是已决案件所呈现的集体性、连续性以及被验证的自然逻辑，也是更接近实际、中立与客观的量刑规律。但是，长期处于待挖掘的未开发状态。认罪认罚案件的司法大数据库正在加速壮大，人工智能技术的应用则使大规模分解并提纯"活着的"量刑规律与经验变成现实。司法大数据中的量刑规律与量刑规范化的基本理论相得益彰。认罪认罚案件的司法大数据中蕴含的量刑规律，直接吻合了量刑协商是办案关键的司法特性，也完全契合"同案同判、类案类判"的目标。

基于司法大数据而建立的数据预测，包括以下主要内容：（1）挖掘司法大数据的规律与经验。数据预测的前提与基础是科学获取司法大数据包含的"活着的"量刑规律与经验。人工智能技术的应用无疑提供了前所未有的优势，但是，司法大数据具有两个显著的特征：一是数据的基数很大，而且迅猛递增，既使量刑规律与经验日益牢固与更加普遍化，也使数据处理难度日益困难。二是司法大数据中的量刑规律与经验，具有一定的隐性特征，难以直接用肉眼观察。目前，通过导入人工智能技术，可以实现规模化、持续性、类型化的提取、分析以及固定，并以人工语言的方式实现可视化效果。但是，也要求设置科学的数据抓取规则、运算逻辑以及分析原理，否则，前期的智能分析可能是不全面的。通过深度挖掘认罪认罚案件的司法大数据，可以明确揭示"活着的"量刑规律与经验，为个案的智能预测提供更真实与客观的（参照）标准，同时也对理论预测环节起到"实际校对"的作用。（2）司法大数据中的量刑要素与算法切换。在智能技术应用的前提下，对认罪认罚案件的司法大数据进行智能分析，旨在获取与量刑协商、精准量刑相关的"活着的"量刑规律与经验。主要需要采取以下步骤：一是数据的客观性与有效抓取。司法大数据是由大量案件信息交错在一起，在确保数据客观性的前提下，需要进行有效抓取。认罪认罚案件中的量刑经验数据，才是需要被智能分析的对象，也是"喂养"给算法系统的素材。这是数据预测的首要前提。二是量刑内容的分析与提纯。对于海量的司法大数据而言，量刑内容异常庞大与复杂，原则上是对提取的量刑要素进行清洗、分解和运算，集中表现为不同诉讼阶段的认罪与认罚、自首、立功、退赔退赃、预交罚金等情况。通过智能技术的运用，旨在实现类型化的提纯，使其更便于精准地匹配个案或某一类案。这也是超越人脑的局限与传统司法个体理性的重要表现。三是量刑规律与经验的类型固化。对认罪认罚案件的司法大数据进行智能分析，所显示的"活着的"量刑规律与经验，应当是类型化、标准化或模块化的，而不是零散的、碎片化的或杂乱的。否则，无异于个体（经验式）的传统做法，也不便于数据预测系统的后期"精算"，更影响预测的量刑建议之精准度。（3）个案与同案或类案的精准匹配。对于数据预测的精准性而言，首要的是确保数据抓取与提纯的精准、全面，竭力防止遗漏、偏见以及错误，确保算法的智能运算依据是科学的；同时也应当做到类案内部或与典型案件之间的精准匹配，使新出现的案件与已决案件之前保持量刑标准的统一。概言之，匹配的步骤主要有：一是定罪事实的匹配。因自愿认罪认罚行为的存在，在实践中主要以犯罪构成的程序确认为主。二量刑情节的匹配。无论是法定与酌定情节，还是从轻、减轻与从重、加重情节，都是个案与司法大数据之间进行匹配的基本对象与主要依据，也是数据预测的核心运算内容。只有在量刑情节上做到精准匹配，才能发挥认罪认罚案件的司法大数据之精准预测价值，真正更好地实现"同案同判、类案类判"。

数据预测的核心基础要素就是司法大数据库与人工智能技术的算法能力。相比过往的量刑传统，它是在认罪认罚案件出现后才得以逐步显现的。而且，数据预测系统是人工智能辅助精准预测量刑系统的"原生"板块，真正地遵循了刑事司法智能化的变革逻辑，是人工智能辅助精准预测量刑探索走向革命性、进化性阶段的动能。

3. 相互检验与人工干预

理论预测与数据预测并轨的模式，就是为了防止量刑预测走向"纯思辨性"与"纯实践性"的两个极端，以兼顾理论与实践两个层面。智能技术辅助下自主输出最符合个案情况与需求的量刑预测意见，才能最大限度接近司法正义。

理论预测与数据预测作为一个完整体，其内部的功能关系应当表现为：（1）理论预测与数据预测的相互验证。理论预测是应然层面的做法，遵循演绎法的基本逻辑，但针对个案的预测结论之合理性，尚未接受实践检验。由于个案千差万别，过度强调理论预测的普适性，容易消损个案正义问题。数据预测，是基于司法大数据而确立的实然层面的做法，遵循归纳法的基本要求，是对已然发生的司法活动的高度浓缩与精准提炼，并匹配到个案之上。但是，大数据的"回溯性"预测，并不必然对新出现的个案绝对有效。因此，理论预测与数据预测各有利弊。但作为一个整体，在预测功能上可以相互弥补，能够形成一个完整的逻辑验证链条，提高智能预测结论的可靠性与精准性。二者通过相互验证，可以实现两个基本目标：一是对理论预测中可能出现的算法漏洞进行弥补，并且是以司法大数据中的"活着的"量刑规律与经验作为对比基准，是目前最好的修正方式；二是检验司法大数据中的量刑规律与经验，是否在一般情况下，真正吻合量刑基本原理，从而排除错误或偏差的数据预测情形。对于明显脱离理论预测的数据预测之结果，应当反复验证后，才能考虑采用。原则上讲，理论预测与数据预测在地位上是平等的，不存在优先问题。（2）人工干预的说理性与可撤销性。在促进精准量刑建议的公正化上，需要设置变更和补救等救济方式。[1] 目前，人工智能技术及其应用水平仍处于快速上升状态，司法大数据的制度建设及其应用也处于起步阶段。但是，针对认罪认罚案件的司法大数据仍面临数据不够多、数据真实性与可靠性不足等现实问题。数据预测的精准功能处于上升期，不可避免会存在一些短板。理论预测也存在类似问题。因而，需要配套相应的人工干预机制，但是，人工干预也必须附上相应的说理。如若人工干预的理由明显不充分，应当终止人工介入，转而信任人工智能辅助精准预测量刑结论的参考意义。

（二）辅助地位与参考功能是实施的"双驱"支点

研发与试行人工智能辅助精准预测量刑系统是最高司法机关既定的政策安排与工作部署，旨在遵循量刑规范化原理，倡导可复制、可重复、类型化、规

---

[1]　参见杨宇冠、王洋："认罪认罚案件量刑建议问题研究"，载《浙江工商大学学报》2019 年第6 期，第 77 页。

模化、流程性的认罪认罚案件办案机制，为达致量刑协商过程与结论的双重公正以及提出精准的量刑建议，提供人工智能技术层面的辅助支撑与参考功能。

1. 辅助办案的司法角色

在刑事司法智能化的趋势下，人工智能辅助精准预测量刑也是为了实现量刑规范化。但是，传统量刑的预测机制，过度依赖个体性经验或粗疏的集体性经验做法，使其规范化、统一性明显不足，量刑活动的碎片化、个别性、差异化偏重。在认罪认罚案件中，人工智能辅助精准预测量刑系统旨在超越司法人员的个体性经验主义及其差别化问题，转向标准化、流程化、智能化的量刑预测。既克服了个体性经验的局限，也通过可复制、可重复的智能化方式，高效地保障大量认罪认罚案件的量刑从宽是公正的。目前，这不仅在理论上可行，在实践中也出现了不同的探索样本。然而，人工智能技术及其应用水平在算法层面仍有很大的进步空间，而传统以司法人员为法定主体的刑事司法知识体系具有专属性、权威性，现行刑事司法制度在现阶段仍不可撼动，仍是过渡期的主要量刑模式。这决定人工智能辅助精准预测量刑系统暂且无法直接取而代之，主要是扮演辅助司法人员更精准量刑的角色，是辅助司法人员办案的高效手段，而不能完全替代司法人员办案，继而可以通过行使自由裁量权，使量刑结论更能满足刑罚个别化的要求。

同时，认罪认罚案件的量刑从宽协商存在较为突出的形式主义、单一主导化等倾向，缺乏实体性、程序性的实施要素，使协商过程难以可视化与说理化，协商结果的公正性难免受到影响。[1]人工智能辅助精准预测量刑系统作为中立技术的第三方角色，是可信赖的外部监督力量，倒逼司法机关统一量刑标准，也可以辅助提高值班律师与辩护律师的协商能力、参与有效性，更好地提高量刑建议的合理性与科学性。而且，人工智能辅助精准预测量刑系统的辅助功能，对认罪认罚案件的量刑从宽协商过程、具结书的形成与量刑建议的采纳，也具有积极的方法论指引意义。

2. 量刑参考的功能定位

人工智能辅助精准预测量刑系统目前是非正式的量刑知识体系，其定位是辅助办案系统。为司法人员办理认罪认罚案件时，在量刑协商、量刑建议的提出、宣告刑的决定等方面，提供可靠的参考功能，而非直接提供具有法定效力的裁判依据。

---

〔1〕 参见孙道萃：《认罪认罚从宽制度研究》，中国政法大学出版社 2020 年版，第 200—210 页。

　　针对认罪认罚案件的人工智能辅助精准预测量刑系统，其研发设计的理念，是为了满足司法机关的办案刚需。在辅助角色的定位下，人工智能辅助精准预测量刑系统具有可复制、可重复的规模性应用优势，可以发挥常态性的参考功能，增强智能预测过程及结论的可靠性。进言之，通过理论预测与数据预测的并轨，可以实现可复制、可重复的模式化、标准化应用，也即：一是可复制性。认罪认罚案件首先在整体上是具有典型意义的类案。具体的认罪认罚案件与已决的个案，在量刑协商、精准量刑方面存在高度相似性。这为理论预测与数据预测都提供了类案类判的实质条件和数据支持，进一步丰富了演绎法、归纳法在量刑活动中的深度交互。在此基础上，针对认罪认罚案件的人工智能辅助精准预测量刑系统，具备可复制性的应用特点，成为司法人员的常态化辅助办案工具。二是可重复性。针对认罪认罚案件的人工智能辅助精准预测量刑系统，不仅立足于量刑基本理论，也依托司法大数据中的量刑规律与经验，二者的统合作为整体，可以重复适用无穷尽的具体新案。当前，一般的量刑理论结合司法大数据中的量刑经验，作为相互印证的双驱系统，可以实现可复制性的量刑规范化适用，并通过深度学习不断强化正确性与科学性，也可以在类案的层面上，实现更高效的集约型办案效果。三是模式化。认罪认罚案件的数量目前呈现高速增长的态势，加速形成海量的司法大数据库，也夯实司法大数据库的自主生产机制。同时，也从深度学习的角度提供了充足的"喂养量"，进一步确保"活着的"量刑规律与经验更全面与完整，对数据预测所依赖的量刑规律与经验而言则是重要的可持续性补充。基于认罪认罚案件的司法大数据，可以建立模式化的人工智能辅助精准预测量刑系统，满足庞大的司法需求。

五、结语

　　在智能技术及其应用迅猛发展的背景下，刑事司法智能化的探索已经启动。在此前提下，针对认罪认罚案件的人工智能辅助精准预测量刑，更具有迫切的现实需要。当前，检察机关主导认罪认罚案件的办理流程，而且，检察机关已经由上而下意识到人工智能辅助精准预测量刑系统的迫切性与重要性，并按照相关部署研发与试行量刑建议辅助系统，这无疑为认罪认罚案件人工智能辅助精准预测量刑的探索提供了强有力的政策支持。在此背景下，如何阐述认罪认罚案件人工智能辅助精准预测量刑的基础条件，从理论上释明其基本原理与构造等，具有非常直观的司法改革意义与理论发展价值。

第十章

在线刑事诉讼的"再出发"

新冠疫情将传统刑事司法模式推向适用困局,"非接触式"诉讼应运而生,并借助司法信息化建设基础落地。在线刑事诉讼以应急性姿态填补制度空白,几乎在刑事诉讼全流程予以贯通性的实践。但作为应急的"伴生物",理论基础准备不充分,政策导向的外部需求过甚,面临公正与效率的博弈等挑战。后疫情时代的在线刑事诉讼必须摆脱"非接触式"模式的短促供给效应,遵从刑事司法智能化的未来核心旨趣,作为制度进阶的动能;以全面发展中的在线诉讼制度为参照,为迭代发展不断夯实智能应用的理论基础、制度保障及实施机制。

一、问题的提出

在新冠疫情防控期间,以亲历性为重要特征的传统刑事司法模式遭受剧烈冲击,甚至出现失效与失灵。而人工智能所具备的"与人隔绝"之与生俱来的独特技术应用特质和专属功能,成为疫情防控下的重要技术反制力量。在此背景下,在线诉讼的创新举措不断涌现。以"非接触式"为核心特征的在线(刑事)诉讼活动也大量出现,涉及会见、阅卷、庭审等诉讼环节,以防止疫情对刑事法治运行的"阻隔"或"暂停"。[1]但是,在疫情防控期间,"非接触式"在线刑事诉讼的"井喷",是特定的应急司法现象。后疫情时代的在线刑事诉讼面临诸多挑战。最高人民法院公布《人民法院在线诉讼规则》(法释〔2021〕12号),宣告迈向在线诉讼 2.0 时代。[2]随后,最高人民法院印发《人民法院在线运行规则》(法发〔2022〕8号),在世界范围内首次构建全方位、系统化的互联网司法规则体系,[3]为在线办理案件开辟新篇章,却基本不直接或主要

〔1〕 参见孙道萃:"刑法积极应对疫情防控的治理进阶",载《西南政法大学学报》2020 年第 3 期,第 36 页。

〔2〕 参见刘哲玮:"迈入 2.0 时代的在线诉讼",载《人民法院报》2021 年 7 月 3 日,第 2 版。

〔3〕 2021 年 12 月,最高人民法院还公布了《人民法院在线调解规则》。而且,《人民法院在线诉讼规则》《人民法院在线调解规则》和《人民法院在线运行规则》是三个各有侧重、相互配合、有机衔接、

涉及刑事领域。[1]"非接触式"在线刑事诉讼亟需走出制度应急的瓶颈，明确基本概念、本体构成、主要原理、实施机制与保障措施等，逐步走向制度化、立法化与规范化的发展轨道。其核心要旨是通过遵从刑事司法智能化理念，立足已有的智慧检务、智慧司法等在线诉讼基础，不脱离但超越传统刑事诉讼模式，充分将现代信息网络技术、大数据以及人工智能技术应用到刑事司法领域，以刑事司法的信息化、数据化、智能化运行作为制度进阶的基础平台与动能预期，实现更优质、更高效的司法产品之智慧供给生态。

二、在线刑事诉讼的"回溯式"检视

在线诉讼在刑事领域的出现，首先旨在解决疫情防控期间传统线下诉讼模式难以为继的困题。这一突发因素的到来，在短时期内点燃"非接触式"诉讼理念，也形塑在线刑事诉讼的初步框架。但随着疫情防控的常态化乃至最终消亡，应当探索在线刑事诉讼的可持续发展与完善。《人民法院在线诉讼规则》《人民法院在线运行规则》为在线刑事诉讼的下一步发展提供了反思线索和基本参照。应借此深度酝酿和推动发展。

（一）在线刑事诉讼的全面兴起

通过导入刑事司法智能化，为疫情防控下"非接触式"的刑事司法活动提供应急出路，开辟了以"非接触式"为基本特征、以在线诉讼为最核心内容的在线刑事诉讼的最新转向与广泛实践。特别是随着《人民法院在线诉讼规则》《人民法院在线运行规则》的相继出台，不仅宣告我国在线诉讼制度的全面建立，也为在线刑事诉讼的新发展提供新契机。

1. "非接触式"在线刑事诉讼的实践场域

为了实现疫情防控下司法的"非接触式"之特殊防疫要求，在线诉讼活动迅速成长起来。由此，在线刑事诉讼成为我国刑事司法智能化发展中的最新成果，真正将"非接触式"的应急性司法推向新的实践阶段与应用水平。

具体而言：（1）远程视频会见、跨区域在线阅卷与数字化非羁押模式。一是远程视频会见。2020年2月，国务院应对新冠疫情联防联控机制举行新闻发

（接上页）三位一体的规则体系，推动构建中国特色、世界领先的互联网司法模式。

〔1〕此外，《人民法院在线运行规则》的出台，也旨在与2021年12月24日通过的《全国人民代表大会常务委员会关于修改〈中华人民共和国民事诉讼法〉的决定》中的第一处、第六次修改内容保持有效衔接。

布会，在介绍《关于政法机关依法保障疫情防控期间复工复产的意见》有关情况时指出司法部要求对值班律师、承担法律援助的律师采取远程视频会见。2020 年 7 月，北京市公安局在全市推行律师远程会见全覆盖工作，制定出台《北京市公安局律师远程视频会见工作规范》。目前，全国基本上实现（远程）视频会见。[1]二是在线阅卷。例如，浙江省人民检察院《关于规范开展网络阅卷工作的指导意见（试行）》（2020 年），开启真正意义上的在线（电子）阅卷。目前，最高人民检察院正在全面推行网络电子阅卷。三是数字化非羁押模式。2020 年 9 月，杭州市人民检察院联合杭州市中级人民法院、市公安局、市司法局会签《对刑事诉讼非羁押人员开展数字监控的规定》，宣布"非羁码"App 正式在全市运行。以"非羁码"App 为载体，对非羁押人员实现数字监控、动态监督和自动记录以及有效管控，运行效果良好。（2）远程在线视频开庭。如移动微法院等远程视频开庭的探索实践。[2]其主要内容如下：一是适用案件范围。基于诉讼期限等压力，主要适用于轻罪案件，特别是认罪认罚案件。[3]二是适用的诉讼程序类型。主要以速裁程序、简易程序为主，普通程序为辅。[4]三是庭审流程简化程度。以庭审信息网络技术的可靠性为原则，诉讼流程根据案件类型与诉讼程序，既可能采取简化审，也可能遵循庭审实质化。四是诉讼权利保障。坚持证据裁判原则，法庭调查、庭审质证等法定程序不省略，全面调查案件事实，允许控辩双方对事实、定罪、量刑以及法律适用等提出充分的辩论意见，充分保障被告人依法行使诉讼权利。[5]五是诉讼效果。在依法适用从快审结程序之际，也充分保障诉讼权利等。[6]六是加快制度化建设，包括出台《人民法院在线诉讼规则》《人民法院在线运行规则》等，使其规范化、

---

〔1〕 根据《济南市律师远程视频会见暂行办法》（2020 年 6 月），济南市公安局监管支队率先在律师事务所设立全国首个远程视频会见系统（视频会见亭）。全国律师可以通过网上预约的方式远程会见。

〔2〕 参见胡昌明："移动电子诉讼的司法实践及其限度——以中国'移动微法院'为例"，载《中国应用法学》2021 年第 2 期，第 73 页。

〔3〕 参见李永超："刑事诉讼在线庭审的规则构建"，载《人民司法》2021 年第 4 期，第 72 页。

〔4〕 参见姚均祥："江苏南通港闸法院通过远程视频 审判一起防疫物资网络诈骗案"，载《南京晨报》2020 年 2 月 9 日，第 A06 版。

〔5〕 参见陶加培："刑事案件在线诉讼程序研究——以适用认罪认罚从宽的速裁案件为切入点"，载《河南社会科学》2021 年第 11 期，第 67 页。

〔6〕 参见毕晓红、徐磊、郭慧："张正诈骗案［第 1323 号］——疫情防控期间适用速裁程序实行远程视频'无接触'式开庭应当注意的问题"，载中华人民共和国最高人民法院刑事审判第一、二、三、四、五庭主办：《刑事审判参考 依法惩处妨害疫情防控犯罪专辑》（总第 121 集），法律出版社 2020 年版，第 121 页。

制度化。[1]

远程视频会见、跨区域在线阅卷与数字化非羁押模式是"非接触式"在线刑事诉讼的初级形态，但充分反映其借助刑事司法智能化以实现有效性的基本遵循。

与此同时，从以审判为中心的诉讼改革看，在线庭审的重心仍然是"审判环节"。在线开庭的做法突破传统刑事诉讼中最坚硬的"知识禁区"。捅破这一层"窗户纸"，才真正宣告（"非接触式"）在线刑事诉讼模式得以成型。远程在线视频开庭是在线诉讼在应用端的集中体现，也是"非接触式"在线刑事诉讼的高级形态。这一广泛的创新性实践，不仅设定在线刑事诉讼的基本要素之一，也与传统亲历性刑事司法模式相互分流。远程视频在线开庭的成功上线，直接得益于智慧检务、智慧司法的改革成果，但更与刑事司法智能化的观念储备与发展趋势不谋而合。远程在线视频开庭的优化是在线刑事诉讼迈向新阶段的关键。

2. 在线诉讼制度的持续发展

"非接触式"在线刑事诉讼的探索，是以在线诉讼体系为一般前提和基础的。我国在线诉讼制度进入全面建立和快速发展时期，会强化在线刑事诉讼的推进。

新冠疫情对诉讼活动产生全方位的影响，推行在线诉讼可以为疫情防控提供有力的司法保障。为此，最高人民法院顺势出台《关于新冠肺炎疫情防控期间加强和规范在线诉讼工作的通知》（法〔2020〕49 号，以下简称《在线诉讼通知》）。[2]这从全局上阐明在线诉讼的基本内容与要求，为全新的"非接触式"庭审等活动提供合法依据与操作规则，将已有的智慧检务、智慧司法等改革顺次提档至在线诉讼时代。《在线诉讼通知》原则上是针对所有诉讼活动而作出的规定，是综合性的在线诉讼规定，无法直接为刑事诉讼活动的在线进行提供有效或全面的规范指引。尽管如此，特别规定"刑事案件可以采取远程视

---

[1]　此外，还有《北京互联网法院电子诉讼庭审规范》（2020 年 2 月）、河南省发布的《关于疫情防控期间依法、规范、高效运用信息化技术办理刑事案件的通知》。

[2]　主要内容包括：一是将深入推进在线诉讼作为防控疫情的重要举措。二是应当充分保障当事人合法诉讼权益，尊重当事人对案件办理模式的选择权。三是大力完善在线办理流程和在线诉讼规程，制定发布内容全面、指引清晰、简便易行的在线诉讼操作指南。四是规定在线诉讼的有关规则。五是对各地法院推进在线诉讼的组织实施提出具体要求。六是对杭州、北京、广州互联网法院在线诉讼工作提出专门要求。

频方式讯问被告人、宣告判决、审理减刑、假释案件等。对适用简易程序、速裁程序的简单刑事案件、认罪认罚从宽案件，以及妨害疫情防控的刑事案件，可以探索采取远程视频方式开庭"。该规定初步开启了在线刑事诉讼的合法化、规范化、制度化发展，也初步勾勒在线刑事诉讼朝着刑事诉讼智能化的应然发展方向及其基本原则等。

随后，又有以下进展：（1）《人民法院在线诉讼规则》在已有探索经验的基础上，对在线办理案件的诉讼程序作了更全面规定。在内容上，《人民法院在线诉讼规则》共 39 个条文，规定了在线诉讼的基本原则、电子化材料的效力和审核规则、区块链存证效力范围和审查标准、在线庭审规范、非同步审理机制效力以及电子送达规则等六大主要问题。同时，《人民法院在线诉讼规则》既对在线诉讼法律效力、基本原则、适用范围、适用条件等主要问题作了规定，也规定了从起诉立案到宣判执行等主要诉讼环节的在线程序规则与程序指引。这在国内首次构建了涵盖各审判领域、覆盖诉讼全流程的在线诉讼规则体系。（2）《人民法院在线运行规则》以《人民法院在线诉讼规则》为重要基础与依托，以智慧法院建设为主轴，从顶层设计、规划引领和标准规范等方面，从更宏观的保障角度，对在线诉讼的运行作了更全面的规定。《人民法院在线运行规则》共 45 个条文，主要包括在线运行的总体要求、基本原则、适用范围等，用以支持在线司法活动的信息系统建设、应用、运行和管理要求，包括在线运行的信息系统组成和主要功能，在线运行的各项活动依托的平台及其应用方式，信息安全、运行维护等运行保障要求。

但是，需要指出的是，无论是《人民法院在线诉讼规则》还是《人民法院在线运行规则》，总体上是以民事案件的诉讼运行为绝对主要的调整对象。虽然在个别问题上涉及在线刑事诉讼问题，但既不成体系，也缺乏专门性、集中性，只是碎片化的规定。如火如荼进行中的中国特色在线诉讼制度，对于刑事诉讼而言，仍然是有待"拓荒"之地。特别是对后疫情时代的"非接触式"在线刑事诉讼而言，仍有诸多问题需要解决。

（二）在线刑事诉讼的实施困局

新冠疫情的防控需要会导致司法的亲历性骤然陷入危机。"非接触式"在线刑事诉讼的各种探索，理论准备尚不足，制度建构暂未跟上，尚未彻底走出刑事知识"禁区"的观念瓶颈，仍面临不少本源性问题。而且，《人民法院在线诉讼规则》与《人民法院在线运行规则》作为基础体系，也不足以供给精准的专门实施规则，导致这场探索仍面临合法性、正当性与有效性等方面的危机。

1. 建设智慧法院的政策红利疏于刑事领域

互联网法院的设立以及智慧法院的广泛实践是我国在线诉讼迅猛发展的重要标志。[1]但在制度建设、规则完善等方面仍存在短板，不足以支撑在线诉讼的全面运行。《最高人民法院关于互联网法院审理案件若干问题的规定》（法释〔2018〕16号）规定了全程在线审理原则、优化在线诉讼规则等内容。但是，第2条规定的案件审理范围，仅限于互联网民事、行政案件，不包括刑事案件。[2]随后，《在线诉讼通知》《人民法院在线诉讼规则》《人民法院在线运行规则》等文件，将在线诉讼制度推向新的发展阶段。但总体上，刑事案件的在线诉讼一直都不是"主体部分"，而是"兼带内容"。而且，存在体系建设上的碎片化、改革立场上的过度实用主义等问题。[3]

在疫情期间，"非接触式"在线诉讼在互联网法院建设的基础上迎来前所未有的政策红利期。基于前期的准备和建设，疫情期间推行在线诉讼不仅是形势所迫，也因深厚的既有基础条件而稳步有序开展。在线诉讼的全面推行与应用完全顺其自然。但是，从互联网法院的实践与政策导向看，刑事诉讼领域几乎是被排除在外的。这从互联网法院目前仅受理民事案件及行政案件的管辖上可以窥见一斑。《人民法院在线诉讼规则》第3条（在线诉讼适用范围）与第21条（在线庭审适用范围、方式和条件）原则上以民事案件为对象，建构在线诉讼的一般规则，原则上也一律排除刑事案件的适用。《人民法院在线运行规则》第6条规定，智慧审判系统应当为审判人员提供阅卷、裁判辅助等在线服务。智慧审判系统包括智能裁判辅助系统、量刑规范化系统等。智慧审判系统应当具备类案智推、量刑辅助等功能。该规定也为刑事领域的智慧审判系统之建设与运行，开了一个"制度口子"。但相比于民事领域的发展程度与保障水平，在线刑事诉讼所需要的智慧审判系统显然是滞后的。

以互联网法院建设等为重要载体的在线诉讼及其政策红利，在现阶段制造了鲜明的"刑事禁区"。这使得既有探索经验与模式并不必然可以直接导入在

---

〔1〕 参见中华人民共和国最高人民法院编：《中国法院的互联网司法》，人民法院出版社2019年版，第6—19页。

〔2〕 其间还出台了《关于授权最高人民法院在部分地区开展民事诉讼程序繁简分流改革试点工作的决定》（2019年）、最高人民法院《民事诉讼程序繁简分流改革试点方案》（2020年）、《民事诉讼程序繁简分流改革试点实施办法》（2020年）等。

〔3〕 参见王禄生："刑事案件在线诉讼制度的实践观察与前景展望"，载《西南民族大学学报（人文社会科学版）》2021年第12期，第76页。

线刑事诉讼，刑事领域成为在线诉讼的"法定例外"场域。不仅导致刚兴起的在线刑事诉讼缺乏足够的政策依据，也导致在线刑事诉讼在现阶段难以纳入司法改革者的首要议程，也难以作为未来互联网法院建设的基本内容。这对后疫情时代的在线刑事诉讼而言可谓是雪上加霜。司法政策支持不足已是当前的突出短板。

2. 制度储备与内容供给不均衡、不充分

在疫情下，最高人民法院相继出台一系列政策指导，将传统的线下诉讼活动转向线上的新型服务模式。而且，各地法院积极推行在线诉讼，[1]加快智慧法院的建设进度，[2]包括"在线调解""远程开庭""云端执行"等。例如，江苏南通法院自主研发"支云"庭审系统并深化应用，积极探索并推进在线庭审平台、创新在线庭审模式。[3]同时，各级检察机关也不甘落后，竞相探索。这不仅使在线诉讼的制度建设取得新成绩，也为孕育在线刑事诉讼奠定坚实的基础。特别是新冠疫情为在线诉讼的扩展，乃至全覆盖适用提供独特的历史契机和实践舞台，使在线诉讼的办案方式成为刚需，并与传统模式加快衔接步伐。其中，《在线诉讼通知》作为原初的操作蓝本，极大地推进互联网司法建设步伐，全面激活前期司法信息化建设的成果，便于及时发现智慧法院建设中存在的短板和缺漏，引导司法机关积极转变司法理念和工作方式，有效促进在线诉讼的占比以及应用深度、广度。这些宣示在线诉讼正在开始成为全新的司法运作方式。[4]实际上，《人民法院在线诉讼规则》与《人民法院在线运行规则》都是在总结智慧法院建设与在线诉讼成果的基础上制定的，重在进一步建立全方位、系统化的互联网司法规则体系与审判体系。

在线司法既是现阶段抗疫所衍生的特定需求，也是刑事司法现代化的偶发性外部力量。在线诉讼在延伸到刑事诉讼领域时，由于缺乏前期的论证、理论储备以及必要的系统设计等，基本是应急性的"上架"。无论是会见、阅卷还是庭审，都在实施过程中出现不少问题，也使在线诉讼背负沉重的"法治负担"或"正义危机"等包袱。尽管不应当片面地认为在线诉讼是时下的无奈之

---

〔1〕 参见赵贺："规范在线诉讼　守护司法公正"，载《人民法院报》2020 年 4 月 15 日，第 2 版。

〔2〕 参见张杰："加快智慧法院建设步伐　推进在线诉讼便民利民"，载《人民法院报》2020 年 5 月 7 日，第 2 版。

〔3〕 参见曹忠明："加强和规范在线诉讼的基层实践及启示"，载《人民法院报》2020 年 3 月 26 日，第 8 版。

〔4〕 参见左卫民："中国在线诉讼：实证研究与发展展望"，载《比较法研究》2020 年第 4 期，第 161 页。

举，但是，在线诉讼已经出现一些制度性或结构性的困局，[1]短时期内难以动摇传统模式的统治地位，真正全面的"在线诉讼"时代尚未到来，在线刑事诉讼的境遇更是如此。因此，无论是在线诉讼，还是在线刑事诉讼，未来都需要根据实际需求与技术迭代情况，全面优化顶层设计与制度安排，建构具有专属性、独立性的在线诉讼之一般法理、基本原则、制度结构、规范体系、标准化的技术配置等。

3. 司法政策的应急供给过甚

智慧法院、智慧检务等刑事司法的信息化、智能化建设仍在"提升阶段"，遭遇新冠疫情，使这场既定改革被迫提前"入场"，加速进入适用阶段，为"非接触式"司法提供应急的通道。但也暴露不少根源上的短板和问题。

在线刑事诉讼的直接动因是新冠疫情暴发后的疫情防控措施需要，导致传统的亲历式刑事诉讼难以进行，只能借助现代信息技术、大数据以及人工智能技术等予以实现，并促成"非接触式"模式的出现。但总体看，"非接触式"刑事司法的困境，包括前期准备不足、"底子薄"、仍处于"摸着石头过河"阶段。例如，《最高人民检察院关于认真贯彻落实中央疫情防控部署坚决做好检察机关疫情防控工作的通知》《最高人民检察院关于新型冠状病毒疫情防控期间以来信、网络和电话方式接待群众来访工作的公告》《最高人民检察院关于在防控新型冠状病毒肺炎期间刑事案件办理有关问题的指导意见》以及《最高人民法院、最高人民检察院、公安部、司法部关于依法惩治妨害新型冠状病毒感染肺炎疫情防控违法犯罪的意见》都强调，要兼顾坚持依法公开审理与最大限度减少人员聚集。除依法必须当面接触的情形外，其他情形应当充分做好"不接触的服务"。可以尽量采取书面审查方式，或者以案卷书面审查为主要方式。必要的，可以采取视频等方式，讯问犯罪嫌疑人，询问被害人、证人，听取辩护律师意见。这些应急性做法，都是疫情防控需要下的阶段性产物。

"非接触式"在线刑事诉讼就是疫情防控下的政策应急性而非精心准备的产物，隶属于特定刑事司法政策的需要，具有鲜明的应急性、临时性、阶段性等功能设定，同时缺乏制度上的稳定性、持续性与规范性。[2]这暴露了在线刑事诉讼的概念、范围、本体内容以及制度安排等均"悬而未决"。不仅从根本

---

〔1〕　诸如司法主体的地位与作用仍缺乏科学定位，主要司法活动的应用不足，相关信息化、智能化应用软件、设备硬件的技术系数有待优化，在线诉讼的新规则机制尚需进一步确立等。

〔2〕　参见高铭暄、孙道萃："总体国家安全观下的中国刑法之路"，载《东南大学学报（哲学社会科学版）》2021年第2期，第59页。

上削弱在线刑事诉讼的合法性与正当性，也客观上妨碍其实践运用。在后疫情时代，政策供给基础逐渐淡化并消失，在线刑事诉讼何去何从的问题变得迫在眉睫。全面停止下来显然不可取，但如何适应新的刑事司法环境并发挥作用才是难点。尤其应将应急的刑事司法政策转化为制度化、立法化的合法内容与载体，使在线刑事诉讼能够摆脱政策供给的单向模式，转而寻求刑事司法智能化等更宽广的基础。这不仅需要从制度上构建在线刑事诉讼的本体内容，也要强化实施保障机制。

4. 实体从严从重与程序从快从简的两极化风险

从主要动因看，疫情期间的刑事政策凸显实体上的"从严""从重"，刑事诉讼活动突出"快""简"。它集中表现为：（1）《中央全面依法治国委员会关于依法防控新型冠状病毒感染肺炎疫情、切实保障人民群众生命健康安全的意见》指出，既要坚持依法防控，也要通过依法严厉打击破坏疫情防控的违法犯罪行为来保障社会安定有序。（2）最高人民法院党组会议与《最高人民检察院关于认真贯彻落实中央疫情防控部署坚决做好检察机关疫情防控工作的通知》强调，要把维护人民群众生命安全和身体健康放在第一位，坚决把疫情防控作为当前压倒一切的头等大事来抓。依法严惩抗拒疫情防控措施等各类违法犯罪，坚持依法从严从快追诉惩处。（3）《最高人民法院、最高人民检察院、公安部、司法部关于依法惩治妨害新型冠状病毒感染肺炎疫情防控违法犯罪的意见》要求始终将人民群众的生命安全和身体健康放在第一位，坚决把疫情防控作为当前压倒一切的头等大事来抓。依法及时、从严惩治妨害疫情防控的各类违法犯罪。

在疫情期间，刑事政策鲜明强调从严从重与从快从简具有必要性、合理性与正当性，可以及时充分供给疫情防控下"应急性"的司法变通效果，但也隐藏"为了效率而弱化公正"的司法异化风险。"非接触式"在线刑事诉讼潜藏实体从严从重与程序从快从简两个极端异化风险。根据常态的刑事诉讼原理及其主张的"依照法定程序"要求，"非接触式"在线刑事诉讼下的从快从简做法极易侵犯被追诉者的诉讼权利。在后疫情时代，特定的政策基础将不复存在，在线刑事诉讼依托的从严从重之实体法依据与从快从简之程序法要求，并非必要且合理、正当。以从快从简为特征的在线刑事诉讼难以为继。特别是刑事司法智能化等探索仍在推进，程序繁简分流以及认罪认罚从宽制度的全面实施等程序简化改革仍在扩大，使在线刑事诉讼面临更复杂和多元的需求。应重新审视从快从简这一应急诉讼模式，重新注入新的内容以满足实际需求。

《人民法院在线诉讼规则》与《人民法院在线运行规则》充分重视在线诉讼中的人权保障问题，在程序选择自愿、程序规则的设计、信息数据安全保护等方面作了特别规定，做到不偏不倚。

5. 效率与公正的价值摩擦不止

疫情下的在线刑事诉讼以"非接触式"为核心标志，使传统刑事司法强调的亲历性，在特殊情况下被"正当"地消解。脱离亲历性的在线刑事司法，在程序正义与司法公正上，陷入效率与公正错位的隐忧。[1]特别是以远程视频开庭为核心的"非接触式"在线诉讼，在实际运行中出现不少问题，包括辩护效果相对不好、程序选择权的保障不充分、配套措施不到位和操作性不足、适用范围的不规范和不明确以及随机化、诉讼效果参差不齐等。背后是理论的不适，如可能限制甚至剥夺被告人、辩护人对证据的质证权、有违直接言词原则等。

最高司法机关高度关注"非接触式"在线刑事诉讼在适用中出现的效率与公正问题，着力从程序上实现二者的平衡。2020 年 3 月，最高人民法院刑一庭负责人明确指出，在新冠疫情期间，刑事审判既要及时，又必须严格依法办案。这是前所未有的挑战。为此，应当坚持以事实为根据、以法律为准绳，坚持罪刑法定、证据裁判、罪责刑相适应原则，不能一味从快从简处理。由于在线诉讼本就从多方面突破传统诉讼理念以及模式，甚至可以认为是对传统司法模式的若干重大突破，并直接动摇司法裁判的地位、权威以及效力。这必然在司法效率与司法公正的平衡上面临更复杂的挑战，价值权衡上必然出现多重隐忧。显然在线刑事诉讼难以"独善其身"，而"非接触式"模式无疑甚之，使得该问题更加严峻。实际上，在线刑事诉讼的上述难题，在后疫情时代依旧存在，是在线诉讼改革与完善的永恒课题。关于"非接触式"在线刑事诉讼所暴露的公正与效率的平衡关系出现松动迹象或规则模式等源头问题，是今后亟需攻克的重大课题。对此，《人民法院在线诉讼规则》和《人民法院在线运行规则》也都分别强调，在构建完善"中国特色、世界领先"的互联网司法模式上，必须保障当事人的合法诉讼权益，不能以牺牲前者来实现诉讼便利。为此，还明确了"公正高效""合法自愿""权利保障"等基本原则。

三、遵循刑事司法智能化抵达新发展的路径诠释

在线刑事诉讼的本质是什么？这是一个亟待明确的前提。得益于智慧检务、

---

[1] 参见高通："在线诉讼对刑事诉讼的冲击与协调——以刑事审判程序为切入点"，载《南开学报（哲学社会科学版）》2022 年第 1 期，第 25 页。

智慧法院的前期建设成果，"非接触式"在线诉讼在疫情下启动。在线刑事诉讼的未来发展，应当整合现代信息网络技术、人工智能技术，充分黏合新技术的司法应用功能，遵循刑事司法智能化的本质逻辑，以迈向后疫情时代的常态发展。

（一）重整在线刑事诉讼的动能体系

在线刑事诉讼的未来发展与升级换代，首先是以科学的客观需求预测为前提和导向的，确保在真实需求下的自主发展并输出产品；以科学高效的产品供给为支撑力，夯实在线刑事诉讼的实践理性与功能公认度；以内在的理论知识变革为凝练方式，超越单纯或单一的技术迭代累积，上升到刑事司法模式的跨越式进阶。这是在线刑事诉讼面向未来发展的"三驾马车"，也是最基础的保障力量。

1. 需求预测

在线司法的发展和网上法庭的尝试等，客观地缓解当下中国案多人少的矛盾。但它作为新生机制，对我国传统司法模式与纠纷解决方式形成巨大冲击，还存在技术保障不够、社会信任度不高、法律规则供给欠缺、应用平台数量与功能不足方面的困境。在线纠纷解决机制发展面临诸多困境，需要以系统工程的模式加以解决，实现纠纷解决服务的市场化，推动在线纠纷解决规则的特有化。[1]从需求预测的角度看，即使在后疫情时代，虽然不存在疫情防控与"非接触式"的特定需求，但案多人少的矛盾依旧存在。特别是认罪认罚案件高居首位，对刑事司法智能化的需求是非常迫切且全面的。[2]在这样全新的刑事司法对象、环境以及需求下，刑事司法智能化处于前所未有的机遇期，在线刑事诉讼的内在需求非常旺盛。当然，限于现阶段人工智能技术应用的水平，在线诉讼目前基本适合少量简易案件，公众接受度偏低。这一例外性的应用设定亟待切换到普遍推广的深度应用阶段。其中，《人民法院在线诉讼规则》第3条规定人民法院审理的刑事自诉、速裁程序案件和减刑、假释案件，可以在线审理。《人民法院在线运行规则》在"系统建设"部分，对类案推送、量刑辅助功能与系统等作了规定。这些在一定程度上反映改革者当下秉持相对审慎的司法应用立场。尽管在初级阶段为在线刑事诉讼设定相对狭窄的适用范围和案件类型

---

〔1〕 参见胡晓霞："我国在线纠纷解决机制发展的现实困境与未来出路"，载《法学论坛》2017年第3期，第97页、第102-103页。

〔2〕 参见孙道萃："人工智能辅助精准预测量刑的中国境遇——以认罪认罚案件为适用场域"，载《暨南学报（哲学社会科学版）》2020年第12期，第64页。

具有合理性，与技术代际保持一致；但随着需求递增、技术升级等积极变量的叠加，应扩大并全面适用。

2. 产品供给

在强大的内外需求下，在线刑事诉讼行稳致远的关键是持续不断的司法产品作为供给。产品供给端是当前的薄弱环节，显示了技术与法律的深入融合度不够。或者说，人工智能技术的法律应用仍处于初期阶段，没有实体化的产品作为试验场域，也无法提供丰富的功能模块，充分有效地辅助司法人员解决好传统刑事诉讼中的老大难问题或新挑战。然而，无论是刑事司法智能化的推进，还是在线刑事诉讼的深入，当前关于合理性、合法性以及实际功能的讨论，都可以通过实实在在的产品进行验证或回应。只有从产品供给端进行快速提升并有效输出，才能在满足需求的情况下，将在线刑事诉讼带进更为实质的发展阶段。为此，特别需要司法机关与企业进行深度合作，遵循产学研的模式，导入各方资源，实现技术与法律的深入融合并提升司法大数据的法律应用价值，以更优的数据和应用成绩来证明在线刑事诉讼的可行性及其独特优势。《人民法院在线诉讼规则》与《人民法院在线运行规则》都分别强调，相关应用成果与产品日趋丰富和健全，当前也已有成熟可行的示范样板。

3. 理念变革

知识变革是刑事司法智能化深度演变后，以在线刑事诉讼为载体形式，所呈现出的深层理论形态。知识变革涉及传统刑法理论体系及其教义学结构的量变与质变问题，既包括确认已经出现的理论课题，也包括对未来趋势的前瞻。这牵扯出知识变革的维度与程度这一最难议题，也即与传统刑法体系如何保持科学且理性的"接力棒"关系，其要点在于：（1）知识变革是渐进式而非断崖式的方式。现在不具备即刻建构独立的新知识体系的条件和基础，量变累积下的确认与创新是重点。（2）知识变革是提升传统刑法理论体系的生命力，而不是直接否定或抛弃现有内容。兼容性知识模式可以很好地处理上述尖锐的关系。必须以恰当的方式，将刑事司法智能化等内容嵌入兼容性的知识体系。而且，知识变革与立法修正可以同步进行。在线刑事诉讼的立法应当提上议程。相比传统立法活动，涉人工智能与法律的立法，完全有别于传统立法的目标、任务、对象、技术、方法以及规范表述、语言载体等。[1]在立法上，与传统刑事司法

---

〔1〕　参见孙道萃："智能时代的刑法立法——人类中心主义与现实功利主义的取舍"，载《学术交流》2020年第4期，第69页。

模式保持兼容性，可以防止在交互过程中骤然出现"脱钩"问题。在实现在线刑事诉讼立法的兼容性、科学性与完整性上，主要取决于知识变革的及时性、适宜度、有效性与开放性。在立法方式上，立法与法律解释可以共同构成在线诉讼的演进理论。

（二）刑事司法智能化是在线刑事诉讼的未来方向

刑事司法智能化是人工智能技术导入传统刑事司法模式后的新范畴与新形态，其核心标志是由人工智能产品、应用系统等（部分）替代（辅助）司法人员办案（处置业务），以此同步提升办案效率、办案质量。刑事司法智能化与在线刑事诉讼高度契合，可以作为在线刑事诉讼持续发展的基本遵循。

1. 刑事司法智能化的嵌合机理

刑事司法智能化的发展趋势不可阻挡。这既是国家政策与司法改革的总体部署与改革方向，也是传统刑事司法迈向现代化的重要动能。在此基础上，关于刑事司法智能化的基本概念与功能结构及其发展逻辑等问题，主要包括：（1）人工智能技术应用是刑事司法智能化的基础，也是在线刑事诉讼的发展前提。（2）司法大数据是刑事司法智能化的对象，也是刑事司法智能化的素材。通过司法大数据，可以获取"活着的"量刑规律与经验，也可以倒逼司法大数据库建设趋于健全。（3）知识谱系。刑事司法智能化将逐渐超越人的主体性地位在司法领域延伸的传统认知，由此形成刑事司法知识体系。在刑事司法智能化的推动下，将形成新的刑事司法知识体系。不仅与在线刑事诉讼的规定相互契合，也与在线刑事诉讼的理论保持一致。（4）应用系统。在操作上，刑事司法智能化必须以应用系统这一载体形式为依托，辅助司法人员解决具体问题。不同的应用系统，附着不同的功能模块，以应对不同的在线诉讼需要。（5）功能定位。在现阶段，刑事司法智能化都无法直接替代传统刑事司法模式，也无法取代司法人员的地位，它主要发挥辅助作用，协助司法人员更好地解决定罪量刑等问题。

承上所述，走出"非接触式"模式的在线刑事诉讼，其首要课题就是摆脱政策的应急性、短促供给困局，通过明确其基本构成与本质特征，来锁定在线刑事诉讼的本体内容，明确支撑其发展前景的关键动能。很显然的是，在线诉讼以智慧检务、智慧司法为重要的前期基础，融合司法大数据，通过技术加持的应用方式，建立电子化、信息化、智能化的诉讼体系。相应地，在线刑事诉讼作为具体且主要的应用场域之一，以刑事司法为存在维度，对传统刑事司法模式进行在线置换或改良，实现定罪、归责、量刑以及其他辅助刑事诉讼活动在线运行。无论是在线诉讼还是在线刑事诉讼，都高度聚焦由现代互联网信息技术迭代至人工智能技术进程中的司法应用功能，以充分释放技术对刑事司法的辅助功能或局部替代功能等方式，消除传统刑事司法模式的固有局限和不足。

从刑事司法智能化的核心构成与功能设定看，可以概括为逐步修正、基本辅助并局部替代传统刑事诉讼的新方案。刑事司法智能化与传统刑事诉讼的当下互动关系与未来交互格局，和在线诉讼、在线刑事诉讼面对传统刑事诉讼的诸多探索与改革路径，在本质、要素、功能等方面有着高度的暗合与一致。进言之，在线诉讼与在线刑事诉讼都显现了遵从刑事司法智能化的核心旨趣。刑事司法智能化可以部分替代传统刑事司法模式的内在潜质及其应用系统、功能模块的持续升级与有序跟进，因而具备剔除传统刑事司法模式中的固有缺陷与有效供给现代刑事司法所面临的新需求之能力。传统刑事司法的亲历性、司法过程的物理场所性等固化认识，可以借助技术应用平台或终端实现"等值"切换，直接与"非接触式"在线刑事诉讼的主要特征与内部规律完全契合。在后疫情时代，"非接触式"在线刑事诉讼所依赖的应急环境与外部需求逐渐消失殆尽，但不应就此停止在线刑事诉讼的发展。反而，经由刑事司法智能化的持续供给动能，可以确保不落后于现代技术对法律应用的新要求，通过技术应用的导入方式，改造传统刑事司法模式，构建日益独立的在线刑事诉讼，更好地同步达致公平与效率。

2. 刑事司法智能化的正向赋能

刑事司法智能化理念不仅应验在线刑事诉讼的现实有效性及其一般逻辑的合理性，也为在线刑事诉讼超越"疫情需要"这一特定因素并寻求完善提供持久性的知识原动力。刑事司法智能化的内在逻辑与演变趋势，正好为在线刑事诉讼超越现有结构性矛盾与困境，提供一套"对症下药"的应对逻辑与跃升通道。

具体而言：（1）刑事司法智能化可以通过制度建设消减"非接触式"在线刑事诉讼的应急性政策供给的短促问题。"非接触式"在线刑事诉讼是应急性产物，既缺乏前期准备与合理规划，也缺乏灵活的动态调整，而且适用的时期具有鲜明的"特定性"。这些都导致后疫情时代的在线刑事诉讼陷入生存危机。"非接触式"的内外土壤一旦消失，就必须寻求新的发展契机，以避免走向消亡。刑事司法智能化的及时嵌入，以制度化的方式，消减"应急性"政策的重大弊端，使在线刑事诉讼具有可持续发展的潜力和条件，在外部功能上也必然超越"非接触式"的特定性。在线刑事诉讼只有走上制度化建设，才能奠定其规范化与合法化的基础。（2）为在线刑事诉讼架构全局模块。目前，"非接触式"在线刑事诉讼在功能模块与应用范围上，呈现为碎片化的试点或探索，各自为战，缺乏整体性。这导致在线刑事诉讼不足以自成体系，无法系统地开展刑事司法的各项活动，必然降低其功能效度。通过导入刑事司法智能化后，借助成熟的应用系统、功能模块等，可以为优化在线刑事诉讼的整体布局提供直接参照，不仅重归非疫情下的常态诉讼之前提，也使功能、系统等方面的研发、应用都针对一般的刑事案件。（3）明确在线刑事诉讼发展的核心动能，为其有效性持续赋能。疫情防控无形中推进在线刑事诉讼的发展。但是，在后疫情时代，在线刑事诉讼是继续沿着在线诉讼的一般规律和路径向前推进，还是扎根刑事司法领域的特殊性及其一般规则，谋求契合传统刑事司法的基本宗旨？这一追问涉及在线刑事诉讼的发展核心动能问题，也即在线刑事诉讼是否以及如何与传统刑事诉讼形成"不冲突但相互独立，且协同配合"的新格局。刑事司法智能化作为正在兴起的现象，很好地为在线刑事诉讼迈入下一个发展阶段供给最基础的"起点"。也即只有聚焦刑事司法智能化的深度嵌入与应用，在线刑事诉讼才有充实的本体内容。（4）技术集成应用优势的显著可预期性，会为公正与效率的再动态平衡提供新路径。尽管受制于人工智能技术的代际及其应用水平，以及现阶段传统刑事司法模式仍将发挥基础性的作用，在线刑事司法的探索与改革目前扮演的是辅助传统刑事诉讼的次要角色。但从长远看，在线刑事诉讼可能不断浸入乃至取代部分或整个传统刑事司法体系，而且会对定罪、归责以及量刑、证据审查认定、法律适用等核心司法环节产生实质的影响。尽管关于人工智能辅助预测定罪与量刑结果、对证据能力进行实质判断、判断证据证明力以及闭合证据链、刑事案件疑难问题的价值判断等都是当前亟需攻克的知识禁区问题。而且，人工智能与刑事司法的"制度联姻"使司法格局呈现出合理但意外的变动趋向，为刑事司法权力配置描绘出崭新蓝图。基于"诉讼爆炸"的现实司法环境与我国司法体制改革的内在基础，刑事司法制度在不断完善的过程中将人工智能引入刑事审判具备现实必要性。

由此可见，刑事司法智能化为在线刑事诉讼发展提供可持续的动能路径，在线诉讼对传统司法模式的对冲效应是显而易见的。相比之下，在线刑事诉讼对传统刑事司法模式的冲击更为明显。实际上，各界对在线刑事诉讼的各种担忧，部分就来自于在线诉讼自身裹挟的制度缺陷。基于现代技术的更迭换代，刑事司法智能化不仅超越了刑事司法的网络化、信息化建设，还增加并整合智能化、智慧化的新要素，在技术支持、功能模块、应用系统等方面也都明显处于更胜一筹的竞争状态，可以提供更加优越的产品供给，支持传统刑事司法的各种需求。因此，以刑事司法智能化作为牵引，不仅可以很好地承接"非接触式"在线刑事诉讼的创新优点与亮点，还可以将疫情期间的在线刑事诉讼一并汇入刑事司法智能化的新阶段，使其具有可持续性，以满足新需求。刑事司法智能化代表刑事司法现代化的发展方向，应当成为"非接触式"在线刑事诉讼转型的基本遵循。

四、在线刑事诉讼的制度建设

在新旧刑事司法模式的交互过程中，在线刑事诉讼既需要参照与借助在线诉讼的基本制度与经验机理，也要遵循刑事司法智能化的核心动能以建立健全可持续性的供给能力，为在线刑事诉讼配备智能化的基底与多维度的保障措施。虽然《人民法院在线诉讼规则》和《人民法院在线运行规则》无法直接供给具体的操作指引，但提供了重要参照。据此，可以精准应对疫情下"非接触式"在线刑事诉讼所遭遇的制度性困题。

（一）重塑在线程序正当的一般规则

刑事司法智能化会冲击传统刑事诉讼。程序正当的传统理念、制度、规则以及程序等都陷入"新旧更替"的动荡状态。这要求重塑在线刑事诉讼的正当逻辑。

1. 在线刑事诉讼程序正当的挑战

基于人工智能技术的应用所形成的系统或产品，在导入传统刑事司法模式及其活动中，在功能的有效性与合理性以及法律解释、证据审查司法裁判的公信公正等方面均出现一些困惑或减损问题，以至于波及程序法定原则的实现效果等。

概言之：（1）传统人类（司法人员）主导诉讼模式的颠覆。以人为主体、人的绝对优势地位为核心内容，人类中心主义根深蒂固，既是现代社会及其制度模式的存在基础、发展引擎以及价值归宿，也是现代法律制度的根本依存。传统刑事司法模式以司法人员的主导地位为基础进行设计，通过充分的司法亲历性、利害关系人的参与性等方式，抵达程序正义的基本要求。这是传统刑事司法获得公正的最根本保障。在借助信息网络技术革新审判方式的过程中，新型审判方式与传统诉讼法理之间必然出现结构性的冲突，司法人员的统治地位、智力优势以及绝对控制力均受到削弱。远程审判高度依赖信息网络技术，技术系统潜藏不可控的内在风险。技术辅助（替代）下诉讼程序的正当性缺失风险尤为凸显。在线刑事诉讼日益高度依赖技术及其应用产品，必然削弱司法人员的主导地位与控制力，或助长司法人员的依赖性、惰性，从根本上搅乱司法正义的生产、输出以及公众接受方式。远程视频审判作为最重要的在线诉讼方式，极大地改变传统刑事审判的基本格局，对以审判为中心诉讼制度的影响仍在继续扩大。技术的不可控风险及其对司法干涉中的异化是最值得警惕的地方。

（2）算法及其规则不透明性的司法不公风险之内控。在线诉讼的核心应用板块就是审判。在人工智能辅助刑事审判中，算法黑箱以及由此引发的人工智能分析结果的参考度及偏差率问题备受关注。在美国卢米斯案中，多数人认为该案判决低估算法的准确性、歧视性和透明度风险，高估法官识别算法风险的能力。但在 GDPR 引入算法可解释性规则后，又在解释论构造、正当性、可行性和有效性等方面均存在不少争议。[1]在刑事司法智能化模式中，包括司法亲历性等保障程序正义的基本要求以及传统刑事司法模式的主要运作方式等内容，都可能遭遇不同程度的肢解。

在线刑事诉讼遵循算法主导规则，以在线诉讼规律所建立的新制度、新机制为前提，以（相对）独立的程序正义观念与司法知识结构作为立足基础、依据以及形态。只有从本源上保障在线刑事诉讼的程序正义，才能确保以刑事司法智能化引领在线刑事诉讼的发展可以达致和而不同的效果。鉴于在线诉讼对传统诉讼可能造成颠覆效应，《人民法院在线诉讼规则》从身份认证、电子材料提交、在线庭审条件和方式、在线庭审环境、在线庭审纪律、在线签名或者确认、电子笔录等方面设计完整的正当程序规则。尽管《人民法院在线诉讼规则》并非以刑事案件为对象，但仍提供遵循与参照，其第 3 条第 2 项亦有此意。同时，《人民法院在线运行规则》对运行平台与应用方式、保障信息安全与运行维护等作了一般性规定，为规范在线刑事诉讼的正当合法运行提供了重要参照和基本准则。应通过技术加持等方式进行"反制"，为在线刑事诉讼所必备的程序正义提供兼容性的基础和依据。

2. 在线程序正义的别样"可视化"路径

司法一般应当是现场性活动，具有物理空间在场性、公开性、当事人亲历

---

〔1〕 参见江溯："自动化决策、刑事司法与算法规制——由卢米斯案引发的思考"，载《东方法学》2020 年第 3 期，第 76 页。

性等特征。在线诉讼具有空间虚拟性、当事人非现场化等特征。由此带来在线诉讼不匹配传统诉讼的审判现场性等重要特征、在线诉讼对实现真相查明功能的影响、在线审判的公众参与、在线审判的合法性等问题。这些问题可以概括为对司法亲历性的削弱与颠覆，突破了传统刑事司法模式的构造根基。在现阶段，智能技术司法应用风险的重心落在算法及其运行规则的不可控性与不可测性上。应当构建另一种"可视化"的在线诉讼程序：（1）刑事司法智能化所依赖的算法及其规则是可以被解释的。算法是最核心的组成要素，也是决定刑事司法智能化能否充分实现公正的根本因素。算法是"不可视"的，是由代码等数字信息组成的。算法规则也不同于过往的法律适用规则。算法规则的可解释性至关重要。应当确立智能技术分析所得出的司法结果的可解释性规则，从技术上应当采取立法、司法与行业自律并行的算法规制策略。司法产品的研发者应当设计更为精细的算法透明制度，鼓励通过行业自治、内部协商等方式制定新的司法伦理标准和技术标准，使算法处于可控状态。（2）司法产品责任的可回溯性或追溯性。对于司法产品所引发的错误等情形，应当允许进行责任追溯，对破损的正义进行修复。应当增设刑事司法人工智能的多重监管机构，制定场景化的算法透明和责任规则，配备问责与强制披露算法等制度，防止滥用算法的行为遁入法外空间。（3）人工智能语言可以被"交往"与应用。虽然人工智能语言与人类语言是不同的系属，但通过公开的解释规则，可以经由通俗易懂的规范表达方式，为诉讼参与者所认识、理解，而非不可逾越的"知识黑洞"，防止引发不可测的司法危机。因此，在线刑事诉讼必须攻克语言的技术难题，为程序正义开设可视化的安全呈现方式。

3. 充分有效的主体参与

诉讼在本质上是法律主体化解异议的交往行为，主体的言语行为符合有效性要件是理想言谈情境的前提。[1]传统诉讼高度重视亲历性，将有效参与作为程序正义的重要内容。关于在线刑事诉讼的正义达致问题，《人民法院在线诉讼规则》和《人民法院在线运行规则》从技术保障等方面，已经提供了一般原理和规则参照，主要包括：（1）充分告知在线诉讼权利义务与法律后果。在线诉讼是新生事物。消除诉讼当事人各方的疑惑之最好办法就是充分告知，排除因信息不对称导致的不信任或恐慌问题，强化在线刑事诉讼的信任度、认可度以

---

[1]　参见段厚省："远程审判的程序正当性考察——以交往行为理论为视角"，载《政法论丛》2020年第2期，第113页。

及对结果的接受度。对于是否可以启动在线庭审等在线诉讼活动、具体的适用范围、方式和条件等，既要考虑案件复杂程度、技术条件等，更要优先考虑当事人意愿。司法机关开展在线诉讼，应当向当事人告知案件在线办理的具体环节、主要形式、权利义务和法律后果，并在各个诉讼阶段征得当事人同意。只有充分告知后，且双方当事人均明确表示同意的，才可以决定采取在线视频方式庭审。（2）证人在线出庭。证人出庭是关系程序公正与否的重要方面。在线刑事诉讼基于其自身的技术优势，应当更具备实现证人在线出庭的基础和条件。易言之，在线刑事诉讼更便于实现证人出庭，更能促进司法公正。此外，鉴定人、勘验人、具有专门知识的人在线出庭，可以参照证人在线出庭的规则执行。当然，证人线下出庭作证作为特殊情况亦可以继续存留。（3）公开同步审理。在线刑事诉讼更应当坚持在线庭审公开原则，而不能秘密进行。特别是从技术应用角度看，在线刑事诉讼更便于实现公开审理。而且，所有诉讼当事人都应当同步参与庭审，不能异步参与。属于特殊情况的，如果诉讼权利人同意，也可以允许异步审理，以非同步的方式开展证据交换、谈话询问、庭审等诉讼活动。（4）特殊群体的有效参与。对于未成年人、老年人、聋哑人等特殊群体，更应重视充分告知的作用，根据实际情况设计特殊的参与方式和规则，充分彰显在线司法的人文关怀，绝不使在线的程序正义被"打折扣"。

4. 逐步有序替代"人（法官）的自由心证"地位

法官的自由心证是在线刑事诉讼改革中的难点，需要与之匹配的置换范畴，夯实在线刑事诉讼的公正基础。以《人民法院在线诉讼规则》和《人民法院在线运行规则》的相关规定为参照对象，应注意：（1）自由心证是传统司法模式的主要特征，是以人为中心的人类中心主义在传统司法中的集中体现。在刑事司法智能化中，司法人员的自由心证出现新的情况：一是智能化已蕴含"替代（取代）"人的智慧与思考的本初追求，也即智能司法肩负"取代"自由心证的使命。这是逻辑的对立性所在。二是在线诉讼有别于传统司法的正义模式，在亲历性、司法伦理、程序运行等方面，都削弱自由心证所依赖的基础条件，自由心证的地位、意义及其裁判的绝对作用等会出现一定程度的下降。在刑事司法智能化的推进中，在线刑事诉讼亟需寻找可以妥善且有效辅助自由心证的产品或应用系统，使算法在辅助司法人员作出裁判的问题上，既符合程序正义的一般要求，也仍可以在自由心证的前提下实现更精准的裁判结果与更公正的司法效果。(2) 人工智能技术及其主体地位的局限性,[1]应明确算法的司法决策,仅具有辅助性地位,不能替代人类法官直接判案。尽管应当强调在线诉讼平台是传统裁判的必要辅助,不可替代法官自由心证之全过程,但也要维护在线诉讼的裁判权威与效力。其重点在于:一是建立诉讼当事人确认庭审有效、接受裁判的规则。在线诉讼无法按照传统的签名方式或口头确认等,应当建立在线签名制度,确认庭审活动的合法性以及认可或接受裁判结果,使在线诉讼形成的电子文书具有刚性效力。二是建立完整、可追溯的电子庭审笔录。在线诉讼的技术优势包括可以全程记录、系统留痕、便于事后查看等。这决定在线诉讼具有可追溯性、可恢复性、可事后纠正性等特征。而且,电子庭审笔录不仅可以发挥记录的作用,也是自由心证的重要依据与事后监督的素材。

(二) 司法数据安全的保障

公认的是,司法数据是刑事司法信息化、智能化建设的基础要素,也是应用系统发挥功能的前提条件。"非接触式"在线诉讼之所以被有效启动,首先得益于司法大数据制度的发展。数据收集、存储、应用、开放以及升级等自成一体,为线上办案、智能司法源源不断地供给数据。在线刑事诉讼的良性发展,必须强化司法数据安全的保障措施。当前,依托司法大数据而发展的刑事司法智能化探索,对司法数据安全及其权益的保障仍比较薄弱。它集中表现为:一是司法数据的归属尚不明确,确权不清导致侵犯后的保护措施阙如。二是在数据仍不是一项法定的权利,以及数据和个人信息保护的立法及理念尚未完全建立起来的情况下,司法数据的保护,特别是司法数据的应用保护更可能成为被遗忘的环节。

为了保障司法大数据安全及其相关联的司法权益或诉讼权利,以及参照《人民法院在线诉讼规则》《人民法院在线运行规则》的相关保障措施,应当解决好以下问题:(1) 司法数据的确权。在司法大数据时代,应当优先解决好司法数据的确权问题。司法数据首先具有公共性,但也涉及公民的个人信息。因此,司法数据承载两种不同的法益归属,也即分别归属于司法机关的数据、归属公民的个人信息。在二元分立的格局下,可以确立司法数据确权的"二元化"基本原则。也即根据数据的来源、使用、加工等要素,分别确定为公共数据或个人信息,并确定相适应的数据保护或信息保护模式。而且,《数据安全

---

〔1〕 参见孙道萃:"人工智能主体的刑法地位之积极论",载《法治社会》2021年第2期,第73页。

法》《个人信息保护法》已有全方位的规定予以衔接，能更好地解决确权问题。《人民法院在线诉讼规则》第38条（在线诉讼数据保护）规定，在线诉讼过程中形成的数据信息，除人民法院依法公开的以外，当事人及其他诉讼参与人、第三人不得违法违规披露、传播和使用。这意味着在线诉讼数据原则上归属于司法机关，当事人及其他诉讼参与人、第三人不得随意使用。但是，该做法忽视了诉讼参与主体应当作为权利主体的客观事实。关键是应当在司法数据所承载的公共利益与个人权益之间作出精准的权衡，使其不偏不倚，更不以牺牲个人信息权益为代价。（2）司法数据的遗忘权问题。对于快速增长的司法大数据，既可能是真实无误的，也可能是虚假或错误以及更正后的。在互联网信息时代，对于已经公开的司法大数据，出现虚假、错误或根据法律规定可以不再公开等情形，与该数据有利益相关的人员可以申请"遗忘（删除）"，从而在数据时代恢复原状以及重返社会。这就是大数据时代的"数据遗忘权"问题。在司法大数据的应用、公开等方面，是否确立并如何保障公民在司法领域可以实现"数据遗忘"的问题，已经成为刑事司法智能化的新课题，也是新型司法模式下达致程序正义与司法公正的新内容、新要求。《人民法院在线诉讼规则》第38条（在线诉讼数据保护）规定，当事人及其他诉讼参与人、第三人违法违规披露、传播和使用在线诉讼数据的，人民法院可以根据具体情节，依照法律和司法解释关于妨害诉讼的相关规定追究相关人员法律责任，构成犯罪的，依法追究刑事责任。该规定在一定程度上确认"数据遗忘"的实质内涵。规定刑事责任条款，可以强化在线诉讼数据的保护力度。《数据安全法》《个人信息保护法》对"数据遗忘权"确立更为明确和综合的保护立场，有助于更好地解决在线刑事诉讼过程中的数据遗忘权保护问题。此外，司法大数据应用过程中所衍生的诉讼参与人的隐私权保障问题也将在此环节中得以解决。

（三）配套措施的充分补齐

刑事司法智能化是以可靠的技术及其应用水平为基本前提的。技术应用安全是最基础性的保障对象，在刑事司法智能化的应用演进中起到非常基础的作用。《人民法院在线运行规则》侧重对保障制度的规定，也为刑事诉讼的保障体系建设提供参考。

首先，物理硬件的充分保障。在线刑事诉讼制度设计得再完美，也离不开技术保障，必须以可靠的物理硬件作为基础。不能忽视在线刑事诉讼的硬件保障问题。这要求建立高质量的在线庭审环境，尤其是需要高效运行的在线诉讼平台，配备网络信号良好等技术设备，实现在线诉讼平台同样拥有严肃、统一、规范的司法特征，消除外部的不信任问题。此外，属于特殊情况的，确需对在线庭审的场所或场域作变通的，应当采取报请批准的审查同意模式，确保物理设备的可靠。

其次，规范在线庭审纪律。依法是诉讼程序运行的重要特征，刑事诉讼的程序正义离不开规范的庭审规则。在线庭审也是严肃的司法活动。所有出庭人员或参加庭审人员，参加在线庭审过程中，必须尊重司法礼仪，遵循在线庭审纪律，服从审判人员指挥。在现阶段，可以参照传统刑事诉讼的程序规定，在线参与人员同样不得作出《人民法院法庭规则》第17条所禁止的行为。出庭人员出现不按时到庭、擅自脱离庭审画面、庭审音视频突然无故静止或中断等情形时，人民法院可以参照上述规定，依法应当作出提示、警告，并要求出庭人员说明理由。

最后，程序性惩戒措施。在线刑事诉讼具有鲜明的技术依赖与技术辅助的双重特点。技术标准既是应用工具也是规范化的法律产品。这决定可以从技术制衡的内控层面设计有效的惩戒措施，为在线刑事诉讼中的程序违法设定"程序性制裁或保障"。根据在线刑事诉讼的特点与需求，应在以下几个方面配置相应的惩戒措施，提高在线刑事诉讼的严肃性与刚性效力：（1）当事人的同意一般是启动在线刑事诉讼的前提条件。在当事人已同意的情况下，无正当理由不参与的，严重损害在线诉讼秩序以及各方合法权益，视其放弃相应诉讼权利。不履行相应诉讼义务的，应当加以惩戒，可对背信的当事人作出不利的诉讼结果。（2）在线诉讼以公开同步开庭为基本原则，但也可以采取异步方式。当事人未在司法机关指定的期限内，以非同步方式完成在线诉讼活动的，视为放弃相应诉讼权利，并应当作出相应的惩戒。（3）在线庭审是严肃的司法活动。只有维护司法秩序，才能确保程序公正与结果的可接受性。出庭人员不听从法庭诉讼指挥，妨害在线庭审秩序的，经司法机关提醒、警告、训诫后，仍拒不改正的，可以依法采取强制关闭音视频功能、责令退出在线庭审、罚款、拘留等措施。（4）由于在线诉讼的特殊性，各方参与庭审时的具体要求不一。出庭人员在线庭审环境不符合要求的，司法机关可以要求改正；拒不改正或者调整后仍不符合要求的，人民法院根据情节轻重，可以采取训诫、责令退出在线庭审、罚款等措施。当事人无正当理由不按时参加在线庭审，视为"拒不到庭"；在庭审中擅自脱离庭审画面，视为"中途退庭"，可以分别参照现行相关法律及司法解释规定处理。但确属网络故障、设备损坏、电力中断或者不可抗力等原因的除外。（5）司法机关可以通过财产查控系统、网络拍卖平台、信用惩戒系统等，在线完成判决或裁定中的财产查明、查封、扣押、冻结、变价和惩戒等执行环节。上述做法依托于政府大数据、社会征信体系、社会信用机制等新条件，可以实现更高效的执行效果。

五、结语

疫情防控背景下，正在持续探索中的在线诉讼得以迅猛覆盖和发展，并形成以"非接触式"为核心特征的司法样态。在线刑事诉讼也在此浪潮中崛起。但是，后疫情时代在线诉讼何去何从问题早已如鲠在喉，必须寻找可以实现持续性发展的新动能。持续加快建设"智慧检务""智慧法院"，以及互联网法院的设立、在线诉讼规则的不断丰富等，都积极推进在线诉讼的制度发展。但刑事诉讼领域的探索基本处于空白。疫情下的在线刑事诉讼，虽与在线诉讼一脉相承，但由于所处场域、政策定位等差异，以及"非接触式"模式的功能独特性，使在线刑事诉讼有其自身的特质与需求，其未来发展路径也有待厘清。但其关键出路就是参照在线诉讼规则，经由刑事司法智能化的升级以抵达在线刑事诉讼的新发展与全面更迭。刑事司法智能化的最新演变动向以及我国司法信息化、网络化建设的前期成果与既定战略，为在线诉讼走出"非接触式"提供新的发展方向。应当澄清刑事司法智能化的一般原理及其实施机制，为在线刑事诉讼迈向更具有实践理性、知识的自洽性的新高度，输出多维度的保障措施与运行机制。

第十一章

人工智能驾驶的刑法应对

　　智能驾驶测试正在全面铺开。我国政策红利持续增量，推进智能驾驶测试纵深跃进。从我国的政策性指导文件看，测试主体与测试驾驶人员的责任关系、测试车辆智能系统与模式、测试驾驶人员的安全义务、法律责任的性质及承担等，是刑事风险的主要源头。当前，智能驾驶测试的合法性与责任豁免、智能驾驶模式与驾驶主体的责任范围、智能驾驶测试的法律责任形态等规范议题亟待澄清。在测试环境下，智能测试车辆的自动模式与罪责性质，测试主体与测试驾驶人员的归属关系及责任分担、测试驾驶人员接管严重不当的刑事责任、智能驾驶测试公共安全的责任承担、排除社会危害性的情形等，是刑法应对的焦点。

　　与此同时，加速到来的智能驾驶时代正在逐步瓦解传统交通安全犯罪的基本观念，引发包括"人的法定驾驶地位"是否丧失等问题，传统交通安全事故犯罪规定正在遭受不同程度的"肢解"，当代公共交通安全理念、犯罪设置基础、归责逻辑等处于洗牌的机遇期。新型智能驾驶犯罪宜分为"对象型""工具型""独立型"，但亟待规范界定。应根据智能驾驶的程度与模式，就智能产品责任犯罪、智能驾驶公共安全犯罪等突出问题，对研发者、设计者、所有者、使用者、销售者、监管者等主体进行差异化归责。传统刑法规范体系陷入供给不足危机，亟待当代刑法提供框架性的保障，及时回答智能驾驶时代新型法定犯罪的立法问题。

一、智能驾驶测试的刑事风险与规范应对

　　目前，许多发达国家和地区都积极推进智能（无人）驾驶测试工作。例如，美国政府发布了《美国自动驾驶汽车政策指南》。2017 年 4 月，得克萨斯州通过了允许高度自动化车辆在公共道路上行驶的法案。美国加利福尼亚州聚集了全世界研发自动驾驶汽车的 50 多家公司及测试活动，谷歌旗下无人驾驶汽车部门在加利福尼亚州已经建造一座名为"城堡"的虚拟城市。在亚利桑那

州，有超过 600 辆自动驾驶汽车允许在公共道路上进行测试。密歇根州政府和企业专门为无人驾驶测试建设了世界上首个模拟小城镇。[1]2018 年 5 月，俄亥俄州继而也允许自动驾驶汽车在公共道路上测试。2018 年 10 月，英国政府的 AutoDube 项目在考文垂和密尔顿·凯恩斯举行了自动驾驶测试与试验，取得了良好的效果。韩国政府计划在 2018 年底正式使用 32 万平方米左右的无人驾驶测试场地。2018 年底，日本东京都交通的环状线"山手线"，首度公开测试自动驾驶，而其首要目标是先实现高度自动驾驶。这些国际社会的最新动态，充分显示了智能驾驶测试正进入集中爆发期。

与此同时，我国也走在了智能驾驶测试的国际前沿。2017 年是我国人工智能发展的"元年"。国务院印发《新一代人工智能发展规划》，使其上升为国家战略。在国家政策红利的大背景下，地方与国家相继发布政策性指导文件。概言之：（1）地方层面。代表性的有：一是北京市。2017 年 12 月，北京市交通委员会、北京市公安局公安交通管理局、北京市经济和信息化委员会印发《北京市关于加快推进自动驾驶车辆道路测试有关工作的指导意见（试行）》 [以下简称《北京市自动驾驶指导意见（试行）》，已失效]、《北京市自动驾驶车辆道路测试管理实施细则（试行）》 [以下简称《北京市自动驾驶实施细则（试行）》，已失效]。2018 年 2 月，北京市经济和信息化委员会、北京市交通委员会、北京市公安局公安交通管理局印发《北京市自动驾驶车辆道路测试能力评估内容与方法（试行）》《北京市自动驾驶车辆封闭测试场地技术要求（试行）》。2019 年 9 月，北京市交通委员会、北京市公安局公安交通管理局、北京市经济和信息化局印发《北京市自动驾驶车辆测试道路要求（试行）》。北京市最早正式发布政策性指导文件，相关指导性文件的内容也非常详尽。二是上海市。2018 年 2 月，上海市经济和信息化委员会、上海市公安局、上海市交通委员会印发《上海市智能网联汽车道路测试管理办法（试行）》 [以下简称《上海市智能汽车测试办法（试行）》，已失效]。三是深圳市。2018 年 3 月，深圳市交通运输委员会发布《深圳市关于规范智能驾驶车辆道路测试有关工作的指导意见（征求意见稿）》 [以下简称《深圳市智能驾驶指导意见（征求意见稿）》]。四是长春市。2018 年 4 月，长春市工业和信息化局、长春市公安局、长春市交通运输局联合发布《长春市智能网联汽车道路测试管理办法

---

　　[1] 参见宗文："英媒：首款真正无人驾驶汽车上路行驶"，载《人民邮电报》2017 年 11 月 15 日，第 5 版。

（试行）》。这些探索，为由上而下的改革提供了经验。（2）国家层面。2018年4月，工业和信息化部、公安部、交通运输部联合印发《智能网联汽车道路测试管理规范（试行）》［以下简称《智能汽车测试规范（试行）》，已失效］。《智能汽车测试规范（试行）》可谓是集大成者，对地方探索进行了总结与提炼，涉及政策支持、测试主体与测试驾驶人员及其条件、测试申请、测试管理、测试过程及其控制、测试的法律责任等主要内容。这宣告了我国智能驾驶测试时代的全面到来，也宣告了我国智能驾驶汽车测试进入了规范发展阶段。

然而，智能驾驶测试的加速到来，也冲击传统驾驶理念、法律安排以及规范体系。《道路交通安全法》区分了"机动车"与"非机动车"。第8条规定，国家对机动车实行登记制度。机动车经公安机关交通管理部门登记后，或取得临时通行牌证，方可上道路行驶。同时，也明确了"机动车驾驶人"问题。第19条第1款规定，驾驶机动车，应当依法取得机动车驾驶证。而且，还对驾驶规范等作出了明确规定。初步对比便可发现，现有智能驾驶测试的政策性指导文件在内容上，与《道路交通安全法》存在诸多"差异"。在新旧驾驶观念的交互与交替中，传统交通法律体系迎来冲击。特别是在新旧驾驶模式、驾驶理念、驾驶主体、驾驶行为、驾驶责任等要素持续博弈下，当代刑法体系的公共交通安全犯罪规定及其理论学说等面临新的挑战。[1]在尚未真正商业化的"前夜"，智能驾驶测试成为最接近"智能驾驶"的高度逼真环境。对于测试阶段的智能驾驶安全保护等诸问题，刑法应当作出回应。

（一）智能驾驶测试政策指导性文件的解读

从我国目前发布的政策指导性文件及其内容看，智能驾驶测试所涉的规范内容，主要包括测试主体、测试驾驶人员及责任关系、测试车辆及系统的智能模式、驾驶测试人员的安全义务、法律责任等。同时亦可见，智能驾驶测试与我国现行交通安全法律体系、法律责任等存在较明显的冲突。特别是在刑法领域，智能驾驶测试中的一系列新情况，加剧传统交通安全犯罪规定的供给难度与理论危机。

1. 测试主体、测试驾驶人员及其责任关系

在传统驾驶时代，必须明确规定驾驶主体这一最基础的内容。在智能驾驶测试中，测试主体与测试驾驶人员是最重要的两类身份，也是首要的法律责任

---

〔1〕 参见龙敏："自动驾驶交通肇事刑事责任的认定与分配"，载《华东政法大学学报》2018年第6期，第77页。

主体。

《智能汽车测试规范（试行）》第 5 条规定，测试主体是指提出智能网联汽车道路测试申请、组织测试并承担相应责任的单位，并应符合规定的条件。第 6 条规定，测试驾驶人员是指经测试主体授权，负责测试并在出现紧急情况时对测试车辆实施应急措施的驾驶人，并应符合规定的条件。这明确了测试主体是法人或单位的基本立场，也对测试驾驶人员及其测试行为作出了明确界定，而且都必须符合法定的准入资质条件，因而是特殊的法律主体。《北京市自动驾驶指导意见（试行）》也规定，测试主体是在中国境内注册的独立法人单位。根据 2017 年《北京市自动驾驶实施细则（试行）》第 32 条第 5 项规定，测试驾驶员是坐在自动驾驶测试车驾驶座位上的人员。同时，第 6 项规定，测试相关人员是指在自动驾驶测试车行驶时，坐在除驾驶座以外的车座上，执行自动驾驶道路测试计划的人员。这在测试主体之外，对驾驶测试人员与测试相关人员作出了进一步的划分。此外，《上海市智能汽车测试办法（试行）》第 7 条、第 8 条以及《深圳市智能驾驶指导意见（征求意见稿）》也对测试主体、测试驾驶人员作出相似的规定。

从这些规定看，在智能驾驶测试中，主要有以下特殊的测试身份：一是测试主体，是组织并承担实施测试行为的独立法人，不实际参与测试驾驶行为。但应是最终的实际责任主体。二是测试驾驶人员，是实际负责智能驾驶测试的"（准）驾驶人员"。原则上，在智能驾驶模式中并不真正驾驶，但接管的情形除外。三是测试相关人员，不是测试驾驶人员，而是实际参与测试的其他辅助人员等。这种智能测试中的驾驶主体之身份与格局，与传统的显然不同。

2. 测试车辆及驾驶系统的智能模式

在以机动车为主的传统交通时代，交通安全及其保护是交通法律体系的基础内容与首要任务。违反、破坏交通安全规定的，应追究法律责任。测试车辆的智能驾驶性能或自动程度，是测试环节非常重要的技术指标与技术保障。不同智能驾驶性能的车辆与智能驾驶模式，决定了测试驾驶的行为性质及其法律结果的归属，决定了测试驾驶人员在测试过程中是否实施驾驶行为及其法律责任的范围。

《智能汽车测试规范（试行）》第 7 条第 3 项规定，测试车辆特别需要具备人工操作和自动驾驶两种模式，能够以安全、快速、简单的方式实现模式转换，有相应的提示，保证在任何情况下都能将车辆即时转换为人工操作模式。这基本上框定当前智能驾驶测试车辆及其驾驶模式的基本技术标准。《北京市自动驾驶指导意见（试行）》规定，测试车辆应配备自动驾驶系统，具备自动、人工两种驾驶模式切换功能。在自动驾驶模式下，测试驾驶员能在任何时间直接干预并操控车辆。2017 年《北京市自动驾驶实施细则（试行）》第 32 条第 3 项规定，自动驾驶功能是指自动驾驶测试车上，不需要测试驾驶员执行物理性驾驶操作的情况下，能够对车辆行驶任务进行指导与决策，并代替测试驾驶员操控行为使车辆完成安全行驶的功能。第 4 项规定，自动驾驶系统是指能在某一时段执行自动驾驶功能的系统。而且，《北京市自动驾驶车辆道路测试能力评估内容与方法（试行）》规定，申请道路测试的自动驾驶车辆的自动驾驶能力的评估，应按照自动驾驶车辆道路测试能力评估内容与方法进行，评估结果可作为自动驾驶车辆能否进行道路测试的依据。这对智能驾驶系统、自动功能及其能力、驾驶模式切换等问题作出了明确的规定。此外，《上海市智能汽车测试办法（试行）》第 9 条也作出了相似的规定。

对于测试的智能汽车及其智能驾驶功能、系统等问题，上述规定明确了以下几个方面的内容：一是智能驾驶系统是智能驾驶测试车辆的核心内容。智能驾驶模式必须配置智能驾驶系统并具有自动驾驶功能。在完全自动驾驶功能与（完全）自动驾驶模式中，驾驶测试人员不再实施传统的驾驶行为，自动驾驶系统替代人的驾驶。二是必须同时具备人工操作（传统的物理驾驶）和自动驾驶两种模式，而且可以自如、及时切换。三是测试驾驶人员接管并转入物理驾驶模式的条件必须明确、能及时警示并具有可操作性，防止出现无法或无序驾驶情况。

3. 测试驾驶人员的安全义务

《道路交通安全法》规定，驾驶人员必须依法驾驶，履行法定的注意义务。违反法定注意义务，情节严重的，应当承担刑事责任。目前，智能驾驶的测试主体是法人，并不直接参与测试中的驾驶环节，但全程管理测试活动。同时，测试驾驶人员负责"看管"自动驾驶行为，是直接的"驾驶（操作）主体"与首要责任主体；但"接管"驾驶后，实质上是"人的驾驶"。

《智能汽车测试规范（试行）》第 18 条规定，测试驾驶人应始终处于测试车辆的驾驶座位上、始终监控车辆运行状态及周围环境，随时准备接管车辆。当测试驾驶人发现车辆处于不适合自动驾驶的状态或系统提示需要人工操作时，应及时接管车辆。这对测试驾驶人员规定了"审慎""勤勉"的安全保障义务。2017 年《北京市自动驾驶实施细则（试行）》第 24 条规定，测试车辆在进行道路测试过程中发生交通事故，测试驾驶员应立即停止测试，并立即报公安交通管理部门。此外，《上海市智能汽车测试办法（试行）》第 17 条第 4 项、第 5 项以及《深圳市智能驾驶指导意见（征求意见稿）》等，也规定了测试驾驶人员相应的注意义务。

在智能驾驶测试环境下，测试驾驶人员是直接参与人员，也是直接责任人员，并负有法定的安全保障义务，也即：一是测试驾驶人员，在自动驾驶状态下，扮演"传统驾驶人员"的主体身份，就座于驾驶位，但并不直接实施驾驶行为，不是真正的驾驶主体。二是在自动驾驶模式中，测试驾驶人员虽不直接参与驾驶行为，但负有高度谨慎的法定注意义务。三是测试驾驶人员负有根据实际情况，基于预设的要求或当时特定的情况，随时接管自动驾驶并转为传统物理驾驶的义务。

4. 法律责任的性质及其承担

传统驾驶时代的公共交通安全问题长期困扰各国，依法追究法律责任是重要的保护手段。为此，围绕公共交通安全的法律责任问题，形成了成熟的制度与规范体系。在智能驾驶测试中，最受关注的也是法律责任的问题。驾驶主体等因素出现了重大的变动，不能完全按照传统交通法律体系追究法律责任，特别是包括交通肇事罪、危险驾驶罪等传统犯罪规定的适用，都面临诸多新的挑战。

《智能汽车测试规范（试行）》第 24 条规定，在测试期间发生交通违法行为的，由公安机关交通管理部门按照现行道路交通安全法律法规对测试驾驶人进行处理。第 25 条规定，在测试期间发生的交通事故，应当按照道路交通安全法律法规认定当事人的责任，并依照有关法律法规及司法解释确定损害赔偿责任。构成犯罪的，依法追究刑事责任。《北京市自动驾驶指导意见（试行）》规定，测试主体应与测试驾驶员签订劳动合同。测试车辆测试期间发生交通事故或交通违法行为，认定测试驾驶员为车辆驾驶员，由市公安交管部门按照现行道路交通安全法律法规的规定进行处理，由测试驾驶员承担法律责任。2017年《北京市自动驾驶实施细则（试行）》第 13 条第 11 项要求，测试驾驶员应承诺，自愿承担交通管理部门依法认定及处置的事故责任。测试主体也要承诺，自愿承担名下测试驾驶员所负的赔偿责任。第 24 条规定，测试车辆测试期间发生交通事故或交通违法行为，认定测试驾驶员为车辆驾驶员，由市公安交管部门按照现行道路交通安全法律法规的规定进行处理，并由测试驾驶员承担相应法律责任。此外，《上海市智能汽车测试办法（试行）》第 24 条、第 25 条以及《深圳市智能驾驶指导意见（征求意见稿）》也作出了类似的规定。

在智能驾驶测试阶段，由于驾驶主体、驾驶环境、驾驶行为、行驶道路、外部关系等的新情况，使法律责任成为各界关注的焦点，也是问题丛生。概言之：一是测试主体与测试驾驶人员之间需要签订劳动合同以确定法律关系与责任分配问题，也要签署并提交自愿承担责任的承诺书，测试主体最终应当承担测试驾驶人员的法律责任。二是测试期间或接管后发生交通违法犯罪行为的，一律按照现行法律规定论处，测试驾驶人员是责任的承担者，测试主体最终代为承担测试驾驶人员的民事责任。三是属于交通事故引发的侵权责任等，依照《民法典》等的规定处理。四是构成犯罪的，应当追究刑事责任，也即按照交通肇事罪、危险驾驶罪等予以刑罚处罚。五是测试主体、测试驾驶人员在发生安全事故后，应当及时按照相关规定，有效处置现场，防止事态进一步恶化。

（二）智能驾驶测试的刑法挑战

在智能驾驶测试活动中，测试车辆及其智能模式、测试主体、测试驾驶人员、接管行为等，是决定内外交通安全的高度关联的责任要素，但目前仍缺乏明确、细致的规范予以规定。同时，我国发布的智能驾驶测试政策指导性文件存在地位尚未法定、内容偏于抽象、效力依附于现行法律、法律责任分配欠佳等问题，在测试期间和区域，发生了交通安全事故或构成犯罪的，因缺乏有效的规定，新型犯罪及其刑事责任追究等方面仍是模糊地带。

1. 智能驾驶测试的合法性与责任豁免

智能驾驶测试将进入爆发期，智能测试的公共（交通）安全问题接踵而至，首要的是合法性问题，其涉及测试区域的违法性与传统规定的有效性。譬如，在由公共道路到测试路段道路的变动中，传统公共安全犯罪规定因滞后性，不足以规制新情况。《北京市自动驾驶车辆测试道路要求（试行）》要求，测试道路需选择在北京市内五环（不含）外的区域道路，不宜选择学校、医院、地铁、消防队旁道路。同一测试路段内道路应相互连通，不应有孤立道路。在测试阶段，智能驾驶安全问题主要发生在一个相对封闭的测试空间环境。测试道路往往具有一定封闭性和专属性，与外部公共道路隔离，从空间上缺乏公共安全的保护必要性，现行法律规定是否有效有待讨论。特别是在刑法领域，测试区域是否属于现行法意义上的"公共交通道路"有争议，直接决定公共交通安全犯罪规定的有效性。但是，智能驾驶测试区域不应是法外空间。2017年7月，百度AI开发者大会推出自动驾驶系统Apollo开放平台。百度创始人、董事长兼首席执行官李彦宏通过视频直播展示乘坐无人驾驶汽车的情景。北京市交通管理局对外表示，根据《道路交通安全法》的规定，无人驾驶车辆若未办理测试车上路的相关准许手续，驶入五环的行为应属于违反交通法规。[1]2017年11月，在百度世界大会上，李彦宏表示，百度无人车确实收到罚单。

这些问题的出现，不仅揭示了智能驾驶测试的合法性难题，也暴露了智能驾驶测试的法律监管滞后与责任承担的空白问题。对此，应当明确的问题是：一是确定测试场所的法律性质，明确其法益的具体内容及其专属性。目前，智能驾驶测试场地往往具有特定的封闭性、非对外公开性等特征，使其相对独立于现行公共道路。但其法律性质并不确定，刑法意义也有待明确。否则，测试过程的法律问题无从解决。二是未经允许，智能驾驶测试车辆进入机动车道进行测试的行为，具有违法性，造成重大公共安全事故的，与传统交通安全犯罪相互叠加，情节严重的，可以按照传统交通安全犯罪规定追究刑事责任。但对于智能驾驶测试与现行驾驶相互交替或叠加的情况，则缺乏直接有效的规定。三是即使在允许的测试区域内，虽具有封闭性，但也并不全然属于临时的"豁免特区"。违规测试的，造成危害结果的，仍应承担刑事责任。智能驾驶测试必然触发其与现有法律体系的脱节矛盾，启动传统法律体系的立法更新才能解决合法性问题。

　　2. 智能驾驶模式与驾驶主体的责任范围

在智能驾驶测试阶段，自动驾驶系统、功能及其模式可能表现为不同的组合类型，与人的驾驶关系也相互交错。这对明确智能驾驶测试中的真正法律责任主体而言，由于按照现行刑法规范体系无法准确锁定法定的主体，使"对谁归责的问题"成为一个极大的制度性挑战。[2]也即：（1）按照理想的设计，在完全自动驾驶模式中，测试驾驶人员虽然直接"看管"驾驶系统，但不实施传统意义上的"人的驾驶行为"。按照传统刑法理念，不是法定的"驾驶主体"，也不应承担法律责任。只是，目前也难以有效追究智能驾驶系统的责任。因为智能驾驶系统缺乏承担责任的"能力"与现实条件。然而，单纯由研发者、设计者承担替代责任也不妥。这就给现行刑法规范体系提出了"大难题"。（2）测试环节受制于智能技术的发展水平，智能汽车的智能程度难言完美，智能驾驶尚未达到真正可靠的智能自主，测试驾驶人员随时可能需要接管并转入传统的物理驾驶模式。因此，智能驾驶测试既可能表现为完全自动驾驶模式，

---

〔1〕 参见李鹏："李彦宏'违法'无人驾驶背后：法规该如何跟上新技术脚步"，载《北京科技报》2017年7月10日，第4版。

〔2〕 参见王军明："自动驾驶汽车的刑事法律适用"，载《吉林大学社会科学学报》2019年第4期，第78页。

也可能表现为自动驾驶与人的物理驾驶并存模式，共同加剧认定责任主体的复杂性与确定责任分担标准的难度。（3）智能驾驶测试模式相互交错，特别是在非完全（典型）驾驶测试模式中，按照发布的政策性文件的规定，测试主体与测试人员应当同时是法律责任主体。但不应忽略的是，智能系统及其设计者、研发者、销售者、所有者等也应是法律责任的主体。这客观上也造就了"混合式"的法律责任格局。

3. 智能驾驶测试的法律责任形态

按照目前的情况，智能驾驶测试的道路一般是封闭的，但也可以是开放的公共道路。相应地，智能驾驶测试与传统驾驶之间的关系，也处于不同的情形中。它表现为：（1）内部刑事风险。对于完全封闭的情形，在事先允许的法定测试区域内，测试的空间场所相对固定且不对外开放，测试行为的场地具有独立性与"属地"的专属性，智能驾驶测试行为的危险性主要在内部区域，除非有其他人员或车辆闯入测试区域等因素介入，否则，一般不会引发外部的法律责任问题。在内部的法律责任形态中，虽然也存在不同的智能驾驶模式，但主要包括测试驾驶人员的人身安全或生命安全以及财产安全遭受的危害、导致智能测试汽车严重损毁、测试区域的内部交通安全受到严重破坏等刑事风险情形。这些刑事风险是以智能驾驶系统为原点而衍生的，涉及与智能驾驶系统相关主体的法律责任。目前，对外公布的政策性指导文件，均无法直接规制这类问题。（2）混合性刑事风险。对于在公共道路实施测试行为的，新旧驾驶模式共同存在，传统与智能交通工具交互，是混合性的法律责任形态。在此情况下，导致公共交通安全事故的，也主要表现为混合式的法律责任情况。但是，当前的理论研究与刑法规范等都基本处于空白状态。例如，在完全智能驾驶模式中，驾驶主体是智能驾驶系统，但作为责任主体仍有不少阻力，追究传统"人"的刑事责任又缺乏实际驾驶行为等必要条件。（3）独立性的刑事风险。在智能驾驶系统处于完全智能操作模式中，而且在独立于传统交通道路之外的区域行驶的，是真正意义上的智能驾驶时代，也必然出现独立性的刑事风险，与内部、混合的刑事风险不同。相应地，智能驾驶所引发的相关犯罪，原则上都是智能时代的法定犯罪，与现行交通安全犯罪规定存在本质上的差异。当然，在智能驾驶领域的基本法尚未出台之际，完全智能驾驶的法律制度尚未成型。[1]刑法立法的空缺更为凸显，对当代刑法的冲击更为猛烈。

---

〔1〕　参见侯郭垒："自动驾驶汽车风险的立法规制研究"，载《法学论坛》2018 年第 5 期，第 153 页。

（三）智能驾驶测试的刑法应对

关于智能驾驶测试的规范化与安全保障，我国发布的政策性指导文件，对测试主体、法律责任等内容均作出了粗略的规定与说明。在测试阶段，仍需结合智能驾驶测试的基本性质，类型化地讨论可能出现的罪责议题及其解决方式。当然，通过立法增设与智能驾驶测试、正式智能驾驶相适应的新罪名才是根本举措。

1. 智能测试的驾驶模式与罪责性质

2017 年 11 月，百度世界大会上透露，百度将加快实现不同级别自动驾驶车的量产。而且，配置疲劳驾驶监测系统，通过红外人脸识别等技术监测驾驶员。通过判断司机的疲劳状态与程度，及时提醒或帮助司机驶入安全区域。[1] 2017 年 12 月，深圳市交通运输委员会公布，阿尔法巴智能驾驶公交并非无人驾驶公交。在智能驾驶系统基础上，仍配备一名驾驶员，时刻监控车辆的运行情况，及时进行干预。车辆具备人工和智能驾驶模式，可以根据实际需求进行切换。目前，自动驾驶技术并未达到真正的"无人驾驶"，智能驾驶系统及其车辆仍表现为"人驾驶为主、智能驾驶为辅"，短时间内难以实现大规模的完全智能驾驶。[2]

这意味着：（1）目前未完全达到智能驾驶程度的自动驾驶功能及其系统仍大量存在，无法真正全面实现"智能自主驾驶"。在测试过程中，仍需测试驾驶人员实施一定的"驾驶（看管）行为"。在测试期间，测试驾驶人员可能随时接管智能汽车。这是导致"混合式"法律责任样态的根源。（2）智能驾驶测试的全速推进，意味着完全智能驾驶功能基本成熟，完全智能驾驶模式已经初步成型，完全智能驾驶基本可以实现。在此前提下，测试过程中已经不存在"人"这一传统驾驶主体，反而"人"变成使用者（消费者）或所有者等身份。测试驾驶人员原则上只实施"准管理行为"，出现特殊情况才予以物理接管。完全智能驾驶模式与传统"人的驾驶"模式完全不同，与其匹配的法律责任应当是全新模式。

在测试阶段，智能驾驶模式及其智能程度的不同，所引发的交通安全犯罪

---

〔1〕 参见木清、陈子迁："百度曝光完整版 AI 商业化版图　首款 AI 家庭机器人上市　无人驾驶巴士明年试运营"，载《中国经营报》2017 年 11 月 20 日，第 C02 版。

〔2〕 参见戴晓晓、程锐、武凯佳："无人驾驶公交车上路！　深圳全球首次在开放道路上进行无人驾驶智能驾驶公交试运行"，载《南方日报》2017 年 12 月 3 日，第 A01 版。

及其犯罪性质也不同，应区别性讨论罪责的本质。主要包括：（1）"非完全智能化"驾驶模式与混合式刑事责任。智能驾驶系统无法实现完全自主驾驶，测试驾驶人员负有法定的安全保障义务，测试驾驶人员违反法定注意义务，情节严重的，应当承担刑事责任；缺乏预见可能性和避免可能性的，应当排除犯罪性。同时，测试驾驶人员虽然是直接责任人员，但测试主体才是组织者、实施者以及获益者，也应当对此责任。只是测试主体与测试驾驶人员的责任分配问题尚不得而知。（2）"完全智能化"驾驶模式与独立式刑事责任。测试驾驶人员均不参与驾驶行为，智能驾驶系统自主决策驾驶行为，智能技术系统是应然的责任主体。测试驾驶人员不应对独立的智能系统所导致的危害结果承担刑事责任，否则有转嫁法律责任的嫌疑。但相比之下，测试主体、系统研发者与设计者更实在地控制、决定测试，应当承担刑事责任。但同时也应深入讨论法律责任范围及其责任承担的原则。

2. 测试主体、测试驾驶人员的归属关系与责任分担逻辑

从我国现有的政策性指导文件看，测试主体与测试驾驶人员是智能驾驶过程中的法律责任的承担者，但二者的责任分配及其承担的原理等基本问题尚不明确。在智能驾驶测试阶段，测试主体与测试驾驶人员的责任分担是主要的争议问题。

在解决测试主体、测试驾驶人员的罪责归属与分担问题上，首先应注意以下问题：（1）测试主体与测试驾驶人员违反法定的注意义务是刑事责任的存在前提。无论是测试主体的管理义务，还是测试驾驶人员的安全保障等注意义务，都应当作为是否需要承担刑事责任的基本前提。但是，管理义务和注意义务应当具有法定性。目前，有关智能驾驶测试的政策性规范性文件作出了规定。例如，《智能网联汽车道路测试管理规范（试行）》（已失效）第18条、第20条规定和《北京市自动驾驶指导意见（试行）》相关规定以及2017年《北京市自动驾驶实施细则（试行）》第11条规定等，都对测试主体、测试驾驶人员规定了不同或相似的法定义务。这些义务是追究测试期间的刑事责任的重要参考依据。今后应通过立法予以明确规定。（2）测试主体与测试驾驶人员的"主体身份"差异。按照《智能网联汽车道路测试管理规范（试行）》（已失效）第5条、第6条以及2017年《北京市自动驾驶实施细则（试行）》第32条第5项、第6项等规定，可以看出，测试主体对测试安全负有组织、监督和管理等法定义务，应当是智能测试的真正责任主体；同时，测试驾驶人员对测试过程的安全问题负有相应的注意义务，是测试过程中的直接责任人员；在接管的

情形中，接管意味着切换为人的物理驾驶模式，测试驾驶人员变成了传统意义上的驾驶主体，符合传统交通安全犯罪规定的主体条件。这种身份关系的归属，决定了测试主体与测试驾驶人员在不同智能驾驶模式中，都可能要承担相应的法律责任。然而，毕竟测试主体才是组织者、实施者、管理者以及受益者，一律由测试驾驶人员承担是替代责任，理应由测试主体承担。同时，在完全智能驾驶模式中，测试驾驶人员并无直接的物理驾驶行为，按照现行规定追究其法律责任，于法于理都有欠妥当。不能只追究测试主体的刑事责任，也应考虑研发者、设计者的责任。

在此基础上，关于测试主体与测试驾驶人员的责任承担与分配，应做如下理解：（1）罪责分配的基本理念。从测试环节看，测试主体是申请者、实施者和受益者，应当是最终的责任主体，测试驾驶人员是直接责任主体。只是测试主体与测试驾驶员之间的责任分配关系，首先不应是替代责任，但究竟是按照单位犯罪还是共同犯罪处置更可取，尚需讨论。（2）单位犯罪的基本定性。从目前的政策性文件看，测试主体与测试驾驶人员之间存在"劳动关系"。延伸而论，在测试过程中也存在"测试驾驶人员实现测试主体的意志"问题，是指测试驾驶人员按照测试主体的指示与要求，根据测试的规范要求，具体负责测试活动。在测试期间，测试驾驶人员因违反注意义务，存在操作不规范等过失行为，引发危害结果的，应当对其所实施的行为承担责任。然而，测试驾驶人员是受测试主体直接决定的，测试的工具、数据和结果等都归属了测试主体。测试驾驶人员按照测试主体的要求进行测试，并且测试数据等归属于测试单位的。由测试人员承担所有的法律责任是有偏颇的，测试主体应当同时承担刑事责任。按照《刑法》第30条的规定，将测试主体与测试驾驶人员之间的责任分配关系，视为"单位犯罪"，有其可取之处。不仅可以实现同时追究测试主体、测试驾驶人员的责任，也可以在处罚上实现区别对待，还可以很好地解释测试主体与测试驾驶人员的结构性关系。（3）不宜认定是共同犯罪。测试主体与测试驾驶人员明知违反规定进行违法测试，造成危害结果的，在行为方式上，有共同实施犯罪的特点。但严格而论，测试主体与测试驾驶人员之间首先存在"劳动合同关系"，也不是完全对等的"共同参与"关系，不符合共同犯罪的基本要求。而且，测试主体与测试驾驶人员在测试过程中可能构成过失犯罪。然而，按照《刑法》第25条的规定，过失共同犯罪不成立。按照共同犯罪的分析框架，则需要突破现有规定，才能对测试主体与测试人员共同实施的过失危害行为追究法律责任。相应地，按照单位犯罪的关系，亦可以是过失犯罪形态。

实际上，测试主体与测试人员之间客观上存在一种"单位意志"的实现关系。在对测试驾驶人员追究刑事责任的同时，也可以对测试主体追究刑事责任。这是更公平的归责，而不应由具体实施行为的自然人一方全部负责。

3. 测试驾驶人员接管严重不当的刑事责任范围

在测试阶段，测试驾驶人员原则上处于"待定状态"，不实际操作智能驾驶系统与智能车辆，缺乏传统物理驾驶模式中的"人的驾驶行为"。按照行为与责任同时存在的原则，理论上不存在承担责任的可能性。只有在特定情况下，才会接管智能驾驶系统，转为传统物理驾驶模式，才具有归责的行为基础及可能性。

测试驾驶人员一旦接管，则转入了传统物理驾驶模式。相应地，测试驾驶人员承担传统刑事责任。在智能系统出现故障的情况下，一律将造成的危害结果直接由测试驾驶人员承担显然不公。根据我国发布的政策性指导文件中的相关规定，测试驾驶人员应当对测试安全与公共交通安全负责。测试驾驶人员基于安全需要或预先的条件、现场指示灯等要求，接管智能汽车的，没有按照既定的操作规范，出现了重大的过失行为，导致危害结果的，应当承担法律责任。但前提是测试驾驶人员接管的操作规范与要求是事先明确的，或按现场情况正常的情形进行要求的，而且接管义务是合理和必要的。即使负有接管义务，但在当时情况下，客观上没有能力进行有效接管的，实质上超出测试驾驶人员应有的预见能力和避免能力的，应予以排除。

4. 智能驾驶交通安全的刑事责任界定

智能驾驶系统是由研发者、设计者开发，经由销售者予以推向测试或应用市场，而真正的所有者往往对研发、设计或者销售环节可以有自主的要求（删除、增加、改动等）并具体使用。这决定了研发者、设计者、使用者、所有者、销售者都是关联的责任主体。在测试过程中，智能驾驶系统与自动驾驶功能出现故障，导致危害结果的，应当向研发者、设计者、销售者以及所有者追究刑事责任。

在测试过程中，有关交通安全方面的刑事责任，应注意：（1）因智能驾驶系统出现故障并导致危害结果发生的，首先应当追究研发者、设计者的刑事责任。研发者与设计者是专业人员，负有保障智能驾驶系统正常运行的义务，在研发与设计过程中应当竭力在现有人工智能技术背景下，确保智能驾驶系统的安定性与可靠性。没有认真、积极履行该注意义务的，情节严重的，是不作为犯罪，但前提是具有认识（预见）可能性与结果避免可能性，[1]否则，不存在实质违反注意义务的违法性。按照《刑法》第 146 条的规定，研发者、设计者违反注意义务，情节严重的，可能涉嫌构成生产、销售不符合安全标准的产品；但对于测试驾驶行为及其引发的危害结果，一般不可能预见和避免，无法实质承担注意义务，不能构成交通肇事罪。[2]（2）对于销售者，仅有销售行为，而没有对其进行改动等附加行为，只要如实宣传或只有单纯销售等行为的，则不需要承担刑事责任。（3）对于所有者，对研发者、设计者提出特定要求，研发者、设计者明确告知技术风险的，所有者（使用者）仍执意为之的，并造成严重后果的，应当承担刑事责任；明知智能驾驶系统或自动驾驶功能有故障仍实施测试的，应当承担故意犯罪的刑事责任。研发者、设计者与所有者，可以成立共同犯罪。（4）对于使用者，具体是指测试驾驶人员及相关人员，只要按照测试规范操作，且合理地履行法定的注意义务，对于造成的危害结果，除非法律明确规定，否则，不应承担刑事责任。

此外，在智能驾驶测试期间，非法控制并利用智能驾驶系统、功能及车辆等作为新犯罪工具，实施传统犯罪与网络犯罪等的，分别是非法侵入、破坏、利用等行为，情节严重的，可以参照传统犯罪或网络犯罪论处，如非法控制计算机信息系统罪、破坏计算机信息系统罪、非法利用信息网络罪、帮助信息网络犯罪活动罪等。将智能驾驶系统或测试车辆等作为犯罪对象的，可以按照传统犯罪的定罪逻辑予以参照适用，主要涉嫌故意毁坏财物罪、破坏生存经营罪等。

5. 排除社会危害性的情形

在智能驾驶测试环节，因智能驾驶技术的不成熟、自动驾驶系统出现故障以及测试场地的外部因素介入等，虽然出现了危害测试安全以及公共安全的一些危害情形，但应当被排除。主要表现为：（1）因技术缺陷等不可抗力引发的意外事件。智能驾驶测试是高危活动，要考虑技术中立原则。无法预测、无法解释的危险，或者采取了特定的预警防范措施等，符合危险分配的法理的，不应负有注意义务。[3]在测试过程中，测试驾驶人员严格按照测试规定和要求操作，但由于智能驾驶系统的技术缺陷所引发的安全事故，造成测试汽车的损害

---

〔1〕 参见江溯："自动驾驶汽车对法律的挑战"，载《中国法律评论》2018 年第 2 期，第 186 页。

〔2〕 参见周铭川："论自动驾驶汽车交通肇事的刑事责任"，载《上海交通大学学报（哲学社会科学版）》2019 年第 1 期，第 36 页。

〔3〕 参见彭文华："自动驾驶车辆犯罪的注意义务"，载《政治与法律》2018 年第 5 期，第 86 页。

或驾驶人的伤亡的，不应当追究刑事责任。按照《刑法》第 16 条的规定，智能技术的发展及其缺陷属于"无法被预测和控制"的情形。技术本身具有中立性，正常合理使用技术及其应用产品是不应被归责的，而是中立的技术行为。（2）明显轻微的业务过失。在智能驾驶测试环节，原则上都是智能驾驶系统操作与控制驾驶行为，测试驾驶人员并不实际参与。在由智能自动驾驶切换到人工驾驶的期间，因操作不熟练或操作规范存在一定瑕疵等情况，导致交通安全事故的，情节较为轻微或不严重的，是轻微的业务过失。根据《刑法》第 13 条的规定，一般不考虑追究刑事责任。

（四）结语

智能驾驶测试阶段是全面智能驾驶时代的"前夜"，各国都在积极争取"制高点"。我国已经陆续发布一系列有针对性的政策性指导文件，勾勒出智能驾驶测试的基本图景，也暴露了智能驾驶测试与传统驾驶时代的深度对峙问题。对当代刑法而言显得尤为迫切。这不仅为进一步探讨智能驾驶测试的刑事风险问题提供了制度性框架，也为解决新型犯罪及其罪责问题提供了规范性参考依据。智能驾驶测试阶段只是过渡期，最终必然走向正式的大规模商业化，完全智能驾驶时代的全面到来近在咫尺。对智能驾驶测试中的新型刑事风险问题进行解读，同时也是为今后解决完全智能驾驶模式中的新型犯罪问题做准备。在此基础上，基于前瞻性的考虑，对交通肇事罪、危险驾驶罪等主要的传统公共交通安全犯罪予以修正，[1]显得尤为迫切，有助于提前有组织地应对智能驾驶时代到来后的新挑战。

二、人工智能驾驶的刑法解构与回应路径

智能驾驶（自动驾驶）不同于传统工业革命时代的"人"驾驶，前者具有技术的难预测性、驾驶行为的难解释性、传统因果关系的脆弱性、驾驶模式的多样性、驾驶人员的非特定性等特征。但首要区别在于"人是否还作为唯一法定的驾驶主体"。[2]这从根本上颠覆了人类中心主义统摄下传统交通安全理念、交通法律制度及"机动车""人的驾驶""机动车驾驶安全""人的法定交通安

---

〔1〕　参见李振林："人工智能刑事立法图景"，载《华南师范大学学报（社会科学版）》2018 年第 6 期，第 131 页。

〔2〕　参见王军明："自动驾驶汽车的刑事法律适用"，载《吉林大学社会科学学报》2019 年第 4 期，第 78 页。

全义务与罪责"等基本概念，[1]引发传统认识颠覆与观念禁区的沦陷，也使传统刑法中的公共交通安全犯罪经历深度蜕变。目前，上路测试或行驶的智能汽车，已经制造了一些交通安全事故，也引发了新的刑法适用议题。[2]例如，（1）特斯拉事件，[3]美国国家公路交通安全管理局（NHTSA）调查结果最终认为，特斯拉的自动驾驶模式设计并无明显缺陷，但对自动驾驶事故的法律责任问题却含糊不清。因为人工智能系统已经可以在不需要人类的操作和监督下独立完成部分工作，使机器自主性操作造成的损害如何判断和划分责任成为新的难题。[4]（2）Uber 事件，[5]警方初步调查指出，一旦 Uber 被认定存在责任，不排除可能向 Uber 和安全驾驶员提出起诉。[6]但安全驾驶员不控制驾驶活动，事发时对驾驶活动没有注意义务（due care），不承担法律责任。如果可以证明因产品存在缺陷造成损害的，车企需承担法律责任。但人工智能系统内在的黑箱性质和不可解释性导致难以证明缺陷的存在。[7]为此，域外刑法理论也积极关注自动驾驶中的刑法问题，提出了有益的解决方案。[8]但这些域外的经验和做法并不必然适合我国国情与有中国特色的刑法学理论体系。

　　对智能驾驶引发的新型公共安全问题如何归责是当前的难题。既包括智能驾驶系统是否可以作为犯罪主体等重大疑问，也包括智能驾驶系统的安全可靠性与研发者、设计者的过失责任范围，还包括智能驾驶与传统驾驶交错过程中的新型公共交通安全犯罪的责任划分。智能驾驶测试与广泛的商业应用正在全

〔1〕　参见孙道萃："智能时代的刑法立法——人类中心主义与现实功利主义的取舍"，载《学术交流》2020 年第 4 期，第 69 页。

〔2〕　参见孙道萃："智能驾驶测试的刑事风险与规范应对"，载《南海法学》2020 年第 4 期，第 104 页。

〔3〕　2016 年 5 月，美国佛罗里达州某男子，以自动驾驶模式行驶特斯拉 Model S 在高速公路上，全速撞到一辆正垂直横穿高速的白色拖挂卡车，造成车毁人亡。

〔4〕　参见蒋莉莉："如何对 AI 问责?"，载《中国经济周刊》2017 年第 45 期，第 84-85 页。

〔5〕　2018 年 3 月晚 10 点，Uber 自动驾驶汽车处于自动驾驶模式（四级以上），驾驶位配有安全驾驶员（应急司机），没有搭载乘客，在美国亚利桑那州坦佩市碰撞到一个横穿马路的行人，行人在送往医院后不治身亡。

〔6〕　参见吴学安："无人驾驶亟待法律和制度跟进"，载《民主与法制时报》，2017 年 9 月 5 日，第 2 版。

〔7〕　参见曹建峰："怎样应对人工智能带来的伦理问题"，载《学习时报》，2017 年 6 月 14 日，第 A7 版。

〔8〕　参见［德］弗兰克·彼得·舒斯特："自动驾驶下生产商的刑事责任"，李倩译，载《苏州大学学报（法学版）》2021 年第 3 期，第 41 页；［日］冈部雅人："自动汽车的事故和刑事责任：基于日本刑法学的视角"，储陈城译，载《苏州大学学报（法学版）》2021 年第 3 期，第 51 页。

面推进，在法学理论、立法及司法层面引发诸多风险，刑法保障智能驾驶安全刻不容缓。当前，应当厘清传统刑法理论、立法以及司法所面临的问题和挑战，[1]明确智能时代的新型驾驶交通安全犯罪的基本议题，指明正确的发展方向与应对策略。

（一）智能驾驶引发的刑法有效性危机

智能驾驶不仅使传统交通安全理念、法律规定、犯罪治理逻辑等一系列问题，都处于深度的"不适"状态；也使传统驾驶主体以及驾驶模式、驾驶安全、驾驶责任等核心要素与观念，在规范层面开始经历深度的价值渗透、理念侵蚀乃至功能置换等实质异动。这对传统交通安全犯罪问题形成巨大的冲击，引发新旧刑法知识体系之间的冲突。鉴于传统交通安全犯罪的归责基础、价值预设、立法导向等问题处在变革的历史转型关口，亟待澄清这场新旧刑法知识碰撞的法理问题。

1. "人的（驾驶）主体性地位"出现动荡效应

在智能驾驶时代，以机动车和"人"为双轨核心所建立的交通法律规范体系，正面临前所未有的"肢解"效应。智能驾驶逐步取代人类驾驶者的身份与地位，甚至将颠覆人的（驾驶）主体性地位、过错责任以及公共安全观等附随结果也随之而来。

其具体影响表现为：（1）人的法定驾驶主体与智能驾驶"自主身份"的正面博弈。"人是唯一法定的驾驶主体"已是基本共识。这是近现代交通安全法律责任的始源，奠定"人需要对驾驶安全负责"的道德正当性与伦理的必要性，是依法规范"可以自主自由控制驾驶行为的人"的体现，是对严重的交通安全违法行为可以追究刑事责任的依据。然而，智能驾驶的实质是代替人的驾驶，实现智能系统（智能人等）自主驾驶。驾驶主体之法定地位的变动，既是对传统驾驶观念的根本性突破，也冲击驾驶规则、法律责任等问题。在智能人作为驾驶主体后，"人"可能变成纯粹的用户（消费）主体，甚至是驾驶过程的绝对旁观者。"人"不再是行为主体，也不可能是刑事责任主体，但人工智能主体是否具有类人的刑事责任能力并承担刑事责任尚不可知。这使"人"的

---

〔1〕　这方面已有相应的研究成果，但其问题在于：（1）基本或主要只立足或坚守现有刑法理论与规定进行"隔空"分析，对正在出现的理论危机的解说不足。（2）参照人类中心主义下的刑事责任理论，直奔探索新的处理规则，理论与立法的多维应对偏弱。（3）侧重域外介绍或借鉴，对我国自动驾驶的态势缺乏有效关注。

责任主体地位面临危机：一是交通事故的主体发生变化，使刑法的调整对象随之改变；"人"退居二线，智能驾驶系统被推向首要责任的席位。二是基于刑法"允许的风险"（可信赖的利益）原则，根据人的（驾驶）主体性地位，所确立的交通事故犯罪的风险分配责任体系并不继续合理，无法按照传统的过错原则进行归责，除非可以查证智能驾驶系统等具有主观罪过。（2）智能驾驶的自主智能与人的意志自由归责地位的坍塌。意志自由是人承担责任的前提，是指对自己行为的结果负责。[1]人的意志自由是近现代刑法的根基。意志自由对于刑事责任的确认与承担具有重要意义。[2]对"人"作为法定驾驶主体予以归责，其法理基础是"人"具有相对的意志自由。尽管机动车等交通工具是高度危险的，但"人"一般都具有相应的认识能力和意志能力，只要规范驾驶，可以控制现代交通工具内在的技术风险，尽量避免使用交通工具引发安全问题。人的驾驶地位一旦丧失，意志自由作为刑事归责的前提和基础将不复存在。当智能汽车（系统）达到预期的智能程度，完全可以与人的驾驶能力、地位媲美，使其是否具有刑事责任能力并作为独立的驾驶主体问题日益凸显。不乏观点认为，智能机器人具有辨认、控制能力和学习能力，拥有自主的意识和意志，可以独立实施犯罪行为，是新的犯罪主体。[3]这为肯定追究智能驾驶系统的刑事责任提供了有益的参照。但前提是智能驾驶系统已经脱离人的驾驶主体之必要性，人不再真正执行或参与驾驶行为，无法按照"行为与责任同时存在"加以归责。然而，当前完全肯定人工智能主体的刑法地位仍为时过早，智能驾驶系统目前尚且不是法定的驾驶主体。[4]在人的驾驶与智能驾驶系统交错的复杂局面下，直接导致对智能驾驶行为的刑事归责陷入无序状态。

2. 策动"人"之罪责观陷入失灵

从源头看，智能驾驶的无"人"属性，与智能交通安全"主体脱逸"是相互策应的。智能驾驶通过诉诸算法实现高度智能化，既剔除"人"的情感等本能因素对驾驶行为选择的影响，也不同程度淡化或抹去具体驾驶境况的特殊性。智能驾驶技术以非人格化的方式，抹杀情境的具体性、特定性和突发性，消解

---

〔1〕 参见易小明："论'由自'——兼及'由自'与意志自由、责任承担的关系"，载《哲学研究》2015年第10期，第103—108页。

〔2〕 参见陈兴良："论意志自由及其刑法意义"，载《法律科学（西北政法学院学报）》1993年第5期，第50—57页。

〔3〕 参见孙道萃："人工智能主体的刑法地位之积极论"，载《法治社会》2021年第2期，第73页。

〔4〕 参见［日］今井猛嘉："机动车自动驾驶中若干概念探析"，孙瑞译，载《中国应用法学》2019年第4期，第186页。

人的意向性、能动性和差异性，削弱公共安全价值的多样性。在智能驾驶时代，去"人（主体）的中心化"迹象明显，真正的责任主体及其构成要件要素模糊不定。

就此产生的后续影响主要有：（1）"犯罪人"之归责基础的消解。在人主导驾驶活动的时代，对驾驶者、机动车、驾驶规范、交通安全管理以及法律责任等基本问题，既达成了共识，也有明确的规定。我国《道路交通安全法》第8条、第10条、第11条、第19条作了规定，并成为制定刑法规范的基础。传统由"人"作为驾驶主体的身份具有天然的合法性，而机动车的"牌照"身份是最直接的体现。由此，刑法可以基于"人"的"驾驶行为"及其所引发的危害结果，根据主观罪过与法定义务等要素予以归责和制裁。人作为驾驶主体，人的本能是处理交通意外事故的重要或决定性因素，事故发生的瞬时性，使"人"无法正常在瞬间完成复杂的利益权衡，因缺乏足够的干预时间，并不必然可以作出理性且审慎的判断，一般只能概括性预见，但难以逐一有效避免，更多是条件反射、非故意的行为。社会整体倾向于接纳这一"辩解"。驾驶主体的技术水平、车辆的安全状况、交通条件的好坏、其他驾驶主体是否遵守交规等，往往是引发交通事故犯罪的主因，而非驾驶主体的道德品格或道德责任等。对于人实施驾驶行为所引发的犯罪问题，根据社会整体对交通规则的遵守态度以及公共交通安全观念，规范评价是主要，道德评价是次要。对于交通安全犯罪而言，理论上往往根据"允许的风险"确立刑事归责的基础和依据。对过失行为进行归责，并未脱离而是高度依赖人的主体性及其法定驾驶地位的逻辑起点。在智能驾驶下，利用超级计算机和大数据的优势，实现对影响因子的量化与计算，可以更科学地规划与指导驾驶行为。人作为驾驶员瞬间作出的本能反应，将被极速且精密的算法程序所取代。算法及其逻辑延长应对事故的时间，为处理事故赢得"时间差"。而且，本应借助驾驶员的本能解决的安全问题，因前置性的算法程序设计，而被赋予技术伦理意义。智能技术的智能预判与理性抉择等独特因素，直接关乎智能驾驶系统判断的正当与合理问题。智能驾驶系统的自主选择具有鲜明的道德正当性，成为智能驾驶技术难以绕开的新技术伦理难题，引发一系列与价值权衡相关且难以达成共识的道德争论；也与智能驾驶技术安全及其可靠性，共同成为智能驾驶行为中的疑难问题。（2）"罪过"归责的逻辑虚化。现有交通安全事故犯罪主要根据汽车制造商生产的车辆是否达到质量标准、车辆所有人是否履行法定义务、驾驶者是否存在过失等因素，认定机动车事故的成因，并决定对道路交通违法行为是否追究刑事责任。

驾驶人的主观心态往往是过失，也包括故意。但智能驾驶技术相对中立，难言技术存在罪过问题。使用智能汽车的"人"因实际上没有驾驶行为，也难言有共同罪过。智能系统或机器人作为驾驶主体，不存在"人的过错"问题。法律责任主体可能牵涉研发者、制造商、网络提供者、智能系统开发方等多方主体。但测试人员、驾驶人员、操作人员、领导指挥人员和安全管理人员的驾驶主体地位存在争议。一律将研发者、设计者以及销售商等纳入犯罪主体的范围，是技术风险的概括性转嫁，涉嫌用替代责任来解决智能驾驶安全问题；但将责任归属于所有权人或具体使用者，直接突破"无行为、无责任"的基本立场。同时，智能汽车通过内置芯片智能系统完成驾驶行为，是否违反交通运输管理法规的判断必然涉及期待可能性问题。出现当前技术无法预见的情形，应属于意外事件。属于可以预见的情况，可能主要是过失或单位过失。在智能驾驶过程中，对无辜者造成的伤害问题，预先设定的算法程序往往是可以提前预见或可以避免的；否则，可能是有预谋、故意的行为；应当处以更严厉的道德责难与刑事责任。此外，政府监管部门负有监管保障义务，但刑事责任边界仍有待澄清。

3. 触发罪责主体的弥散化困境

智能驾驶的应用与智能汽车的商业化所引发的刑事风险，涉及诸多不同阶段与类型的责任主体。罪责主体的锁定与划分是智能驾驶安全保障的又一难题。

初步地看，该问题表现为：（1）智能驾驶安全主体的聚合与交互。在传统的机动车与人驾驶的时代，驾驶风险类型及其表现等内容相对已经固化。人的驾驶安全是主要责任类型，交通安全的责任主体具有显著的二元性，除所有者与使用者的责任外，也包括生产经营者的责任与第三方的破坏责任。《道路交通安全法》《刑法》作了明确规定。在智能驾驶中，开发者、设计者是算法的"摄入者"，制造者、经销者、监管者、所有者、使用者等不同主体共同参与，导致智能驾驶安全中的刑事责任主体相互嵌合，加深刑事责任分配的疑难程度。简单地看：一是智能驾驶的风险类型及其表现等内容基本是空白，责任主体的归属与分配规则也处于阙如状态。二是智能汽车或智能驾驶系统正成为应负责的驾驶主体，而人的驾驶地位基本被取代。但完全追究智能系统的责任，在操作性与有效性上存在重大缺陷；追究"人作为纯粹消费者或无关联的用户"的责任也显失公平。这制造法律责任的断层问题。三是智能技术的研发与设计者、智能汽车的生产经营者、智能汽车的监管者、用户或消费者等，都是智能驾驶刑事风险这一完整链条上的关联部分且相互交错。确保刑事责任的正当化配置及责任分配承担的科学化，是智能驾驶时代的立法任务与司法难题。（2）智能驾驶主体归责地位的迷失。在智能驾驶下，"人"并非真正的驾驶者，而是更纯粹的"第三方中立"的消费者或用户；而且，对交通事故没有过失，其行为与法律后果之间不存在因果关系。在智能驾驶过程中，"人"已经不参与任何驾驶行为，"人"的驾驶主体虚化，使发生交通事故犯罪后，真正的责任主体无从可寻。"无行为则无犯罪"是基本的刑法原理。由"人"来承担刑事责任，违反罪责刑相适应原则。对提供者追究刑事责任，是对技术创新的"反叛"，技术作为"替代羊"是倒退。这暴露交通肇事罪等传统交通违法犯罪规定在智能时代的矛盾性，特别是法律责任判定出现泛化问题。此外，智能驾驶技术与车辆以及技术可靠性、驾驶安全系数等，均由提供商负责，提供商不宜在刑事归责上缺席，但提供商的罪责范围目前难以界定。

4. 技术中立与罪责的伦理基础模糊

智能技术仍在发展，智能驾驶技术具有相对的中立性，而其应用客观上存在"不可控"的刑事风险。这加剧智能驾驶安全犯罪的罪责边界模糊问题。

这一问题主要表现为：（1）算法规则与归责伦理的正当性困局。人的驾驶行为具有不可控的技术风险，使对驾驶主体的归责也不严格。基于保护弱势者的道德考量，行人或非机动车驾驶者往往被看作弱势方，以实现更实质的公平。从现有交通法规的设计看，整体上对行人或非机动车驾驶者存在政策性倾斜。人的有限性、直觉或本能反应，驾驶员掌握的信息不完全或不对称，以及安全事故的不可预见性等，为人造成的伤害提供公认的辩护理由，"意外"地减轻了良心责难或行为责任的程度。在智能驾驶中，技术主宰价值判断问题，完全交由算法和程序自主处理。算法运行存在"技术黑洞""技术垄断"与"认知独裁"问题，完全有可能对主流道德观念产生颠覆性影响。在智能驾驶系统中，研发者与设计者根据算法及其规则，最大程度穷尽可能的情形，植入类型化、模块化、自主化以及默认的优先模式等应对机制，以便实践中根据预设规则予以处置。但面对疑难复杂情况，特别是在有关价值判断等情况下，预设规则未必奏效，可能导致智能驾驶系统的默认选择不合理或不正当。这引出了技术的道德难题，既包括智能驾驶公共安全与人的生命安全何者应优先保护的重大道德命题，也包括智能驾驶过程中的内部与外部安全取舍问题。如果智能驾驶系统奉行自保原则，不正确履行智能驾驶的基本安全注意义务，可能忽视对人的生命权的绝对优位保护，无法顾及弱势群体的安全，在根本上挑战现行的道德体系与公共安全的基本伦理安排。而且，相比"人的情感、意志"、人驾驶时遭遇事故通常是非故意行为或无法预料等因素，从智能驾驶行为的危险属性与技术条件看，智能驾驶过程中造成的危害，在某种意义上是更有预谋或更明显的故意。意外再作为辩解理由的说服力，与智能技术的成熟程度相悖，也逐渐削弱"人的意外事件"的正当化意义。（2）技术中立与"开发源"责任的归咎困题。智能驾驶主体的不确定性、智能车辆的智能程度、智能驾驶的独立性与相对从属性等因素，可能使智能驾驶充满不可避免的不确定性风险与"价值悖论"。在智能驾驶与人的驾驶地位相互剥离过程中，技术的研发者与产品的设计者甚至产品的运营者，对智能驾驶更富有控制力和管理力，并可能架空智能驾驶系统与人的存在意义，成为实质操控智能驾驶时代的"幕后者"。其隐患为：一是技术中立性问题的泛化危险。技术的研发者、产品的设计者以及产品的运营者都是智能技术发展的积极力量。但上述关联主体也是危险源。虽然部分属于智能技术的不可控风险，应受技术中立性理念的庇护，而不应无差别地承担"替代性风险"。但是，技术的中立性理念作为辩解不能随意化，泛化使用可能导致放纵犯罪。二是智能交通公共安全的"不负责任"危机。"人"将逐步彻底脱离驾驶主体的地位，"人"不能继续作为责任的主体。但一律将归责的矛头完全转向研发者、设计者、运营者等前端群体，不利于协调技术创新与技术安全的价值博弈。不追究前端主体的责任，也可能出现"不负责任"的归责危机。三是研发者、设计者、运营者的刑事归责模式之正当性困境。即使可以正当地追究前端关联主体的刑事责任，也应当遵循必要、正当、比例原则，合理分配责任范围。而这一领域尚是空白。

5. 智能驾驶配套安全保障的缺漏

智能驾驶安全不仅限于智能系统及汽车的安全，还包括智能配套体系的公共安全。这对传统刑法中的公共安全犯罪规定而言，显然是"猝不及防"的大变样。

展开而论：（1）智能驾驶配套安全的开放格局与内涵的异化。智能驾驶技术的应用主要呈现为可视化的智能系统及汽车，但其结构与要素是开放性的范畴。智能驾驶技术的成熟与应用，引发整个交通安全制度、管理制度、交通安全体系的巨变。除智能汽车的基本元素外，还包括关键的智能系统、智能交通道路设施、智能交通工具、智能交通管理等开放性的智能安全问题。这使现行交通安全犯罪以及关联的交通安全犯罪均受影响。传统公共交通安全体系、交通管理制度、交通安全保障机制等，都以人和机动车为核心展开，以机动车为基本对象，使配套的交通安全面临新情况：一是机动车与智能汽车所对应的运行设备、设施、工具不同，是完全独立的运行体系。现有法律法规难有奏效的余地，可能出现刑法保护的空白地带，配套安全难有保障。二是智能驾驶的配套安全处于全新的不确定状态，未知的不确定性风险必然存在，包括制度转型过程中的风险、法律衔接滞后的风险、新出现的难以预料与有效控制的各种风险。（2）传统交通配套安全保障规范的机理挫败。传统交通安全可以主要包括：一是人驾驶不同交通工具引发的外部危险，并以驾驶机动车引发的公共安全事故为主；二是针对机动车等交通设施、工具实施的危害更广义的公共交通安全的行为。交通肇事罪、危险驾驶罪是常见的高发罪名，但其他公共交通安全犯罪问题仍不容忽视。在智能驾驶时代，智能公共交通安全在内涵和外延上都有更新，智能交通工具、设施等被赋予新的内容，涉及交通工具种类、交通设施、公共道路、国家交通安全规定等配套安全要素。现行刑法规定的交通安全犯罪难以无缝对接，甚至相互排斥，极有可能使破坏交通工具、交通设施罪等罪名在保护智能公共交通安全问题上出现"规范失效"问题。智能公共安全的要素不断成熟，智能公共安全法律体系逐渐成型，迫使当代刑法必须保障智能驾驶的配套公共安全。立法修改亦成为必然。

（二）因应智能驾驶安全犯罪的归责理论之调试

现行刑法理论所遭遇的危机，显示了传统驾驶时代与智能驾驶之间出现质性的知识分流。有必要针对新型智能交通安全犯罪的归责议题展开理论衔接的讨论。

1. 智能驾驶犯罪的基本形态与应对逻辑

在现阶段，虽然对智能驾驶模式的智能程度及其主体属性等存有争议，完全的智能驾驶时代也只徐徐到来，但智能驾驶加速商业化，导致智能驾驶安全犯罪及其引发的刑事责任问题已经出现。只有科学地理解智能驾驶犯罪这一根本前提，才能有效地作出应对。理论上对新出现的涉自动驾驶犯罪，已有不同的分类标准，如宏观分为人工智能产品的使用者、人工智能产品的生产者，或者自动驾驶汽车分为产品生产环节、流通环节。[1]上述分类方法各有其合理性。从犯罪的高发场域与基本类型看，以及参照当前对网络犯罪的"对象型""工具型""独立型"的三分法经验，可以将智能驾驶犯罪的基本形态分为智能

---

[1]　参见刘宪权："涉人工智能产品犯罪刑事责任的归属与性质认定"，载《华东政法大学学报》2021年第1期，第50页；黄陈辰："自动驾驶汽车交通事故中刑事责任的划分与承担"，载《大连海事大学学报（社会科学版）》2021年第3期，第40页。

驾驶系统（汽车）作为"工具型"与"对象型"两类，但未来也可能演变为"独立型"犯罪，也即确立"三分法"格局，以此设定立体化的应对逻辑。

具体而言：（1）智能驾驶"工具型"犯罪形态。结合我国当前智能驾驶汽车的发展现状，智能驾驶汽车仍然首先并主要作为新型驾驶工具，而非能独立承担法律责任的特殊法律主体。易言之，智能驾驶系统及智能汽车，首先是智能化的交通工具。对于所有者与使用者而言，智能驾驶系统及其载体，都可以视为犯罪意义上的工具。利用智能驾驶系统或智能车辆实施犯罪的，可以参照牵连犯的原理，从重处置。例如，智能系统的研发者、设计者恶意编写程序，将其作为犯罪工具；或在无人驾驶车内放置易燃易爆品或其他危险品，危害公安安全的，都实质上是人实施的犯罪，应按照故意犯罪论处。因此，在智能驾驶系统并未完全独立自主的技术条件下，人将智能驾驶系统作为新型犯罪工具的，原则上应按照传统故意犯罪论处。（2）智能驾驶"对象型"犯罪形态。在智能驾驶系统作为产品或财产等范畴时，是刑法应当保护的对象。这是"对象型"智能驾驶犯罪的始源。譬如，对于所有者与使用者而言，智能驾驶系统与智能车辆，是具有财产价值的产品或财物。实施非法窃取等行为的，可以参照传统财产犯罪规定论处；同时，智能驾驶系统也包括应当受保护的新类型数据，非法获取智能驾驶系统数据等行为的，可以考虑参照计算机犯罪规定论处。（3）智能驾驶"独立型"犯罪形态。在不同智能模式下，智能驾驶系统的地位及其能力是不同的，与人的分工以及作用也不同，"人"的罪责边界亦有差异。"人"是否中途参与或接管，对智能驾驶系统是否作为独立的罪责主体而言，是重要的"技术"分水岭。当智能驾驶系统完全自主运行，不仅意味着"人"彻底脱离驾驶主体，也意味着智能驾驶系统应对其独立行为承担刑事责任。这是因为智能驾驶系统是独立自主运行的，具体或直接的驾驶主体不再是"人"。"人"对智能驾驶系统的控制力非常微弱，智能驾驶引发的刑事风险不能直接归咎于不再驾驶的人。但是，目前智能驾驶并不能立刻取代传统驾驶模式，主要是传统人工驾驶与不同程度的智能驾驶交互共存。在"混合"的驾驶环境中，智能驾驶与"人"驾驶共同造成危害结果的，属于智能"混合"驾驶模式的罪责问题，究竟按照传统交通安全犯罪规定还是智能驾驶安全犯罪规定论处争议较大，也是过渡期需要着重解决的新问题。

2. 智能驾驶模式与刑事归责的差异逻辑

智能驾驶系统的智能程度由智能技术决定。其智能程度的不同，也使智能系统与人（所有者、使用者）之间的责任关系有所不同。从方法论上，应区分不同的智能驾驶模式，根据是否完全智能、相对智能或辅助智能等程度，明确智能驾驶系统的能力。在智能驾驶测试阶段，遵循根据智能驾驶测试模式确定罪责的归属已是基本共识。当前，以智能化程度为标准，[1]刑法上可以区分准（高度）智能与完全智能驾驶等类型。[2]这应当作为差异性地追究刑事责任的重要参考。

以智能驾驶系统与人的驾驶之间的关系、分工以及各自作用、地位等因素为标准，可以分为三类情况，其归责的逻辑与规则也不尽相同。一般应以智能驾驶系统与驾驶人对智能汽车的支配能力与情况为中心，根据辅助驾驶模式、共同驾驶模式和自主驾驶模式，具体界定罪责的范围与类型。具体而言：（1）智能驾驶辅助系统与人的驾驶模式。目前，智能驾驶系统并未完全独立自主，需要与人的驾驶行为共存，人也可以自主接管智能驾驶系统。由此，出现智能驾驶系统与人接管驾驶的刑事责任分担问题。一般而论，辅助智能驾驶的行为主体是辅助驾驶人，根据辅助驾驶人的故意或过失心态，具体判断是否构成犯罪。在非完全智能驾驶的情形中，驾驶员因过失而未能有效接管智能汽车，导致社会危害结果的，驾驶员应承担过失犯罪的责任。生产者或设计者违反国家标准或行业标准，导致有缺陷的智能驾驶汽车进入使用端，造成社会危害结果的，应由生产者或设计者承担刑事责任，不是驾驶员的过失责任。[3]这种看法有其可取之处。人的驾驶逻辑与地位未曾被实质改变，可以继续按照传统交通犯罪规定论处，在性质上仍然是过失犯罪为主。但对于相互交叉并造成危害结果的，完全遵循现有规定无法彻底解决责任分配问题。（2）智能驾驶系统与驾驶人共同驾驶模式。在准智能驾驶阶段，驾驶人员、智能驾驶系统共同承担驾驶行为，驾驶人与驾驶系统（设计者、生产者、销售者）的过失责任分配问题成为主题。智能驾驶系统的研发者、设计者、平台运营者应当是主要的责任主体，涉及产品责任等问题。例如，研发者、设计者违反法定义务，明知或应当知道智能驾驶系统存在产品瑕疵，造成重大事故的，可能构成过失致人死亡罪，但不能追究驾驶系统的所有者、使用者的刑事责任。判断驾驶人是否构成交通肇事

---

〔1〕 我国目前还没有建立统一的技术（等级）标准。其中，《关于进一步优化营商环境更好服务市场主体的实施意见》要求，统一智能网联汽车自动驾驶功能测试标准，推动实现封闭场地测试结果全国通用互认。这意味着标准仍在制定中。《智能网联汽车道路测试与示范应用管理规范（试行）》也未对技术等级等作出明确规定。

〔2〕 参见付玉明："自动驾驶汽车事故的刑事归责与教义展开"，载《法学》2020 年第 9 期，第152 页。

〔3〕 参见江溯："自动驾驶汽车对法律的挑战"，载《中国法律评论》2018 年第 2 期，第 185 页。

罪，需要判断其是否具有预见能力和结果回避可能性。不具有结果回避可能性，自然不构成过失犯罪；所有者与使用者按照规定的操作程序进行驾驶的，在共同驾驶模式中，应免除其责任。在判断是否有足够的辨认、控制能力时，需查明制造、生产、编程企业和个人的法定义务、预见能力以及避免能力，若都违反了注意义务，可能构成共同过失犯罪。但必然突破我国现行共同犯罪的规定，尚需立法明确规定义务竞合及其责任分配等问题。（3）完全独立的智能驾驶系统与驾驶主体模式。按照国际汽车工程师学会（SAE）自动驾驶汽车分级标准，第 4 等级与第 5 等级的自动汽车，已无传统的驾驶员概念，出现了人没有控制权的困境。[1]在完全智能驾驶阶段，已无"人"作为驾驶人的固有概念，智能驾驶系统全权负责驾驶行为，传统驾驶人身份完全变成所有者或使用者。智能驾驶系统完全独立自主，可以自由驾驶，应当作为新型犯罪主体并独立承担责任。在完全智能驾驶阶段，智能系统真正取代人并负责驾驶行为，应独立承担刑事责任，但也存在驾驶系统（设计者、生产者、销售者）的过失犯罪问题。智能驾驶系统是驾驶主体，引发交通肇事的，应直接追究驾驶系统或车辆的责任，但无法预测、无法解释的危险除外。当采取了有效且特定的预警防范措施等，仍然造成事故的，符合危险分配的，不应承担刑事责任。目前，智能驾驶系统是由研发者、设计者负责完成的，可以证明是研发者、设计者的原因导致系统故障并引发安全事故犯罪的，应当由研发者、设计者承担过失责任。在完全智能驾驶模式中，行为主体能否是汽车生产商（法人），继而根据注意义务和注意能力，研发与设计单位可能构成过失致人死亡罪或过失致人重伤罪，并且是作为犯罪形态。对此，如果对生产商追究过失致人死亡、致人重伤犯罪的刑事责任，在我国暂且缺乏观念基础和立法依据。

3. 针对智能驾驶犯罪的扩张解释路径

当前，智能驾驶犯罪尤以产品安全事故犯罪、公共安全犯罪常见，系"工具型"与"对象型"的交叉。应遵从罪刑法定原则，合理运用扩张解释加以应对。

（1）智能驾驶产品安全事故犯罪。

智能驾驶系统的"人造物"属性，使智能驾驶系统与智能汽车，可以在一定程度上视为刑法中的"新型产品"。在产品的系统出现瑕疵所引发的刑事风险中，一般不存在自动驾驶主体的犯罪问题。这就确立了追究产品安全刑事责

---

[1] 参见［日］松尾刚行："关于自动驾驶汽车与刑事责任的考察"，载《法治现代化研究》2019 年第 1 期，第 95 页。

任的事实前提与犯罪基础。从罪责的属性看，智能驾驶时代的产品安全问题，属于内部刑事风险，是指智能驾驶系统因设计不科学等引发智能系统与智能汽车受损、所有者与使用者遭受损失等新型刑事风险。在目前技术条件下，智能汽车可以被认为是"智能产品"，是由研发者、设计者以及经销商等提供的，可以作为产品安全犯罪对待，追究研发者、设计者以及销售者的刑事责任。目前，参照生产、销售伪劣商品犯罪规定予以定罪处罚，还尚需依赖扩张解释的方式予以实现。

在扩张解释与适用的路径上，主要涉及智能产品缺陷的判断标准，但不能完全套用传统产品缺陷的标准体系。应当根据智能驾驶产品的基本特征加以确定，也即：

一是研发者、设计者负有提供合格产品的法定义务。智能驾驶系统客观上具有一定的技术风险，其中，部分则是研发者、设计者的责任。研发者、设计者作为提供者，负有法定的注意义务，应当提供质量可靠的产品。提供安全的出行服务是消费者与智能汽车生产者最核心的关系纽带，是消费者的基本权利与合理预期，也是追究智能驾驶产品安全刑事责任的依据。智能驾驶系统的不可预测性风险，虽具有一定的不可控制性，但它不能一律作为免责的控辩事由。溢出的负外部性风险已经造成危害结果，研发者、设计者承担刑事责任更可取，因为所有者、使用者等消费者往往不具备足够的预见能力与避免能力。在本质上，虽然最终承担智能驾驶中的产品责任之主体是研发者、设计者等生产者或经营者，但实质上是以产品瑕疵或操作系统漏洞作为归责的事实基础。

二是所有者、使用者的严格产品责任。智能驾驶系统虽已经存在有限的独立性，但目前在功能上仍依附于真正的所有人或者使用人。智能驾驶系统与车辆是高度危险的产品，所有者或使用者作为实际的控制者、管理者，在必要的情况下，应当承担无过错的严格责任，解决智能汽车之间及其与外部主体的责任分配问题。这与危险驾驶罪的入罪逻辑相似，但也可能颠覆当前刑法基本理论及公共安全犯罪本质特征等认识。

（2）智能驾驶公共安全犯罪。

智能驾驶系统引发驾驶主体的"替代性"效应，存在剥夺人的驾驶主体的可能性，或者侵蚀作为归责的事实基础的人的驾驶行为，也使以驾驶人员的主观过错为基础的过失犯罪规定面临失效。这直接冲击交通肇事犯罪所依赖的"无行为则无犯罪"原则、过失的主观罪过、因果关系的可解释性等共识。智能驾驶系统作为公共交通工具引发重大公共交通安全事故，或者智能驾驶行为严重违反国家规定，类似的新型智能驾驶公共交通安全犯罪，真正的"驾驶者"应承担刑事责任。在方法论上，仍可参照现有犯罪规定加以规制，并应具体地运用扩张解释。

具体而言：一是智能驾驶系统的责任地位。但在现阶段，智能驾驶系统仍不能完全担任驾驶人的身份，[1]相对独立于使用者（消费者）。使用者一般并不直接控制系统，也不存在传统意义上的驾驶行为，对使用者追究刑事责任有失妥当。传统机动车过失责任的基础尚未彻底失效，智能驾驶系统的研发者、设计者"被替代"地扮演传统驾驶人的身份。智能驾驶系统尚未取得独立的犯罪主体地位，不能作为独立的刑事责任主体，智能驾驶引发的公共安全犯罪，可以通过扩张解释激活现行规定。当智能驾驶系统具有足够的独立性，不仅能摆脱研发者、设计者的控制，还可以自主决策驾驶行为，则可以独立承担刑事责任。2017年通过的德国新交通法规定：在符合规定情况下，允许具有高度自动化或全自动化驾驶功能的汽车上路行驶；自动汽车驾驶员仍与传统汽车驾驶员享有相同的权利并承担同样的义务；自动驾驶系统运行时，驾驶员有执行部分个人事务的自由，不必全程紧盯系统；驾驶员得于系统提示或自己注意到紧急情况时无延误地接管汽车。[2]从该规定看，智能驾驶系统不具有完全的独立驾驶功能和地位，但被赋予和"人作为驾驶员"相同的权利和义务，应当对智能驾驶行为承担刑事责任；同时，传统的人作为驾驶主体，按照系统的预设，根据需要临时接管智能驾驶系统后，变成独立的驾驶主体，应当按照现行刑法规定承担刑事责任。但如何追究"混合驾驶"下的刑事责任仍需研究。

二是研发者与设计者违反注意义务的过失责任。研发者、设计者违反法定的注意义务是承担刑事责任的前提，缺乏危害结果发生的可预见性，不应纳入犯罪主体的范围。当前，智能驾驶系统与传统过失理论相比，人作为驾驶员承担直接、完全的结果避免义务，而智能汽车不存在履行法定注意义务的驾驶员。对于注意义务的设定与认定，应坚持必要性与相当性。既要符合智能技术的发展状态，也要结合研发者、设计者的预见能力与避免能力，防止超出一般社会的"期待可能性"，规定过于严苛的情况。在智能驾驶主体地位尚未法定的情况下，与智能驾驶安全的关联主体，均应履行注意义务；研发者、设计者等不

---

〔1〕 参见冯洁语："人工智能技术与责任法的变迁——以自动驾驶技术为考察"，载《比较法研究》2018年第2期，第143页。

〔2〕 参见[德]埃里克·希尔根多夫："自动系统、人工智能和机器人——一个刑法角度的定位"，黄笑岩译，载《法治现代化研究》2019年第1期，第85页。

具体的驾驶实体和所有者、使用者等个体承担间接性的注意义务，跟随、接管车辆等辅助操作者则承担有限的注意义务。关于注意义务的来源，具体包括一般交通运输管理法规、有关自动驾驶车辆的特别交通运输管理法规、责任主体对产品的承诺与规范。随着这方面立法的持续发展，应当根据智能驾驶规范的最新进展作出同步调整。

三是所有者与使用者的责任范围。智能驾驶系统的操控者一般是所有者或使用者，未尽谨慎义务，造成交通安全事故的，应承担刑事责任。与研发者、设计者负有法定的注意义务不同，只有当智能驾驶系统处于非完全智能化的情况下，所有者与使用者有具体的驾驶行为，才可能负有法定的注意义务。对使用者追究刑事责任，其前提是使用者可以在特定条件下主动或被动接管并操作智能驾驶系统，如违反配合与保障自动驾驶系统正常工作的结果回避义务，继而实质上变成"驾驶者"，由此才负有法定的自动驾驶安全注意义务。在操作智能驾驶的过程中，严重违反公共交通安全注意义务，可以避免结果发生的，却因过于自信或疏忽大意，未能有效避免危害结果出现的，才需承担刑事责任。同时，以算法为核心的智能驾驶决策系统实施的交通肇事（过失）行为，是在设计程序之外作出的，破坏道路交通运输安全的法益，可以成为刑法意义上的危害行为，但使用者并未参与驾驶行为，不应承担责任；除非有证据证明使用者实施外部的干扰行为并引发危害结果。此外，对于非法利用智能驾驶系统实施犯罪，目前可以根据实行行为的性质，参照非法利用信息网络罪等关联网络犯罪罪名论处。

四是销售者、经营者的刑事责任。智能驾驶系统处于早期试用阶段或进入市场作为智能产品的，是讨论销售者、经营者刑事责任的前提。销售者一般仅销售研发者、设计者完成的制成品，只是智能汽车商业运营的中转站，不存在故意销售伪劣产品的行为，因销售业务具有中立性，一般不负有刑法上的谨慎义务，不应追究刑事责任。明知是伪劣的智能产品而销售的，可以构成销售伪劣产品犯罪。

五是监管主体的刑事责任。尽管建立专门监管机构仍未真正提上议程并付诸实施，但在完全智能驾驶时代，对于智能驾驶技术应用中的刑事风险，监管部门负有不可推卸的监管责任。在法定的条件下，监管机构负有法定的谨慎注意职责，情节严重的，可能涉嫌构成渎职犯罪。但传统渎职犯罪的主体是"负有监管职责的监管人员"，对智能驾驶系统的监管是否还存在"人作为监管人员"或已经出现新的法律拟制主体等，显然是全新的技术难题与伦理挑战。

（三）面向完全智能驾驶时代的刑法立法修正

在智能时代，对于新旧知识冲突所引发的理论危机与司法困境，通过积极、主动的立法，不仅可以调补规范供给不足的漏洞，也盘活了刑法应对的整体性。

1. 公共交通安全犯罪规范的供需失衡

智能驾驶与当代公共交通安全理念之间的"不适"，已经直接延伸到刑法规范的有效性层面。当前，这种规范供给不足的结构性矛盾，集中反映在以下方面：（1）刑法中的驾驶概念遭遇深度的规范撕裂危机。"人的驾驶主体身份"的法定化、规范化与明确化，以及机动车及其设施、工具作为犯罪对象的观念固化与形态的特定性等，才使追究传统交通安全犯罪的刑事责任可以"落地"，不至于因行为主体与责任主体的"非物理性"或"不可视性"等，或驾驶对象等因素的模糊或不确定，而无法有效地归责。然而，智能汽车依赖的智能程序、系统或背后的算法原理等，都并非"人"及其附随的生理特征、心理特征或智力内容，无法直接对接或实质等同，也无法直接根据现行法律认定智能驾驶的刑事责任主体。既然实施危害行为的主体已经发生"质变"，应当调整相应的主体内容以及配套内容，否则，无法消除新旧刑法知识之间的"制度沟壑"。这些悄然进行中的变化，共同侵蚀传统驾驶概念的存在意义与规范地位。（2）传统驾驶行为作为规范判断的对象面临结果归属难题。在智能驾驶中，危险的"驾驶人"已不存在，"人"没有任何驾驶行为，完全是智能驾驶系统的行为。原本作为驾驶主体的"人"，变成潜在的"被害主体"或"无关人员"。"人"的脱离与"肇事行为"的消失，引发刑事归责、制裁等范畴的蜕变，必然导致交通肇事罪出现新变化，而危险驾驶罪也必受影响。这增加对智能驾驶中的使用者、所有者、提供者、制造者进行刑事责任的归属与分配之难度。作为允许的风险对待，虽符合"技术中立"的导向，却纵容过高风险的存在。（3）智能驾驶系统的主体地位陷入超越法定化的合规隐忧。刑法主体具有严格的法定性，维系了罪责的法定性与强制性。在智能驾驶技术下，作为法定的犯罪主体与责任主体的"自然人"并不必然存在，实际控制的是智能驾驶系统（主体）。罪责主体究竟是驾驶系统还是人，甚至是技术提供商等尚悬而未决。人工智能主体单独实施犯罪和承担刑事责任，需要突破道德观念、伦理观念的束缚。（4）智能驾驶的归责基础与"人"的罪责伦理观在规范上互斥。对人的归责是建立在人的道德伦理之上的。在智能驾驶环境下，驾驶主体这一核心要素出现新情况，传统驾驶理念及其具体要素的法律定义开始变得模糊，刑法伦理与责任分配的前提出现变动。在智能驾驶系统中，基于智能技术的专业性、封闭性、不可视性，从研发、设计到应用的完整过程，技术的垄断性、控制性等主导了系统内部的信任关系与决定溯责的逻辑链条，也是决定刑事责任分配的核心要素。责任的伦理基础出现重大质变，进一步加剧理论供给不足问题。

智能驾驶时代正在来临，倒逼当代刑法体系必须有效介入，以发挥打击新型智能驾驶安全犯罪问题的机能，[1]有效保障新型智能公共交通安全的法益。虽然立足传统刑法理论体系与规范体系的解释张力，仍可以探讨开放性的司法应对逻辑与策略。不乏观点认为，围绕驾驶主体的变动进行讨论在当下不具有实际意义，应通过引入客观归责理论，专注于自动驾驶汽车涉罪之客观构成要件的判定。[2]驾驶主体的变动是一切问题的根源所在。认为完全依靠现有刑法理论体系便可以解决自动驾驶引发的新型刑事风险问题是不可取的。[3]这是对扩张解释能够激活现行刑法规范应对效能的过度迷信。为了缓解当代交通安全犯罪规定的有效性危机，应创立相适应的刑法知识体系与内容，尤其是推动专属立法的完善。

2. 法定智能驾驶犯罪的立法前瞻

在智能驾驶与传统驾驶深度交互与博弈的过渡期，应根据智能驾驶的有关规定及其更新内容，竭力设计框架性的立法应对方案，及时修改现行公共交通安全犯罪规定体系，既满足刑事司法的需要，也"反哺"理论体系的进化。

具体而言：（1）刑法中的驾驶概念之更替。2017 年 5 月，德国联邦议会通过法案，修改《德国道路交通法》，允许高度自动化和完全自动化的汽车作为"交通工具"行驶。[4]调试"驾驶"这一核心规范要素是最大的立法基础难题，但也决定整个刑法意义中的驾驶主体、驾驶行为及其构成要素、责任归属等基本要素的规范性升级。虽然我国《道路交通安全法》并未规定消极义务，但用户使用智能驾驶汽车时，应负有法定的义务，如不得违规操作行驶指令、不得擅自修改驾驶系统程序等危害驾驶状态的行为。法定的安全注意义务是追究刑事责任的前提，增设法定义务，有助于增强交通肇事罪介入智能驾驶安全的可

---

〔1〕　参见［德］尼娜·芭巴拉·内斯特："自动驾驶的刑法应对"，高艳东、盛佳译，载《人民检察》2018 年第 13 期，第 64 页。

〔2〕　参见姜涛、刁永超："自动驾驶汽车涉罪的归责难题及其解决方案"，载《学术界》2021 年第 5 期，第 149 页。

〔3〕　参见牛天宝："通过现有规范解决自动驾驶汽车肇事之刑事责任归属问题"，载《法学杂志》2020 年第 3 期，第 123 页。

〔4〕　参见郑戈："算法的法律与法律的算法"，载《中国法律评论》2018 年第 2 期，第 71 页。

能性，及时更新危险驾驶罪的客观方面。此外，智能驾驶安全犯罪是新型法定犯罪，随着智能驾驶安全立法的日趋完善，法定义务的来源趋于健全。这些针对"驾驶"及其基本要素所展开的专属性立法，旨在实现技术与规范、理论与立法及司法的高度协同。（2）交通肇事罪的修改。在智能驾驶时代，交通肇事罪遭受的冲击最明显，包括犯罪主体、注意义务、罪过形态等基本构成要件要素的调试。目前，可以参照刑法修正案模式及其立法技术，增加第 133 条第 2款："智能汽车的研发者、设计者违反国家规定，智能汽车的所有者、使用者违反智能汽车驾驶规定，因而发生重大交通安全事故的，依照前款的规定处罚。"该条款主要解决智能安全驾驶犯罪的一般问题，并无形中默认法人可以作为智能驾驶环境下交通肇事罪的犯罪主体。当前，不宜直接增加法人犯罪主体，尽管这样更便于追究智能驾驶汽车的研发、设计主体的刑事责任。但智能驾驶的罪责主体，不只是研发、设计法人，还包括其他关联主体，甚至包括智能驾驶系统。直接增设法人主体的立法建议具有一定的狭隘性、单一性。（3）危险驾驶罪的修改。智能驾驶亦削弱危险驾驶罪规定的有效性。既涉及行为主体，也波及行为方式。应当增加客观方面的行为内容，如增加"违反自动驾驶安全管理规定使用无人驾驶汽车，危及公共安全"[1]、"驾驶员恶意发出错误指令、未经允许擅自改动自动驾驶汽车程序设置"[2]等新的危害行为形式。"使用"或"驾驶员"等表述，暗含仍将智能驾驶汽车作为交通工具，人还是驾驶主体。这从立法上限制智能驾驶主体作为责任主体的可能性；而且，自动驾驶安全管理规定尚付阙如，导致这种立法缺乏可操作性。危险驾驶罪是典型的行为犯（危险犯），既要考虑智能驾驶系统的刑事责任主体问题，也要兼顾智能驾驶危险行为的扩张趋势。为了提高立法的包容性与预见性，可以在第 133 条之一中增加新的一款："在智能汽车的行驶过程中，实施上述行为的，依照前款的规定处罚"。简明罪状的表述方式，为不同智能程度的自动驾驶系统及其归责提供更灵活的刑法解释余地，有利于激活该修改内容的司法张力。（4）智能驾驶产品安全犯罪的增设。在早期应用阶段，智能驾驶仍处于非完全自主状态，人可能继续独占驾驶主体地位或共同参与驾驶。这决定它可以作为刑法中的"产品（商品）"。对于因智能驾驶系统或车辆的瑕疵而引发的智能驾驶安全犯罪，

---

〔1〕 参见李振林："人工智能刑事立法图景"，载《华南师范大学学报（社会科学版）》2018 年第 6 期，第 131−132 页。

〔2〕 参见张闾诏、董玉庭："自动驾驶中危险驾驶行为的刑法应对"，载《学习与探索》2020 年第 12 期，第 93 页。

遵循扩张解释的立场，仍可以考虑适用产品犯罪的规定，如生产、销售伪劣产品罪。从立法层面看，可以考虑修改生产、销售伪劣产品罪的规定，也可以考虑增设智能驾驶产品安全犯罪的规定，但后者更具有长远的立法效果。可以增设第 140 条第 2 款："智能应用产品的研发者、设计者、生产者、销售者，在产品中掺杂、掺假，以假充真，以次充好或者以不合格产品冒充合格产品的，依照前款的规定处罚。"通过立法修改，既克服扩张解释可能带来的类推问题，也实现更精准的规制意图。（5）智能驾驶安全监管渎职犯罪的增设。监管部门对智能驾驶安全的保障负有不可推卸的责任。尽管目前智能驾驶方面的行政立法仍处于空白状态，监管部门仍未明确，但随着智能驾驶的基础立法趋于完善，智能驾驶安全的监管部门及其职责等内容都将随之法定化。监管主体违背法定的监管义务，造成重大智能驾驶安全风险与危害结果的，应当承担渎职犯罪的刑事责任。考虑到智能驾驶安全法律法规及其监管具有特殊性，应当考虑增设智能驾驶安全监管渎职犯罪规定，而不能直接套用现有的罪名。可以参照增设第 408 条之一的做法，增设第 408 条之二："负有智能驾驶安全监督管理职责的主体，滥用职权或者玩忽职守，导致发生重大智能驾驶公共安全事故或者造成其他严重后果的，处五年以下有期徒刑或者拘役；造成特别严重后果的，处五年以上十年以下有期徒刑。徇私舞弊犯前款罪的，从重处罚。"（6）智能驾驶犯罪与刑事制裁措施的同步更新。在网络犯罪时代，应当逐步探索网络刑事制裁体系及其措施。[1]同比之下，对智能驾驶引发的新型交通安全犯罪也应如此。罚金、拘役、有期徒刑等传统刑罚处罚措施，对智能驾驶系统缺乏直接有效的制裁作用。为了有效治理新型智能驾驶法定犯罪，应同步增设具有智能时代属性的新型刑事制裁措施。具体应根据新型智能驾驶安全犯罪类型设置，以促进刑罚目的的实现。

---

〔1〕 参见孙道萃：《网络刑法学初论》，中国政法大学出版社 2020 年版，第 151 页。

参考文献

一、外文著作

1. ［美］马修·H. 克莱默：《客观性与法治》，王云清译，浙江大学出版社 2022 年版。

2. ［德］弗兰茨·冯·李斯特：《李斯特德国刑法教科书》，徐久生译，北京大学出版社 2021 年版。

3. ［英］理查德·萨斯坎德：《线上法院与未来司法》，何广越译，北京大学出版社 2021 年版。

4. ［英］弗里德利希·冯·哈耶克：《法律、立法与自由》，邓正来、张守东、李静冰译，中国大百科全书出版社 2021 年版。

5. ［日］井田良：《刑法总论的理论构造》，秦一禾译，中国政法大学出版社 2021 年版。

6. ［印］阿卡普拉沃·包米克：《机器意识 人工智能如何为机器人装上大脑》，王兆天、李晔卓等译，机械工业出版社 2021 年版。

7. ［德］黑格尔：《法哲学原理》，范扬、张企泰译，商务印书馆 2021 年版。

8. ［德］卡尔·拉伦茨：《法学方法论》，黄家镇译，商务印书馆 2020 年版。

9. ［日］福田雅树、林秀弥、成原慧编著：《AI 联结的社会 人工智能网络化时代的伦理与法律》，宋爱译，社会科学文献出版社 2020 年版。

10. ［英］杰瑞米·侯德：《阿什沃斯刑法原理》，时延安、史蔚译，中国法制出版社 2019 年版。

11. ［法］米歇尔·福柯：《刑事理论与刑事制度》，陈雪杰译，上海人民出版社 2019 年版。

12. ［美］瑞恩·卡洛、迈克尔·弗鲁姆金、［加］伊恩·克尔编：《人工智能与法律的对话》，陈吉栋、董惠敏、杭颖颖译，上海人民出版社 2018 年版。

13. ［德］施塔姆勒：《现代法学之根本趋势》，姚远译，商务印书馆 2018 年版。

14. ［日］山口厚：《刑法总论》，付立庆译，中国人民大学出版社 2018 年版。

15. ［日］佐伯仁志：《刑法总论的思之道·乐之道》，于佳佳译，中国政法大学出版社 2017 年版。

16. ［以］尤瓦尔·赫拉利：《未来简史 从智人到智神》，林俊宏译，中信出版社 2017 年版。

17. ［德］汉斯·海因里希·耶赛克、托马斯·魏根特：《德国刑法教科书》，徐久生译，中国法制出版社 2017 年版。

18. ［美］凯文·D. 阿什利：《人工智能与法律解析　数字时代法律实践的新工具》，邱昭继译，商务印书馆 2017 年版。

19. ［日］平野龙一：《刑法的基础》，黎宏译，中国政法大学出版社 2016 年版。

20. ［美］Marjie T. Britz：《计算机取证与网络犯罪导论》，戴鹏、周雯、邓勇进译，电子工业出版社 2016 年版。

21. ［法］孟德斯鸠：《论法的精神》，欧启明译，译林出版社 2016 年版。

22. ［德］乌尔斯·金德霍伊泽尔：《刑法总论教科书》，蔡桂生译，北京大学出版社 2015 年版。

23. ［美］博登海默：《博登海默法理学》，潘汉典译，法律出版社 2015 年版。

24. ［美］罗素、诺维格：《人工智能　一种现代的方法》，殷建平等译，清华大学出版社 2013 年版。

25. ［意］切萨雷·贝卡里亚：《论犯罪与刑罚》，黄风译，北京大学出版社 2008 年版。

26. ［英］杰里米·边沁：《论一般法律》，毛国权译，上海三联书店 2008 年版。

27. ［英］亨利·西季威克：《伦理学史纲》，熊敏译，江苏人民出版社 2007 年版。

28. ［英］玛格丽特·A. 博登编著：《人工智能哲学》，刘西瑞、王汉琦译，上海译文出版社 2006 年版。

29. ［英］吉米·边沁：《立法理论》，李贵方等译，中国人民公安大学出版社 2004 年版。

30. ［英］边沁：《道德与立法原理导论》，时殷弘译，商务印书馆 2000 年版。

31. ［德］康德：《法的形而上学原理——权利的科学》，沈叔平译，商务印书馆 1991 年版。

二、外文论文

1. ［德］弗兰克·彼得·舒斯特："自动驾驶下生产商的刑事责任"，李倩译，载《苏州大学学报（法学版）》2021 年第 3 期。

2. ［日］冈部雅人："自动汽车的事故和刑事责任：基于日本刑法学的视角"，储陈城译，载《苏州大学学报（法学版）》2021 年第 3 期。

3. ［德］拉塞·夸尔克："人工智能机器人的刑事可罚性"，王德政译，载《中州学刊》2020 年第 10 期。

4. ［日］今井猛嘉："机动车自动驾驶中若干概念探析"，孙瑞译，载《中国应用法学》2019 年第 4 期。

5. ［德］埃里克·希尔根多夫："自动系统、人工智能和机器人——一个刑法角度的定位"，黄笑岩译，载《法治现代化研究》2019 年第 1 期。

6. ［日］松尾刚行："关于自动驾驶汽车与刑事责任的考察"，载《法治现代化研究》2019 年第 1 期。

7. ［英］约翰·金斯顿："人工智能与法律责任"，魏翔译，载《地方立法研究》2019 年第1 期。

8. ［美］凯文·艾希礼："数字时代的法律实践：一份人工智能法学课程大纲"，杨安卓、陈晓莉译，载《法治现代化研究》2019 年第 1 期。

9. ［德］尼娜·芭巴拉·内斯特："自动驾驶的刑法应对"，高艳东、盛佳译，载《人民检察》2018 年第 13 期。

10. ［德］霍斯特·艾丹米勒："机器人的崛起与人类的法律"，李飞、敦小匣译，载《法治现代化研究》2017 年第 4 期。

三、中文著作

1. 高铭暄、马克昌主编：《刑法学》，北京大学出版社、高等教育出版社 2021 年版。

2. 马克昌、卢建平主编：《外国刑法学总论（大陆法系）》，中国人民大学出版社 2021 年版。

3. 张明楷：《刑法学》，法律出版社 2021 年版。

4. 崔亚东主编、上海市法学会等编：《世界人工智能法治蓝皮书》，上海人民出版社 2020 年版。

5. 刘艳红：《网络犯罪的法教义学研究》，中国人民大学出版社 2021 年版。

6. 刘仁文主编：《网络犯罪的司法面孔》，中国社会科学出版社 2021 年版。

7. 沈寓实、徐亭、李雨航主编：《人工智能伦理与安全》，清华大学出版社 2021 年版。

8. 杜宇：《类型思维与刑法方法》，北京大学出版社 2021 年版。

9. 韩旭至：《人工智能的法律回应　从权利法理到致害责任》，法律出版社 2021 年版。

10. 张凌寒：《权力之治：人工智能时代的算法规制》，上海人民出版社 2021 年版。

11. 赵骏、魏斌主编：《数字法学论　原则、路径与架构》，浙江大学出版社 2021 年版。

12. 付立庆：《积极主义刑法观及其展开》，中国人民大学出版社 2020 年版。

13. 赵万一、侯东德主编：《法律的人工智能时代》，法律出版社 2020 年版。

14. 孙道萃：《网络刑法学初论》，中国政法大学出版社 2020 年版。

15. 杜严勇：《人工智能伦理引论》，上海交通大学出版社 2020 年版。

16. 孙道萃：《认罪认罚从宽制度研究》，中国政法大学出版社 2020 年版。

17. 汪雄主编：《算法社会中的法律沉思》，中国政法大学出版社 2020 年版。

18. 陈伟：《刑法立法方法研究》，上海三联书店 2020 年版。

19. 冯子轩：《人工智能与法律》，法律出版社 2020 年版。

20. 郭锐：《人工智能的伦理和治理》，法律出版社 2020 年版。

21. 高铭暄、马克昌主编：《刑法学》，北京大学出版社、高等教育出版社 2019 年版。

22. 刘宪权：《人工智能时代的刑法观》，上海人民出版社 2019 年版。

23. 中华人民共和国最高人民法院编：《中国法院的互联网司法》，人民法院出版社 2019 年版。

24. 彭文华：《人工智能的刑法规制及其相关法律问题》，中国政法大学出版社 2019 年版。

25. 马克伟、陈际红主编：《信息网络与高新技术法律前沿》，上海交通大学出版社 2019 年版。

26. 余高能：《刑法分则体系的法理基础与立法完善》，中国社会科学出版社 2019 年版。

27. 李德毅主编：《人工智能导论》，中国科学技术出版社 2018 年版。

28. 申卫星主编：《数字经济与网络法治研究》，中国人民大学出版社 2018 年版。

29. 陈兴良：《走向哲学的刑法学》，北京大学出版社 2018 年版。

30. 陈兴良：《走向教义的刑法学》，北京大学出版社 2018 年版。

31. 李爱君主编：《中国大数据法治发展报告》，法律出版社 2018 年版。

32. 陈兴良：《规范刑法学》，中国人民大学出版社 2017 年版。

33. 张宏生、谷春德主编：《西方法律思想史》，北京大学出版社 2000 年版。

34. 赵秉志主编：《新刑法教程》，中国人民大学出版社 1997 年版。

35. 《马克思恩格斯选集》（第 6 卷），人民出版社 1993 年版。

四、期刊论文

1. 刘宪权："元宇宙空间犯罪刑法规制的新思路"，载《比较法研究》2022 年第 3 期。

2. 张燕龙："人工智能时代量刑的价值追求与挑战"，载《中国政法大学学报》2022 年第 2 期。

3. 齐文远："'少捕慎诉慎押'背景下打早打小刑事政策之适用与反思——以网络犯罪治理为视角"，载《政法论坛》2022 年第 2 期。

4. 刘艳红："人工智能时代网络游戏外挂的刑法规制"，载《华东政法大学学报》2022 年第 1 期。

5. 孙道萃："人工智能驾驶的刑法解构与回应路径"，载《西安交通大学学报（社会科学版）》2022 年第 2 期。

6. 朱振："归责何以可能：人工智能时代的自由意志与法律责任"，载《比较法研究》2022 年第 1 期。

7. 皮勇："论自动驾驶汽车生产者的刑事责任"，载《比较法研究》2022 年第 1 期。

8. 刘宪权："涉智能网联汽车犯罪的刑法理论与适用"，载《东方法学》2022 年第 1 期。

9. 杜嘉雯、皮勇："人工智能时代生物识别信息刑法保护的国际视野与中国立场——从'人脸识别技术'应用下滥用信息问题切入"，载《河北法学》2022 年第 1 期。

10. 刘宪权、王哲："元宇宙中的刑事风险及刑法应对"，载《法治研究》2022 第 2 期。

11. 孙禹："论网络爬虫的刑事合规"，载《法学杂志》2022 年第 1 期。

12. 张旭、杨丰一："恪守与厘革之间：人工智能刑事风险及刑法应对的进路选择"，载《吉林大学社会科学学报》2021 年第 5 期。

13. 刘仁文、曹波："人工智能体的刑事风险及其归责"，载《江西社会科学》2021 年第

8 期。

14. 江溯："人工智能作为刑事责任主体：基于刑法哲学的证立"，载《法制与社会发展》2021 年第 3 期。

15. 孙道萃："人工智能刑法研究的反思与理论迭进"，载《学术界》2021 年第 12 期。

16. 申纯："人工智能时代人身危险性评估发展的新机遇及实现路径"，载《求索》2021 年第 6 期。

17. 张善根："人工智能从属法律主体论的理论基础与技术甄别"，载《求索》2021 年第 6 期。

18. 程龙："人工智能辅助量刑的问题与出路"，载《西北大学学报（哲学社会科学版）》2021 年第 6 期。

19. 孙道萃："人工智能主体的刑法地位之积极论"，载《法治社会》2021 年第 2 期。

20. 高铭暄、孙道萃："网络时代刑法解释的理论置评与体系进阶"，载《法治研究》2021 年第 1 期。

21. 刘宪权："涉人工智能产品犯罪刑事责任的归属与性质认定"，载《华东政法大学学报》2021 年第 1 期。

22. 皮勇："论医疗人工智能的刑法问题"，载《法律科学（西北政法大学学报）》2021 年第 1 期。

23. 孙道萃："论认罪认罚从宽协商的有效模式"，载《学术界》2021 年第 1 期。

24. 魏斌："司法人工智能融入司法改革的难题与路径"，载《现代法学》2021 年第 3 期。

25. 胡昌明："移动电子诉讼的司法实践及其限度——以中国'移动微法院'为例"，载《中国应用法学》2021 年第 2 期。

26. 李永超："刑事诉讼在线庭审的规则构建"，载《人民司法》2021 年第 4 期。

27. 高铭暄、孙道萃："总体国家安全观下的中国刑法之路"，载《东南大学学报（哲学社会科学版）》2021 年第 2 期。

28. 黄陈辰："自动驾驶汽车交通事故中刑事责任的划分与承担"，载《大连海事大学学报（社会科学版）》2021 年第 3 期。

29. 姜涛、刁永超："自动驾驶汽车涉罪的归责难题及其解决方案"，载《学术界》2021 年第 5 期。

30. 付玉明："自动驾驶汽车事故的刑事归责与教义展开"，载《法学》2020 年第 9 期。

31. 吴高臣："人工智能法律主体资格研究"，载《自然辩证法通讯》2020 年第 6 期。

32. 刘宪权："智能机器人工具属性之法哲学思考"，载《中国刑事法杂志》2020 年第 5 期。

33. 郭泽强："人工智能时代权利与责任归属的域外经验与启示"，载《国外社会科学》2020 年第 5 期。

34. 李文吉："论人工智能时代的预防性刑法立法"，载《大连理工大学学报（社会科学版）》2020 年第 5 期。

35. 刘艳红："Web3.0 时代网络犯罪的代际特征及刑法应对"，载《环球法律评论》2020 年第 5 期。

36. 孙道萃："智能驾驶测试的刑事风险与规范应对"，载《南海法学》2020 年第 4 期。

37. 孙道萃："智能时代的刑法立法——人类中心主义与现实功利主义的取舍"，载《学术交流》2020 年第 4 期。

38. 魏东："人工智能算法安全犯罪观及其规范刑法学展开"，载《政法论丛》2020 年第 3 期。

39. 黄陈辰："手术机器人医疗事故中刑事责任的主体、归属与实现"，载《重庆大学学报（社会科学版）》2020 年第 3 期。

40. 郭旨龙："中国刑法何以预防人工智能犯罪"，载《当代法学》2020 年第 2 期。

41. 刘宪权："对人工智能法学研究'伪批判'的回应"，载《法学》2020 年第 1 期。

42. 董坤："证据标准：内涵重释与路径展望"，载《当代法学》2020 年第 1 期。

43. 熊秋红："人工智能在刑事证明中的应用"，载《当代法学》2020 年第 3 期

44. 谢澍："人工智能如何'无偏见'地助力刑事司法——由'证据指引'转向'证明辅助'"，载《法律科学（西北政法大学学报）》2020 年第 5 期。

45. 左卫民："从通用化走向专门化：反思中国司法人工智能的运用"，载《法学论坛》2020 年第 2 期。

46. 栗峥："人工智能与事实认定"，载《法学研究》2020 年第 1 期。

47. 郑曦："人工智能技术在司法裁判中的运用及规制"，载《中外法学》2020 年第 3 期。

48. 雷磊："中国特色社会主义智慧法治建设论纲"，载《中共中央党校学报》2020 年第 1 期。

49. 孙道萃："人工智能辅助精准预测量刑的中国境遇——以认罪认罚案件为适用场域"，载《暨南学报（哲学社会科学版）》2020 年第 12 期。

50. 孙道萃："刑法积极应对疫情防控的治理进阶"，载《西南政法大学学报》2020 年第 3 期。

51. 毕晓红、徐磊、郭慧："张正诈骗案［第 1323 号］——疫情防控期间适用速裁程序实行远程视频'无接触'式开庭应当注意的问题"，载中华人民共和国最高人民法院刑事审判第一、二、三、四、五庭主办：《刑事审判参考　依法惩处妨害疫情防控犯罪专辑》（总第 121 集），法律出版社 2020 年版。

52. 邱饰雪："抗疫期间法院在线解决纠纷的路径——以上海法院为例"，载《上海法学研究》2020 第 1 卷。

53. 董学华："刑事案件检察在线办案机制研究——以疫情期间提升办案质效为视角"，载《中国检察官》2020 年第 19 期。

54. 左卫民："中国在线诉讼：实证研究与发展展望"，载《比较法研究》2020 年第 4 期。

55. 江溯："自动化决策、刑事司法与算法规制——由卢米斯案引发的思考"，载《东方法

学》2020 年第 3 期。

56. 段厚省："远程审判的程序正当性考察——以交往行为理论为视角"，载《政法论丛》2020 年第 2 期。

57. 牛天宝："通过现有规范解决自动驾驶汽车肇事之刑事责任归属问题"，载《法学杂志》2020 年第 3 期。

58. 张阔诏、董玉庭："自动驾驶中危险驾驶行为的刑法应对"，载《学习与探索》2020 年第 12 期。

59. 彭文华："自由意志、道德代理与智能代理——兼论人工智能犯罪主体资格之生成"，载《法学》2019 年第 10 期。

60. 周详："智能机器人'权利主体论'之提倡"，载《法学》2019 年第 10 期。

61. 于海防："人工智能法律规制的价值取向与逻辑前提——在替代人类与增强人类之间"，载《法学》2019 年第 6 期。

62. 皮勇："全国首例撞库打码案的法律适用分析"，载《中国检察官》2019 年第 6 期。

63. 季卫东："人工智能开发的理念、法律以及政策"，载《东方法学》2019 年第 5 期。

64. 刘艳红："人工智能法学研究的反智化批判"，载《东方法学》2019 年第 5 期。

65. 刘宪权："对强智能机器人刑事责任主体地位否定说的回应"，载《法学评论》2019 年第 5 期。

66. 董玉庭："人工智能与刑法发展关系论——基于真实与想象所做的分析"，载《现代法学》2019 年第 5 期。

67. 张志坚："论人工智能的电子法人地位"，载《现代法学》2019 年第 5 期。

68. 彭文华："人工智能的刑法规制"，载《现代法学》2019 年第 5 期。

69. 魏东："人工智能犯罪的可归责主体探究"，载《理论探索》2019 年第 5 期。

70. 孙道萃："犯罪主体的网络化演变动向与立法修正脉络"，载《中国应用法学》2019 年第 5 期。

71. 张绍欣："法律位格、法律主体与人工智能的法律地位"，载《现代法学》2019 年第 4 期。

72. 叶良芳："人工智能是适格的刑事责任主体吗?"，载《环球法律评论》2019 年第 4 期。

73. 孙道萃："网络刑事制裁范畴的理论视域与制度具象之前瞻"，载《西南政法大学学报》2019 年第 4 期。

74. 郑智航、徐昭曦："大数据时代算法歧视的法律规制与司法审查——以美国法律实践为例"，载《比较法研究》2019 年第 4 期。

75. 闫宏秀："可信任：人工智能伦理未来图景的一种有效描绘"，载《理论探索》2019 年第 4 期。

76. 刘宪权："涉人工智能犯罪中研发者主观罪过的认定"，载《比较法研究》2019 年第 4 期。

77. 张旭、阮重骏："人工智能非法应用的犯罪风险及其治理"，载《中国特色社会主义研究》2019 年第 4 期。

78. 张凌寒："算法权力的兴起、异化及法律规制"，载《法商研究》2019 年第 4 期。

79. 刘宪权："人工智能时代刑法中行为的内涵新解"，载《中国刑事法杂志》2019 年第 4 期。

80. 冀洋："人工智能时代的刑事责任体系不必重构"，载《比较法研究》2019 年第 4 期。

81. 武雪健："人工智能立法的海外状况及难点分析"，载《互联网经济》2019 年第 4 期。

82. 王利宾："弱人工智能的刑事责任问题研究"，载《湖南社会科学》2019 年第 4 期。

83. 李婕："智能风险与人工智能刑事责任之构建"，载《当代法学》2019 年第 3 期。

84. 孙道萃："我国刑事司法智能化的知识解构与应对逻辑"，载《当代法学》2019 年第 3 期。

85. 陈结淼、王康辉："论无人驾驶汽车交通肇事的刑法规制"，载《安徽大学学报（哲学社会科学版）》2019 年第 3 期。

86. 姚万勤："对通过新增罪名应对人工智能风险的质疑"，载《当代法学》2019 年第 3 期。

87. 彭诚信、陈吉栋："论人工智能体法律人格的考量要素"，载《当代法学》2019 年第 2 期。

88. 赵秉志、詹奇玮："现实挑战与未来展望：关于人工智能的刑法学思考"，载《暨南学报（哲学社会科学版）》2019 年第 1 期。

89. 刘宪权、房慧颖："涉人工智能犯罪的前瞻性刑法思考"，载《安徽大学学报（哲学社会科学版）》2019 年第 1 期。

90. 王燕玲："人工智能时代的刑法问题与应对思路"，载《政治与法律》2019 年第 1 期。

91. 周铭川："论自动驾驶汽车交通肇事的刑事责任"，载《上海交通大学学报（哲学社会科学版）》2019 年第 1 期。

92. 刘宪权："涉人工智能犯罪刑法规制的路径"，载《现代法学》2019 年第 1 期。

93. 刘宪权："人工智能时代的刑事责任演变：昨天、今天、明天"，载《法学》2019 年第 1 期。

94. 谢晖："论新型权利的基础理念"，载《法学论坛》2019 年第 3 期。

95. 王聪："'共同善'维度下的算法规制"，载《法学》2019 年第 12 期。

96. 季卫东："人工智能时代的法律议论"，载《法学研究》2019 年第 6 期。

97. 周佑勇："智能技术驱动下的诉讼服务问题及其应对之策"，载《东方法学》2019 年第 5 期。

98. 程金华："人工、智能与法院大转型"，载《上海交通大学学报（哲学社会科学版）》2019 年第 6 期。

99. 赵龙、刘艳红："司法大数据一体化共享的实践探微——以破除'数据孤岛'为切入点的逻辑证成"，载《安徽大学学报（哲学社会科学版）》2019 年第 6 期。

100. 王军明："自动驾驶汽车的刑事法律适用"，载《吉林大学社会科学学报》2019 年第 4 期。

101. 张镭："人工智能体可罚性辩疑"，载《南京社会科学》2018 年第 11 期。

102. 陈伟、熊波："人工智能刑事风险的治理逻辑与刑法转向——基于人工智能犯罪与网络犯罪的类型差异"，载《学术界》2018 年第 9 期。

103. 刘振宇："人工智能权利话语批判"，载《自然辩证法研究》2018 年第 8 期。

104. 刘宪权、房慧颖："涉人工智能犯罪刑法规制的正当性与适当性"，载《华南师范大学学报（社会科学版）》2018 年第 6 期。

105. 时方："人工智能刑事主体地位之否定"，载《法律科学（西北政法大学学报）》2018 年第 6 期。

106. 卢勤忠、何鑫："强人工智能时代的刑事责任与刑罚理论"，载《华南师范大学学报（社会科学版）》2018 年第 6 期。

107. 李振林："人工智能刑事立法图景"，载《华南师范大学学报（社会科学版）》2018 年第 6 期。

108. 皮勇："人工智能刑事法治的基本问题"，载《比较法研究》2018 年第 5 期。

109. 吴允锋："人工智能时代侵财犯罪刑法适用的困境与出路"，载《法学》2018 年第 5 期。

110. 刘金瑞："人工智能的安全挑战和法律对策初探"，载《中国信息安全》2018 年第 5 期。

111. 刘宪权："人工智能时代机器人行为道德伦理与刑法规制"，载《比较法研究》2018 年第 4 期。

112. 刘宪权："人工智能时代我国刑罚体系重构的法理基础"，载《法律科学（西北政法大学学报）》2018 年第 4 期。

113. 杨立新："人工类人格：智能机器人的民法地位——兼论智能机器人致人损害的民事责任"，载《求是学刊》2018 年第 4 期。

114. 杜严勇："机器人伦理研究论纲"，载《科学技术哲学研究》2018 年第 4 期。

115. 刘宪权："人工智能时代刑事责任与刑罚体系的重构"，载《政治与法律》2018 年第 3 期。

116. 郭少飞："'电子人'法律主体论"，载《东方法学》2018 年第 3 期。

117. 张明楷："责任论的基本问题"，载《比较法研究》2018 年第 3 期。

118. 马治国、田小楚："论人工智能体刑法适用之可能性"，载《华中科技大学学报（社会科学版）》2018 年第 2 期。

119. 余成峰："法律的'死亡'：人工智能时代的法律功能危机"，载《华东政法大学学报》2018 年第 2 期。

120. 郑戈："算法的法律与法律的算法"，载《中国法律评论》2018 年第 2 期。

121. 张建文："格里申法案的贡献与局限——俄罗斯首部机器人法草案述评"，载《华东政法大学学报》2018 年第 2 期。

122. 刘宪权、胡荷佳："论人工智能时代智能机器人的刑事责任能力"，载《法学》2018 年第 1 期。

123. 刘宪权："人工智能时代的'内忧''外患'与刑事责任"，载《东方法学》2018 年第 1 期。

124. 庄永廉等："人工智能与刑事法治的未来"，载《人民检察》2018 年第 1 期。

125. 高奇琦、张鹏："论人工智能对未来法律的多方位挑战"，载《华中科技大学学报（社会科学版）》2018 年第 1 期。

126. 刘宪权："人工智能时代的刑事风险与刑法应对"，载《法商研究》2018 年第 1 期。

127. 孙道萃："非法利用信息网络罪的适用疑难与教义学表述"，载《浙江工商大学学报》2018 年第 1 期。

128. 孙加顺："以伦理为基准的设计 通往 AI 时代的至高美德——访 IEEE 标准协会首席执行官康斯坦丁诺·卡拉卡琉斯博士"，载《中国标准化》2018 年第 1 期。

129. 左卫民："如何通过人工智能实现类案类判"，载《中国法律评论》2018 年第 2 期。

130. 李飞："人工智能与司法的裁判及解释"，载《法律科学（西北政法大学学报）》2018 年第 5 期。

131. 左卫民："关于法律人工智能在中国运用前景的若干思考"，载《清华法学》2018 年第 2 期。

132. 程凡卿："我国司法人工智能建设的问题与应对"，载《东方法学》2018 年第 3 期。

133. 崔亚东："司法科技梦：上海刑事案件智能辅助办案系统的实践与思考"，载《人民法治》2018 年第 18 期。

134. 鲍键、王瑛："智慧公诉建设与未来发展——以浙江省杭州市检察机关的实践探索为例"，载《人民检察》2018 年第 4 期。

135. 陈琨："类案推送嵌入'智慧法院'办案场景的原理和路径"，载《中国应用法学》2018 年第 4 期。

136. 左卫民："迈向大数据法律研究"，载《法学研究》2018 年第 4 期。

137. 朱体正："人工智能辅助刑事裁判的不确定性风险及其防范——美国威斯康星州诉卢米斯案的启示"，载《浙江社会科学》2018 年第 6 期。

138. 李本："美国司法实践中的人工智能：问题与挑战"，载《中国法律评论》2018 年第 2 期。

139. 龙敏："自动驾驶交通肇事刑事责任的认定与分配"，载《华东政法大学学报》2018 年第 6 期。

140. 侯郭垒："自动驾驶汽车风险的立法规制研究"，载《法学论坛》2018 年第 5 期。

141. 江溯："自动驾驶汽车对法律的挑战"，载《中国法律评论》2018 年第 2 期。

142. 彭文华："自动驾驶车辆犯罪的注意义务"，载《政治与法律》2018 年第 5 期。

143. 冯洁语："人工智能技术与责任法的变迁——以自动驾驶技术为考察"，载《比较法研究》2018 年第 2 期。

144. 牛绮思：“沙特授予机器人公民身份，是惊喜还是惊吓?”，载《中国经济周刊》2017 年第 43 期。

145. 韩连庆："哲学与科学的短路——德雷福斯人工智能批判的局限"，载《哲学分析》2017 年第 6 期。

146. 吴汉东："人工智能时代的制度安排与法律规制"，载《法律科学（西北政法大学学报）》2017 年第 5 期。

147. 孙道萃："网络刑法知识转型与立法回应"，载《现代法学》2017 年第 1 期。

148. 宫鸣："推动现代科技与公诉工作深度融合"，载《人民检察》2017 年第 20 期。

149. 胡晓霞："我国在线纠纷解决机制发展的现实困境与未来出路"，载《法学论坛》2017 年第 3 期。

150. 蒋莉莉："如何对 AI 问责?"，载《中国经济周刊》2017 年第 45 期。

151. 刘宪权："网络犯罪的刑法应对新理念"，载《政治与法律》2016 年第 9 期。

152. 孙道萃："我国定罪理论体系构造的设想"，载《内蒙古社会科学（汉文版）》2016 年第 1 期。

153. 张吉豫："大数据时代中国司法面临的主要挑战与机遇——兼论大数据时代司法对法学研究及人才培养的需求"，载《法制与社会发展》2016 年第 6 期。

154. 陈兴良："违法性的中国语境"，载《清华法学》2015 年第 4 期。

155. 易小明："论'由自'——兼及'由自'与意志自由、责任承担的关系"，载《哲学研究》2015 年第 10 期。

156. 张智辉："网络犯罪：传统刑法面临的挑战"，载《法学杂志》2014 年第 12 期。

157. 杜严勇："现代军用机器人的伦理困境"，载《伦理学研究》2014 年第 5 期。

158. 高憬宏、黄应生："积极稳妥推进量刑规范化改革"，载《法律适用》2009 年第 8 期。

159. 李洁、王志远："公正定罪实现论纲"，载《吉林大学社会科学学报》2006 年第 3 期。

160. 郑军男："论定罪中的'主客观相统一原则'——解读刑法理论中的主观主义与客观主义"，载《法制与社会发展》2005 年第 4 期。

161. 周洪波："论定罪的原则"，载《首都师范大学学报（社会科学版）》2002 年第 2 期。

162. 陈兴良："定罪之研究"，载《河南省政法管理干部学院学报》2000 年第 1 期。

163. 邱耕田："从绝对人类中心主义走向相对人类中心主义"，载《自然辩证法研究》1997 年第 1 期。

164. 余谋昌："走出人类中心主义"，载《自然辩证法研究》1994 年第 7 期。

165. 陈兴良："论意志自由及其刑法意义"，载《法律科学（西北政法学院学报）》1993 年第 5 期。

五、报纸

1. 郭明："人工智能伦理风险治理刍议"，载《中国社会科学报》，2022 年 1 月 4 日，第 7 版。

2. 刘哲玮："迈入 2.0 时代的在线诉讼"，载《人民法院报》2021 年 7 月 3 日，第 2 版。

3. 陈学勇："更高水平推进量刑规范化工作"，载《人民法院报》2020 年 11 月 6 日，第 3 版。

4. 张杰："加快智慧法院建设步伐　推进在线诉讼便民利民"，载《人民法院报》2020 年 5 月 7 日，第 2 版。

5. 赵贺："规范在线诉讼　守护司法公正"，载《人民法院报》2020 年 4 月 15 日，第 2 版。

6. 曹忠明："加强和规范在线诉讼的基层实践及启示"，载《人民法院报》2020 年 3 月 26 日，第 8 版。

7. 革言："有力有序推进在线诉讼　助力疫情防控　守护司法公正"，载《人民法院报》2020 年 2 月 19 日，第 1 版。

8. 罗庆东："以精准化量刑建议落实认罪认罚从宽"，载《检察日报》2020 年 2 月 10 日，第 3 版。

9. 姚均祥："江苏南通港闸法院通过远程视频　审判一起防疫物资网络诈骗案"，载《南京晨报》2020 年 2 月 9 日，第 A06 版。

10. 戴佳："检察业务应用步入 2.0 时代"，载《检察日报》2020 年 1 月 4 日，第 1 版。

11. 施鹏鹏："法国缘何禁止人工智能指引裁判"，载《检察日报》2019 年 10 月 30 日，第 3 版。

12. 卞建林、苗生明、李建超、刘卉："确定刑：认罪认罚从宽制度下量刑建议精准化之方向"，载《检察日报》2019 年 7 月 29 日，第 3 版。

13. 樊崇义："关于认罪认罚中量刑建议的几个问题"，载《检察日报》2019 年 7 月 15 日，第 2 版。

14. 范跃红、张永睿："认罪认罚案件量刑建议采纳率达 98%　杭州西湖：多举措提升办理认罪认罚从宽案件量刑建议精准度"，载《检察日报》2019 年 5 月 8 日，第 2 版。

15. 史兆琨："深入推进量刑建议工作有效开展"，载《检察日报》2019 年 4 月 29 日，第 1 版。

16. 戴佳："把认罪认罚从宽制度落实到具体案件中"，载《检察日报》2019 年 4 月 15 日，第 1 版。

17. 王春："揭开'撞库打码'灰色产业利益链"，载《山西法制报》2018 年 6 月 7 日，第 3 版。

18. 叶子："'智慧司法'开启法律服务新时代"，载《人民日报海外版》2018 年 1 月 26 日，第 8 版。

19. "贵州省高级人民法院——探索'类案类判'机制　确保法律适用统一"，载《人民法院报》2018 年 1 月 26 日，第 4 版。

20. 罗书臻："'智慧法院导航系统'和'类案智能推送系统'上线运行　周强强调　认真学习贯彻党的十九大精神　深入推进智慧法院建设"，载《人民法院报》2018 年 1 月 6 日，第 1 版。

21. 雷震文："算法偏见对'智慧司法'的影响及其防范"，载《法制日报》2017 年 12 月 27 日，第 11 版。

22. 范跃红、孙奇伟："人工智能都用上了! 惊人的黑色产业链 绍兴越城：'1·03'网络'黑产'系列专案 82 人被批捕"，载《检察日报》2017 年 12 月 12 日，第 4 版。

23. 戴晓晓、程锐、武凯佳："无人驾驶公交车上路! 深圳全球首次在开放道路上进行无人驾驶智能驾驶公交试运行"，载《南方日报》2017 年 12 月 3 日，第 A01 版。

24. 木清、陈子迁："百度曝光完整版 AI 商业化版图 首款 AI 家庭机器人上市 无人驾驶巴士明年试运营"，载《中国经营报》2017 年 11 月 20 日，第 C02 版。

25. 宗文："英媒：首款真正无人驾驶汽车上路行驶"，载《人民邮电报》2017 年 11 月 15 日，第 5 版。

26. 孙道萃："人工智能对传统刑法的挑战"，载《检察日报》2017 年 10 月 22 日，第 3 版。

27. 陈学勇："最高人民法院立项开发建设量刑智能辅助系统"，载《人民法院报》2017 年 9 月 27 日，第 1 版。

28. 辛红："识别证据瑕疵 推送类案及量刑参考"，载《法制日报》2017 年 9 月 18 日，第 2 版。

29. 吴学安："无人驾驶亟待法律和制度跟进"，载《民主与法制时报》，2017 年 9 月 5 日，第 2 版。

30. 罗书臻："挖掘'富矿''反哺'审判——运用裁判文书大数据促进司法公正的地方经验"，载《人民法院报》2017 年 9 月 1 日，第 1 版。

31. 方茜："海南法院大数据人工智能助力司法改革——量刑规范化智能辅助办案系统效果明显"，载《人民法院报》2017 年 7 月 27 日，第 1 版。

32. 王治国、徐盈雁、闫晶晶："司改要敢于啃下硬骨头——专家学者建言检察机关深化司法体制改革"，载《检察日报》2017 年 7 月 22 日，第 1 版。

33. 汤瑜："全国政法机关主动提升司法效能"，载《民主与法制时报》2017 年 7 月 16 日，第 1 版。

34. 李鹏："李彦宏'违法'无人驾驶背后：法规该如何跟上新技术脚步"，载《北京科技报》2017 年 7 月 10 日，第 4 版。

35. 曹建峰："怎样应对人工智能带来的伦理问题"，载《学习时报》，2017 年 6 月 14 日，第 A7 版。

36. 彭波："司法办案辅助系统、案件智能研判系统、数据分析服务系统，有效促进司法公正 贵州：大数据点亮'智慧检务'"，载《人民日报》2017 年 5 月 31 日，第 19 版。

37. 丁国锋："八种'机器人'助力苏州法官判案"，载《法制日报》2017 年 4 月 15 日，第 3 版。

后　记
我们离人工智能刑法学还有多远？
——一场直面不确定性的学术向度

一、迟到的自白与初心不减

2017 年 1 月，我进一步深入尝试自己笃信的刑事一体化研究路径。恰巧的是，2017 年被认为是我国人工智能的"元年"。"人工智能+法律"的大讨论由此汹涌而来。这对学术研究而言也具有划时代的意义。对于此股急速蔓延和发酵盛行的前沿问题研究热潮，几乎无人可以视而不见，更不敢懈怠。基于此，本人在《检察日报》发表了一篇短文，比较宏观地阐明了关于人工智能刑法学研究的一些基本观察与初步想法。在"小试牛刀"后，发现人工智能刑法问题研究是一个值得持续关注的重大前沿问题。有鉴于此，以上述文章为蓝本，我又尝试申报了国家社会科学基金青年项目。非常幸运的是，该课题得到立项。但是，当我收到立项通知书后，并不像往常一样的欢欣与喜悦。因为我下海专心做实务那段时间，告别了心爱的学术，成了一个流浪的孩子。于我而言，这是一种尤为复杂的境遇，各种情绪相互交织在一起。既有侥幸获得立项的运转之感，也有翘首以盼的希望余光，但更多的是趋于平静的坦然和郑重的告别。

或许就是这种突如其来的意外，导致自己错过了那段人工智能刑法问题研究的高潮期。有些事情，一旦错过，就不再来。其中，最令人难受的事情，莫过于没有可以署名的作者单位，导致无法走出当下发表的制度桎梏，只能"干等""静看"同行们的研究盛况与成果迭出，可谓既"眼馋"，又焦虑。但是，完全的"孤芳自赏"，于当下的时代，是对学术研究过于奢侈的眷恋与爱慕，不仅远离了研究的重心，也缺乏表达的通道，当然更是对该项目的一种严重不负责任的态度。毕竟，科研项目的终极回归就是发表成果。可以说，给那段学术生涯按下"暂停键"的余波，对本项目的具体推进而言，无疑是最为致命的精神打击与物理摧残。当然，这不应成为一个可以对自己心慈手软的借口。终究还是惰性战胜了理智。

尽管如此，眼睁睁地旁观人工智能刑法学研究走向"显学"，也不尽然都是一件"坏事"。因为这给自己预留了充足的时间，可以更加认真和仔细地观察稍纵即逝的学术气息，还可以更加客观和理性地审视大量出现的学术研究成果，更加全面和综合地设定本项目研究的应然方向、关键节点、知识预期以及学术生产力的落脚点。这或许是另一种意想不到的效果。错过的时间与美好，也会用珍贵的耐心与蓄能加以弥补。借此，为自己就本项目的研究工作，投放出足够长的学术窗口冷静期，不失为更好地推进本项目研究的最大动力和优势。

日常工作的琐事缠身不止，极大地挤压了聚焦本问题研究的持续性。特别是近年来，学术研究与发表的"内卷"问题日益明显，研究成果发表比以往要难得多。"拒稿"已经根本无法对作者的内心产生相对明显的刺激与共振了。它就像日常饮食一样，成为学术生涯的一种必需品。基于显而易见的功利诉求，对本项目的一些研究成果，不得不"捂着"发表，或者"惜于"发表。既影响了学术思想交流的及时性、有效性与通畅性，也不得不为了一些所谓的指标而最终放弃了发表，以至于石沉大海。这在"后人工智能刑法学"研究背景下更为明显。

二、"戴着镣铐"的旁观与省思

实际上，无论以何种方式进行检索，以及考虑到数据统计上的不确定性、不准确性，但毋庸置疑的是，2017 年开始掀起的人工智能刑法研究热潮，在经历了 2018 年的蓄力与积淀后，于 2019 年达到人工智能刑法理论研究的理论"峰值"期，而 2020 年旋即迎来了明显的下落，甚至可以认为是"低谷"，2021 年则进入了未曾预料到的"平淡期"。这种"数据低谷"的到来，首先直接反映了学术研究的后劲与动力相对不足。而且，关于某一问题的"学术问题意识"，一旦进入了枯竭期，也就缺乏了进一步深入研究的意义和可能。同时，也说明这一短暂的"狂热"，或许从一开始就进了误区，偏离了正确的方式，存在急功近利的一面。当然，更可能是对于这个全新的重大课题，理论界都还没有准备充分，已有的关注都是隔靴搔痒，既难以触碰到实质，也不足以真正地进行有效的对话。因而，短暂的"归零"，是为了更好地积淀和蓄力，为下一场的学术风暴做好准备。不过，也令自己时常犯难的是，时下围绕人工智能刑法问题研究是否还有意义。

在我看来，以现有的研究文献以及"喜忧参半"的研究成果与实效为基准，人工智能刑法问题研究是否以及因何出现了一个短暂的"学术的荒芜期"之问题，或许可以从以下几个方面进行观察。（1）问题意识有覆盖面，但客观性、精准性以及真实性不足。从现有学术文献的题目、摘要及关键词看，问题意识既涉及宏大叙事的一面，也涉及微观具化的一面。但是，对人工智能与刑法交互的刑事风险及理论问题，仍缺乏深入的"追问"。例如，对人工智能时代的犯罪问题等基本范畴缺乏有效的"解读"，以至于很多讨论不容易进入"共识圈"。（2）研究热点扎堆，学术成果的雷同性、重复性偏高。在上述议题中，围绕人工智能的刑法主体之问题所展开的讨论，远超过"半壁江山"，并关联到其他相关问题。在此问题上，学术成果的雷同性、重复性明显偏高。尽管消极论与积极论对峙不下，但所讨论的问题、提出的观点以及论据等几乎"难出其右"。由此需要追问的是，对于人工智能的刑法主体地位，是否有"第三条道路"？（3）理论观点纷呈，但建构性与前瞻性偏弱。围绕上述问题，已经提出了很多理论观点，但是，在学术的建构性、方案的前瞻性等方面，存在较为突出的缺陷，没有体系性的解决方案。（4）与传统刑法体系纠葛不断，教义学的生长几乎未见起色。客观而言，人工智能与刑法的交互仍处于原初阶段，而其未来走向仍不确定，研究对象与内容完全处于空白状态。对这些新问题的理论认识，必然受限于"前见"。这导致了认识上的纠葛不止问题。用"传统刑法体现"审视，人工智能时代的刑法问题，在逻辑上显得"别扭"，在结论上容易出现"格格不入"的问题。同时，由于缺乏任何理论基础，所以，这场热烈的讨论基本未能启动刑法教义学的有机生长。

之所以出现上述情况，可能与以下因素有关：一是人工智能技术及其应用仍处于早期或初期阶段，技术具有发展性，应用方式或载体具有易变性。这导致人工智能与刑法的交互始终处于不确定状态，不仅增加了从规范维度进行定性或定量研究的难度，也使得很多研究结论难以经得起时间的检验和推敲。二是对于人工智能与当代刑法的互动问题，受知识的局限性，在方法论上，不得以"参考"现行刑法理论的框架进行"透析"，这很可能从一开始就陷入了"不相称"的研究误区中。因为"旧瓶装新酒"对学术研究而言是风险极高的做法。三是对人工智能刑法问题的研究，目前主要还是从规范刑法学的立场和维度展开。这本不是问题，但也需要结合刑事诉讼法、证据法等关联学科进行研究。而且，也要走出现行刑法学研究的"舒适圈"，跳跃到技术伦理、技术应用等其他领域进行研究。只有从更宽广的场域来审视相对狭小的人工智能刑法问题，才能提升研究水平。

有鉴于此，对于人工智能刑法问题研究，本书试图做以下尝试：一是秉持刑事一体化立场。在讨论人工智能刑法问题时，可以经由刑事一体化的进路，将刑事诉讼法、证据法以及相关的犯罪学、刑事政策学等内容一并联动导入。如此，可以增厚讨论的深度和广度。当然，这些讨论最终仍然回归到刑法场域，而不完全脱离最初的锚定。二是及时有效地回应前沿热点问题。客观地讲，人工智能刑法现象是比较典型的热点问题导向下的新型交叉学科研究。因此，及时有效地从刑法层面对热点问题进行观察、研判和回应，不仅奠定了研究结论的实用性，也使研究成果更加"接地气"和"能落地"。三是宏大叙事与微观具化的并重。人工智能刑法问题是开放性的，既涉及现行刑法学的宏大叙事问题，也在应用层面涉及现行刑法学的微观具体问题。因此，既要阐明人工智能对刑法理论体系的影响，也要对具体的问题进行深度研究。这两个维度缺一不可。四是立足未来法学的立场主导研究方向。人工智能是未来社会的主要议题。相应地，"人工智能+法律"是一场关涉未来法学的讨论。从这点出发，对人工智能刑法问题的研究，更应侧重前瞻性、预见性，以此建立创新性的基础，拉近与未来的"视距"。

讨论人工智能刑法问题研究过程中所出现的短暂的"学术的荒芜期"问题，既不是意图对当前研究现状与研究成果进行"妄评"，也不是用来质疑继续研究下去的"理据"，当然更不是作为本项目研究不深、不精的托词，反而是用来全面评估问题、改进研究方法、优化研究内容、提升研究质量的重要参考。本书就是在这一原动力的指引下，基于已有的研究成果所做的点滴尝试。

三、面向未来：不确定性对话的初步尝试

人工智能刑法问题研究是开放性的话题，其纵横的切面颇为广泛，孕育了诸多值得探究的课题。限于主旨所在，以及相关研究的进展，在本书中，共涉及十一章，集中讨论了以下问题。就其主旨、观点以及结论，主要如下。

（1）人工智能刑法的研究反思与理论迭进。人工智能技术及其应用的广泛普及化，加速刑法应答思潮的交替袭来。对人工智能主体刑法地位的聚焦，仍无法澄清认识论误区及其立场；对智能时代犯罪现象的窥探，仍无法给出具有共识性的见解；对智能时代刑事责任难题的疏解，存在规范空虚等问题。对于这些剧烈的认识困惑与知识动荡，亟待明确智能时代的刑法功能定位，澄清智能时代刑法供给体系的基础逻辑；应强化规范层面的有效应对，从多维度建构智能时代刑法体系的知识要素与规范内容；应以必要的学术"想象力"稀释浪漫主义与虚无主义的法律风险，推动人工智能刑法理论研究趋于理性与可行。应当充分肯定积极立法的突破意义，消解"简化复制"的方法论弊端，通过立

法妥善解决好重大议题，推动立法修正的有序侧重和具体展开。

（2）人工智能的刑法理论：嬗变与供给。人工智能时代的加速到来与人工智能主体问题的出现，正在颠覆近现代刑法始终围绕人的主体性地位展开的立论逻辑与功能体系。人的主体性地位加速弱化，引发一系列全新挑战并裹挟刑事风险，策动传统刑法理论的变革。人工智能"手段型""对象型""独立型"犯罪日渐演变，倒逼规范应对的思路更新，应向刑事责任能力注入新内容，顺势酝酿犯罪论及犯罪构成体系的解构与重构。人工智能主体的伦理基础正悄然突变与形塑，触发刑事归责依据匮乏等难题，应消解算法统领刑事归责的合法性隐忧，妥定人的意志自由及其归责的实然地位，修复"人对自己的行为负责"之罪责伦理观，探索多元化的刑事归责体系。传统刑事制裁观念未能幸免，应设计专属于智能时代的新型刑事制裁体系。

（3）人工智能犯罪的演绎与应答。人工智能为当代刑法体系孕育了一场知识蜕变的大变革时代。社会危害性、刑事违法性、应受刑罚处罚性等犯罪的基本特征相继发生变动，犯罪构成要件要素体系的量变也在发酵，旋即策动当代刑法体系的演变态势。但人工智能时代的犯罪问题作为前提仍有待澄清与厘定，以明确当代刑法应对的逻辑基准。人工智能与传统犯罪的交互与碰撞，加速呈现这类新型犯罪的规范面貌与轮廓。对于"工具型""对象型"人工智能犯罪，要兼顾传统罪名特别是计算机犯罪与纯正网络犯罪的关联性与"扩张适用"潜能，分别确立"嵌入式""特定式"应对逻辑。对于"独立型"人工智能犯罪，倡导"建构式"的理论应对机制，防止因刑法规范供给不足引发刑事风险的外溢，特别是立法完善不宜搁置不前。

（4）人工智能刑法主体地位的积极论——兼与消极论的答谈。智能技术应用的迅猛发展，对以人类的主体性地位为根本前提的当代法律体系形成强烈冲击，人工智能主体的刑法地位成为关键问题。"人造物"等消极论的逻辑机理正是过度释放人类中心主义的效应，显示了智能技术应用的工具属性被深度放大倾向，但消极事由不尽然合乎现实。"电子人"等积极论契合了实际动态，而意志自由、刑事责任能力、道德伦理规则、智能程度与人工智能主体类型、刑事责任的客观存在等供给学理支撑。遵循功利主义的理路以及一系列先行做法的引领下，应分阶段、类型化、动态化厘定人工智能主体的刑法地位。人工智能主体可以享有一定的新兴权利，应具体地确证权利类型等内容。人工智能主体的权利内容与范围目前是限制性的，无法采取与"人"对等的保护策略，保护方式也应有别。

（5）人工智能的刑法立法：场域和演绎。人工智能技术及其应用的迅猛扩展，已经开始将当代刑法规范供给危机推向前端，主要表现为立法原意的缺失、扩张解释的瓶颈、网络犯罪的嵌接、专属立法的空白等，并引发拖困司法的效能、加剧立法的分裂、迟滞理论的进化等副作用。人工智能立法势不可挡，在功利主义的导引下，刑法面向人工智能的前瞻立法可以发挥积极规制作用。应坚持科学立法，重视立法技术与规范表述的充分达致。应围绕基本范畴统筹立法，优先解决智能犯罪现象的规范界定，着重解决人工智能主体的刑法地位、智能犯罪的罪名体系表述、刑事责任的实现难题、刑事制裁范畴的调试等。人工智能刑法立法应以适时创新为基本遵循，以人工智能主体地位的立法确认为首要任务，策动犯罪构成体系及其要素的同步立法调试，有效统筹消解智能时代法定犯罪罪名体系刑事制裁体系的创制等疑难问题。

（6）我国刑事司法智能化的知识解构与应对逻辑。"人工智能+法律"的时代交融与裂变已悄然上演，刑事司法体系的智能化变革已在不同端口有所呈现，宣示自上而下启动的史无前例的司法知识转型的启程。但司法权的独立命运、司法主体的地位取舍、司法裁判行为的可替代危机、对定罪活动的"染指"边界、司法标准化与个别正义的博弈、司法裁判知识的重述等法治隐忧有待疏解。刑事司法智能化搭上人工智能技术的"快车道"，可以有效释放案多人少的正能量，持续放大支持司法改革的技术红利，发挥人工智能应用的司法方法论意义，使司法风险与安全处于"可视化"的控制效度。多方推动探索的智能量刑，正成为刑事司法智能化的重要试验田，其与自由裁量的协调性，量刑的公正性以及地位、功能等问题尚需澄清。刑事司法的智能化改革呈现出"遍地开花"的态势，但其实际意义、功能定位仍有待理性揭开。

（7）人工智能辅助定罪：检视、理论与应用。刑事司法正经历深度智能化，人工智能辅助定罪办案系统的探索加速冲破传统定罪观念的禁区。人工智能辅助定罪由经实践检验的理性要素合成其制度本体。传统定罪理论体系、本质特征、运行机制整体上遭遇冲击，由此孕育专属的人工智能辅助定罪之司法知识体系、理论基础，为量刑正义赋以新能。经由算法逻辑及其规则，形成科学的理论知识谱系与实践理性模型，辅以完备的匹配、验证等运行机制，铸成人工智能辅助定罪系统的基本应用原理。人工智能辅助定罪不脱离传统理论，以司法大数据及其蕴含的"活着的"定罪逻辑为实践前提与参照，奠定辅助预测定罪功能的客观性、真实性与可靠性。当前，针对认罪认罚案件的人工智能辅助（确认）定罪之探索迎来得天独厚的实践优势与契机。

（8）人工智能辅助量刑的实践回视与理论供给。人工智能技术法律应用的迅猛发展，以及司法改革政策红利的强劲输出，为人工智能辅助量刑提供探索空间。人工智能辅助量刑有独特的实践要素与理论体系，虽然冲击传统刑事司法观念与运作模式等整套知识体系，但为推进量刑规范化注入新的规范潜能与动力，人工智能辅助精准预测量刑是功能融合点。量刑规范化改革的本质是提高量刑的可预测性，人工智能辅助精准预测量刑的功能与之契合，可以有效提升规范量刑的正当性与有效性。算法及其规则是核心实施要素，应当克服算法认知、应用的正当化以及说理等难题，夯实算法运行的正当性根基，遏制不可控的司法化风险。现阶段的技术水平决定了人工智能是辅助量刑之司法交往角色，但可预见的发展优势将为公正量刑供给新能量。

（9）人工智能辅助精准预测量刑的中国境遇——以认罪认罚案件为适用场域。在认罪认罚案件中，控辩量刑从宽协商机制的司法供给不足、量刑建议协商的效率诉求攀升、量刑建议的正当性与精准化要求等问题交互叠加，亟待从理论本源上疏解供需矛盾，人工智能辅助精准预测量刑也应运而生。认罪认罚案件具备智能办案的规模化、类型化优势条件，与预测量刑的本质特征、量刑规范化理论、司法大数据蕴含的量刑规律与经验等，共同生成人工智能辅助精准预测量刑的知识体系。理论预测与数据预测作为体系双核相互验证，与必要的人工介入，齐力实现更精准预测量刑，提高量刑协商效率与量刑建议质量。人工智能辅助精准预测量刑系统宜定位为司法辅助角色，发挥量刑规范化层面的参考作用。

（10）在线刑事诉讼的"再出发"。新冠疫情将传统刑事司法模式推向适用困局，"非接触式"诉讼应运而生，并借助司法信息化建设基础落地。在线刑事诉讼以应急性姿态填补制度空白，几乎在刑事诉讼全流程予以贯通性的实践。但作为应急的"伴生物"，理论基础准备不充分，政策导向的外部需求过甚，面临公正与效率的博弈等挑战。后疫情时代的在线刑事诉讼必须摆脱"非接触式"模式的短促供给效应，遵从刑事司法智能化的未来核心旨趣，作为制度进阶的动能；以全面发展中的在线诉讼制度为参照，为迭代发展不断夯实智能应用的理论基础、制度保障及实施机制。

（11）人工智能驾驶的刑法应对。一是智能驾驶测试的刑事风险与规范应对。智能驾驶测试正在全面铺开。我国政策红利持续增量，推进智能驾驶测试纵深跃进。从我国的政策性指导文件看，测试主体与测试驾驶人员的责任关系、测试车辆智能系统与模式、测试驾驶人员的安全义务、法律责任的性质及承担等，是刑事风险的主要源头。当前，智能驾驶测试的"合法性"与责任豁免、智能驾驶模式与驾驶主体的责任范围、智能驾驶测试的法律责任形态等规范议题亟待澄清。在测试环境下，智能测试车辆的自动模式与罪责性质，测试主体与测试驾驶人员的归属关系及责任分担、测试驾驶人员接管严重不当的刑事责任、智能驾驶测试公共安全的责任承担、排除社会危害性的情形等，是刑法应对的焦点。二是人工智能驾驶的刑法解构与回应路径。加速到来的智能驾驶时代正在逐步瓦解传统交通安全犯罪的基本观念，引发包括"人的法定驾驶地位"是否丧失等问题，传统交通安全事故犯罪规定正在遭受不同程度的"肢解"，当代公共交通安全理念、犯罪设置基础、归责逻辑等处于洗牌的机遇期。新型智能驾驶犯罪宜分为"对象型""工具型""独立型"，但亟待规范界定。应根据智能驾驶的程度与模式，就智能产品责任犯罪、智能驾驶公共安全犯罪等突出问题，对研发者、设计者、所有者、使用者、销售者、监管者等主体进行差异化归责。传统刑法规范体系陷入供给不足危机，亟待当代刑法提供框架性的保障，应当及时回答智能驾驶时代新型法定犯罪的立法问题。

本书围绕上述 11 个话题的讨论，基本呈现了当前人工智能刑法问题研究的"前沿阵地"，但也无形中弱化了基础理论研究的全面拓展。

应当看到，本书也存在以下不足：一是知识体系的碎片化。本书主要以专题为线索，未能以专属、完整、独立的知识体系为导向，存在知识的碎片化问题，降低了研究的整体性与体系性。二是理论建构的"折中化"。受制于一些主客观因素，围绕"人工智能刑法学"的理论建构，是在一种"瞻前顾后"的心理状态下进行的。因为既无法完全脱离现行刑法学，但又要敢于创新和突破。三是理论有余、实践偏弱。由于人工智能刑法问题研究是一个具有变动性和不确定性的研究对象，本书更着力于宏大叙事与理论叙说，但对实践的关注和回应明显偏弱。虽然这不至于沦落到"本末倒置"的境地，但显然缺少了对现实的呼应。四是研究意义的未来性仍待定。应该不太会有过多争议的是，人工智能刑法问题研究就是一场面向未来的漫谈。在未来法学的版图中，迷失于此话题并不稀奇。法学研究虽然不排斥想象力的释放，但研究意义的过度未来化，必然会缩短研究成果的转化价值，故是短板之一。

对于本书中出现的上述问题，既端于作者的能力不达、文字无力，也赖于作者的远见之浅陋，而非本书作为客观的文字表达载体所应且能承担的"严苛厚爱"。

本书作为对人工智能刑法问题研究（应然上可概括为"人工智能刑法

学"）的一个初步尝试，如若有幸抛砖引玉，实为不胜荣光。在此，敬请同仁不吝赐正。

　　最后，学术工作总是出奇的平淡、乏味以及无趣，总要占用个体的大量时间和精力，以及剥夺其他的应有乐趣与对生活的幸福追求。这种看似高尚的自私和孤独，往往以对周遭的无情为代价，以对亲人的淡漠、现实需求的疏远和过度向亲人与朋友的单方面索取为条件。对此，特别感谢妻子、孩子和家人一直以来的默默包容、支持和鼓励，他们没有选择抱怨。衷心感谢高铭暄先生、樊崇义先生以及院领导吴宏耀教授在疫情维艰期间，给予的鼓励、肯定和帮助。在本书出版之际，中国刑法学研究会贾宇会长百忙中赐序，以为鼓励。这是特别的关爱和提携。中国政法大学刑事司法学院硕士研究生张晖以及我指导的第一届硕士研究生徐泽慧为项目结项、书稿编辑等作了诸多贡献，也在此一并谢忱。

　　是为后记。

孙道萃

京南郊陋室

初稿于 2020 年 5 月 5 日

改定于 2021 年 11 月 29 日

再改于 2022 年 3 月 1 日

终定于 2022 年 8 月 8 日